Das Buch

Als die beiden Weltklassetaucher Chris und Chrissy Rouse – Vater und Sohn – schon nach vierzig Minuten wieder auftauchen, wissen alle an Bord: Die Katastrophe ist da! Drei Stunden hätte der Tauchgang zu dem gesunkenen U-Boot dauern sollen. Was war im Wrack der *U-Who* passiert? Was hat die beiden Männer am Meeresgrund so in Panik versetzt?

Die Rouses hatten die gefährlichsten Höhlen und aufregendsten Wracks betaucht, darunter die *Andrea Doria*. Längst waren sie süchtig nach dem Rausch der Tiefe und danach, in den versunkenen Welten der Wracks zu entdecken, was noch keiner vor ihnen gesehen hatte. Der Tauchgang zu dem deutschen U-Boot aus dem Zweiten Weltkrieg war die Herausforderung ihres Lebens, für die kein Preis zu hoch schien. Bernie Chowdhury hat sowohl die äußeren Umstände der tödlichen Expedition rekonstruiert, als auch ihre psychologischen Abgründe ausgelotet – die besondere Vater-Sohn-Beziehung und die unheilvolle Vorgeschichte des Unternehmens.

Ein beispiellos aufregendes Buch über eine verhängnisvolle Unterwasserexpedition.

Der Autor

Bernie Chowdhury, Herausgeber und Chefredakteur des US-Tauchmagazins *Immersed*, ist leidenschaftlicher Sporttaucher. Er leitete Tauchexpeditionen in die norwegische Arktis, in isländische Unterwasserhöhlen und ins Wrack der legendären *Andrea Doria*, arbeitet u. a. als Berater für die Entwicklung von Tauchcomputern und begleitete als Experte mehrere Tauchgänge der britischen Streitkräfte. Fast auf den Tag genau ein Jahr vor der Tragödie im U-Boot-Wrack entging Chowdhury beim Tauchen selbst nur knapp dem Tod.

Bernie Chowdhury

DER LETZTE
TAUCHGANG

Drama im Atlantik

Aus dem Englischen
von Sven Dörper
und Thomas Wollermann

Mit 28 Farbabbildungen

Ullstein

Besuchen Sie uns im Internet:
www.ullstein-taschenbuch.de

Umwelthinweis:
Dieses Buch wurde auf chlor- und säurefreiem Papier gedruckt.

Neuausgabe im Ullstein Taschenbuch
1. Auflage Juni 2006
© der deutschen Ausgabe Ullstein Buchverlage GmbH, Berlin 2006
© 2000 der deutschen Ausgabe
Econ Ullstein List Verlag GmbH & Co. KG, München
Titel der amerikanischen Originalausgabe:
The Last Dive (HarperCollins Publishers, Inc., New York)
Umschlaggestaltung: Buch und Werbung, Berlin
Titelabbildung: David Doubilet
Satz: KompetenzCenter, Düsseldorf
Gesetzt aus der Sabon, Linotype
Druck und Bindearbeiten: Ebner & Spiegel, Ulm
Printed in Germany
ISBN-13: 978-3-548-26459-2
ISBN-10: 3-548-26459-X

Inhalt

KAPITEL 1

Tödliche Geheimnisse

12. Oktober 1992 – Nordatlantik, ungefähr 110 km vor Amerika, in gleicher Entfernung von der Küste der US-Staaten New Jersey und New York.

Der Wind war im Laufe der Nacht immer stärker geworden. Chris Rouse lag fest eingepackt in seinem Schlafsack und suchte, so gut es ging, in seiner Koje Halt. Die dunklen Brecher, die gegen das gut 18 Meter lange, gecharterte Tauchexpeditionsboot *Seeker* schlugen, machten seinem Magen zu schaffen. Er war zwar gar nicht so weit vor der Küste von New Jersey, aber er fühlte sich wie mitten im Atlantik. Chris spähte zwischen dem Schlafsack und den Latten seiner Koje nach draußen. Im schmuddlig-trüben Licht des Morgengrauens konnte er lediglich einen grauen Himmel und dunkelblaue Wellen ausmachen, deren Schaumkronen vom Wind fortgetragen wurden. Irgendwo da hinten musste die Kimm liegen, doch sie war nicht zu sehen, denn Meer und Himmel gingen ineinander über. Er schätzte die Wellen auf einen Meter fünfzig, manche waren auch gut drei Meter hoch. Kein besonders guter Tag, um die Erkundung des technisch schwierigsten Gebiets fortzusetzen, in das er sich bei den über 700 Tauchgängen, die sein Taucherpass verzeichnete, je gewagt hatte.

Gestern erst waren der 39-jährige Rouse und sein 22-jähriger Sohn Chrissy zweimal zu dem nicht identifizierten U-Boot hinabgetaucht, das in 70 Meter Tiefe unter ihnen lag. Das Wrack hat die Form einer in drei Teile auseinander gebrochenen, geknickten Zigarre. Im mittleren Teil liegt der Turm, dessen tonnenförmiger Umriss normalerweise mächtig aus dem Rumpf eines U-Bootes aufragt. Der Turm war zwar noch intakt, war aber bei der Versenkung des U-Boots aus seiner Halterung gerissen und zur Seite geschleudert worden. Unterhalb des Turms hatte sich das Gehirn des U-Boots, die Zentrale, befunden. Davon war nichts übrig als ein wüstes Durcheinander von gezackten, scharfkantigen Stahlplatten und Trümmern – das Ergebnis einer gewaltigen Explosion. Gestern war Chrissy Rouse unter und zwischen die Stahlplatten gekrochen und hatte sich einen Weg ins Innere des Bootes gebahnt, während sein Vater außerhalb gewartet hatte. Irgendwo zwischen diesen rasiermesserscharfen Trümmern musste es etwas geben, womit man dieses Boot identifizieren konnte, und Vater und Sohn waren fest entschlossen, es aufzuspüren. Möglicherweise das Logbuch – es war sicher in den Trümmern direkt an der Öffnung. Chrissy hatte es gestern nicht gefunden, aber die Rouses wussten, sie waren nahe dran. Es war nur noch eine Frage von Zeit, Geduld und besserem Wetter.

Die *Seeker* stampfte in der rauen See und riss an der Ankerleine wie ein wildes Tier, das sich aus einer Falle zu befreien versucht. Die ganze Nacht hindurch hatte das Boot gegen den Ozean angekämpft, und seine hölzernen Spanten ächzten aus Protest gegen seine Gefangenschaft. Die Passagiere und die Besatzungsmitglieder, die nicht zur Wache eingeteilt waren, hatten versucht zu schlafen, so gut sie konnten. Dabei hatten sie sich selbst regelrecht eingekeilt, damit sie nicht aus den Kojen geschleudert wurden. Nun kam John Chatterton, Profitaucher, Tauchlehrer, allseits geachteter Wracktaucher und einer der beiden Kapitäne der *Seeker,* in die Hauptkabine und schaltete das Licht ein. »Sechs Uhr«, verkündete er. »Wer von euch heute zwei Mal runter will, muss früh ins Wasser. Laut Wetterbericht soll der Seegang noch stärker werden, und wie ihr seht«, – er machte eine Kopfbewegung zum Fenster – »ist es jetzt schon ungemütlich. Also, wenn ihr tauchen wollt, dann schnell rein. Wir sollten den Haken nicht zu spät hochholen und abhauen, bevor es richtig dicke kommt. Ich selbst werde heute nicht mittauchen, ich gehe nur nachher runter, um den Haken loszumachen.«

Wegen seiner Nickelbrille und seines jungenhaften Gesichts hätte der blonde, 1,88 Meter große Chatterton eigentlich eher auf den Campus einer Uni als auf ein Tauchboot gepasst. Chatterton entsprach ganz und gar nicht dem Klischee des harten, verschlossenen Kapitäns, er war ein sehr offener Mensch. Gerne plauderte er mit seinen Kunden über Tauchtechniken und die Zusammenstellung der Ausrüstung, hütete sich aber davor, sich mit seiner Sachkenntnis und seinen Taten in den Vordergrund zu spielen. Nie stellte Chatterton andere bloß. Durch sein Auftreten und seinen reichen Erfahrungsschatz hatte Chattertons Stimme umso mehr Gewicht, und Taucher fragten ihn immer gern um Rat.

Chatterton kannte das Wrack, das Chris und Chrissy Rouse erobern wollten, sehr gut. Der Kapitän war der erste Taucher, der in dem rätselhaften Wrack ein gesunkenes U-Boot erkannt hatte. Im September 1991 war Chatterton zusammen mit einer Gruppe von Tauchern mit der *Seeker* ausgelaufen, um etwas zu untersuchen, was möglicherweise ein Wrack war. Erfahren hatte er von der Sache durch den Bootseigner, Kapitän Bill Nagel, und der hatte es bei einer seiner zahlreichen Sauftouren von Fischern gehört. Das alkoholgetränkte Gedächtnis des Kapitäns hatte die Geschichte genau behalten. Bei einer Erkundung hatte Chatterton einen einzelnen flachen, mit Adler, Hakenkreuz und der Jahreszahl 1942 verzierten Teller entdeckt und mit nach oben gebracht. Das Wrack war ein deutsches U-Boot aus dem Zweiten Weltkrieg. Das erste deutsche U-Boot hatte die Bezeichnung *U-1* erhalten, das letzte in Dienst gestellte Boot trug die Seriennummer *U-4712*. Die Zählung war allerdings nicht durchgehend. Während des Zweiten Weltkriegs hatte die deutsche Marine 1152 U-Boote in Auftrag gegeben und in den Kampf geschickt. Weil es aber für Chattertons Fund weder einen offiziellen Namen noch eine Nummer gab, hatten er und andere Taucher das Boot *U-Who* genannt.

Obwohl Taucher vor der nordamerikanischen Ostküste Jahr für Jahr auf neue Wracks stoßen – Opfer von Sturm, Kollision, Feuer oder Krieg – war *U-Who* doch etwas Außergewöhnliches. In den Archiven der US-amerikanischen, deutschen und britischen Marine ist jedes irgendwo auf der Welt gesunkene U-Boot verzeichnet, und doch gab es nirgends einen Hinweis auf ein Wrack, das auch nur in der Nähe der Fundstelle von

U-Who gewesen wäre: eine halbe Tagesreise vor der Einfahrt in den New Yorker Hafen. Allem Anschein nach war das Boot infolge einer Explosion gesunken, doch da es in den Archiven keine Aufzeichnungen über ein Seegefecht an dieser Stelle gab, wie war es zu diesem jämmerlichen Ende gekommen? Die Entdeckung sorgte für Schlagzeilen. Chattertons Unterwasser-Videofilm lief im Fernsehen. Wieso war dieses U-Boot nicht zusammen mit den übrigen deutschen U-Bootwracks aufgelistet? Was war sein Auftrag gewesen? War es bei einem Spezialauftrag sabotiert worden? Hatte es Spione an Bord gehabt? Oder Nazigrößen, die sich vor dem Untergang des Tausendjährigen Reiches absetzen wollten? Die Jagd begann: Das Wrack und sein Geheimnis lockten zahlreiche Taucher an, unter ihnen Chris und Chrissy Rouse.

Im September 1991 hatte ich die einzigartige Gelegenheit versäumt, mit Bill Nagel und John Chatterton an Bord der *Seeker* zu sein, als sie *U-Who* entdeckten. Ich hatte schon einige Fahrten auf Nagels Boot mitgemacht, und damals sagte er mir: »Ich muss da eine neue Tauchstelle untersuchen. Falls du Interesse hast ... Ich will mit Spezialausrüstung rausfahren, um herauszufinden, ob da unten was ist. Ist ziemlich tief, Bernie, und vielleicht sind es nur ein paar Felsen, aber man weiß ja nie – es könnte auch was Interessantes sein.«

Nagels Einladung war wirklich sehr verlockend. Seitdem ich 1984 mit dem Gerätetauchen begonnen hatte, hatte ich mich immer mehr mit Wracktauchen vor der Küste von New York und New Jersey beschäftigt. 1988 wurde ich selbst Tauchlehrer. Neben meinem Full-Time-Job als EDV-Techniker führte ich abends und an den Wochenenden für einen Tauchshop in Manhattan Lehrgänge durch. Ich genoss es, den Leuten von der Faszination gesunkener Schiffe zu erzählen. Zu Beginn des Einführungskurses hielt ich immer einen Diavortrag mit Unterwasseraufnahmen. Die Kursteilnehmer erwarteten Bilder von den leuchtenden Korallenriffen der Karibik, denn das verbanden die meisten von ihnen mit Tauchen. Wenn ich ihnen dann Bilder von historischen Schiffen zeigte, die vor der Nordostküste der USA gesunken waren, waren sie meist hocherstaunt darüber, dass es an ihrer so dicht besiedelten Küste überhaupt etwas zu sehen gibt.

Wracktauchen in kalten Gewässern hatte mich von Anfang an fasziniert. 1985 fing ich damit an, direkt vor der Küste des New Yorker Stadtteils Brooklyn. An guten Tagen hatte man in 15 oder 18 Meter Tiefe eine Sicht von gerade mal drei bis fünf Metern. Mit den völlig verfallenen Wracks sah es dort aus wie auf einem Unterwasserschrottplatz: Nach dem Untergang hatte die Küstenwache die gesunkenen Schiffe gesprengt, weil sie so weit an die Wasseroberfläche ragten, dass sie eine Gefahr für den Schiffsverkehr darstellten, und dann hatten Stürme die Wrackteile noch weiter verstreut. In dem trüben Wasser waren die Ausmaße der Wracks nie klar auszumachen, doch so weit ich auch schwamm – es gab immer noch mehr zu sehen. Stahlträger kreuzten sich bizarr und waren zu wilden Formen verbogen, durch die Fische schwammen, und die von rötlich-braunen Hummern bewohnt wurden. Die Träger selbst waren mit einer Art Lebewesen bewachsen, die wie braune Schwämme aussahen; ihre weißen Spitzen wogten in der Strömung. Aus Spalten steckten grüne Aale die Köpfe hervor und glotzten mich an. Ich begegnete seltsamen grauen Fischen mit großen Mäulern und fetten Lippen, die mit ihren großen Augen meinen Bewegungen folgten. Direkt über dem Grund standen braune Fische; mit den langen weißen Tastern auf ihrer Unterseite suchten sie die Umgebung nach Nahrung ab. Näherte ich mich ihnen, verschwanden sie mit einem eleganten Schlag der Schwanzflosse in der Trübe des grünlich-braunen Wassers. Die Unterwasserwelt war unwirklich, aber geprägt von einer Unmittelbarkeit und von einer Reinheit des Überlebenskampfes, wie ich sie aus meiner Berufswelt nicht kannte. Hier unten war die Welt viel aufregender.

Und das war erst der Anfang. In tieferen Küstengewässern bot sich eine bessere Sicht auf die Wracks, doch das war es nicht, was mich, je erfahrener ich wurde, in die Tiefe zog. Diese Wracks waren in weit besserem Zustand. Aufgrund der günstigeren Sichtverhältnisse unter Wasser – zwischen zehn und dreißig Metern, je nach Wrack, Jahreszeit und Glück – konnte ich die Wracks viel eingehender erforschen als das vor Brooklyn möglich gewesen war. An den tiefer gelegenen Wracks konnte man tatsächlich noch den Schiffsrumpf und die Aufbauten erkennen. Und es gab dort große Hummer, die ich mit der Hand einsammelte und in meinen kleinen Netzbeutel für Souvenirs steckte. An Land wanderten sie in den schon dampfenden Kochtopf. Doch nicht nur das – aus den Wracks brachte ich auch Sammlerstücke mit nach oben: Geschirr, Gläser, Silberbesteck, Messingbullaugen, Lampen und eine Vielzahl anderer Objekte, die bislang keine Liebhaber gefunden hatten.

Der Traum eines jeden begeisterten Wracktauchers ist es, als Allererster zu einem noch jungfräulichen Wrack hinabzutauchen, und ich bildete da keine Ausnahme. Eine Einladung wie die von Bill Nagel, an einer Stelle zu tauchen, wo ein möglicherweise noch unbekanntes Wrack lag, war etwas, worauf ich sehnsüchtig wartete, während ich meine Technik immer mehr ausgefeilt hatte und meine Liebe zu diesem Sport immer größer geworden war. Doch dann, eine Woche vor der geplanten Erkundung, stand ich vor einer schwierigen Entscheidung.

Zusätzlich zu meiner inzwischen vollen Stelle als Systemanalyst an der Wall Street hatte ich mit einem japanischen Handelsunternehmen, Inabata, einen Beratervertrag abgeschlossen. Es ging um die Entwicklung und Vermarktung einer neuen Produktreihe von Tauchcomputern, die am Handgelenk getragen werden. Zu Beginn des Jahres hatte ich Vertretern der japanischen Firma einen Marktüberblick über solche Geräte vorgelegt, Trends aufgezeigt und über mögliche Entwicklungen referiert. Die Firma entschied sich dafür, mindestens einen der drei Computertypen, die ich vorgeschlagen hatte, zu produzieren. Ein Ingenieur von Seiko, ebenfalls ein geprüfter Taucher, kam aus Japan angeflogen, um sich vor Ort ein Bild zu machen, wie und wo Amerikaner normalerweise tauchen. Meine Aufgabe sollte es sein, den Ingenieur innerhalb einer Woche an mehrere Tauchplätze in den USA zu führen. Als anerkannter Tauchlehrer würde ich ihn auf Tauchgänge, die er allein nicht hätte machen dürfen, als meinen Schüler mitnehmen können. Zunächst hatte ich überhaupt nicht damit gerechnet, dass ich mich von meiner Arbeit an der Wall Street frei machen könnte, doch dann kündigte mir meine Abteilungsleiterin in letzter Sekunde an, sie würde Urlaub nehmen, und mir gab sie großzügigerweise eine Woche frei. Nun hatte ich die Wahl, entweder eine stolze Summe Geldes dafür zu bezahlen, mich Bill Nagel anzuschließen, dessen Erkundungsfahrt vielleicht nur eine Ansammlung von Felsen auf dem Meeresgrund lokalisieren würde, oder eine Tauchtour quer durch die USA zu machen, die mich keinen Cent kosten würde. Nach der Rückkehr von meiner Reise mit dem japanischen Taucher erfuhr ich, dass Bill Nagel und John Chatterton ein U-Boot gefunden hatten und mir die Erfüllung eines Wunschtraums entgangen war, ich eine Chance vergeben hatte, die ich vielleicht nie mehr im Leben bekam.

Im Jahre 1992 hielten Tauchschulen die Wassertiefe von 70 Metern, in der *U-Who* lag, für weit jenseits dessen, was Amateurtaucher bewältigen sollten – und konnten. Als US-amerikanischer Tauchausbilder war ich nur berechtigt, das Tauchen bis zu einer Tiefe von 40 Metern zu lehren, und auch das nur mit der Einschränkung, dass der Aufenthalt in dieser Tiefe – inklusive Abstieg – auf zehn Minuten begrenzt ist. Einige Tauchausbildungsorganisationen außerhalb der USA hatten 50 Meter als maximale Tauchtiefe für Sporttaucher festgelegt. Erfahrene Taucher wie Chris und Chrissy Rouse und auch ich empfanden diese Begrenzungen als ebenso willkürlich wie unrealistisch. Das Wasser hörte doch nicht plötzlich in 40 oder 50 Meter Tiefe auf! Wir hatten nicht vor, uns daran zu halten.

Der Hauptfaktor, der Sporttauchern in größeren Tiefen gefährlich wird, ist in den Augen der Ausbildungsorganisationen eine Beeinträchtigung der Hirnfunktionen, die dem Zustand der Trunkenheit sehr ähnlich ist. Sie entsteht durch das Atmen von Pressluft in der Tiefe. Die Luft in den Tauchflaschen ist die gleiche wie die, die man an Land atmet, das heißt, sie besteht grob zu 79 Prozent aus Stickstoff und zu 21 Prozent aus Sauerstoff. Hinzu kommen Spuren von Argon, Neon, Helium, Wasserstoff sowie Verunreinigungen durch Luftverschmutzung, die jedoch insgesamt weniger als ein Prozent ausmachen. Der menschliche Körper benötigt für den Stoffwechsel lediglich den Sauerstoff und gibt den Stickstoff beim Ausatmen einfach ungenutzt wieder ab. Daher bezeichnet man Stickstoff als ein Inertgas.

Unter Wasser jedoch wird nicht der gesamte Stickstoff über die Atmung wieder ausgeschieden, sondern ein Teil davon geht über die Lunge ins Blut über und gelangt so in das Körpergewebe einschließlich des Gehirns. Diesen Zustand nennt man »Stickstoffnarkose« oder »Tiefenrausch«, und je tiefer ein Taucher hinabsteigt, desto stärker sind die Auswirkungen. Wie schon gesagt, die Stickstoffnarkose ist durchaus mit einem Alkoholrausch vergleichbar, und wie beim Alkohol reagieren Taucher auf die Stickstoffnarkose individuell ganz verschieden; außerdem kann ein und derselbe Taucher an verschiedenen Tagen die Wirkung unterschiedlich stark verspüren. Was genau dabei im Körper vor sich geht, ist nicht bis in die letzte Einzelheit erforscht. Eine Theorie besagt, dass der Stickstoff im Gehirn Neurotransmitter und Rezeptoren blockiert und so die Übermittlung elektrochemischer Signale verzerrt. Der Grad der Beeinträchtigung variiert mit dem körperlichen und emotionalen Zustand des Tauchers, mit der Wassertemperatur und mit dem Orientierungsverlust je nach Sichtweite unter Wasser. Das Zeitgefühl wird beeinflusst, und der Taucher kann sich euphorisch fühlen. Er kann aber auch in einen Zustand höchster Panik geraten, vor allem, wenn Probleme an der Ausrüstung, mit der Unterwasser-Tier- und Pflanzenwelt oder mit dem Gefühl für die Körperlage auftreten. Während des Tauchgangs kann sich die Koordination zwischen den Händen und den Augen verschlechtern. All diese Symptome sind in kaltem Wasser sehr viel stärker ausgeprägt als in warmen, klaren Gewässern. Anders als der Kater, den Alkohol verursacht, hat eine Stickstoffnarkose, so nimmt man an, keine vergleichbaren negativen Nachwirkungen. Der Taucher braucht bloß in flacheres Wasser aufzusteigen, und sein Bewusstsein funktioniert wieder normal. Es kommt allerdings vor, dass er sich hinterher nicht mehr an alle Einzelheiten des Tauchgangs erinnern kann.

Die so genannte »Martini-Regel« ist eine Faustformel, die es ermöglicht, die Gefährdung durch die Stickstoffnarkose ungefähr abzuschätzen. Doch wie so oft bei Regeln gibt es verschiedene Definitionen. Eine Standardversion lautet, dass jeweils 10 Meter Tauchtiefe die Wirkung von einem Martini auf nüchternen Magen haben. Andere meinen, dass je 15 Meter Tiefe einem Martini entsprechen. Wieder andere behaupten, dass die »Martini-Regel« überhaupt erst ab 30 Meter Wassertiefe gilt. Hiergegen ist allerdings einzuwenden, dass ein Taucher vom Stickstoff beeinflusst wird, sobald der Druck sich erhöht, so wie auch Alkohol mit dem ersten Schluck zu wirken beginnt. Und wie beim Alkohol sind auch bei der Stickstoffnarkose die Auswirkungen zunächst nur äußerst schwach spürbar, steigern sich dann aber exponentiell, in je größere Tiefen man sich begibt. Wenn ein Taucher sich dann in 40 Meter Tiefe befindet, können schon ernste Störungen auftreten: Die Fähigkeit, Probleme zu lösen, ist herabgesetzt; der Taucher kann die Orientierung und auch das Vermögen verlieren, adäquat die Gefahren einer fremden Umgebung einzuschätzen, in der er zum Überleben auf seine Ausrüstung angewiesen ist. Es kommt vor, dass Taucher Halluzinationen haben oder Stimmen hören, die ihnen sagen, sie sollen noch tiefer tauchen. Sie vergessen unter Umständen völlig die Tatsache, dass sich in ihren Tauchflaschen nur eine begrenzte Menge Atemgas befindet. Wenn sie dann ihre Flaschen leer geatmet haben, ertrinken sie unweigerlich.

Für unsere Zwecke möchte ich die »Martini-Regel« folgendermaßen definieren: Jeweils 15 Meter Wassertiefe entsprechen der Wirkung von einem Martini auf nüchternen Magen. Was die Rouses vorhatten, nämlich mit Pressluft zu *U-Who* in eine Tiefe von 70 Metern hinabzutauchen, bedeutete also, dass sie sich der Wirkung von viereinhalb Martinis aussetzen würden.

Sporttaucher, die wie die Rouses und ich tiefer als 40 Meter tauchten, wurden oft für Draufgängertypen gehalten, die unnötige Risiken auf sich nehmen, vor allem weil wir Pressluft atmeten und nicht eines der speziellen Atemgase, die als Mischgas bezeichnet werden, und die Sporttauchern praktisch erst ab 1992, wenn auch zu hohen Preisen, zur Verfügung standen. Die überwältigende Mehrheit der Sporttaucher auf der ganzen Welt sieht jedoch keinerlei Veranlassung, tiefer als 40 oder

50 Meter zu tauchen, und Jahr für Jahr halten sich zu ihrer eigenen Sicherheit Millionen von Tauchern an die Empfehlungen der Sporttaucherorganisationen. Doch zwischen den Ambitionen und Fähigkeiten dieser Freizeittaucher und denen der Rouses lagen Welten, ähnlich wie zwischen Hobbybergsteigern und solchen, die den Mount Everest erklimmen oder dies zumindest versuchen.

Vielleicht war es auch zu meinem Besten, dass ich bei der Entdeckung von *U-Who* nicht dabei gewesen war. Meine Frau sagt immer: »Es hat schon alles seinen Grund.«

Nagel plante schon bald eine zweite Fahrt zu dem mysteriösen Wrack, an der ich aus beruflichen Gründen wieder nicht teilnehmen konnte. Nach seinem ersten Tauchgang auf dieser zweiten Fahrt sagte Steve Feldman, der auch beim ersten Mal dabei gewesen war, zu einem anderen Taucher: »Als ich da unten war, ging mein Atemregler verdammt schwer. Als ob ich Erbsensuppe mit dem Strohhalm hochziehen würde.« Bei seinem nächsten Tauchgang muss Feldman wegen Überanstrengung in der starken Strömung das Bewusstsein verloren haben, und er ertrank. Man konnte seine Leiche nicht finden. Sie trieb mehrere Monate lang über den Meeresboden, bis sie sich im Netz eines Fischtrawlers zwischen all den Meerestieren wiederfand, die für die New Yorker Restaurants bestimmt waren. Nach dem Tod Feldmans fanden viele das Tauchziel noch reizvoller und spannender. Wracktaucher sind wie Großwildjäger: Je schwieriger und gefährlicher es ist, eine Trophäe zu erlangen, desto größer ist der Statusgewinn. 70 Meter in kaltes, trübes Wasser hinabzutauchen und sich durch die Enge eines U-Boots zu zwängen, um vielleicht mit dem Nachweis über seine Identität nach oben zu kommen – das kam einer Besteigung des Mount Everest gleich.

Noch am selben Tag, an dem er das erste Mal zu *U-Who* getaucht war, traf Chatterton eine Vereinbarung mit den Expeditionsteilnehmern: sie waren die Einzigen, die zu dem Wrack tauchen durften, es sei denn, jemand führe auf einer späteren Fahrt nicht mit und ließe seinen Platz unbesetzt. Alle waren einverstanden. Der Tod Feldmans veranlasste mehrere der ursprünglichen Expeditionsteilnehmer, entweder den Tauchsport gänzlich aufzugeben oder aber, nur noch in geringere Tiefen und mit weniger Risiko zu tauchen, so dass nun für weitere Fahrten mehrere freie Plätze zur Verfügung standen. Einen davon erhielt Richie Kohler, ein Wracktaucher mit viel Erfahrung in großen Tiefen, der sich wegen seiner Unerschrockenheit unter Wasser einen Namen gemacht hatte. Die anderen beiden Plätze besetzte Chatterton mit Chris und Chrissy Rouse.

Chris Rouse konnte es kaum glauben, dass er und sein Sohn von Chatterton in das Team aufgenommen worden waren. Doch die meisten Taucher, die die Rouses kannten, würden sicher zustimmen, dass sie sich ihren Platz an Bord über mehrere Jahre hindurch redlich verdient hatten, in denen sie gezeigt hatten, dass sie nicht nur kompetent, sondern innerhalb der kleinen Gemeinde ambitionierter Taucher auch beliebt waren. Chris meinte zu einem Freund: »Was sagst du denn dazu, dass wir jetzt an dieser Expedition teilnehmen dürfen, wo die ganzen großen Taucher mit dabei sind? Wir, die Rouses! Mann, wir sind doch ein Nichts, Niemand! Aber die haben uns eingeladen. Ich kann's immer noch nicht fassen!« Chris, ein zäher, ehrgeiziger Taucher, schmunzelte jedes Mal wie ein kleiner Junge, wenn er von Chattertons Einladung sprach, die eine indirekte Anerkennung der Fähigkeiten und des Könnens der beiden war.

Dazu gehörte auch, Tauchgefährten zu Hilfe zu kommen. Sowohl Chris als auch Chrissy hatten schon andere Taucher vor dem Ertrinken gerettet. Einer war ein Freund gewesen, der in einer Höhle die Orientierung verloren hatte und auf der Suche nach dem Ausgang aus dem Tunnellabyrinth in die falsche Richtung geschwommen war. Chris und Chrissy suchten zusammen den Teil der Höhle methodisch ab, in dem sie ihren Freund vermuteten. Tatsächlich fanden sie ihn, bevor seine Luft ausgegangen war, und dirigierten ihn zurück an die Oberfläche. Und einen Monat vor ihrer *U-Who*-Expedition unternahm Chrissy Rouse einen Solo-Tauchgang zu einem Schiffswrack in 52 Meter Tiefe, als er auf einen ihm unbekannten Taucher traf, der wild gestikulierte. Trotz der Gefahr, die für den Retter von einem in Panik geratenen Taucher ausgehen kann, schwamm Chrissy ohne Zögern auf den Mann zu. Er kniete im Sand, und auf seinem Druckanzeiger las Chrissy ab, dass er nur noch sehr wenig Luft in den Flaschen hatte. Chrissy versorgte ihn mit Luft, stieg zusammen mit ihm auf und blieb so lange bei ihm, bis sie beide in Sicherheit auf dem Boot waren. Die Rouses sahen es als ihre Pflicht an, einem Taucher in Not zu helfen, ob sie ihn nun kannten oder nicht.

Nachdem Chatterton die Rouses zu der *U-Who*-Expedition eingeladen hatte, erklärten sie voller Enthusiasmus, sie würden etwas finden, das Auskunft über das U-Boot und den Grund für seinen Untergang geben könnte. Chrissy ging immer noch einen Schritt weiter als sein Vater: »Ich werde das Geheimnis des U-Boots lüften, und ich werde noch eine Menge anderer Sachen machen. Ich glaube, ich bin dazu ausersehen, ein zweiter Sheck Exley zu werden.« Es war schon ein starkes Stück, sich mit dem Michael Jordan des Tauchsports zu vergleichen. Exley hielt jeden nur erdenklichen Rekord im Höhlentauchen und galt allgemein als der Weltbeste in dieser gefährlichen Disziplin. Seinem Vater sehr ähnlich – gut aussehend, leidenschaftlich und etwas angeberisch, wenngleich er ein wirklich guter Taucher war –, malte sich Chrissy aus, einmal noch größer zu werden als Exley, denn er wollte Spezialist für Höhlentauchen *und* Wracktauchen werden. In Chrissys Vorstellung war die Aufdeckung des Geheimnisses von *U-Who* nur der Anfang in einer langen Serie von Erfolgen.

An Bord der *Seeker* sprang Chris Rouse aus der Koje, sobald er Chattertons Stimme hörte. Er war froh, das unruhige Lager endlich verlassen zu können. Er ging zu seinem Sohn hinüber und stieß ihn mehrere Male an. »He, raus mit dir, du Langschläfer! Es gibt was zu tauchen.«

Chrissy gab ein genervtes Stöhnen von sich. »Oh, bitte, ich kann jetzt nicht aufstehen.«

Chris war davon wenig beeindruckt. Er sah zu Barb Lander hinüber, der einzigen Frau an Bord, die ebenfalls noch in ihrer Koje lag. »He, Barb, jetzt hab ich fast acht Stunden darauf gewartet, dich ärgern zu können. Bist du endlich wach? Die Spüle ist voll mit dreckigem Geschirr. Du vernachlässigst deine Pflichten als Frau hier an Bord.« Mit ihren 38 Jahren war Barb eine erfahrene Wracktaucherin, sie kannte die ruppige, machohafte Szene genau. Sie drehte sich herum und zeigte Chris den Mittelfinger.

Chris lachte auf. »He, Barb, du solltest dich mal um deine Haare kümmern, dein Kopf sieht nämlich heute Morgen aus wie 'ne Spülbürste.«

Durch den Lärm, den Chris veranstaltete, wurden auch die anderen wach. Alle waren altgediente Wracktaucher: Steve Gatto, Tom Packer, Richie Kohler, Steve McDougall und John Yurga. Keiner von ihnen brauchte lange aufs Wasser hinauszuschauen, um zu erkennen, dass es verdammt düster zum Tauchen war. Zwar hatten sie alle Erfahrung im Nachttauchen, doch sie wussten, dass Tauchen bei solcher Dunkelheit untertags und bei dieser rauen See kein Spaß mehr war und sogar gefährlich werden konnte. Chatterton hatte angeordnet, der letzte Tauchgang sollte für alle um halb zwei Uhr nachmittags beginnen, und das hieß, man musste sich ganz schön beeilen, wenn man an diesem Tag zwei Mal ins Wasser wollte. Dafür hatten sich Gatto und Packer entschieden, und sie waren schon dabei, ihre Anzüge anzuziehen.

Chrissy Rouse kam aus seiner Koje, schüttelte seinen Kopf und fuhr sich mit der Hand durch seine braunen, schulterlangen Haare, die während der unruhigen Nacht durcheinander geraten waren. Immer noch nicht ganz wach, bewegte er sich vorsichtig in der Kabine. Er verzichtete auf seinen üblichen breitbeinigen Gang und tastete sich mit den Füßen auf dem schwankenden Untergrund zwischen Kleidungsstücken und Einkaufstüten voran. Statt des Miefs von zwölf Tauchern, ihren dreckigen, verschwitzten Klamotten und Essensresten, die im Abwaschbecken vor sich hin gammelten, dachte Chrissy an das extravagante Haus in Pennsylvania, das er und seine Tauchfreunde gemietet hatten, solange er sich das leisten konnte. Vor kurzem war er wegen einer Reihe von harmlosen, aber teuren Autounfällen wieder zuhause eingezogen bei seinem Vater und seiner Mutter, Sue. Wenn er könnte, würde er sich mit Julia ins Haus seiner Freunde absetzen.

Chrissy hatte Julia Bissinger auf einem Tauchlehrgang kennen gelernt. Sie war Kursteilnehmerin, er damals Assistent bei den Übungsstunden im Becken. Chrissy und Julia flirteten auf eine ruhige, fast lässige Art miteinander. Julia mochte Chrissys verspielte, unschuldige Art und hatte es gern, wenn er sie beachtete. Chrissy machte sich nicht auf die Macho-Tour an sie heran; er genoss es einfach, der attraktiven Kursteilnehmerin nicht gleichgültig zu sein. Beide machten kein Geheimnis daraus, dass sie eine andere, feste Beziehung hatten. Dennoch zeigten ihre bewundernden Blicke, wie sehr sie einander gefielen.

Nach dem Kurs verloren sich Chrissy und Julia aus den Augen. Ein Jahr nach ihrer ersten Begegnung traf Julia Chrissy zufällig im Tauchshop. Beide hatten ihre andere Beziehung inzwischen beendet und mussten mit dem Schmerz fertig werden, der sich unweigerlich einstellt, wenn junge Hoffnung und Leidenschaft zerstört werden. Sie fühlten sich sehr verletzlich. Wie zur Probe verabredeten sie sich einige Male, doch ohne konkrete Absichten. Ohne sich dessen bewusst zu sein, gaben sie einander viel Zartgefühl und Trost, wie ein gefühlvoller Pfleger, der einen schwer verwundeten Patienten behandelt.

Obwohl sie jetzt erst seit sechs Monaten ein Paar waren, verhielten sie sich zueinander so locker und unverkrampft, dass man hätte denken können, sie seien schon viel länger zusammen. Aber Wunden verheilen nur langsam, und obwohl keiner von beiden auf der Suche nach einem anderen Partner war, wollten sie die schönen Stunden, die sie miteinander hatten, nicht aufs Spiel setzen, indem sie mehr Nähe in der Beziehung einforderten. Julia war erst 23, Chrissy ein Jahr jünger. Sie hatten ja noch viel Zeit.

Chrissy schielte zum Fenster der *Seeker* hinaus. »Mann, was für 'n Wetter! Wer hat eigentlich mit dieser Schaukelei angefangen?« Dann fragte er in die Runde: »Was gibt's denn zum Frühstück?«

Sein Vater wandte sich zu ihm um. »Aha, der gnädige Herr ist aufgewacht und wünscht, bedient zu werden. Warum denn überhaupt aufstehen? Warum nicht Frühstück im Bett?« Er drehte sich zurück zu Barb. »Du, Barb, organisier uns mal ein paar Eier. Mach dich mal nützlich hier, ja?«

Chrissy fügte ganz sachlich hinzu: »Für mich keine Eier. Mach uns doch lieber Toast, Barb.«

Barb Lander war genau wie die beiden Rouses zahlende Kundin auf dem Boot und niemandem etwas schuldig. Aber das kümmerte Chris und Chrissy herzlich wenig, sie stritten munter weiter, was sie zum Frühstück essen sollten. Barb Lander schüttelte den Kopf. Vater und Sohn Rouse hatten sich wieder einmal in der Wolle, und sie dachte unwillkürlich daran, wie sich ihr eigener, halbwüchsiger Sohn mit einem Freund streiten konnte – nur das hier waren erwachsene Männer.

Als Chatterton an diesem Oktobermorgen die Taucher an Bord der *Seeker* vor der angekündigten Wetterverschlechterung warnte, hatten die meisten ohnehin bereits beschlossen, dass ihnen das Tauchen zu riskant war. Chattertons Worte bekräftigten ihren Entschluss nur noch. Am Vortag war der Wind weniger stark und die Wellen nur einen Meter hoch gewesen, und trotzdem hatte es eine handfeste Strömung gegeben, gegen die die Taucher hart hatten ankämpfen müssen, um die 70 Kilo schwere Ausrüstung unter Wasser zu bewegen und dann mit all dem Gewicht die Bootsleiter hochzuklettern. Als Chris Rouse an diesem Morgen auf das unruhige Wasser hinausschaute, spürte er die Anstrengung des Vortags in seinen Muskeln. Aber er war ein kräftiger Mann und verspottete Taucherfreunde, die für ihren Sport regelmäßig trainierten und ihm nahe legten, das Gleiche zu tun. »Ein Fitnessprogramm?«, schnaubte er. »Ja, klar. Macht mal einen Tag lang meinen Job und geht dann am nächsten Tag tauchen. Das reicht mir allemal, um fit zu bleiben.« In seinem Tiefbauunternehmen musste er oft kräftig anpacken. Wo die schweren Maschinen nicht einsetzbar waren, nahm Chris Rouse selbst Spitzhacke und Schaufel in die Hand. Im Übrigen war für ihn nicht das Tauchen selbst anstrengend: Die Ausrüstung wiegt ja unter Wasser nichts, so dass man beim Tauchen im Meer der Schwerelosigkeit so nahe kommt, wie es auf der Erde überhaupt möglich ist. Nein, was diesen Sport so anstrengend machte, war das Schleppen der Ausrüstung vom und zum Auto und Boot. Und das Klettern aus dem Wasser in voller Montur. Wenn die See so rau war wie an diesem Tag, musste ein Taucher darauf achten, auch zum Schluss noch genug Kraft zu haben, um aufs Boot zu kommen, das Kapriolen schlug wie ein Stier beim Rodeo. Chris wusste, dass seine Kräfte reichen würden.

Auf Deck, wo der Wind ihnen ins Gesicht peitschte, sah Chris seinen Sohn an, der mit kraus gezogener Stirn auf das Wasser schaute. »Dad, ich tauche heute nicht mit«, sagte Chrissy.

Das bedeutete, dass Chris keinen Partner haben würde. Die beiden tauchten immer zusammen. »Waas? Du Weichei! Also, ich geh jedenfalls runter. Was ist mit dir?«

Chrissy schluckte. »Ich glaube einfach, es ist besser, wenn ich heute nicht tauche. Vergiss es einfach«, antwortete er.

»Wie bitte? Hat so ein großer, kräftiger Bursche wie du etwa Angst?«

»Ich hab keine Angst, ich bin einfach klüger als du«, gab Chrissy zurück.

Chris grinste. »Ah so? Lass mich lachen – das Küken will klüger sein als die Henne. Ich hab dir alles beigebracht. Ich nehm dich doch beim Tauchen ans Händchen.«

Chrissy wurde rot vor Zorn. »Wenn ich nicht so langsam schwimmen würde, kämst du doch gar nicht hinterher!«

Chris verpasste einem »Scooter«, einem Gerät, von dem sich Taucher unter Wasser ziehen lassen, einen Fußtritt. »Ja genau, deswegen war ich auch so klug und habe gelernt, wie man solche Scooter repariert, die du auch ganz gerne benutzt. Sag mal, du Neunmalkluger, wann lernst du endlich, solche Sachen mal selber zu reparieren?«

Das saß. Chrissy wusste nämlich, dass er technisch nicht so begabt war wie sein Vater. »Spiel du doch mit dem Kinderkram rum – ich spiele lieber mit den Mädchen. Und ich hab's auch nicht nötig, gleich die Erstbeste zu heiraten.«

Als Chris geheiratet hatte, war er im Abschlussjahr an der High School gewesen. Seine Freundin Sue war schwanger geworden – mit Chrissy. Er schaute wütend zu seinem Sohn hinüber. »Dein gutes Aussehen hast du doch mir zu verdanken – sonst würde dich keine angucken.«

So ging es hin und her, sie warfen sich Beleidigungen an den Kopf, bis schließlich Chris zum vernichtenden Schlag ausholte. »Na gut, dann tauchst du halt nicht. Du warst schon immer ein

Versager, und jetzt zeigt es sich, dass du nichts weiter als ein Möchtegern-Taucher bist.«

Chrissy schaute auf die Wellen, dann auf die Füße seines Vaters. Er gab sich geschlagen. »Okay. Lass uns tauchen.«

Ein Grinsen flog über Chris' Gesicht. »Nee, nee, lass mal. Ich hab bloß Spaß gemacht.«

Das war zu viel für Chrissy. Jetzt hatte sein Vater ihn scharf gemacht, und er setzte nach. »Klar doch! *Mich* ein Weichei und einen Möchtegern-Taucher nennen, weil *ich* nicht tauchen will, und dann, wenn du mich so weit hast, selber kneifen! *Du* bist der Schlappschwanz. Und du willst ein Taucher sein? Was wärst du denn heute, wenn du nicht damals mit Mom den Glückstreffer gelandet hättest? *Du* bist das Weichei, und eine Memme noch dazu.«

Schach und matt. Nun, da Chrissy den Ehrgeiz, die taucherischen Fähigkeiten, vor allem aber die Männlichkeit seines Vaters in Frage stellte, hatte Chris Rouse keine Wahl mehr. Egal, unter welchen Bedingungen – nun mussten sie beide tauchen, und sei es nur, um sich gegenseitig zu beweisen, dass sie es konnten, dass sie *echte* Taucher waren.

Chatterton kümmerte sich unterdessen um seine Angelegenheiten. Solches Gezänk hatte er bei den Rouses schon oft miterlebt, es gehörte dazu wie der Wind auf See. Das hatte ihnen den Spitznamen »die Streithähne« eingebracht. Obwohl Chris und Chrissy Vater und Sohn waren (die Ähnlichkeiten im Körperbau und in den Gesichtszügen ließen daran keinen Zweifel), betrug der Altersunterschied zwischen ihnen nur siebzehn Jahre, und sie benahmen sich eher wie zwei Brüder auf dem Pausenhof der High School. Chatterton fragte sich immer, wie viel an ihren Wortgefechten echt und wie viel nur Show war. Ihr Verhalten als Taucher war vergleichbar mit einem breitbeinig daherkommenden Cowboy, aber gehörten die Streitereien auch zu ihrer Maske? Viele Taucher schienen sich über sie zu amüsieren, während anderen die ewige Streiterei ziemlich auf die Nerven ging. An diesem Oktobermorgen dachte Chatterton wieder einmal, dass dieses Ritual von Angriff und Gegenschlag Ausdruck eines Konflikts war, der sie unter Wasser einmal in große Schwierigkeiten bringen könnte.

Zwei Stunden vergingen, Wind und Seegang nahmen an Intensität zu, Gatto und Packer waren längst unten, während die Rouses stritten – über ihr Frühstück, darüber, ob Chrissy sich rasieren sollte, wie lange sie unter Wasser bleiben würden. Als Gatto und Packer wieder hoch kamen, waren die Wellen zwei bis zweieinhalb Meter hoch. »Da wirst du rumgewirbelt wie in einem Milchshake«, sagte Gatto trocken. »Ziemlich übel da draußen.« Chris dachte einen Moment darüber nach, dann zog er weiter seinen Anzug an.

Mit ihrer kompletten Ausrüstung sahen die Rouses aus, als wollten sie einen fremden Planeten erkunden. Chris und Chrissy trugen Trockentauchanzüge aus wasserdichtem Gummi, darunter so etwas wie Skianzüge, die sie in dem sechs Grad kalten Wasser vor Unterkühlung schützen sollten. An den Kunststoffhelmen waren mehrere Batterielampen befestigt. Mit ihren Masken sahen sie aus wie Insekten aus einer fremden Welt. Um ihre Arme trugen sie verschiedene, mit Bändern befestigte Messgeräte und Messer. Die Luft in den beiden großen Pressluftflaschen auf ihrem Rücken würde bestenfalls für eine Stunde Aufenthalt am Wrack ausreichen. Zwei weitere, unter den Armen an der Tarierweste befestigte Behälter enthielten die alternative Luftquelle für einen sicheren Aufstieg im Falle des Versagens der normalen Luftversorgung. Da es weder möglich war, mit den Leuten über Wasser zu kommunizieren, noch unter Wasser miteineinander zu reden, waren sie auf einfache Verständigungzeichen mit den Händen oder der Lampe angewiesen; für kurze Mitteilungen trugen sie am Unterarm auch noch eine kleine Schreibtafel aus Plastik, an der mit einem dünnen Gummischlauch ein Stift befestigt war. Wenn sie sich auf dem Meeresboden zanken wollten, mussten sie sich auf Gesten und einzelne Wörter beschränken.

Ich habe mit den Rouses zwei Wochen vor ihrer *U-Who*-Unternehmung gesprochen. Ich wusste, dass sie in das Wrack eindringen wollten, um das Logbuch zu finden. Wie die beiden, war auch ich Höhlentaucher, und ich übertrug die Techniken, die ich in den Unterwasserhöhlen von Florida gelernt hatte, auf das Wracktauchen. Wir hatten oft Gelegenheit, uns auszutauschen, und manchmal tauchte ich auch mit ihnen. Uns verband die Leidenschaft für die Unterwasserwelt, und nicht anders als Golf- oder Autofans besprachen wir alles miteinander, von der Ausrüstung über bestandene oder geplante Tauchabenteuer bis hin zum Szenetratsch. Wie es normal ist, wenn man seinen Sport leidenschaftlich betreibt.

Chris sagte mir, sie wollten normale Druckluft für ihre Tauchgänge zum Wrack benutzen. Ich dachte an die viereinhalb Martinis, die sie spüren würden, wenn sie am Wrack arbeiteten, und machte mir Sorgen. Als Tauchlehrer wusste ich, dass Chris und sein Sohn ein großes Risiko eingingen. Aber da man als Lehrer gut daran tut, die Anderen selbst zum richtigen Ergebnis kommen zu lassen, fragte ich: »Warum taucht ihr nicht mit Mischgas?« Gemeint war Atemluft, die mit teurem Heliumgas versetzt ist, um den betäubenden Martini-Effekt zu vermeiden, der einsetzt, wenn man in großer Tiefe normale Umgebungsluft atmet.

»Kann ich mir im Moment nicht leisten. Die Firma läuft grad nicht so gut.«

Wir wussten beide, dass der finanzielle Unterschied zwischen Pressluft und heliumversetztem Atemgas ein paar hundert Dollar ausmachte. Ich spürte die Resignation in Chris' Stimme und erschrak. »Wenn du dir das Helium, mit dem du den Tauchgang sicherer machen kannst, jetzt nicht leisten kannst, dann verschieb die Sache doch.«

»Oh, Chrissy und ich waren schon viel tiefer als 70 Meter mit Pressluft. Kein Problem für uns«, erwiderte Chris geringschätzig.

»Hast du denn Erfahrung mit U-Booten außer mit *U-853*, wo wir zusammen waren?«

»Na, ich war ja vor ein paar Wochen schon mal bei *U-Who* unten«, erläuterte Chris. »Im Übrigen ist das Eindringen in ein Wrack vom Prinzip her ganz ähnlich wie das Höhlentauchen. Und Bernie – du weißt, wie gut ich das kann.« Als ich nicht reagierte, setzte er hinzu: »Außerdem wird Chrissy reingehen, ich warte draußen als Sicherungstaucher.«

Kein Luft-Helium-Gemisch und nur minimale Taucherfahrung in U-Booten – das Vorhaben meiner Freunde machte mich mehr als besorgt. Ich wusste aus eigener Erfahrung, wie tückisch U-Boote sein können. Mehrmals habe ich drei verschiedene U-Bootwracks vor der amerikanischen Ostküste besichtigt und bin dabei oft in den extrem engen Innenraum eingedrungen. Meine U-Boote hatten allerdings in viel geringeren Wassertiefen gelegen als *U-Who:* das Tiefste war *U-853* gewesen, das in meist trüben, kalten nordöstlichen Gewässern in einer Tiefe von 40 Metern lag. Die beiden anderen dagegen befanden sich im warmen, klaren, tropischen Wasser vor North Carolina und boten dem Taucher eine anspruchsvolle, aber hinlänglich überschaubare Umgebung zum Sammeln von Erfahrung. Ich bekomme noch im Nachhinein weiche Knie, wenn ich an den einen Tauchgang denke, den die Rouses ein Jahr zuvor auf unserem gemeinsamen Trip zu *U-853* gemacht hatten. Damals hatte sich ein erfahrener Taucher aus der Gruppe in dem Wrack an einem scharfen Metallstück einen Druckschlauch durchtrennt, und eine Unmenge brodelnder Luft strömte unter großem Getöse aus, was zur Folge hatte, dass durch aufgewirbelte Ablagerungen und Rostteilchen die ohnehin schlechte Sicht mit einem Schlag auf Null sank. Es gelang dem Taucher, aus dem Wrack herauszukommen, und Chrissy Rouse sperrte das Ventil ab, so dass er nicht all seine Luft verlor.

Ich versuchte es mit einem letzten Appell an die Vernunft. »Mensch, Chris, lass dir mit diesem Tauchgang einfach noch ein bisschen Zeit. Sammle mehr U-Boot-Erfahrung an weniger tiefen Wracks wie *U-853* und warte, bis du genug Geld für Helium hast. Und dann macht ihr euch auf die Suche nach dem Logbuch von *U-Who.* Ist nämlich ein riskantes Ding, was ihr da vorhabt.«

»Nee, lass mal, das klappt schon.«

Als Barb Lander Chris beim Anlegen der Ausrüstung half, schaute er sie an und sagte: »Ich hoffe bloß, dass wir diesen Tauchgang nicht bereuen.«

»Dann taucht nicht, lasst es einfach.«

»Sohnemann will. Da muss ich mit runter.«

»Lass ihn alleine tauchen.«

»Nein, ich muss mit«, war die düstere Antwort.

Tom Packer und Steve Gatto hatten ihre Ausrüstungen inzwischen abgelegt. Sie schauten zu den Rouses und konnten nicht glauben, dass jemand bei diesen Verhältnissen tatsächlich tauchen wollte. Gatto drehte sich zu Packer und raunte ihm zu: »Die spinnen, die beiden. Die wissen ja nicht, was sie erwartet.« Packer war derselben Meinung. »Ja, die haben einen Knall. Aber sonst sind das prima Typen, und tauchen können sie auch. Außerdem bringen sie 'ne Menge Abwechslung hier rein. Steve, wir sollten öfter mit denen tauchen.« Gatto nickte nur.

Während Barb letzte Hand an Chris' Ausrüstung legte, richtete sich Chrissy auf und arbeitete sich in seinen Schwimmflossen und mit den Pressluftflaschen auf dem Rücken mühsam zur Schwimmplattform vor. Als eine hohe Welle das Boot erfasste, fiel er aufs Deck und zerdrückte mit seinem Knie die Rolle einer Sicherungsleine. Gatto und Packer halfen ihm wieder auf die Beine, und er stolperte auf die Reling zu. Bevor er dort angekommen war, fiel er erneut und rollte so herum, dass seine Doppelflasche flach auf dem Deck lag und seine Beine in die Höhe zeigten. Er sah wie eine hilflos auf dem Rücken liegende Schildkröte aus. Die umstehenden Taucher verkniffen sich das Lachen und halfen Chrissy wieder auf die Beine. Er schaffte es schließlich, ohne weiteren Sturz über die Reling ins Meer zu springen.

Mit einem lauten Platschen folgte Chris seinem Sohn. Chatterton, Barb Lander und die anderen Taucher schauten zu, wie Vater und Sohn unter den tosenden Wellen in die Tiefe verschwanden.

KAPITEL 2

Setze nicht dein Leben aufs Spiel!

Frühjahr 1988 – Eine bescheidene Wohnung im Osten Pennsylvanias. Zwölf Männer und Frauen sitzen um einen Esstisch herum, ihre Teller größtenteils schon leer gegessen.

»Tauchen ist bescheuert. Das ist nur was für Lebensmüde.«

Als bei einem Essen unter Sportpiloten im Jahre 1988 das Gespräch auf Tauchsport kam, erklärte Chris Rouse seinem Freund Ken Reinhart gegenüber rundweg, nur Verrückte würden sich in die Tiefen des Wassers wagen. Fliegen – *das* sei ein Sport für richtige Männer.

Reinhart war es gewesen, der Chris 1981 auf dem Quakertown Airport in Pennsylvania in der Famous Ugly Aeroplane Company das Fliegen beigebracht hatte. Dabei hatte sich Chris stets als sehr vorsichtiger Schüler erwiesen, der sich nur bei sehr ruhigem Wetter in die Luft wagte. Während seiner Ausbildung im Instrumentenflug – Lernziel dabei ist, das Flugzeug in blindem Vertrauen auf die Instrumente zu steuern, wie es nachts und bei schlechtem Wetter notwendig sein kann – musste Chris bei den verschiedensten Wetterlagen starten, was ihm gar nicht behagte. Er fühlte sich in dem kleinen Privatflieger völlig dem Wind und den Turbulenzen ausgeliefert. Sein Magen hüpfte auf und ab und sein ganzer Körper wurde hin- und hergeschüttelt. Er kam sich vor wie auf einer besonders gemeinen Achterbahn. Manche Leute finden diese Erfahrung des Kontrollverlusts sehr aufregend, für Chris war sie beängstigend.

Doch die schlichte Funktionalität der Cessna, mit der Chris fliegen lernte, gefiel ihm. Das schmale Instrumentenbrett aus Fiberglas ließ das Flugzeug weniger bullig erscheinen als einen fahrbaren Rasenmäher. So eine Maschine sieht aus, als ließe sie sich meistern. Als Kind hatte Chris alles Mögliche zerlegt, um herauszufinden, wie es funktioniert. Ständig hatte er an irgendetwas herumgebastelt. Als Teenager hatte er einen 1955er Chevy aufgemöbelt, bis er lief wie neu. Da er auf Äußerlichkeiten nichts gab, machte er sich nie die Mühe, dem Wagen außer einer grauen Grundierung noch eine richtige Lackierung zu geben. Ganz wie bei diesem Chevy waren es die ursprüngliche Einfachheit und Logik, die ihn bei dem Flugzeug anzogen.

Ken Reinhart, der Fluglehrer von Chris, weihte seinen Schüler in alle Geheimnisse der Fliegerei ein und begleitete aufmerksam seine Fortschritte. Eines Tages, als sie wieder einmal in der Luft waren, meinte er, Chris solle jetzt alleine landen. Als Chris das Flugzeug nach der Landung zum Stehen gebracht hatte, kletterte Reinhart aus der Kanzel und sagte: »Glückwunsch. Sie sind jetzt reif für Ihren ersten Alleinflug. Starten Sie.« Reinhard schloss die Tür vor dem verblüfften Chris, der nicht einmal die Zeit hatte, ihm zu antworten. Nun war Chris ganz auf sich gestellt. Plötzlich erschien ihm das Flugzeug viel größer. Doch Chris wusste, dass er es konnte; sein Flugzeug kletterte in den Himmel, und mit ihm sein Selbstvertrauen.

Nachdem er mehrere Alleinflüge absolviert hatte, war Chris bereit für die letzte Phase des Trainings. Unmittelbar vor seiner letzten Prüfung beging Chris einen weit verbreiteten Fehler, er übersah die hohe Tragfläche der Cessna und holte sich eine blutige Beule an der Stirn. Trotzdem setzte er sich ans Steuer, ein Taschentuch an den Kopf gepresst. Er bestand und erhielt seinen Pilotenschein ausgehändigt. Bald unternahmen Chris und Sue Ausflüge in die Lüfte, wobei Sue die Rolle des Navigators übernahm. Zunächst begnügten sie sich mit kurzen Flügen, bei denen sie die Gegend aus der Luft erkundeten. Nachdem Chris mehr Flugerfahrung gesammelt hatte und sich auch ohne Fluglehrer an seiner Seite zunehmend sicherer fühlte, wurden seine Ziele ehrgeiziger. Die Zusammenarbeit des Paars als Pilot und Navigator klappte hervorragend. Die Zeit war reif für bedeutend größere Exkursionen. Chris' erster Fluglehrer, Pete Miller, lieh ihnen sein Flugzeug und für den Notfall auch seine Kreditkarten. Er verabschiedete die beiden nach Florida mit den Worten: »Ein Absturz käme mir genauso gelegen wie ein Verkauf!« Chris war jemand, der leicht die Freundschaft und Großzügigkeit der Menschen gewann – und der schwarzen Humor vertrug.

Nachdem er sich nun einige Jahre in luftigen Höhen herumgetrieben hatte, zog es Chris doch auch in die Tiefe. Nur wenige Tage nachdem er bei dem Essen jene Bemerkung über die Gefährlichkeit des Tauchens gemacht hatte, ging er zusammen mit Sue zu Ken, um sich dessen Taucherausrüstung anzuschauen. Gas gefüllte Druckflaschen kannte Chris aus seinem Tiefbauunternehmen, weil sie beim Schweißen verwendet werden. Hochdruckgasflaschen versorgen den Schweißbrenner mit dem nötigen Gemisch, um eine gleichmäßige und vor allem sehr heiße Flamme zu entwickeln. Der Regler mit der einfachen Schlauchverbindung, durch den der Taucher atmet, schien unkompliziert zu sein, und die verschiedenen Messinstrumente für die Tiefe, die Tauchzeit und den verbleibenden Vorrat in der Flasche waren für Chris in ihrem Aufbau ebenso logisch wie ein Auspuffkrümmer und weniger kompliziert als das Instrumentenbrett einer Cessna. Chris und Sue gingen bald darauf zu Underwater World, dem Taucherladen in Horsham, Pennsylvania, wo Chris einen Kurs buchte. Er meldete auch seinen achtzehnjährigen Sohn Chrissy für den Kurs an, ohne ihn vorher zu fragen. Ihre Sportfliegergruppe plante einen kombinierten Flug- und Tauchurlaub auf den Bahamas, an dem auch die Familienangehörigen teilnehmen sollten. Das gemeinsame Taucherlebnis würde sicherlich ihre kameradschaftliche Verbundenheit stärken, dachte Chris. Außerdem war Tauchen etwas, was sie als Familie gemeinsam unternehmen konnten.

Sue hatte einen Kurs an der Abendschule belegt und konnte daher vorerst nicht am Training teilnehmen, doch hatte sie die gemeinsame Fliegerei mit ihrem Mann stets begeistert. Von ihm angesteckt, war sie nun auch sehr gespannt auf das Tauchen.

Chris erzählte seinem Sohn voller Begeisterung von dem Tauchkurs, den sie zusammen machen würden – wieder einmal ein Abenteuer für Vater und Sohn. Chris hatte immer so viel

Zeit wie möglich mit seinem Sohn verbracht. Sie hörten oft zusammen Musik, wobei ihre Favoriten die ganze Bandbreite von Klassikern wie Beethoven bis zu Frank Sinatra umfasste. Sie verschlangen außerdem Sciencefiction- und Actionfilme. Ihre Lieblingssendung im Fernsehen war *Dr. Who,* eine britische Sciencefiction-Serie, ein Vorläufer von *Raumschiff Enterprise,* in der es um den Erfinder einer Zeitmaschine geht. Chris und Chrissy waren stets fasziniert von den fremden Welten, die Dr. Who erforschte und von den fremdartigen, meist feindlich gesinnten Wesen, auf die er dort traf. Ab und zu nahmen Vater und Sohn sogar gemeinsam an Treffen von Fans der Serie teil, aber sie gingen nicht so weit wie andere, dort in der Verkleidung einer der zahlreichen Figuren aufzutauchen.

Chris wusste sehr gut, wie wichtig es für Chrissy war, eine enge Beziehung zu seinem Vater und ein starkes Zugehörigkeitsgefühl zu entwickeln. Im Alter von acht Jahren wurde bei Chrissy Hyperaktivität diagnostiziert. Damals, 1978, gab es dafür noch keine Medikamente. Chrissy war nicht dümmer als andere und auch nicht zurückgeblieben, aber seine Lehrer waren der Meinung, dass es ihm aufgrund seiner Konzentrationsschwierigkeiten doch recht schwer fiel, mit den anderen mitzuhalten. Man empfahl seinen Eltern, ihn Sonderkurse belegen zu lassen, damit er beim Lesen und in anderen Lerntechniken besser Anschluß fand. Obwohl Chrissy die meiste Zeit über mit den anderen Kindern zusammen war, wurden seine Sonderkurse doch Zielscheibe grausamer Witzeleien. Manchmal kam Chrissy tränenüberströmt nach Hause. Er fühle sich wie ein Außenseiter, erzählte er seiner Mutter, die Sonderkurse machten es ihm schwer, mit seinen Klassenkameraden auszukommen. Nach einem Jahr hatten sich immer noch keine großen Fortschritte eingestellt. Chrissys Eltern waren zunehmend besorgt, dass ihr Sohn allzu sehr unter den Hänseleien seiner Mitschüler zu leiden habe. Sie entschieden sich schließlich dafür, Chrissy aus den Sonderkursen herauszunehmen. »Wir wollen, dass Chrissy wie jeder andere behandelt wird«, erklärte Sue unbeirrt den Vertretern der Schule, die damit nicht einverstanden waren. »Er soll wieder die ganz normalen Kurse besuchen.«

Chrissys schulische Leistungen und seine Noten waren nicht herausragend, aber sie waren auch nicht wirklich schlecht. Während seiner restlichen Schulzeit war er ein durchschnittlicher Schüler, und nach und nach gewann er auch seinen Platz unter seinen Klassenkameraden zurück. Die Hänseleien hörten schließlich ganz auf.

Jetzt, mit achtzehn, zeigte sich Chrissy trotz aller Nähe zum Vater wenig begeistert von dem Vorschlag, gemeinsam mit ihm zu tauchen. Das hatte nichts mit dem Tauchsport zu tun, sondern lag am Verhältnis zu seinem Vater und zu sich selbst. Dem einzigen Kind der Rouses fiel es nicht leicht, seinen eigenen Weg zu finden. Vor ihrem ersten Kursabend gerieten sie in Streit. Sein Vater solle doch alleine gehen, meinte Chrissy. Er hatte Besseres zu tun, beispielsweise mit seinem besten Freund rumzuhängen und Mädchen aufzureißen. Dazu brauchte er seinen Vater nicht.

Also ging Chris alleine. Es machte ihm viel Spaß, und sein Enthusiasmus bewog Sue, mit Chrissy zu reden, ob er sich die Sache nicht noch einmal überlegen wolle. Schließlich sagte Chrissy zu. Vielleicht war doch was dran an dieser Taucherei, Dad hin oder her.

Ihr Tauchlehrer Denny McLaughlin merkte gleich, dass die Rouses im Wasser gut zurechtkamen und sich die Grundkenntnisse schnell aneignen würden. Es war nicht zu übersehen, dass sie Ehrgeiz hatten, nicht nur im Wasser, auch beim theoretischen Unterricht. Als erfahrener Lehrer achtete McLaughlin nicht nur auf ihre taucherischen Fähigkeiten, sondern auch auf ihr Zusammenspiel und ihr Verhalten. So merkte er schnell, dass sie beim kleinsten Anlass zu streiten anfingen. Als sie sich einmal auf das Beckentraining vorbereiteten, meinte Chris zu seinem Sohn: »He, du hast deine Flasche nicht richtig angeschnallt. Das Ventil sitzt schief.«

Chrissy runzelte die Stirn und rollte mit den Augen: »Nein, habe ich nicht. Du guckst bloß schief.«

»Ich gucke schief? Sei nicht albern. Die Ventilöffnung soll direkt auf deinen Hinterkopf zeigen, und das tut sie keineswegs!«

»Oh, ja? Und woran siehst du das?«

»Na, das ist kein Kunststück. Das sieht man doch schon daran, wie die Schläuche an der Flasche sitzen.«

Chris machte sich an der Ausrüstung zu schaffen. »Du machst das einfach nicht richtig. Mein Gott, was habe ich bloß für einen Deppen in die Welt gesetzt!«

Chrissy schüttelte ihn ab. »Ist wohl vererbt.«

Nach einigen Minuten Unterwassertraining kam Chrissy an die Oberfläche, nahm seine Maske ab und schimpfte: »Herrgott, ich kann mir ja vorstellen, dass es nicht so einfach für einen alten Knacker wie dich ist, aber glaubst du im Ernst, du kannst da rumpaddeln, wie's dir einfällt?«

Eine Sekunde lang verriet das Gesicht des älteren Rouse, dass er sich getroffen fühlte. »Für'n alten Knacker war ich gar nicht so schlecht, glaube ich, hatte jedenfalls keine Mühe, mit dir mitzuhalten. Aber 'n Moment hab ich schon überlegt, ob ich dich nicht überholen soll, das sieht so *krampfig* aus, wie du schwimmst.«

»Sonst noch was? Ich musste dauernd aufpassen, dass du mir nicht in die Quere kommst.« Chrissy schwamm zum Rand des Beckens. McLaughlin atmete tief durch und beschloss, lieber nichts zu sagen. »He, hast du schon mal die Dinger an deinen Füßen bemerkt? Das sind Flossen. Denny hat uns erklärt, dass man damit schwimmt. Versuch's mal damit, statt mit deinen Armen rumzufuchteln.«

»Ich bin *nicht* mit den Armen geschwommen.«

»Bist du wohl.«

»Bin ich nicht.«

»Und ob. Drei Mal hast du mich mit den Armen gestoßen. Ich hab mitgezählt.«

Denny McLaughlin hatte den Eindruck, dass die körperliche Rivalität der beiden besser zu Brüdern als auf das Verhältnis zwischen Vater und Sohn gepasst hätte. Wenn man ihnen zusah, wie sie ständig aneinander gerieten, hätte man leicht denken können, dass sie sich eines Tages noch umbringen würden, doch McLaughlin wusste, dass es einfach nur die Art war, wie sie miteinander umgingen. Vielleicht würden sie sich gegenseitig anspornen, gute Taucher zu werden. Und sie waren eine Bereicherung für den Kurs: Hilfsbereit gegenüber den

33

anderen Teilnehmern, kümmerten sie sich auch um kleinste Ausrüstungsprobleme und sprachen jedem Mut zu, der nach den Tauchgängen im Becken Zweifel an seinen Fähigkeiten hatte.

Die Teilnehmer lernten sich während des zehnwöchigen Lehrgangs sehr gut kennen. Jeden Tag gingen sie zusammen in ein kleines Restaurant, um einen Happen zu essen und noch ein bisschen zu quatschen. Sowohl Chris als auch Chrissy wollten gerne Sue dabeihaben, und schon nach dem ersten Abend redeten sie auf sie ein, doch ebenfalls mitzukommen. »Aber ich kenne doch niemanden. Ich käme mir blöd vor, es würde euch nur die Stimmung verderben«, meinte Sue.

Die beiden widersprachen sofort: »Aber nein, die sind alle unheimlich nett. Die musst du mal kennen lernen. Du wirst sehen, du gehörst gleich zur Familie.«

Sue wusste, wie gerne ihr Mann unter Leuten war. Sie war ganz begeistert gewesen, als er mit ihr zum Klassentreffen ihrer ehemaligen High School gegangen war. Ihre früheren Mitschüler hatten sich so sehr verändert – wie ich selbst auch, dachte sie –, dass sie sich ein wenig verlegen und nicht sonderlich zu Gesprächen aufgelegt fühlte. Chris hingegen sprach gleich jeden an, stellte sich lächelnd und selbstsicher vor, schüttelte allen die Hand und strahlte wie ein Politiker auf Wahlkampftour. Mit jedem fand er gleich ein Thema, über das man reden konnte. Bei seiner ungezwungenen Art, seinem Lächeln und seinem Humor fühlte sich jedermann in seiner Gesellschaft gleich wohl. Als der Abend vorüber war, musste Sue ihn regelrecht wegschleppen.

Wieder zu Hause, beklagte sich Sue bei Chris darüber, wie unwohl sie sich bei dem Treffen gefühlt hatte. Chris nahm seine Frau in den Arm und sagte ihr: »Du bist so stark, gibst einem so viel Lebensmut. Ohne dich könnte ich gar nicht leben. Wenn dir was passieren würde, dann wüsste ich gar nicht, was ich machen sollte. Aber du würdest im umgekehrten Fall bestimmt andere Männer kennen lernen und am Ende auch wieder heiraten.«

Sie gewann Kraft aus der Fröhlichkeit ihres Mannes und der Liebe, die er ihr trotz der Pfunde, die sie seit der Hochzeit zugelegt hatte, bewies. Immer, wenn sie auf ihr Gewicht zu sprechen kam, beruhigte er ihre Selbstzweifel und Selbstvorwürfe mit freundlichen und liebevollen Worten. Chris hatte viel Vertrauen zu seiner Frau, nie hätte er etwas unternommen, ohne zuerst ihre Meinung einzuholen oder ohne sie daran zu beteiligen. Sie war ihm eine zuverlässige Stütze, bei allem, was er vorhatte, wie immer die Dinge sich auch entwickelten, und sie ermutigte ihn stets, seinen Träumen zu folgen: »Chris, du lebst nur ein Mal. Tu das, wozu du Lust hast, tu es und mach das Beste draus«, sagte sie oft zu ihm. Sue war der Anker im Leben von Chris, der ihn in allen Stürmen am Platz hielt, ihm aber gleichzeitig die Freiheit ließ, sich dahin treiben zu lassen, wohin er wollte.

Schließlich lernte Sue die Mitglieder von Chris' und Chrissys Tauchkurs bei einer der abendlichen Zusammenkünfte kennen. Sie war froh, einmal eine Gelegenheit zu haben, ihre Abendkurse zu unterbrechen und außerdem nicht kochen zu müssen. Die anderen begrüßten sie mit Kommentaren wie: »Wir konnten es gar nicht abwarten, dich kennen zu lernen! Wir wollten auch mal das Supergirl sehen, das es mit unserem Dynamischen Duo hier aufnehmen kann!« –, womit sie auf die unerschöpfliche Energie anspielten, über die Chris und Chrissy zu verfügen schienen. Irgendjemand fragte: »Sue, wie machst du das nur? Die beiden sind so unermüdlich, einfach nicht totzukriegen. Wie hältst du das bloß aus?« Sie lachte und scherzte: »Ich besorge manchmal einen Babysitter wie euren Tauchlehrer, damit ich mich von ihnen erholen kann.«

Nach zehn Wochen waren der theoretische und der praktische Unterricht im Becken beendet. McLaughlin organisierte einen abschließenden Tauchgang bei Dutch Springs, wo es einen Steinbruch gab, der ein paar Jahre zuvor geflutet worden war und nun nicht nur als Badeplatz, sondern auch als Übungsgelände für Taucher diente. Die Besitzer des Steinbruchs hatten den See mit Unterwasserplattformen ausgestattet, die einige Meter über dem Grund lagen, so dass die Tauchschüler bei ihren Übungen nicht den feinen Schlick aufwühlten, der den Boden bedeckte. Das Wasser von Pennsylvania war kalt, und trotz der Plattformen trübte die bloße Anzahl der vielen Schüler, die aus allen möglichen Tauchschulen herbeigeströmt waren, die Sicht. Die vielen Menschen, die ins Wasser stiegen und herauskamen oder nach den Booten tauchten, die man zu ihrer Unterhaltung hier versenkt hatte, wühlten unvermeidlich den Schlick auf.

An Land musste sich McLaughlin vor und nach jedem Tauchgang die ständigen Streitereien anhören, die sich die Rouses lieferten. »He, Chrissy, wo hast du die Kiste mit den Ersatzteilen hingetan?«, rief Chris beispielsweise.

»Ich? Du solltest die einpacken.«

McLaughlin sah, wie Chris' Augen zu funkeln begannen. »Komm mir nicht schon wieder mit *der* Tour! Jedes Mal, wenn ich dir sage, du sollst an was denken, dann vergisst du es und schiebst *mir* die Schuld in die Schuhe.«

Chrissy warf seine Flossen hin. »Nein. Absolut nein. Ich habe alles mitgenommen, worum du mich gebeten hast. Schieb mir nicht in die Schuhe, was *du* vergessen hast!«

»Wie das Werkzeug vielleicht, das du letzte Woche zur Arbeit mitbringen solltest. Du erinnerst dich? Zwei Stunden hast du gebraucht, um das Zeug zu besorgen, und *ich* musste Überstunden kloppen, um das wettzumachen.«

»Ja, ich weiß. *Das* war meine Schuld, und ich habe mich dafür entschuldigt. Du brauchst das nicht ständig aufzuwärmen. Das machst du *dauernd*. Außerdem habe ich vorgeschlagen, selber länger zu arbeiten, um das auszugleichen. Aber heute habe ich *nichts* vergessen.«

Chris verbiss sich weitere Bemerkungen. »Schon gut, schon gut. Vergessen wir's. Wie wär's, wenn du mir ein Sandwich aus der Kühlbox holst? *Die* habe ich mitgenommen, das zumindest *weiß* ich!«

»Warum soll ich dauernd was für dich holen? Bin ich etwa dein Diener?«

Chris stieß einen tiefen Seufzer aus. »Meine Güte, kannst du mir nicht mal ein Sandwich holen, ohne zu meckern? Nach allem, was ich für dich getan habe?«

Die anderen Tauchschüler waren mittlerweile die ständigen Reibereien zwischen den Rouses gewohnt und beachteten sie gar nicht mehr. Sie wussten, unter Wasser würden die Atemregler sie daran hindern, sich anzugiften – mehr oder weniger.

Doch da nur noch ein Tauchgang in den beiden letzten Tagen vor der Prüfung anstand, hatte McLaughlin nun genug. »Okay, das reicht«, sagte er, stand auf und trat zwischen die beiden. »Wenn ihr es nicht schafft, euch jetzt zu beherrschen, dann könnt ihr's ja nächste Woche noch einmal mit eurer Prüfung versuchen.«

Mit anderen Worten, sie wären durchgefallen. *Das* war völlig inakzeptabel. Die beiden Rouses bissen sich auf die Lippen und schwiegen. Sie hielten jetzt freiwillig etwas Abstand voneinander und warfen sich während der weiteren Vorbereitungen für den Tauchgang nur noch böse Blicke zu. Das Tauchen selbst und der restliche Kurs verliefen ohne weitere Zwischenfälle, und schließlich erhielten sie ihren Tauchschein.

Nachdem sie ihren Kurs an der Abendschule beendet hatte, beschloss Sue, zusammen mit einer Freundin aus ihrer Fliegergruppe ebenfalls einen Tauchkurs zu machen, aber bei einer anderen Tauchschule. Anstelle des zehnwöchigen Intensivtrainings, das Chris und Chrissy absolviert hatten, belegte Sue eine Art Schnellkurs. Bald schon kam sie abends mit der Neuigkeit nach Hause, dass sie am nächsten Wochenende ihre ersten Tauchversuche unternehmen würde. »Ich kann es einfach nicht glauben, dass ich schon richtig ins Wasser soll. Ich habe das Gefühl, ich bin noch nicht so weit. Wir hatten ja erst ein paar Stunden. Ihr habt viel mehr Vorbereitung gehabt.«

»Mach dir keine Sorgen, Mom, da ist nichts weiter dabei. Dad und ich kommen mit, wenn du willst«, meinte Chris.

Chris stimmte sofort zu. »Das ist die richtige Einstellung, mein Junge. Sue, wir sind bei dir. Keine Bange.«

Sue fühlte sich gleich wohler. Sie freute sich, dass ihre beiden Männer sie so unterstützten.

Chris und Chrissy beobachteten aus der Ferne, wie Sue ihre Tauchausrüstung anlegte, um mit ihrem Kurs ins Wasser zu steigen. »Junior, wir müssen Sue etwas im Auge behalten. Mir wäre wohler, wenn sie ihren Kurs mit uns und Denny gemacht hätte«, sagte Chris. Chrissy stimmte ihm zu. »Ja, Mom scheint nicht so sicher zu sein. Ich glaube, ich mache mich mal bereit, ins Wasser zu gehen, falls sie Hilfe braucht.«

»Gute Idee«, sagte Chris. »Warum gehen wir nicht beide und planschen unauffällig ein wenig rum?«

»Es ist mir egal, ob es auffällt. Dieser Tauchlehrer gefällt mir nicht. Merkt der denn nicht, dass Mom noch ganz unsicher ist? Er sollte sie lieber noch eine Weile im Becken üben lassen, statt sie hier rauszuschleppen, bevor sie so weit ist«, stellte Chrissy fest.

»Jetzt ist es zu spät zum Meckern. Besser, wir bleiben jetzt ruhig und machen den Lehrer nicht an. Schließlich soll Mom ja ihren Tauchschein kriegen, und später taucht sie dann mit uns«, meinte der Vater zum Sohn.

Chris und Chrissy begleiteten also Sue und ihren Kurs bei ihrem Übungstauchen. Das Wasser war kalt, die Sicht aufgrund vieler Schwebteilchen gering, alles war in ein hässliches Braun gehüllt. Einmal wandte sich der Tauchlehrer zu Chris und schrieb auf seine Tafel: »Ufer welche Richtung?« Chris konnte es nicht fassen. Der Tauchlehrer hatte die Orientierung verloren und bat zwei Neulinge, die gerade mal ihren Tauchschein gemacht hatten, um Hilfe! Chris wies ihm in der braunen Brühe den Weg. Dann sah er seinen Sohn an, deutete auf den davonschwimmenden Tauchlehrer, rollte mit den Augen und schüttelte den Kopf. Chrissy nickte zustimmend.

Mit der Unterstützung von Chris und Chrissy hielt Sue durch und absolvierte die vorgeschriebenen Tauchgänge. Das war mehr, als einige der anderen Kursteilnehmer schafften. Zwei neue Taucher hatten sich der Gruppe angeschlossen, um ebenfalls die Prüfung abzulegen. Einer war Feuerwehrmann, der andere Elitesoldat. Beide gaben nach dem ersten Tag auf, abgeschreckt von dem kalten, schlammigen Wasser, mit dem sie sich nicht anfreunden konnten.

Nun hatten alle drei Mitglieder der Familie Rouse ihre Tauchprüfung abgelegt. Jedes Wochenende fuhren sie zum Steinbruch von Dutch Springs. Langsam wuchsen ihre Erfahrung und ihre Sicherheit. Chris und Chrissy waren unter Wasser schon fast zu Hause, und ihre Abenteuerlust wuchs. Bei ihren Unterwasserausflügen erforschten sie nach und nach alle Geheimnisse, die der große See zu bieten hatte. Sue traute sich etwas weniger zu und hielt sich meistens an Ken Reinhart, Chris' Freund und ehemaligen Fluglehrer. Reinhart war zwar kein Tauchlehrer, aber er hatte doch genug Erfahrung als Ausbilder, um zu erkennen, dass es für Sue besser war, noch eine Weile jemanden an ihrer Seite zu haben, bis sie sich richtig in die Unterwasserwelt eingewöhnt hatte. Geduldig brachte er Sue die Feinheiten des Tauchens bei. Sie war ihm sehr dankbar für seine Hilfe und Geduld und schätzte ihn als Lehrer sehr.

Aus ihren Gesprächen mit Ken erfuhren Chris und Chrissy, dass Sue noch einiges zu lernen hatte. Sie wollten unbedingt, dass ihr Tauchlehrer Denny McLaughlin mit Sue tauchte, ihre Technik in Augenschein nahm und sie trainierte. McLaughlin war beeindruckt, wie sich Chris und Chrissy um die Sicherheit und das Wohlergehen von Sue sorgten, und so stimmte er zu. Er lehnte es ab, von den Rouses Geld für zusätzliche Stunden zu nehmen. Für McLaughlin war es Belohnung genug, mit einer ganzen Familie zusammen zu sein, die sich so sehr für das Tauchen begeisterte; er wollte sein Bestes geben, um ihnen Spaß an der Sache zu vermitteln und sie als dauerhafte Anhänger des Tauchsports zu gewinnen.

Bald waren die drei Rouses jedes Wochenende am Steinbruch. Zwischen den Tauchgängen picknickten sie auf den umliegenden Feldern. Manchmal halfen sie auch den überforderten Tauchlehrern, ihre zahlreichen Kursteilnehmer ins Wasser und wieder heraus zu bringen, standen den Leuten bei Problemen mit ihrer Ausrüstung bei oder munterten jemanden auf, der die Nerven verloren hatte. Die Begeisterung, mit der sie sich in den Sport stürzten, wirkte erfrischend und ansteckend.

Sues und Chris' Wohlstand und ihre dauerhafte Beziehung basierten auf Enthusiasmus und Entschlossenheit. Dabei hatten sie es anfangs nicht leicht gehabt: Sue war schwanger geworden, als Chris noch auf der High School war. Sie hatten geheiratet. Sue war eine hervorragende Schülerin gewesen, ein Stipendium der University of Pittsburgh wäre ihr sicher gewesen, doch die Mutterschaft zwang sie, ihre Collegepläne aufzugeben. Das Paar wohnte zuerst bei den Eltern von Chris. Der frisch gebackene Ehemann und sein Vater hatten drei Jobs gleichzeitig. Chris war stolz wie ein König, als er im Beisein seiner Frau und seines Neugeborenen das Abschlusszeugnis der High School in Empfang nehmen konnte.

In jenem Herbst zog das Paar in ein großes, gemietetes Wohnmobil um, und Chris fand eine Stelle bei einem Autohändler, wo er bei miserabler Bezahlung untergeordnete Arbeiten erledigte. Eines Tages kam er nach Hause und erklärte seiner achtzehnjährigen Frau, er habe seinen Job hingeschmissen. Sue billigte diese spontane Entscheidung. Ihr Mann tat sich schwer damit, Anweisungen entgegenzunehmen; er wollte sein eigener Herr sein. Schließlich kam es ja darauf an, dass er zufrieden war, und irgendwie würde er schon für die Familie sorgen. Chris machte eine Firma auf, die Erdbauarbeiten übernahm – Schuttabfuhr von Baustellen, im Straßen- und Wegebau, Anlage von Entwässerungsgräben, Gruben für Swimmingpools und Abwassertanks. Er war glücklich – und er zeigte sich wenig beeindruckt von den Vorhaltungen seiner Eltern, sich doch eine *richtige* Arbeit zu suchen, worunter Chris sich nur eine Arbeit vorstellen konnte, bei der er herumkommandiert wurde. Jeder Zweifel verstärkte nur seine Entschlossenheit, mehr Aufträge an Land zu ziehen, die nötigen Maschinen zu kaufen, die er brauchte, um das Essen auf den Tisch stellen zu können und für seine junge Frau und ihr Baby ein Heim zu schaffen.

Bald kannte jeder im Bucks County von Pennsylvania den leutseligen, hart arbeitenden jungen Mann, und Mundpropaganda sorgte dafür, dass ihm die Arbeit nicht ausging. Seine Kunden schätzten seine Ehrlichkeit, seine vernünftigen Angebote und seinen Einfallsreichtum. Einmal, bei der Erschließung eines großen Heimwerkermarkts und Computerzubehörshops, hatte er den genialen Einfall, als Entlohnung lediglich die abgefahrene Erde und die Steine zu verlangen, die bei den Nivellierungs- und Ausschachtungsarbeiten in dem hügeligen Gelände anfielen. Der Verkauf als Füllmaterial würde ihm ein kleines Vermögen einbringen, wusste er. Chris erhielt den Zuschlag. Er verdiente genug Geld, um alle Kredite für seine schweren Maschinen zu bezahlen – von denen er einige sogar eigens für diesen Auftrag angeschafft hatte – und trotzdem noch Geld übrig zu behalten. In der Kundenzeitung, die der Heimwerkermarkt herausbrachte, erschien ein Artikel, der die Überschrift trug: »Der Mann, der einen Berg versetzte«. Auf der Titelseite sah man Chris auf einer seiner schweren Maschinen sitzen, die sich vor dem felsigen Berg, den er abtragen sollte, beinahe winzig ausnahm. Sein Ruf verbreitete sich immer mehr in der Gegend, was den weiteren Erfolg seines Unternehmens sicherte. Chris hatte etwas riskiert, und er hatte gewonnen.

Jetzt, wo er etwas Geld auf der Bank hatte, sein Geschäft blühte und sein Sohn schon fast ein Teenager war, wollte Chris sich etwas gönnen und sich ein Privatflugzeug kaufen. Doch Sue legte Einspruch ein. »Ich habe noch nie zu etwas nein gesagt, Chris«, erklärte sie, »aber ich will ein Haus haben. Du kaufst kein Flugzeug, bevor wir nicht ein Haus haben. Ich habe es satt, in einem Wohncontainer zu leben.« »Also gut, dann bauen wir eben ein Haus«, sagte Chris sofort. »Aber du und Chrissy, ihr müsst mir helfen, alleine schaffe ich das nicht!«

»Natürlich helfen wir dir. Niemand hat gesagt, dass du das alleine machen sollst. Wir haben doch bisher immer alles zusammen gemacht, Chris.«

Das stimmte, und Chris hatte seine Frau und seinen Sohn auch, wo immer es ging, an seiner Arbeit teilhaben lassen. Wie Chris Sue anvertraute, hoffte er darauf, später mit seinem Sohn zusammenarbeiten zu können, der dann vielleicht eines Tages den Betrieb übernehmen könnte. »Wenn Chrissy will, dann kann er seinen eigenen Betrieb führen und kann es sich ersparen, sich mit einem Chef herumzuschlagen, der ihm ständig auf die Finger sieht«, meinte Chris zu Sue. Chrissy arbeitete gerne mit seinem Vater. Besonders liebte er es, Bulldozer zu fahren, was er im Alter von zwölf Jahren lernte. Und er bewunderte die Fähigkeit seines Vaters, scheinbar mühelos alles zu reparieren, besonders die schweren Baumaschinen.

1983 fingen die Rouses an, ein eigenes Haus auf ihrem Waldgrundstück zu bauen. Um die Baukosten zu senken, erledigte er für andere Bauunternehmer aus der Gegend Arbeiten, für die sie ihm bei Dingen halfen, die er nicht selbst machen konnte, wie die Verlegung von Rohren und die Elektroinstallation.

Als ob es ihm nicht genügen würde, ein Haus zu bauen und gleichzeitig ein florierendes Unternehmen zu führen, machte Chris seinem Freund Ken Reinhart einen Vorschlag: »Du träumst doch auch schon lange von einem Haus. Komm, lass uns das zusammen machen. Ich helfe dir und du hilfst mir.« Ein derart großzügiges Angebot konnte Ken nicht ausschlagen. In den folgenden Jahren vertiefte sich die Freundschaft zwischen den beiden Männern noch.

Chrissy, der inzwischen dreizehn war, half ihnen beim Bau, genauso natürlich Sue. Obwohl es den Rouses nicht immer leicht fiel, nach einem langen Arbeitstag oder am Wochenende, wenn sie sich nach Erholung sehnten, noch an ihrem Haus zu bauen, stärkte diese Erfahrung doch die Familie. In dem Maße, in dem ihr Haus Gestalt annahm, wuchs auf der Grundlage der Erfahrung gemeinsamer, harter Arbeit auch ihr Zusammengehörigkeitsgefühl. Die Rouses und Reinharts kamen sich vor wie die Pioniere im alten Westen, die sich gemeinsam eine neue Heimat aufbauen.

Als das Haus nach zwei Jahren fertig war, kaufte Chris sich schließlich das Flugzeug. Eines Tages – Ken gab gerade Flugunterricht und konnte ihn nicht begleiten – schaute er sich alleine eine Cessna an, die zum Verkauf angeboten war, und kaufte sie auf der Stelle. Als Ken zurückkam, war Chris stolzer Besitzer eines Flugzeugs. Die spontane Entscheidung seines Freundes überraschte Ken, er hatte gedacht, Chris würde sich noch eine Weile umsehen und etwas vorsichtiger mit seinem Geld umgehen. Doch Chris war nicht nur ein Mann, der zwei Jahre lang geduldig ein Haus und dreizehn Jahre lang ein Unternehmen aufbauen konnte, er war auch in der Lage, einer plötzlichen Eingebung zu folgen und fünfzigtausend Dollar in zehn Minuten auszugeben.

Nun, da die Familie Rouse sich glücklich in ihrem neuen Heim eingerichtet hatte, ein eigenes Flugzeug besaß und alle ihren Tauchschein gemacht hatten, war es an der Zeit, sich einen Urlaub in wärmeren Gefilden zu gönnen. Sie flogen nach Bonaire, einer kleinen Karibikinsel, die zu den Niederländischen Antillen vor Venezuela gehörte und bei Tauchern sehr beliebt war. Das Wasser war angenehm warm, glasklar, und wimmelte nur so vor Leben. Lange bevor es in Mode kam, hatte die Regierung von Bonaire erkannt, welche Vorteile ein staatlicher Naturpark im Meer bieten konnte, in dem die Korallen unter Schutz standen und Fischen verboten war. Mit den Tauchern, die von der unberührten Unterwasserwelt angezogen wurden, blühte der Tourismus auf.

Für die meisten Taucher war ein Aufenthalt in tropischen Gewässern reiner Urlaub: Ein oder zwei Mal am Tag ging man ins Wasser, ohne sich groß dabei anzustrengen, sonnte sich den Rest des Tages mit Freunden am Strand und nahm ein paar Drinks. Die Rouses jedoch wollten nichts als tauchen. In fünf Tagen absolvierte Chris 22 Tauchgänge, meistens begleiteten ihn Sue und Chrissy. Als sie von Bonaire zurückkamen, waren sie schon am nächsten Wochenende wieder am Steinbruch. Aber nicht für lange. Bald fesselte ein Artikel über die Tauchmöglichkeiten von Ginnie Springs, in der Mitte des nördlichen Florida gelegen, Chris' Aufmerksamkeit. Hier gab es die Devil's Cave, ein weit verzweigtes Höhlensystem. Zusammen mit Ken Reinhart und einem anderen Piloten flog Chris hin, um sich die Sache anzusehen.

Als sie durch das flache Farmland Floridas, wo der Geruch von Kühen und Pferden in der Luft hing, in Richtung des weitläufigen Gebiets von Ginnie Springs fuhren, fiel Chris eine große Reklametafel auf. Sie stellte eine junge Frau mit wallendem, blondgelocktem Haar da, die am Ufer eines Flusses saß und wie in einem Märchenbuch ein Bein ins Wasser streckte. Ihre Haut war seidig und leicht von der Sonne gebräunt. Nur indem sie einen Arm und ein Bein anwinkelte, erschien sie nicht völlig bloß. Sie schaute auf einen roten Kardinal, der auf einem Zweig saß. Ginnie, die Wassernymphe, schien die Tafel sagen zu wollen, ist ein unschuldiges und gütiges Wesen.

Chris, Ken und ihr Fliegerkamerad bogen bei der Tafel ab, und schon wenig später ging die gepflasterte Straße in eine Sandpiste über. Ein eingeschossiger Bau erhob sich links in der Ferne, der Eingang zum Gelände von Ginnie Springs. Das gut proportionierte, weiträumige und geschmackvoll aus Holz errichtete Gebäude passte sich vollkommen der Umgebung an, wie Chris, dem Bauunternehmer, gleich auffiel. An den Wänden und in den Regalen sah man ordentlich ausgerichtete Messingklipps, ein Sortiment Schläuche in verschiedensten Größen, Spangen, Gurte, Lampen und Ausrüstungsgegenstände aller Art; Chris war begeistert. So einen Laden hatte er noch nie gesehen. Die Tauchergeschäfte, die er von zu Hause kannte, waren weder so groß noch so gut sortiert, und sie hatten auch nicht so ungewöhnliche Ausrüstungsstücke, wie sie in Ginnie Springs zu sehen waren. Beim Schlendern durch das Gebäude entdeckte er Unterrichtsräume, einen Gemischtwarenladen, eine Geschenkboutique, in der man bunte Strandhandtücher und T-Shirts mit Motiven von Ginnie Springs und vom Höhlentauchen kaufen konnte, eine Reparaturwerkstatt für Taucherausrüstung, Büros und eine Verleihfirma. Noch nie war Chris an einem Ort gewesen, an dem sich alles ums Tauchen drehte – es war wie für ihn geschaffen.

Chris und Ken zahlten ihr Eintrittsgeld an einem Schalter und schrieben sich zum Tauchen ein, wofür sie ihren Tauchschein vorweisen mussten. Man verlangte von ihnen, ein Formular zu unterschreiben, in dem sie bestätigten, dass sie auf die Risiken aufmerksam gemacht worden waren, die das Tauchen hier barg. Es war ihnen nicht gestattet, Unterwasserlampen zu benutzen: Da sie nur Taucherfahrung im offenen Wasser nachweisen konnten, drohte ihnen sofortiger Platzverweis, wenn sie es trotzdem taten. Ohne Lampen kam man nicht in Versuchung, den Bereich der Grotten zu verlassen, wo es immer noch genug Sonnenlicht gab, um den Weg zur Oberfläche zu finden.

Als sie den Taucherladen verließen, bemerkte Chris zahllose sandige Pfade, die sich vom Hauptweg durch das bewaldete Gelände schlängelten. An ihnen lagen Campingbuchten, denen Bäume Schatten und Abgeschiedenheit gaben. Bestimmt würde es seiner Familie gefallen, hier zu campen. Die Freunde setzten ihre Erkundung bis zum Santa Fé River fort, dessen träger, gewundener Lauf die natürliche Flanke an einer Seite des Geländes bildete. Schildkröten sonnten sich auf Baumstämmen, die ins Wasser gestürzt waren. Hier wurden die trüben Fluten durch den ständigen Zustrom frischen Wassers aus dem

Quellensystem aufgeklart, wodurch der Fluss insgesamt breiter wurde. Viele Leute ließen sich in Kanus oder auf Autoschläuchen in dem sanft und beständig dahinfließenden Wasser treiben. An der Quelle der Ginnie sah man im glasklaren Wasser deutlich die Fische herumflitzen. Chris war begeistert. So etwas hatte er noch nie gesehen; die Kanus schienen auf dem Wasser zu schweben, anstatt darauf zu fahren. Bonaire war nichts im Vergleich hiermit. Wie es wohl sein würde, in derart glasklarem Wasser zu tauchen? Er konnte es kaum erwarten. Am Nachmittag stiegen Chris und Ken in die Mündung der Quelle hinab, die aus einem schmalen Spalt bestand, der sich zwischen dem Sand und den Felsen öffnete. Direkt unter ihnen lag eine weiträumige Unterwasserhöhle. Nachdem ihre Augen sich an das Halbdunkel gewöhnt hatten, sahen sie, welch merkwürdige Formen das beständig fließende Wasser in die Felsen gegraben hatte. Manche sahen aus wie Tiere, andere wie schreiende Menschen. Man kam sich vor wie in einem Sciencefictionfilm. Da es hier genügend natürliches Licht gab, um von jedem Punkt der Kalksteingrotte den Ausgang zu sehen, war das Tauchen hier auch für reine Freiwassertaucher erlaubt.

In etwa 23 Meter Tiefe stießen sie auf ein stabiles Metallgitter, das schon vor etlichen Jahren hier angebracht worden war, um den Eingang zum Haupttunnelsystem zu verbarrikadieren. Chris griff nach dem Gitter, wobei er die starke Strömung spürte, die aus dem Innern der Höhle gegen seine Brust drang. Überrascht und ein wenig unwillig zog er sich nahe an die Gitterstäbe heran. Er kam sich vor wie ein Gefangener, dem die Freiheit versagt wird, diese geheimnisvolle Höhle dort zu erkunden. Sein kurzes Haar flatterte im Wasserstrom, der ihm auf der Gesichtshaut prickelte. Es war so erfrischend wie eine kühle Brise an einem heißen Tag. Und als er das Gitter losließ, wurde er nach hinten geweht wie ein Blatt, das der Wind im Herbst vom Baum weht.

Als sie wieder die Oberfläche erreichten, war Chris ganz außer sich vor Begeisterung. Er wollte unbedingt mit Ken auch das Devil's Cave-System erkunden, das zu den Quellen gehörte, die es hier gab, wo aber kein Gitter den Höhleneingang versperrte. Das große gelbe Warnschild am Ufer gegenüber dem Eingang beunruhigte Ken etwas. Aufmerksam las er: »Warnung! Höhlentauchen erfordert spezielles Training und Ausrüstung. Viele Menschen haben schon ihr Leben bei Tauchunfällen verloren ...« Ken, der erfahrene Fluglehrer, studierte aufmerksam die angeschlagenen Sicherheitsregeln für das Höhlentauchen.

Nicht alle Taucher sind so umsichtig wie Reinhart. Die Anziehungskraft, die vom dunklen Geheimnis einer Höhle ausgeht, kann so stark sein, dass sie den Instinkt der Selbsterhaltung in den Hintergrund drängt. Manch ein Angeber schlägt alle Warnungen in den Wind und begibt sich in das Devil's System, auch wenn seine Fähigkeiten, seine Erfahrung und seine Ausrüstung dazu bei weitem nicht ausreichen.

Floridas Kalksteinhöhlen sind nicht einfach Löcher oder Tunnel in der Erde, in die man kurz mal einsteigt, sich umsieht und dann wieder herauskommt. Es handelt sich um regelrechte Labyrinthe, geformt vom Regenwasser, das durch den porösen Stein gesickert ist und ihn in jahrhundertelanger Arbeit weggewaschen hat. Irgendwann erreicht das Wasser härtere Felsschichten, die es daran hindern, noch tiefer in die Erde einzudringen. In unterirdischen Flussläufen sucht es sich den Weg des geringsten Widerstands. Kilometerweit rauscht und wirbelt es unter der Landschaft dahin, bis es als Quelle an die Oberfläche sprudelt. Von oben gesehen, machen diese Quellen nur den Eindruck von Löchern, aus denen Wasser hervorsprudelt. In anderen Gegenden der Welt schafft das Wasser Höhlensysteme, die sich durch Lavafelder schlängeln oder sich durch Spalten und Schichten verschiedenster Gesteinssorten graben, die weitaus härter als Kalkstein sein können. Interessanterweise hat man einige der größten unterirdischen Seen und Höhlensysteme in Afrika entdeckt – dem Kontinent der ausgedehnten Wüsten, wo Wasser eine Kostbarkeit ist. Das exakte Ausmaß der gesamten Höhlensysteme der Erde, der Wasseradern unseres blauen Planeten, ist bis auf den heutigen Tag nicht bekannt.

Taucher sind wie Katzen, sie können ihre Neugier nicht bezähmen. Mancher Möchtegern-Höhlenforscher hat das schon mit dem Leben bezahlt. Einige haben vielleicht Glück, wie einst

Kolumbus; doch ein unerfahrener Höhlentaucher weiß selten, worauf er sich einlässt, und selbst wenn die Sache mehrmals gut geht, früher oder später ereilt ihn das Verhängnis. Und genau wie es schließlich Vasco da Gama war, und nicht Kolumbus, der den lang gesuchten Seeweg nach Indien fand, indem er sich an die Grundsätze Heinrichs des Seefahrers hielt und die Karten anderer Entdecker benutzte, wird sich ein kluger Höhlentaucher immer auf die Erfahrungen seiner Vorgänger und die von ihnen bereits erforschten Wege stützen. Während Kolumbus blind drauflos fuhr und schließlich durch Glück einen neuen Kontinent entdeckte, setzte da Gama auf Disziplin und methodisches Vorgehen, um sein Ziel zu erreichen. Und so macht es auch ein Höhlentaucher, der gerne noch seinen Enkelkindern erzählen will, wie er das Devil's System erforscht hat.

Als Chris und Ken an jenem Tag in den Höhlenkomplex eintauchten, sahen sie ein Schild, ganz ähnlich jenem, das sich auch heute noch an dieser Stelle befindet. Dort, wo das natürliche Licht seinen letzten, verblassenden Schimmer verbreitet, warnte es in strengem Schwarzweiß. Es stellte den Tod als Schnitter da, zu dessen Füßen Skelette in Taucherausrüstung lagen. In kräftigen schwarzen Buchstaben war zu lesen:

Halt!
Setze nicht dein Leben aufs Spiel!
Nicht weiterschwimmen!

Bedenke: Mehr als 300 Taucher, darunter auch Freiwassertauchlehrer, sind in Höhlen wie dieser ums Leben gekommen.
Bedenke: Tauchen erfordert eine Ausbildung. **Höhlentauchen** erfordert **Höhlentaucherausbildung** und eine **Höhlentaucherausrüstung**.
Bedenke: Ohne Höhlentaucherausbildung und Höhlentaucherausrüstung können Taucher hier ums Leben kommen.
Bedenke: Das kann **auch dir** passieren!

Es gibt nichts in dieser Höhle, für das es sich zu sterben lohnt. Schwimme nicht weiter.

Einmal waren zwei Freunde, die keinerlei Höhlentaucherfahrung hatten, in das Devil's System vorgedrungen. Ihre Ausrüstung bestand lediglich aus einer Luftflasche, zwei Masken und einem Paar Schwimmflossen. Der eine hatte den anderen huckepack geschleppt, mit einem Zusatzmundstück hatten sie sich die Luft der einen Flasche geteilt. Sie wollten nur einmal einen Blick in die Höhle werfen, Neugier war ihr einziger Antrieb. Hätten sie das nötige Training gehabt und eine Sicherungsleine benutzt, es wäre ihnen ein Leichtes gewesen, wieder hinauszufinden. Man fand ihre Leichen eingeklemmt in einem schmalen Durchgang. An Spuren im Schlick konnte man noch sehen, wie sie im Todeskampf panisch um sich getreten hatten. Mit ihren letzten Atemzügen hatten sie offenbar mit ihren bloßen Fingernägeln an der Höhlendecke gekratzt, in dem verzweifelten Versuch, sich durch Tonnen von Gestein ins Freie zu graben.

In den Höhlen Floridas ist der Tod für die allzu Tollkühnen manchmal schlimmer, als man sich das in Romanen ausmalt. Ein unerfahrener Taucher, der alleine und ohne Sicherungsleine losgeschwommen war, ritzte mit seinem Messer eine Abschiedsbotschaft in die einzige Luftflasche, die er mitgenommen hatte: »Ich habe mich verirrt. Tut mir Leid. Mom, ich liebe dich.«

Einige Unerfahrene versuchen es auch mit Sicherungsleinen. So wollten sich einmal zwei Taucher in einem Tauchshop eine Rolle mit Sicherungsleine kaufen; erfahrene Höhlentaucher haben stets mehrere bei sich. Der Ladenbesitzer verlangte einen Nachweis über einen Höhlentaucherkurs, und als sie den nicht vorzeigen konnten, weigerte er sich, ihnen Taucherausrüstung gleich welcher Art zu verkaufen, nicht einmal eine Rolle ohne Leine. Doch sie ließen sich nicht abschrecken und kauften sich in einem Sportgeschäft eine Spule mit durchsichtiger Angelschnur aus Nylon. Als man später ihre Leichen fand, hatten sie sich hoffnungslos in der reißfesten, im Wasser nahezu unsichtbaren Schnur verfangen. Ihre Arme waren fest gegen ihre Körper gepresst, ihre Atemregler baumelten vor ihren Gesichtern. Die weit aufgerissenen Münder drückten immer noch das panische Entsetzen des Todeskampfes aus.

Gerüchteweise war auch von noch furchtbareren Todesfällen in Ginnie Springs zu hören. Einer dieser Geschichten zufolge sollen drei unbedarfte Taucher in das Tunnelsystem eingestiegen sein, und mindestens einem von ihnen ist in den stockdunklen Höhlen die Luft ausgegangen. In ihrem Überlebenskampf stachen sie angeblich mit ihren Tauchermessern aufeinander ein, um ihre Kameraden um ein paar Atemzüge zu überleben. Alle drei sollen in der Höhle umgekommen sein. Ein Unterwasserkampf mit Messern in der Panik des Erstickungstodes ist selbst für abgebrühte Höhlentaucher eine Horrorvorstellung. Glücklicherweise ist die Geschichte nicht wahr. Allerdings haben sich tatsächlich einmal drei Brüder im Höhlensystem verirrt und sind erstickt – auch ohne Messerkampf schon erschreckend genug. Offenbar hatte jemand, der vom Tauchen nichts verstand, die Bergung der Leichen beobachtet und dabei Schnitte in den Taucheranzügen bemerkt. Das hatte wilde Spekulationen ausgelöst, und natürlich hatte sich niemand die Mühe gemacht, herauszufinden, woher die Schnitte in den Anzügen stammten. Sie waren bei den Bemühungen entstanden, die bereits erstarrten Leichen durch die engen Höhlenspalten zu bugsieren.

Jenseits der Unterwasser-Warntafel sah Chris einen breiten Tunnel, der in der Dunkelheit verschwand. Er musste sich beherrschen, um nicht einfach loszuschwimmen und zu schauen, was es dort in der Tiefe gab, so sehr fühlte er sich davon angezogen. Als sie wieder aufgetaucht waren, redete er auf Ken ein, einen Höhlentaucherkurs zu belegen. Auch Ken war tief beeindruckt von der Unterwasserlandschaft, die sie gerade erlebt hatten. Doch auch das Warnschild hatte seine Wirkung auf ihn nicht verfehlt. »Ach komm, lass uns wenigstens einen Anfängerkurs machen«, beharrte Chris. »Denk mal, was wir da alles lernen können!« Schließlich stimmte Ken zu, wenn auch zögerlich.

Einer der beiden Lehrer des Grottentauchkurses war Steve Berman, ein ruhiger Mann, der sich vollkommen in ein Wassergeschöpf zu verwandeln schien, sobald er sich in einer Grotte befand. Er bewegte sich flüssig und beinahe ohne Anstrengung fort, dann wiederum hing er schwere- und bewegungslos im Wasser und beobachtete die Kursteilnehmer. Das Wasser war so klar, dass es Chris schien, als würde Steve wie ein Geist in der Luft schweben.

In dem zweitägigen Kurs lernten Chris und Ken die Grundlagen der Ausrüstungstechnik und der Hilfsmittel für das Tauchen in »geschlossener Umgebung«, wo keine Möglichkeit besteht, zur Oberfläche aufzusteigen, wenn etwas schief geht. Für alles, was sie lernten, hatten andere Taucher mit ihrem Leben bezahlt. Beim Höhlentauchen waren im Vergleich zum Tauchen im offenen Wasser unverhältnismäßig mehr Todesopfer zu beklagen, denn ein Taucher, der in Schwierigkeiten gerät, kann nicht einfach die rettende Luft an der Oberfläche erreichen. Grottentauchen – d. h. Tauchen in unterirdischen Gewässern, in denen das Sonnenlicht noch den Ausgang weist – und Höhlentauchen haben eine gemeinsame Geschichte, doch wurden sie für Ausbildungszwecke erst 1973 von dem berühmten Sheck Exley, der bereits zwei umfangreiche Lehrbücher über das Höhlentauchen geschrieben hatte, in einer Arbeit über Tauchunfälle in Höhlen methodisch unterschieden.

Exley, der aus dem Zentrum Nordfloridas stammte, hatte 1966 als Sechzehnjähriger mit dem Höhlentauchen begonnen. Damals gab es noch überhaupt keine speziellen Sicherheitsregeln – der Sport war einfach noch zu neu. Jeder Taucher entwickelte seine eigenen Methoden. Als in Florida mehr und mehr Taucher ums Leben kamen, wurden viele Höhleneingänge gesprengt, teils von privaten Grundbesitzern, teils auf Anordnung der Behörden. Bis 1970, so konnte sich Exley ausrechnen, würde es keine Gelegenheiten für das Höhlentauchen mehr geben, wenn es mit dem Verschließen der Höhlen so weiterginge. Exley beschloss, systematisch zu erforschen, was man tun könne, um das Höhlentauchen sicherer zu machen, um so den Sport, aber auch Menschenleben zu retten. Auch wenn er schon mehr Höhlentauchgänge als irgendjemand sonst überlebt hatte, wusste er doch, das sein Leben und das aller anderen hauptsächlich von guter Ausbildung und Disziplin abhing. Exley untersuchte die Unfälle und ihre häufigsten

Ursachen. Heraus kam, was als »die Regeln der Unfallanalyse« bekannt ist, die er in der Studie *Basic Cave Diving: A Blueprint for Survival* veröffentlichte. Dieses Handbuch beschäftigt sich mit den zehn häufigsten Unfallarten und den Konsequenzen, die daraus zu ziehen sind. Exleys Lehrbuch wurde die Grundlage für die gesamte Ausbildung im Höhlentauchen, einschließlich der ersten Stufe, des Grottentauchens, die Chris Rouse und Ken Reinhart nun absolvierten. Sie mussten sich dabei auf den Bereich beschränken, in dem man das Sonnenlicht noch sehen kann, auf eine Maximaltiefe von 43 Metern und auf eine maximale horizontale Entfernung vom Felseingang der Grotte von 23 Metern.

Die wichtigste der von Exley aufgestellten Regeln lautet: Benutze immer eine Sicherungsleine, mit der du den Weg zurück ins offene Wasser finden kannst. Angesichts der großen Anzahl von Tauchern, die im Innern von Höhlen schon die Orientierung verloren, den Rückweg nicht mehr gefunden hatten und ertrunken waren, sollte diese Regel eigentlich als Selbstverständlichkeit erscheinen. Unglücklicherweise jedoch war sie in der Praxis nicht konsequent befolgt worden: Zu viele Menschen waren gestorben, die höchstwahrscheinlich überlebt hätten, wenn sie eine Sicherungsleine benutzt hätten. Exleys knappe, anschauliche Darstellung davon, wie man es vermeidet, als aufgedunsene Wasserleiche zu enden, setzte ganz neue Maßstäbe für das Training und das Verhalten beim Tauchen. In der Folge ging die Zahl der tödlichen Taucherunfälle erheblich zurück.

Exley weist immer wieder darauf hin, wie wichtig Reservegeräte sind: Taucher, die mit einer einzelnen Flasche ausgerüstet sind, sollen auf jeden Fall zwei Anschlüsse haben, jeder mit einem Druckminderer an der Flasche, der als »Erste Stufe« bezeichnet wird. Durch diese Vorrichtung wird die hochkomprimierte Luft aus der Flasche auf einen mittleren Druck gebracht. Der Mitteldruckschlauch, der aus der Ersten Stufe kommt, führt zum Druckregulator des Mundstücks, der Zweiten Stufe, einer einfach konstruierten mechanischen Vorrichtung, die den Gasdruck weiter vermindert und ihn automatisch an den Umgebungsdruck des Tauchers anpasst. Wenn die Erste

Stufe, der Schlauch oder die Zweite Stufe versagen, kann der Taucher immer noch auf seine Reservegeräte zurückgreifen, die ihm in diesem Fall das Leben retten. Außerdem hat jeder Taucher noch eine zusätzliche Zweite Stufe – den so genannten Oktopus – mit einem mindestens 1,5 Meter langen Schlauch. Dieser ist für den Fall vorgesehen, dass man einen Tauchpartner mitversorgen muss, der keine Luft mehr hat oder dessen Ausrüstung Defekte aufweist.

Es sollen immer mehrere Unterwasserlampen mitgeführt werden. Grottentaucher tragen mindestens zwei bei sich. Auch wenn der Grottentauchschein ihnen nicht erlaubt, den Bereich zu verlassen, in dem sie das Sonnenlicht zumindest noch sehen können, benötigen sie diese Batterielampen, um die Details der Kaverne zu erkennen und die Messgeräte abzulesen, die Tiefe, Tauchzeit und den verbleibenden Luftvorrat anzeigen, oder um dem Partner Zeichen zu geben. Jedes Tauchteam sollte eine Sicherungsleine auf einer Rolle benutzen, so dass es auch dann noch seinen Weg zum Ausgang der Kaverne finden kann, wenn sich durch aufgewirbelte Sand-, Schlamm- oder Lehmsedimente plötzlich die Sichtverhältnisse verschlechtern. Außerdem sollte jeder Taucher eine Ersatzsicherungsleine bei sich tragen für den Fall, dass er den Kontakt zur Hauptleine verliert und nach ihr suchen muss. Exley und seine Schüler entwickelten zusätzlich spezielle Schwimmtechniken, durch die Taucher es vermeiden können, Sedimente aufzuwühlen.

Nach ihrem Kurs im Grottentauchen flogen Chris und Ken weiter nach Key West, um ein paar Tage in den Korallenriffen zu tauchen. Trotz aller Exotik konnte sich Chris gar nicht mehr auf die Karibikinsel einlassen, er sprach ständig nur noch davon, wie spannend der Tauchkurs in Ginnie Springs gewesen war. »Ken, wir müssen da noch mal hin und einen richtigen Höhlentauchkurs machen«, erklärte er seinem Freund. »Da können wir so viel lernen. Und außerdem werden wir dann sehen, was jenseits der Warnschilder ist.« Auch Ken hatte viel Spaß am Tauchen in den Kalksteingrotten gehabt, trotzdem gingen in seinem Kopf die Warnlampen an – besonders wenn er sich vorstellte, was es hieß, sich aus den sonnendurchfluteten Grotten in die Finsternis der Höhlen zu wagen. »Chris, diese

Höhlentaucherei ist gefährlich. Hast du nicht die vielen Warnschilder gelesen?«

»Ja, aber das gilt doch nur für Leute, die keine Ausbildung und keine anständige Ausrüstung haben.«

»Meinst du nicht, dass auch dann noch genug schief gehen kann?«

»Wenn man eine Sache lernt und genug übt, dann kommt man in allen Situationen zurecht. Nur wer das missachtet, ist so gut wie tot, wenn er in die Höhle reinschwimmt.« Sie saßen auf der Veranda ihres Hotels, und Chris beugte sich auf seinem Sessel vor, als müsste er erst Ken überzeugen, um die Genehmigung für sein Vorhaben zu bekommen.

»Chris, Höhlentauchen, das ist, als ob du einen Tiger am Schwanz packst.« Ken trank nervös von seinem Saft. »Das kann eine Weile gut gehen, aber früher oder später wird der Tiger sich umdrehen und dir eine verpassen.«

Chris sank in seinem Sessel zusammen, als hätte sein Freund es gerade abgelehnt, ihm zwanzig Dollar zu leihen. »Ken, ich werde den Kurs dort machen, egal, ob du mitkommst oder nicht.«

Im März 1989 war Chris wieder in Ginnie Springs. Ken war nicht mitgekommen. Ihm war das Höhlentauchen zu gefährlich; er wollte die Sicherheit haben, jederzeit zur Oberfläche aufsteigen zu können, wenn es Probleme gab. Chris hatte so viel Spaß am Höhlentauchen gewonnen, dass er auch Chrissy daran beteiligen wollte. Er wiederholte mit ihm den Grottentauchkurs, damit auch sein Sohn über die Grundlagen verfügte. Anschließend belegten beide zusammen einen Höhlentauchkurs.

Der zweitägige Einführungsteil sollte sie darauf vorbereiten, den Grottenbereich zu verlassen. Außerdem durften sie von nun an die starken Unterwasserlampen mit sich führen, in deren Schein der weitläufige Tunnelkomplex des Devil's System wie die Kulisse eines Sciencefictionfilms aussah. Schwarze und weiße Flecken überzogen den Kalkstein. Wenn sie um eine Ecke bogen, zeichnete die Lampe des hinteren Schwimmers ein verzerrtes Bild des Vorausschwimmenden an die wild gemusterte Höhlenwand. Es sah aus, wie wenn ein Kind mit seinen

Fingern Schattenfiguren auf einer Kinoleinwand macht. Die Natur hatte zehntausende Jahre gebraucht, um diese Höhlengänge zu graben; in geologischen Zeitkategorien füllten die vorüberziehenden Schatten der Taucher noch nicht einmal einen Augenblick.

Ihr Tauchlehrer war Marc Eyring, eine Person, die als Verkörperung des Begriffs »extrem« gelten konnte. Dieser Mann von 1,95 Metern war Sergeant im »A«-Team der Green Berets gewesen, hatte kurze Zeit in Vietnam gedient und dann bei der NASA als Elektronikspezialist am Space-Shuttle-Projekt mitgearbeitet. Obwohl er keine Ausbildung als Elektroniker nachweisen konnte, hatte er es mit seiner ungewöhnlichen Energie und Intelligenz geschafft, eine Anstellung beim Raumfahrtprogramm zu bekommen. Nach der Explosion der Raumfähre *Columbia* legte man bei der NASA eine Denkpause ein, Projekte wurden entweder auf unbestimmte Zeit verschoben oder völlig gestrichen. Frustriert kündigte Eyring und wurde Tauchlehrer in Ginnie Springs.

Marc Eyring war ein Perfektionist; was er seinen Schülern beibrachte, war im Grunde ein Überlebenstraining, das auf die gleichen Fertigkeiten und Instinkte baute, die man ihm bei den Green Berets eingebläut hatte. Der intensive und anspruchsvolle Lehrplan, den er sich als Lehrer freiwillig auferlegte, ließ ihn manchmal den ganzen Tag nicht dazu kommen, etwas zu essen. Ein Schüler in einem Höhlentauchkurs soll normalerweise zwei Tauchgänge am Tag absolvieren, doch Eyring stieg manchmal, wenn er zwei oder mehr Kurse gleichzeitig unterrichtete, innerhalb von sechzehn Stunden vier Mal in eine Höhle ein. Hatten seine Schüler das Tageslicht wieder erreicht, unterzog er die Leistung jedes Einzelnen und der gesamten Gruppe einer strengen Kritik. In seinen Augen waren die Taucher Soldaten, die mit fünfzig Kilo Gepäck eine feindliche Stellung zu nehmen hatten, was in gewisser Hinsicht auch stimmte.

Wie Denny McLaughlin zuvor, erkannte auch Eyring, dass die Rouses talentierte Taucher waren. Ihre Fähigkeiten und ihre Lernbereitschaft überzeugten Eyring, sie sofort in den anstrengenden viertägigen »Full Cave«-Kurs aufzunehmen. Im

Unterschied zu den meisten anderen Tauchkursen konnte man sich bei einem Höhlentauchkurs nie sicher sein, ihn wirklich zu bestehen: Der Tauchlehrer musste absolut davon überzeugt sein, dass der Schüler nicht nur über außerordentlich gute Tauchfähigkeiten verfügte, sondern auch die richtige Einstellung und die persönliche Reife besaß, die ein sicheres Höhlentauchen erst ermöglichten. Ein Tauchlehrer besaß das Recht, einen Schüler wegen unsportlichen Verhaltens, wegen Arroganz, Umgehung der technischen Vorschriften oder auch mangelndem Respekt vor den Gefahren des Höhlentauchens durchfallen zu lassen. Das Training war viel intensiver als alles, was die Rouses bisher in diesem Bereich unternommen hatten. Gerade das machte den großen Reiz für sie aus. In die Reihen der ausgebildeten Höhlentaucher aufgenommen zu werden, war etwas, was nur wenige Taucher überhaupt anstrebten. Es würde sie vor den anderen auszeichnen.

Normalerweise verlangte man von den Schülern, erst einmal ein Jahr lang die Grundtechniken des Höhlentauchens zu üben, bevor sie den Fortgeschrittenenkurs belegen durften. Der Umgang mit der Sicherungsleine war nicht immer einfach, sie musste sehr sorgfältig ausgelegt werden. Unter Umständen konnte sich die Rolle verklemmen, und dann musste der Taucher in der Lage sein, die Sicherungsleine auch von Hand wieder aufzuspulen, selbst gegen eine starke Strömung. Außerdem musste er lernen, wann er seine Beine einsetzen konnte, welche Schlagtechnik unter welchen Umständen angebracht war und wann es sinnvoller war, sich mit Händen und Armen vorwärts zu ziehen. Gewöhnungsbedürftig waren auch die beiden großen Flaschen, die er mitnehmen musste, um über genügend Atemluft – und Reserven für den Notfall – zu verfügen, wenn er in die Tiefe der Höhle vordringen wollte.

Eyring bemerkte gleich, dass die Rouses von Anfang an ein gutes Team bildeten, was nicht selbstverständlich war für Personen, die sich bereits vor dem Kurs gut kannten. Nach seiner Beobachtung neigten selbst erfahrene Taucher dazu, sich als Einzelpersonen zu verhalten, beispielsweise ihren Tauchpartner in der feindlichen Umgebung der Höhle zurückzulassen, um aus reiner Neugier oder getrieben von einem Adrenalinschub vorzupreschen. Niemand tat das in böser Absicht, es war das natürliche Bedürfnis des stärkeren Partners, voranzukommen und sich auszuzeichnen. Aus diesem Grund teilte er normalerweise Ehepartner oder andere Paare, bei denen eine Person deutlich überlegen war, auf verschiedene Gruppen auf. Rein körperlich war der neunzehnjährige Chrissy aufgrund seiner Jugend natürlich stärker als sein Vater. Doch Eyring erkannte bei Chris eine Reife, wie man sie normalerweise nur in etwas höherem Alter besitzt: »Wenn es Einschränkungen gab, dann wegen Chrissy«, erklärte er später. »Chris war stärker – sowohl vom Charakter als auch vom Intellekt her. Er trat in Aktion, wenn es Probleme gab, obwohl Chrissy, der ja viel jünger war, körperlich fitter war. Beide hatten ihre Stärken und ihre Schwächen.«

Chris und Chrissy hatten so viel Spaß beim Höhlentauchen gehabt, dass sie nach ihrer Rückkehr unablässig Sue beredeten, es doch auch einmal zu versuchen, und als Familie zum Tauchen zu fahren. Vater und Sohn zogen es vor, direkt in Ginnie Springs zu zelten, weil sie so am schnellsten zu den Tauchplätzen kamen und keine wertvolle Zeit mit der Fahrerei von und zu irgendeinem nahe gelegenen Motel verschwenden mussten. Allerdings hatten sie vom Zelten keine Ahnung. Bisher hatten sie hier immer mit Leuten gezeltet, die sich auskannten und alles aufstellten. Sue zeigte zunächst wenig Begeisterung. Sie erinnerte sich an ihre Tauchausbildung und wie unwohl sie sich danach im Wasser gefühlt hatte. Diese Erfahrung wollte sie nicht noch einmal machen. Aber ihre beiden Männer ließen nicht locker. »Also gut, ich komme mit«, gab Sue schließlich nach. »Aber ich sage es euch gleich, es wird mir bestimmt nicht gefallen.« Zu ihrer Überraschung jedoch fand sie nach einem zweitägigen Kurs die Höhlen so faszinierend, wie Chris und Chrissy es ihr prophezeit hatten.

Wann immer es ging, waren die Rouses nun in Ginnie Springs; sie wurden Stammgäste. Bald machte ihr Name die Runde in der Gemeinde der hart gesottenen Höhlentaucher, und schließlich lernten sie auch einige von ihnen kennen. Dazu gehörte der Kanadier John Reekie, der regelmäßig den Winter in Florida verbrachte. Er betrieb eine Dachdeckerfirma in einem Vorort von Toronto, wo er stets so lange arbeitete, wie es die Witterung erlaubte. Sobald der Schnee einsetzte, belud Reekie seinen Laster mit Tauch- und Campingausrüstung und machte sich auf den Weg nach Ginnie Springs. Er tauchte jeden Tag, von seiner Ankunft Mitte November bis zu seiner Abreise im April, meistens in Höhlen, nur manchmal machte er einen Ausflug zu den Wracks vor der Küste von Florida.

Einmal campten die Rouses direkt neben Reekie, der alleine gekommen war. Als sie den 1,80 Meter großen, buddhabäuchigen Mann sahen, luden Chris und Sue ihn ein, zu ihnen herüberzukommen. Reekie sah das große, altmodisch eckige Zelt aus braunem Segeltuch, in dem die Rouses schliefen, außerdem ihre Taucherausrüstung, die sie auf blauen Plastikplanen ausgebreitet hatten. Das müssen diese Plastiktypen sein, dachte er, in Erinnerung an die etwas spöttischen Bemerkungen, die das Personal von Ginnie Springs über die Rouses gemacht hatte.

Chris grinste von einem Ohr zum anderen und streckte John die Hand hin. »Hi. Ich bin Chris Rouse. Das hier ist mein Sohn, Chrissy, und meine Frau Sue. Wollen Sie nicht vielleicht mit uns zusammen essen? Setzen Sie sich, fühlen Sie sich ganz wie zu Hause.« Reekie fand diesen geselligen Zeitgenossen sehr sympathisch, aber er war von Natur aus skeptisch und schloss nicht leicht mit jemandem Freundschaft. Reekie hatte auf unangenehme Weise erfahren müssen, dass sich manchmal erst in der Unterwasserwelt einer Höhle die wahre Natur eines Menschen offenbart, der einem an Land als sehr nett erscheint. Der Kanadier wollte keine Enttäuschungen erleben, und er wollte seine Zeit nicht mit Möchtegern-Tauchern verschwenden. Man konnte sich ja ein bisschen mit den Rouses unterhalten, aber ein Urteil würde er sich erst bilden, wenn sie sich nach seinen Kriterien bewährt hatten. Dann war immer noch Zeit, sich auf eine Freundschaft einzulassen.

Reekie stand unter Höhlentauchern im Ruf, nicht nur ein besessener, sondern geradezu ein extremer Taucher zu sein. Er hatte eine ganz einfache Grundüberzeugung: Man bricht den Tauchgang nur ab, wenn es einen ernsthaften Zwischenfall gibt, oder wenn man ein Drittel seines Luftvorrats verbraucht hat. Die Drittel-Regel – die zu Exleys Lehrsätzen gehörte – besagte, dass ein Höhlentaucher nur ein Drittel seines Luftvorrats verbrauchen sollte, bevor er wieder umkehrte. Das ließ ihm ein Drittel für den Rückweg und ein weiteres Drittel für Notfälle.

Reekies Grundsätze standen in vollem Widerspruch zu dem, was offiziell in Tauchkursen gelehrt wurde. Marc Eyring hatte den Rouses immer eingeschärft: »Vergesst nicht, jeder Taucher kann das Tauchen abbrechen, jederzeit, und egal aus welchem Grund.« Das Zeichen zum Auftauchen war »Daumen hoch«. Nachdem das Zeichen von allen bestätigt worden war, musste die ganze Gruppe sofort kehrtmachen. Eyring erklärte die Regel mit aller Strenge: »Wenn das Daumenzeichen gegeben wird, will ich keinen Widerspruch sehen. Der Tauchgang ist beendet. Basta. Das Zeichen bestätigen, dann raus aus der Höhle. Wenn ihr wissen wollt, warum euer Partner abgebrochen hat, könnt ihr das diskutieren, wenn ihr alle sicher draußen angekommen seid.«

Wer dagegen mit John Reekie tauchte, unterließ es besser, das Tauchen abzubrechen, bevor er nicht sein Drittel Luftvorrat bis zum letzten Atemzug verbraucht hatte. Die Unerschütterlichkeit dieses Grundsatzes flößte vielen Respekt ein, manchen aber auch Furcht, und einige hielten ihn schlicht für verrückt. Es kursierte eine Geschichte, nach der bei einem Tauchpartner von Reekie einmal die Hauptlampe ausgefallen war, woraufhin er eine seiner Ersatzlampen angeknipst und Reekie das Daumenzeichen gegeben hatte. Reekie schwamm zu ihm hin, schaute ihn an und schnappte sich seine Druckanzeige, um nachzuschauen, wie viel Luft er noch hatte. Mit einem unwilligen Unterwassergrummeln ließ er die Druckanzeige wieder los und setzte seinen Weg ins Innere der Höhle fort. Der Taucher hatte noch nicht ein Drittel seines Luftvorrats verbraucht, wie Reekie es sich schon gedacht hatte, und er verfügte noch über zwei intakte Lampen. Als man ihn zur Rede stellte, nahm er eine Haltung ein, als wollte er sagen: »Was 'n das für 'ne bescheuerte Frage?«, und meinte: »Ja, klar, das Reglement fürs Höhlentauchen verlangt, dass man mit drei Lampen *losschwimmt*, aber mit wie vielen man zurückkommen soll, darüber sagt es nichts. Wenn da so 'ne Scheißlampe den Geist aufgibt, ist das doch kein Grund, den Tauchgang abzubrechen.« Steve Berman, der schon oft mit Reekie getaucht war, sagte mit einem leichten Grinsen: »Ja, unser Reekie ist echt hart drauf. Besser für dich, du bist es auch, wenn du mit dem losziehst.« Ein Nicken und ein Augenaufschlag unterstrichen seine Worte: Berman hatte seine Erfahrungen mit Reekie gemacht.

Während eines ihrer ersten gemeinsamen Tauchabenteuer im Devil's System stellte Reekie Chris Rouse auf die Probe. Er hatte dafür einen einfachen Test, so einfach wie seine Prinzipien. Der massige Kanadier »verschwand« manchmal während eines Tauchgangs, normalerweise einfach, indem er über seinem Tauchpartner schwebte, manchmal auch, indem er sich in eine Seitenhöhle zurückzog. Und wartete. Und beobachtete. Wenn es seinem Partner auffiel, dass Reekie nicht mehr da war und wenn er – noch wichtiger – eine Suche nach dem verschwundenen Taucher startete, dann wusste der Besessene, dass sein neuer Tauchgefährte eine Person war, die über Umsicht, Übung und genügend Charakterfestigkeit verfügte, um nicht jemanden alleine in einer Höhle zurückzulassen. Im Verlauf der Jahre hatte Reekie feststellen müssen, dass nicht wenige Taucher gar nicht merkten, dass er weg war, und einfach ohne ihn die Höhle verließen. Dann wusste er, dass er mit diesen Leuten nichts Ernstes unternehmen konnte. Doch Chris merkte gleich, dass Reekie nicht mehr da war und begann, ihn zu suchen. Als Reekie das sah, kam er mit einem leichten Grinsen herabgeschwebt und zeigte sich Chris, wobei er mit seinem dicken Mittelfinger und Daumen ein »O« formte, das weltweit verstandene Zeichen der Taucher für »Okay«. Chris bestätigte, indem er das Zeichen wiederholte, dann wies er fragend den Weg zum Ausgang, mit dem Kindersymbol für Revolver: den Zeigefinger ausgestreckt, den Daumen nach oben. Reekie bestätigte mit demselben Zeichen, und von da an wusste er, dass er einen fähigen Tauchpartner gefunden hatte, dem er unter Wasser vertrauen konnte.

Die Freundschaft zwischen Chris Rouse und John Reekie vertiefte sich auf gemeinsamen Höhlentauchexkursionen, die sie auch in anderen Höhlensystemen unternahmen, welche einige Stunden von Ginnie Springs entfernt lagen. Reekie und Chris Rouse entwickelten gegenseitigen Respekt füreinander, beide erzählten gerne Geschichten über den anderen. Obwohl sie ungefähr das gleiche Alter hatten, bildeten sie äußerlich doch ein sehr ungleiches Paar. Während Chris schlank, gut durchtrainiert und etwa 1,75 Meter groß war, zeichnete sich Reekie durch seinen ausladenden Bauch und eine Körpergröße von 1,90 Meter aus. Wenn er ein Restaurant mit All-you-can-eat-Buffet betrat, kamen die Wirte ins Schwitzen. Chris erzählte gerne, wie Reekie in diesem oder jenem Restaurant so viel gegessen hatte, dass schließlich der Wirt gekommen war und unter Entschuldigungen den Nachschub abgestellt hatte. Dann wurde Reekie natürlich sauer: »Steht da nicht ›All you can eat‹ am Eingang? Guter Mann, ich bin noch nicht satt.« Manchmal erließ ihm der Wirt sogar die Hälfte der Rechnung, nur um ihn loszuwerden.

Ungeachtet ihrer körperlichen Verschiedenheit verband John Reekie und Chris Rouse die unstillbare Begeisterung für das Tauchen. »Mein Gott, Reekie ist wirklich verrückt nach der Taucherei. Wenn man mit dem was unternimmt, sollte man sich auf lange Unternehmungen einstellen, denn der gibt erst auf, wenn es wirklich nicht mehr anders geht.«

Reekie tauchte lieber nur mit Chris Rouse allein, ohne Chrissy und Sue. Ihm war aufgefallen, dass Chrissy gerne zwei Tauchgänge am Tag bestritt, egal wie lang oder kurz sie waren. Reekie zog es vor, einen einzigen, dafür aber langen Tauchausflug zu unternehmen. Wenn Chris mit Chrissy zusammen war, dann fühlte er sich als Vater verpflichtet, seinen Sohn beim Tauchen zu begleiten, aber wenn er mit Reekie alleine war, dann genügte ihm ein ausgedehnter Tauchgang, der bis zu sechs Stunden dauern konnte. Reekie fiel auch auf, dass seltsame Dinge passierten, wenn alle drei Rouses oder auch nur zwei Mitglieder der Familie zusammen tauchten. Obwohl alle drei gute und erfahrene Taucher waren, gab es häufig Pannen mit ihrer Ausrüstung – und auch mit der von Reekie. Allerdings wusste er auch, dass sie sehr sorgfältig auf alle ihre Geräte achteten, der Grund lag also nicht in Nachlässigkeit. Einmal sagte

Reekie nach dem Auftauchen kopfschüttelnd: »Ihr seid irgendwie vom Pech verfolgt. Ich habe noch nie so viele Ausfälle erlebt wie mit euch!«

Chris Rouse hatte großen Respekt vor Reekies Fähigkeiten. Einmal sagte er zu Chrissy und Sue: »Ich weiß auch nicht, wie er das macht, aber er quetscht sich durch Spalten, wo nicht einmal ich durchkomme. Man denkt, der Fettsack bleibt an jeder schmalen Stelle stecken wie ein Korken in einer Flasche, aber nein. Unter Wasser wird er ein Schlangenmensch: Er windet sich regelrecht durch die Engstellen.« Chris bemerkte auch, dass Reekie trotz der Tatsache, dass er Kettenraucher war, einen sehr günstigen Verbrauch an Atemluft hatte. Das war eine wichtige Eigenschaft für einen Höhlentaucher, denn die Dauer eines Tauchgangs hing entscheidend davon ab, ob man über eine gute Atemtechnik verfügte. Wenn ein Taucher im Ruf stand, ein »Sauger« zu sein, also aufgrund mangelnder Technik, Angst, unzureichenden Trainings oder vielleicht auch körperlicher Veranlagung zu viel Sauerstoff zu verbrauchen, dann kam er als Begleitung für die besseren Taucher nicht mehr in Frage und erhielt nie die Gelegenheit, bis zu den schönsten Stellen vorzudringen, weil ihm zu schnell der Luftvorrat ausging.

Die Rouses hatten den Test bestanden. Sie waren als Höhlentaucher zugelassen worden, sie hatten Eyring, Berman, Reekie und die ganze Gruppe von Höhlentauchern kennen gelernt, die Ginnie Springs bevölkerten wie die Surfer die Strände von Malibu. Ihr Einsatz und ihre Begeisterung für den Sport wurde allgemein geschätzt. Sicher, sie hackten aufeinander herum, sie zogen sich auf und forderten sich gegenseitig heraus, aber in der zusammengewürfelten Truppe, deren einziges Lebensziel darin zu bestehen schien, noch weiter in die geheimnisvollen, wassergefüllten Tunnel der Erde vorzudringen und deren verschlungene Wege auf Karten zu dokumentieren, schienen diese Kabbeleien zwischen Vater und Sohn nichts Besonderes.

Die Rouses hatten nun den Tiger fest am Schwanz gepackt.

KAPITEL 3

Kein Sport wie jeder andere

Dezember 1990 – Ginnie Springs, Florida.

Das Lager der Rouses war immer nur ein paar Schritte von drei riesigen Wohntrailern entfernt, welche die Leitung von Ginnie Springs ihren Angestellten kostenlos zur Verfügung stellte; an Wohnkosten blieb dann nur noch die Telefonrechnung. Die Anhänger standen im Schutz von Büschen und einer Baumreihe, die entlang der Sandstraße vor dem Tauchshop standen. Der Arbeitsweg dieser Angestellten bestand also nur aus ein paar Schritten über die Straße.

Die Wohntrailer der Angestellten waren das Zentrum für Partys und Taucherfachsimpeleien, die immer wieder spontan entstanden. In Steve Bermans Wohntrailer war es düster, denn er ließ die Jalousien und die alten Vorhänge immer geschlossen, um keine unerwünschten oder neugierigen Besucher anzulocken. Die Wände hingen voll mit Karten und Postern von Unterwasserhöhlen. Überall lagen mehr oder weniger komplette Tauchausrüstungen verstreut: Schwerere Teile wie Tauchflaschen und Unterwasser-Scooter lagerten auf dem Boden, während empfindlichere Teile wie Taucherlampen und Tauchcomputer zwischen leeren Bierflaschen und Kronkorken auf dem Küchen- und Wohnzimmertisch lagen. Jede verfügbare Steckdose war belegt – entweder mit einem Haushaltsgerät oder mit einem Batterieaufladegerät für Scooter und Lampen. Ein strenger, feuchter Geruch lag in der Luft, und der Wohnzimmerteppich sowie das Linoleum in den anderen Räumen des Wohntrailers waren voller Sand. Die Küche und die Badezimmer machten den Eindruck, als seien sie seit der Erfindung der Egreniermaschine nicht mehr gereinigt worden: Überall lag Staub, und um die

Waschbecken und die Badewanne herum hatte sich jede Menge Schimmel gebildet. Im Badezimmerbereich hatte der Fußbodenbelag Wellen gebildet. Auf dem Spülkasten ruhte ein Stapel Tauchermagazine. Den Anhänger von Steve Berman hatte vorher Marc Eyring bewohnt, bevor er wieder an die Uni gegangen war, um seinen Doktor zu machen. Zuerst sollte es ein Doktor in Chemie sein, dann in Physik und schließlich in Ingenieurwissenschaften. Marc wechselte so häufig das Fach, dass keiner von uns hätte vorhersagen können, worin er denn nun seinen Doktor machen würde, doch waren wir uns alle einig, dass er die Universität mit dem begehrten Titel verlassen würde, und sei es, indem er eine neue Wissenschaft erfinden würde, die all seinen geistigen Interessen gerecht würde. Ab und zu kam Marc immer noch vorbei, um einen Lehrgang zu leiten, und daher hatte er seinen überdimensionalen Fernseher, zwei Videorecorder und die High-End-Stereoanlage im Wohnzimmer gelassen, wo die Geräte einen Elektronikturm bildeten, der bei Partys lautstark zum Einsatz kam.

Das Interieur hatte sich seit Marc Eyrings Zeiten nicht nennenswert verändert. Der einzige merkliche Unterschied war, dass die Pornovideos fehlten (die Marc gerne ohne Ton laufen ließ, damit man nicht zu sehr abgelenkt wurde). Als Marc dort wohnte, gingen Männer wie Frauen in seinem Anhänger ein und aus, schauten auf dem Weg zum Kühlschrank, wo sie sich ein Bier holten, auf den Fernseher und machten Bemerkungen wie »Was? Schon wieder dieser Streifen? Mensch Marc, besorg dir mal ein paar neue Videos!« Andere wiederum erinnerten sich mit Freuden an bestimmte Videos und fragten, ob sie diese oder jene Szene schon verpasst hatten. Bei den nächtlichen Diskussionen über die Feinheiten des Höhlentauchens konnte es passieren, dass jemand das Gespräch unterbrach und ausrief: »Mann, guckt euch doch bloß mal diese stümperhafte Lutscherei an!« oder »Au warte, ich glaub's nicht – die steckt sich tatsächlich beide rein!«

Manchmal konnten einem die im Hintergrund laufenden Pornovideos aber auch auf den Wecker gehen, besonders Leuten, die schon einige Wochen ohne ihre Partner zugebracht hatten. Sie ließen Kommentare darüber ab, wie frustrierend doch die immer gleichen Blowjobs seien, und dann startete irgendjemand den zweiten Videorecorder mit einem Film über Höhlentauchen. Dabei verwandelte sich die sexuelle Frustration langsam in ein Verlangen nach etwas, das ebenso urtümlich und mächtig war: Höhlentauchen.

Im Dezember 1990 kamen eines Abends die Rouses bei Berman vorbei, wo auch ich wohnte. Chrissy, Steve, Sue und ich tranken Bier, nur Chris, der sagte, er habe sich noch nie viel aus Alkohol gemacht, hielt sich an Saft. Ich sah die Familie zum ersten Mal und war beeindruckt von ihrer Energie, ihrer Begeisterung und Geselligkeit. Wir hatten dieselbe Wellenlänge und in kürzester Zeit war es, als würden wir uns schon Ewigkeiten kennen. Die Ähnlichkeit zwischen Vater und Sohn war wirklich frappierend. Es war, als sähe man die beiden Rouses in einem Zerrspiegel, der Jugend und Alter vertauscht. Schlank und athletisch gebaut, schienen die Männer unter Hochspannung zu stehen, als ob sie jederzeit bereit wären, sich in ein Abenteuer zu stürzen. Chris' verwaschene Blue Jeans hatte leicht durchgescheuerte Knie, war voller Staub und Dreck und auf der Vorderseite der Beine mit Ölflecken übersät. Von seinem T-Shirt grinste einen der Teufel an, der einem Höhlentaucher dabei zusieht, wie jener in das nach ihm benannte Höhlensystem eindringt. Darunter stand »Ginnie Springs, Florida«. Auch das T-Shirt zeigte deutliche Anzeichen von starkem Gebrauch und wenig Pflege. Chris war unrasiert, und die dunklen, dichten Stoppeln mochten fast eine Woche alt sein, obwohl es Gerüchte gab, er wäre seinem Bart erst vor zwei Tagen zu Leibe gerückt. Sein braunes Haar war ungekämmt und hing in langen Zotteln herab, die an einen Mopp erinnerten. Seine Hände zeugten von harter Arbeit, Öl und Dreck saßen tief in den Poren und unter den Nägeln. Selbst im Gesicht waren Ölspuren, woraus ich schloss, dass er vor kurzem an einem Auto oder auch an einer Tauchausrüstung gebastelt haben musste. Chris' ganze Erscheinung machte den Eindruck, als käme er geradewegs von einer Baustelle.

Chrissy war ganz ähnlich gekleidet: Sein jugendliches Alter in Kombination mit seinen zerlumpten Jeans, den ausgelatschten Turnschuhen, seinem verknitterten T-Shirt und seinen braunen, schulterlangen Haaren erweckte eher den Eindruck, er gehöre zu einer Rockband, die nach dem Auftritt in der Garderobe einen drauf machte, als zu einer Gruppe von Höhlentauchern, die fast doppelt so alt waren wie er selbst. Sue war ganz locker, und sie schien sich damit zu begnügen, uns zu beobachten und ihr Bier zu genießen. Sie war eine stämmige, erdverbundene Frau. Umgeben von ihren feurigen Männern, war sie gut gelaunt, machte aber einen erschöpften Eindruck, denn sie war einer doppelten Anstrengung ausgesetzt gewesen: Sie war getaucht, und sie hatte das Gezänk von Chris und Chrissy ertragen müssen, das ich damals zum ersten Mal erlebte und von dem ich schwer beeindruckt war.

Bei Steve Berman liefen im Hintergrund nur Höhlentauchervideos, und in dieser entspannten Atmosphäre machten wir – Steve, die Rouses und ich – Pläne für Tauchgänge in mehrere Höhlensysteme von Ginnie Springs.

Wer in Florida über Höhlentauchen spricht, kommt ziemlich schnell auf den Namen Sheck Exley. Er stammte aus Nordflorida. 1966, im Alter von 16 Jahren, hatte er mit dem Tauchen angefangen. Die wassergefüllten Höhlen, die es auf dem Land reichlich gab, übten eine große Faszination auf ihn aus, und schon bald verbrachte er jede freie Minute mit Höhlentauchen. Als Exley mit diesem Sport anfing, stand der Weltrekord im Höhlen-Streckentauchen, der von dem US-Amerikaner John Harper aufgestellt worden war, bei 300 Metern. Das war eine bemerkenswerte Leistung, wenn man bedenkt, dass die durchschnittliche Tauchstrecke bei nur 60 Metern lag. Exley perfektionierte diese Disziplin dermaßen, dass er eine Vielzahl von Höhlentauchrekorden hielt. Als ich im Winter 1990 einen Kurs bei ihm machte, hatte er seinen eigenen Rekord auf 3334 Meter verbessert. Exley war stark, hatte große Ausdauer, und er vertrug die berauschende Wirkung der Atemluft in großen Tiefen ausgesprochen gut. Andere Taucher experimentierten mit verschiedenen Atemgasen herum, um die Wirkung der Stickstoffnarkose abzumildern, doch Exley überholte sie unter Wasser mit normaler Pressluft – und das in Tiefen von bis zu 110 Metern, also mit sieben Martinis!

Während der sechziger und siebziger Jahre erreichten Sporttaucher immer größere Tiefen, und man suchte nach alternativen Gasgemischen. Pressluft ist zwar überall verfügbar, billig und im Tauchsport weit verbreitet, doch sie ist nicht das optimale Atemgas und kann besonders in größeren Tiefen sehr gefährlich sein. Bedauerlicherweise ereigneten sich bei der Marine und bei Berufstauchern viele Unglücksfälle, aus denen auch die Sporttaucherei hätte lernen können. Sie wurden vor der Öffentlichkeit jedoch meist geheim gehalten, so dass Sporttaucher, wollten sie die Geheimnisse größerer Tiefen ergründen, notgedrungen auf die Unterstützung ausgefeilter Forschungsmethoden verzichten mussten. Auch hatten sie keine genauen Kenntnisse darüber, was andere schon geschafft hatten, und wie sie es gemacht hatten. Während also die Sporttaucher in den sechziger und siebziger Jahren mit verschiedenen Atemgasmischungen experimentierten, beobachtete Exley die Entwicklung der Dinge mit berechtigter Skepsis.

Taucher müssen sich nämlich nicht nur vor der Stickstoffnarkose in Acht nehmen, sondern sich auch mit der toxischen Wirkung von Sauerstoff herumschlagen. In den sechziger Jahren glaubte man allgemein, dass ein Taucher bis zu 90 Meter tief mit Pressluft tauchen könne, bevor der Sauerstoff in der Atemluft aufgrund des erhöhten Drucks seine toxische Nebenwirkung zeigt: Es kommt zu Krämpfen, die unweigerlich zum Tod durch Ertrinken führen, wenn die Muskeln des Tauchers erstarren und er in der Tiefe seinen Atemregler verliert. Einige Taucher, wie Exley, vertragen größere Tiefen, während sich bei anderen die toxische Wirkung schon früher zeigt. Die Marine verschiedener Länder hat hierzu Untersuchungen angestellt und herausgefunden, dass ein und derselbe Taucher je nach Tagesform und Tauchtiefe ganz verschieden auf die toxische Wirkung des Sauerstoffs reagieren kann. Seitdem sind die empfohlenen Tauchtiefen für das Tauchen mit Pressluft immer wieder verringert worden, und manche Experten empfehlen bei Benutzung von komprimierter Luft ein Limit von 45 Metern, also drei Martinis. Pressluifttauchen in großen Tiefen ist mit einem sehr hohen Risiko verbunden, denn sowohl die Stick-stoffnarkose als auch die toxische Wirkung des Sauerstoffs können selbst dem besten Taucher ohne Vorwarnung zum Ver-hängnis werden.

Als amerikanische Taucher in den sechziger Jahren begannen, zur Abmilderung des stickstoffbedingten »Martini-Effekts« mit Helium in ihrem Atemgas zu experimentieren, erkannten sie erstmals das Problem, das die Verwendung von Sauerstoff in großen Tiefen darstellt. Damit das Helium beim Auftauchen schnell abgeatmet werden konnte, mixten sich die Taucher Atemgase, die sehr hohe Sauerstoffkonzentrationen enthielten. Sie gingen sogar so weit, in ungefähr 20 Metern reinen Sauerstoff zu atmen. Nachdem mehrere Taucher beim Auftauchen an den Folgen von Krampfzuständen gestorben waren, erhärtete sich Exleys Überzeugung, dass Sporttauchen mit Mischgas einfach zu gefährlich sei.

Als wäre die Toxizität von Sauerstoff in der Tiefe nicht schon schlimm genug, stellten Taucher außerdem fest, dass sie durch das Atmen von heliumhaltigen Gasgemischen stark auskühlten – bis hin zur gefürchteten, weil lebensbedrohlichen Unterkühlung oder Hypothermie. Helium ist ein hervorragender Wärmeleiter, so dass der Taucher sowohl beim Ausatmen als auch über die Haut Körperwärme verliert. Denn zwischen der Haut und dem Neoprenanzug steht immer eine kleine Wasserschicht; man nennt diese Art Anzüge, die Wasser eindringen lassen, daher auch Nasstauchanzüge. Im relativ warmen Wasser der Höhlen von Florida benutzen die meisten Taucher einen Nasstauchanzug, was in Verbindung mit Pressluft auch unproblematisch ist. Heliumhaltige Atemgase aber erfordern einen Trockentauchanzug; dieser ist wasserdicht, und die Isolierwirkung entsteht durch die Kombination eines Kälteschutzanzugs (einer Art Skianzug) und einer Gasschicht (in der Regel Luft). Doch selbst mit einem Trockentauchanzug kühlten die Taucher sehr stark aus. Es stellte sich heraus, dass das Isoliergas selbst schuld daran war. Denn wer mit heliumhaltigem Atemgas tauchte, der benutzte zuerst dieses Gasgemisch, um den Trockentauchanzug aufzupumpen. Doch wegen der großen Wärmeleitfähigkeit von Helium wirkte das Gas nicht als

Isolator, sondern hatte den gegenteiligen Effekt. Man löste das Problem, indem man eine Extra-Gasflasche mitführte, die entweder Pressluft oder Argon, ein Edelgas mit hervorragenden Isoliereigenschaften, enthielt. Dieses Gas wurde dann in den Trockentauchanzug gepumpt, doch der zusätzliche Druckbehälter war natürlich auch ein weiterer Ausrüstungsgegenstand für den ohnehin schon schwer bepackten Taucher.

Wegen all der Komplikationen, die es mit Mischgas gab, benutzte Exley einfach weiterhin Pressluft. Dann aber, im Jahr 1981, tauchte der Deutsche Jochen Hasenmayer in einer französischen Höhle bis zu einer Tiefe von 145 Metern hinab und verbesserte damit Exleys Höhlentieftauchrekord um 30 Meter.

Der stets ehrgeizige und lernwillige Exley beschloss, dass es an der Zeit war, von lieb gewonnenen Überzeugungen Abschied zu nehmen und dass es inzwischen sicherer war, Mischgas zu verwenden. Offenbar hatte Hasenmayer die Komplikationen im Zusammenhang mit Mischgas gelöst. Exley schrieb ihm, und die beiden wurden Freunde. Sie tauschten Erfahrungen aus und tauchten sogar zusammen. 1983 gelang Hasenmayer mit Mischgas ein Tauchgang in eine Tiefe von 200 Metern. Erst im Jahre 1987 schaffte es Exley, seinen Freund zu übertreffen. 1989 schließlich tauchte er in einer mexikanischen Höhle namens Mante, die leicht abgewinkelt in unbekannte Tiefen abfällt, 264 Meter tief. Viele, die Exley gut kannten, meinten, er sei besessen von der Rekordjagd im Höhlentieftauchen und von dem Gedanken, Hasenmayer in einem freundschaftlichen Konkurrenzkampf zu schlagen.

Die Rouses hatten zwei Monate zuvor an Shecks Mischgas-Tauchkurs teilgenommen, und immer wenn ich »Fort Rouse« einen Besuch abstattete, erzählten sie noch voller Begeisterung von ihren Erlebnissen. Die Rouses – und besonders Chrissy – waren von Sheck tief beeindruckt gewesen: »Der Typ ist einfach Wahnsinn unter Wasser, und was der für eine Kondition hat!«, schwärmte er mir vor, wenn wir über die Höhlentaucher sprachen, die es im Camp gab. »Der schwimmt ja die ganze Zeit *so schnell!* Wie ein menschlicher Torpedo! Ich kann dir sagen, es war ganz schön anstrengend, da mitzukommen.«

Bei dem Lehrgang waren die Rouses sowohl mit der Theorie als auch mit praktischen Aspekten des Tauchens mit Mischgas vertraut gemacht worden. Dazu gehörten auch das Errechnen des idealen Mischungsverhältnisses für eine bestimmte Tiefe und eine Anleitung zum Mischen der Gase. Trimix beispielsweise besteht aus drei Gasen, normalerweise Sauerstoff, Helium und Stickstoff. Um Trimix herzustellen, braucht man nur die jeweils erforderliche Menge Helium in eine leere Tauchflasche zu füllen und den Rest mit Luft aufzufüllen, denn Luft enthält ja von Natur aus die beiden anderen Gase, Sauerstoff und Stickstoff. Um Nitrox, eine Stickstoff-Sauerstoff-Mischung, zu erhalten, gibt man die berechnete Menge reinen Sauerstoff in die leere Flasche und füllt sie dann mit Luft auf.

Exley legte großen Wert auf eigene, handfeste Erfahrungen. Er gab nicht nur theoretische Erklärungen, sondern die Kursteilnehmer hatten auch Gelegenheit, ihre eigenen Atemgase zu mischen. Chris sagte mir später: »Echt seltsam, aber Sheck hält nichts davon, die Zusammensetzung des Gemischs hinterher mit dem Gasanalysegerät zu überprüfen. Er hat gesagt, wenn die Messgeräte alle funktionieren und man die richtige mathematische Formel benutzt, dann muss auch das Mischgas richtig sein.« Auch ich war überrascht, das zu hören, denn ich kenne Taucher, die mit Mischgas tauchen und für die es feststeht wie das Amen in der Kirche, dass man aus jeder Gasmischung den Sauerstoffgehalt ermittelt. Exley, der Mathematik studiert hatte und das Fach, wenn er nicht gerade unter Wasser war, an einer High School in Florida auch unterrichtete, hatte ein unerschütterliches Vertrauen darauf, dass man nur noch zu tauchen brauchte, wenn man die Mischungsformeln korrekt angewandt hatte und die mechanischen Messgeräte verlässlich arbeiteten.

Chrissy war gleichermaßen von Shecks wasserverbundenem Lebensstil wie von seiner Person beeindruckt. »Das ist doch cool – stell dir mal vor, du lebst in einem extrabreiten Wohnmobil, vollgestopft mit Tauchzeug, und hast eine Höhle zum Tauchen direkt vor der Tür! Er hat sogar einen Schlauch mit heißem Wasser, den er während der Dekompression benutzen kann, um nicht auszukühlen.«

Sue, die drinnen im Camper war und das Gespräch mitgehört hatte, rief: »He, Chrissy, erzähl Bernie doch mal, wie ihr beiden Dummköpfe nicht auf Sheck hören wolltet, und wie ihr es hinterher bereut habt. Na los doch!« Chrissys Gesicht bekam für einen Augenblick einen leidvollen Ausdruck. »Oh. Ja, okay, Mom«, murmelte er. »Also, Sheck hatte uns gesagt, wir sollten für seine Höhle keine Trockentauchanzüge nehmen, aber Dad und ich dachten uns, wir würden sonst bestimmt frieren. Mom hörte auf ihn. Wir wussten aber noch nichts von dem Warmwasserschlauch. Am Ende des Tauchgangs wechselten sich dann Sheck und Mom in ihren Nasstauchanzügen mit dem Schlauch ab, während Dad und mir in den Trockentauchanzügen ein bisschen kalt wurde, denn wir hatten keine besonders gut isolierende Unterwäsche an.« Ich hörte Sues Lachen aus dem Camper.

Neben Unterkühlung, Stickstoffnarkose und toxischem Sauerstoff müssen jedoch Exley, Hasenmayer und jeder andere Taucher mit weiteren Problemen fertig werden. Die größte, immer wiederkehrende – und in ihren Einzelheiten bis heute noch nicht gänzlich erforschte – Gefahr sind die so genannten »Bends«. Das Wort kommt aus dem Englischen und beschreibt die Tatsache, dass die betroffene Person sich vor Gelenk- und Muskelschmerzen »krümmt«. Die offizielle Bezeichnung lautet Dekompressionskrankheit, aber auch Taucherkrankheit oder Caissonkrankheit. Zur Dekompressionskrankheit kommt es, wenn der Körper das im Blut gelöste, aber biologisch inerte (d. h. vom Körper nicht verwertbare) Gas, das in der Tiefe beim Atmen aufgenommen wurde, während des Auftauchens nicht schnell genug abbauen kann. Im Falle der Verwendung von Pressluft ist dieses inerte Gas Stickstoff. Beim Auftauchen tritt nun der Überschuss an gelöstem Inertgas aus den Zellen aus und sollte eigentlich auf dem Wege des Ausatmens den Körper verlassen. Kann aber der Körper das Gas über die Atemwege nicht schnell genug ausscheiden, so perlt es in Form von Bläschen im Blut aus. Diese wiederum erregen Nervenenden und können die

Blutzirkulation stoppen, was zur Folge hat, dass die betroffenen Körperteile nicht mehr mit Sauerstoff versorgt werden. Taucht man dagegen langsam auf und macht in verschiedenen Tiefen für bestimmte Zeit so genannte Dekopausen, hat der Körper die Möglichkeit, das überschüssige Gas auszuscheiden, bevor es ausperlt. In schweren Fällen kann die Dekompressionskrankheit zur Taubheit ganzer Körperregionen führen – oder gar zum Verlust des Augenlichts, des Gehörs, zu Störungen der sprachlichen Artikulation, der Kontrolle über Blase und Enddarm und zu Potenzproblemen, ja, sie kann sogar tödlich sein. Unter der Dekompressionskrankheit zu leiden, ist absolut kein Spaß. Erst in jüngerer Zeit hat man sie – wenn auch nur teilweise – überhaupt verstanden und Methoden zu ihrer Vermeidung und Behandlung entwickelt.

Seitdem Menschen damit begannen, in tiefes Wasser vorzudringen, hat es nicht an Mahnern gefehlt, die davor warnten, dass dies nur zu Tragödien führen würde und Sporttaucher nie in der Lage sein würden, extreme Tiefen zu beherrschen. Leider wurde auch Jochen Hasenmayer Opfer eines Tauchunfalls. In 60 Meter Tiefe in einem australischen See füllte sich sein Trockentauchanzug unkontrolliert mit Isoliergas, so dass er regelrecht zu einem Ballon anschwoll. Er schoss unhaltbar nach oben und durchbrach die Wasseroberfläche wie eine Rakete. So etwas kennt man sonst nur aus Zeichentrickfilmen. Hasenmayer wurde mit sehr starken Schmerzen und deutlichen Anzeichen von Dekompressionskrankheit ins Krankenhaus eingeliefert. Trotz medizinischer Versorgung in einer Druckkammer – einem röhrenförmigen Apparat von der Größe eines Güterwaggons, in dem der Taucher einem erhöhten, der Tauchtiefe entsprechenden Luftdruck ausgesetzt wird, der dann schrittweise vermindert wird – konnte seine Lähmung nicht mehr rückgängig gemacht werden. Ohne Druckkammer jedoch wäre er vermutlich gestorben. Hasenmayer muss den Rest seines Lebens im Rollstuhl verbringen.

Schon lange bevor es das Sporttauchen gab, hat es die Menschen aus Neugier, aus Gewinnsucht und zur Bergung versunkener Wertgegenstände auf den Grund von Meeren, Seen, Flüssen, Baggerseen und Unterwasserhöhlen gezogen. Da der Blick nicht tief unter die Wasseroberfläche dringen kann, stellten sich die Menschen alle möglichen Lebewesen vor, die dort auf der Lauer liegen, um alle, die in diese scheinbar verbotene Welt eindringen, zu verschlingen oder zu verzaubern. Doch es hat schon immer auch solche gegeben, die sich allem Aberglauben zum Trotz in die Tiefe gewagt haben. Man hielt sie entweder für mutig, dumm oder verrückt.

Wer noch nie unter Wasser war, für den ist »tief« ein relativer Begriff. Schon in sechs oder zehn Meter Tiefe stößt man auf eine fremde Welt, die uns natürlich mittlerweile aus dem Fernsehen, von Fotos oder aus aufwendigen Privat- und Zoo-Aquarien bekannt ist. Doch noch vor gar nicht allzu langer Zeit war das alles noch gänzlich unbekannt. Taucherkundungen in der Tiefe galten einst als ebenso unmöglich wie eine Fahrt zum Mond. Bevor die Reise nach unten beginnen konnte, musste der Mensch viele Hindernisse überwinden, von denen die im Kopf erzeugte Angst vor der Tiefe wahrscheinlich das Kleinste war.

Ohne technische Hilfsmittel bekommt der Mensch unter Wasser keine Luft, aber mit noch so einfachen Geräten hat er seit frühester Zeit erfolgreich versucht, diese physikalische Barriere zu überwinden. Auf einem assyrischen Relief aus dem Jahre 900 vor Christus ist ein Mann abgebildet, der beim Schwimmen unter Wasser aus einem Schlauch atmet, der Ähnlichkeit mit einem Weinschlauch hat. Im vierten Jahrhundert vor unserer Zeitrechnung beschreibt Aristoteles eine einfache Tauchglocke, mit deren Hilfe Taucher auf den Grund tauchen konnten, wo sie dann umherschwammen und in bestimmten Abständen wieder zur Glocke zurückkehrten, um zu atmen. Im Laufe der Jahrhunderte wurden die verschiedensten Tauchanzüge und -helme mit unterschiedlichem Erfolg benutzt. Die Bergung von Fracht, Kanonen oder Schätzen aus gesunkenen Schiffen war dabei stets ein wirtschaftlicher Anreiz. Wenn schlichte Neugier uns nicht half, die anfänglichen Ängste und Schreckensvorstellungen in Bezug auf das Wasser zu überwinden, dann tat es die Habgier.

Den ersten wirklich brauchbaren Tauchapparat erfand 1715 der Engländer John Lethbridge. Er beschreibt das Gerät 1749 in einem Beitrag für das »Gentleman's Magazine«. Es war röhrenförmig und erinnerte an ein längliches Weinfass, war aus Holz gebaut, mit Harz abgedichtet und durch Eisenringe verstärkt. Die Röhre wurde flach hingelegt, ein Mann kroch am vorderen Ende hinein und legte sich bäuchlings hin. Er steckte seine Arme in zwei kurze lederne Ärmel und schaute durch ein winziges Bullauge aus Glas nach unten. Das vordere Ende wurde wasserdicht verschlossen und die Röhre hinabgelassen, wobei der Taucher weiterhin flach ausgestreckt mit dem Gesicht nach unten lag. Luftzufuhr gab es nicht, und nachdem das Gerät verschlossen war, konnte der Taucher lediglich die Luft atmen, die sich in der Röhre befand. Der Taucher arbeitete dann am Meeresboden und hielt mit Hilfe eines Seils Signalkontakt mit der Oberfläche. Nachdem er wieder hochgezogen worden war, wurden zwei Verschlüsse geöffnet: In den einen pumpte man mit einem Blasebalg Frischluft, während die verbrauchte Luft über die zweite Öffnung austreten konnte. Man kann sich vorstellen, dass die Tauchzeiten unter solchen Umständen begrenzt waren: Lethbridge beschreibt, er sei mit seiner Erfindung bis zu 34 Minuten lang in Tiefen bis 18 Meter getaucht. Er berichtet auch von einem Tauchversuch auf 21 Meter, wozu er mit typisch britischer Untertreibung feststellt, dies sei sehr viel schwieriger gewesen. Als sein Artikel erschien, war Lethbridge schon drei Jahre lang mit seinem Gerät getaucht.

In der begrenzten Zeit, die man mit Lethbridges Apparat auf dem Grund verbringen konnte, steckte ein zunächst nicht gewürdigtes Potenzial. Es zeigte sich überraschenderweise in einem ganz anderen, mit der industriellen Revolution aufblühenden Wirtschaftszweig, nämlich im Brücken- und Tunnelbau.

Im Jahre 1841 entwickelte der französische Bergbauingenieur M. Triger den ersten Senkkasten oder Caisson, eine Konstruktion, mit der man unter Wasser Brückenfundamente, Tunnel oder andere Unterwasserbauten ausführen konnte, indem man den Wassereinbruch mit Hilfe von Druckluft verhinderte. Eine hohle Stahlröhre wurde mit Kähnen über der Baustelle ausgebracht und aufrecht auf Grund gesetzt, wobei das obere Ende aus dem Wasser ragte. In der Röhre konnten die Arbeiter auf Leitern hinab und hinauf steigen. Das untere Ende des Senkkastens war offen, und die von der Oberfläche eingespeiste Druckluft verhinderte das Eindringen von Wasser. Der Luftdruck im Caisson musste also größer sein als der Wasserdruck am Grund. Durch ein Versagen des Kompressors hätte sich der Senkkasten im Nu mit Wasser gefüllt. Die Caissonarbeiter gruben am Grund des Flusses und entfernten Schicht für Schicht die losen Ablagerungen. Sobald der Senkkasten absackte, wurden oben Verlängerungen aufgesteckt, und wenn die Arbeiter keine Ablagerungen mehr abtragen konnten, wurde der gesamte Senkkasten mit Beton gefüllt und diente als Basis für den Brückenpfeiler.

Nachdem man mit dieser grundlegend neuen Methode die ersten Erfolge erzielt hatte, wurden Senkkästen in großem Ausmaß eingesetzt. Bald stellte sich aber heraus, dass die Caissonarbeiter seltsame Beschwerden entwickelten. Nach der Schicht litten viele unter Schmerzen und Lähmungserscheinungen, es kam auch zu Todesfällen. Tausende von Arbeitern wurden Opfer der »Caissonkrankheit«, wie man die Beschwerden bald nannte. Ihre Symptome kannte man bereits von Bergarbeitern, die ebenfalls, wenn auch nicht umgeben von Wasser, unter hohem Luftdruck arbeiteten. Allerdings nahm man die Caissonkrankheit, wie die Folgen anderer Industriearbeiten auch, als unvermeidlich hin. Ebenso schnell, wie die einen zu Krüppeln wurden oder starben, rückten andere ungelernte Arbeiter in diese damals relativ gut bezahlten Berufe nach. Für die herausragende Erfindung des Caissons erhielt Triger 1852 den hoch angesehenen Prix de Mécanique.

Etwa zeitgleich mit der Verbreitung von Trigers Senkkästen im Bauwesen entwickelte sich auch das kommerzielle Tauchen. Charles Deane hatte zunächst ein Atemgerät für Feuerwehrleute als Patent angemeldet. 1823 bauten er und sein Bruder John diese Erfindung dann zu einem Tauchanzug um, der von der Wasseroberfläche über einen Blasebalg mit Luft versorgt wurde. Der Anzug ermöglichte Tauchern eine längere Grundzeit als Lethbridges Tauchgefährt, doch die Gebrüder Deane erkannten bald, dass sie einen stabileren Anzug mit verbesserter Luftzufuhr bauen mussten, der noch längere Aufenthalte in größeren Tiefen gestattete, wollten sie von lukrativen Verträgen für die Bergung von Schiffsgut profitieren. Sie entwickelten auf dem Reißbrett einen Tauchhelm aus Kupfer, der von der Oberfläche durch einen Kolbenkompressor mit Druckluft versorgt werden sollte. Diesen Helm baute Augustus Siebe 1827 in England.

Durch den von der Oberfläche mit Druckluft versorgten Helmtauchanzug verlängerten sich die Tauchzeiten beträchtlich, doch auch das hatte seinen Preis. Beim Auftauchen litten die Taucher manchmal an Funktionsstörungen in Armen oder Beinen oder an Gelenkschmerzen. Im Extremfall waren die Schmerzen so stark, dass sie laut schrien und sich in eine Embryoposition krümmten. Dieses Symptom brachte englischsprachige Taucher dazu, die Krankheit »*the bends*« (»Krümmungen«) zu nennen. Die Krankheit konnte den Taucher schwächen, zum Krüppel machen, ihn sogar töten, aber niemand wusste, weshalb. War das Meer vielleicht doch ein Reich, in das der Mensch keinen Zutritt haben sollte? In manchen Kulturen glaubte man beispielsweise, die Taucherkrankheit würde von aufgestörten Meerjungfrauen oder anderen Wasserwesen ausgelöst. Manche Taucher litten an Land unter Lähmungen und konnten ihre Arme und Beine nur mit Mühe bewegen, aber zu ihrer großen Verwunderung gehorchten ihnen ihre Gliedmaßen unter Wasser wieder einwandfrei. Sie dachten, die See habe sie verflucht und lasse sie nicht mehr los.

Doch nicht nur im Zusammenhang mit der Dekompressionskrankheit kam es zu tödlichen Tauchunfällen. Bei den ersten, noch handbetriebenen Kompressoren hielten ein oder zwei Männer eine große Schwungscheibe in Gang, um den Taucher mit Atemluft zu versorgen. Wenn die Männer ermüdeten oder der Kompressor aus irgendeinem anderen Grund versagte, wurde der Taucher vom Wasserdruck regelrecht zerquetscht. Befand sich der Taucher in besonders großer Tiefe, konnte sein Körper schlimmstenfalls sogar in den Helm gedrückt werden. Die Mannschaft an der Wasseroberfläche fand dann, sobald sie den Taucher nach oben gezogen hatte, zu ihrem Entsetzen im Helm und manchmal auch in den Luftschläuchen nur noch einen blutigen Brei. Daraufhin brachte man direkt über dem Helm im Schlauch ein Einwegventil an, das verhinderte, dass der Taucher bei einem Ausfall des Kompressors vom Druck zermalmt wurde. Doch auch dieses Ventil konnte den Tod der Taucher nicht verhindern. Zwar wurden sie nun nicht mehr zerquetscht, doch sie konnten nur noch die verbleibende Luft in ihrem Anzug atmen, dann lief dieser voll Wasser und sie ertranken.

Dennoch erlebte die Taucherei einen rasanten Aufschwung. Schon 1870 gründete Augustus Siebe die Firma Siebe-Gorman, die Tauchanzüge und Helme lieferte, und die bis heute existiert. Auch die von Siebe produzierten Helme sind noch in Gebrauch. Weltweit ist der charakteristische Siebe-Gorman-Helm ein Symbol für das Tauchen.

Je mehr hochspezialisierte Männer auf dem Gewinn bringenden Gebiet des kommerziellen Tauchens arbeiteten, desto mehr litten an der Taucherkrankheit. Auch die britische Royal Navy verzeichnete bei ihren Tauchern eine hohe Anfälligkeit. Man musste ihr Einhalt gebieten, damit das Wissen der Taucher und die hohen Investitionen in ihre Ausbildung nicht vergebens waren. So beauftragte die britische Admiralität 1906 den schottischen Physiologen John Scott Haldane mit der Erforschung des medizinischen Rätsels um die Taucherkrankheit. Als Erstes studierte Haldane die Ergebnisse von Untersuchungen an Caissonarbeitern, die am Bau der zwischen 1869 und 1883 errichteten Brooklyn Bridge in New York beteiligt gewesen waren. Außerdem machte er Experimente in einer Druckkammer.

Haldane wusste, dass Caissonarbeiter, Bergarbeiter und Taucher komprimierte Luft atmeten, die in Meereshöhe die gleiche Zusammensetzung hat wie die Umgebungsluft. Beim Einatmen nimmt die Lunge Stickstoff auf, der, über die Blutbahn transportiert, in die Zellen gedrückt wird. Schon 1878 hatte der Naturwissenschaftler Paul Bert entdeckt, dass die Taucherkrankheit von einem Überschuss an gelöstem Stickstoff in den Zellen und im Blut herrührte. Dieser Überschuss entstand immer dann, wenn der Druck auf den Körper abfiel. Der Stickstoff perlte in der Blutbahn aus, die Bläschen sammelten sich im Bereich der Gelenke, unterbanden den Blutfluss und übten Druck auf die Nervenenden aus. Ausgehend von Berts Entdeckung und anderen Forschungsergebnissen, führte Haldane Versuche mit Ziegen durch. Haldane nutzte die Tatsache, dass eine Ziege, wenn sie aufgrund einer Druckänderung unter Gelenkschmerzen leidet, sich hinkniet, was bei einem Taucher der Embryoposition entspricht. Um den Tiefendruck zu simulieren, setzte er die Ziegen unterschiedlich lange verschiedenen Druckverhältnissen aus.

Wasser ist schwerer als Luft, und jeweils zehn Meter Wassersäule entsprechen einem Bar. Auf Meereshöhe beträgt der Druck ein Bar; dieser Luftdruck muss jeweils zur Wassersäule addiert werden, so dass also in zehn Metern ein Druck von zwei Bar wirkt, in zwanzig Metern von drei Bar usw. Haldane führte seine Ziegenversuche mit verschieden langer Aufenthaltsdauer bei Druckverhältnissen durch, die zehn, zwanzig und dreißig Meter Tiefe entsprachen, und stellte fest, dass die Ziegen den Druckunterschied zwischen zehn Meter Tiefe und der Oberfläche ohne Anzeichen von Krankheit überstanden. Holte er sie jedoch aus einer »Tiefe« von zwanzig oder dreißig Metern hoch, so zeigten sie deutliche Schmerzsymptome. Daraufhin probierte er eine Verminderung des Drucks um jeweils ein Bar aus und ließ dabei die Ziegen unterschiedlich lange in dem geringeren Druck verweilen, bevor er ihn weiter verminderte. Diese Methode funktionierte, denn sie gab dem Körper mehr Zeit, den überschüssigen Stickstoff abzuatmen, ohne dass Bläschen entstanden. Durch Versuche mit unterschiedlichen Tiefendruckverhältnissen, unterschiedlichen Verweildauern und unterschiedlichen Zeiten zur Wiedergewöhnung an niedrigere Druckverhältnisse gelang es ihm schließlich, die Ziegen so nach oben zurückzubringen, dass sie weder unter Schmerzen litten noch starben.

Bevor er die Forschungsergebnisse an Menschen testen konnte, musste Haldane standardisierte Tabellen erstellen, anhand derer Taucher von den Begleitern an der Oberfläche nach oben geholt werden konnten. Die Tabellen mussten – schon wegen der schwierigen Bedingungen auf Schiffen – einfach lesbar und verständlich sein. Er entwickelte schließlich drei so genannte

Tauchtabellen, auf denen die Tiefe, die Grundzeit und die Austauchzeit verzeichnet waren. Ferner berücksichtigten die Tabellen den Reststickstoffgehalt im Körper von einem eventuell vorangegangenen Tauchgang. Im Falle eines solchen Wiederholungstauchgangs durfte sich der Taucher nämlich weniger lange unter Wasser aufhalten. Blieb ein Taucher länger als eine bestimmte Zeit in der Tiefe, so gab Haldane auf seinen Tauchtabellen an, in welchen Tiefen und für wie lange er Pausen machen musste, damit sein Körper den überschüssigen Stickstoff über die Atemwege ausscheiden konnte. Dieses Verfahren nennt man stufenweise Dekompression.

Haldane stellte seine Forschungsergebnisse und Tabellen der Admiralität vor, die Tests an Menschen durchführen ließ. Tatsächlich erreichten Taucher bis zu 64 Meter Tiefe, ohne nach dem Auftauchen an der Dekompressionskrankheit zu leiden. Es war wie ein Wunder. Versuche mit größeren Tiefen konnten allerdings nicht gemacht werden, denn die Grenze der damaligen technischen Möglichkeiten war erreicht: drei Kompressoren, jeder von sechs Männern angetrieben, waren an den Tauchanzug angeschlossen und versorgten den Mann unten mit der nötigen Luft. Die Arbeit an den Wellen der Kompressoren war dermaßen anstrengend, dass die Männer alle fünf Minuten abgelöst werden mussten. Haldanes Tauchtabellen wurden 1907 veröffentlicht und gehörten bald überall auf der Welt bei Seestreitkräften und Tauchfirmen zum Standard.

Auf jedem Niveau ihrer Ausbildung werden Taucher immer wieder mit der Geschichte der Dekompressionstheorie vertraut gemacht. Die Rouses bildeten da keine Ausnahme. Dekompressionstheorie ist eigentlich mehr eine Kunst als eine exakte Wissenschaft, und sie ist immer noch eines der großen Geheimnisse des Tauchens. Selbst wenn ein Taucher alles nach Vorschrift macht und sich strikt nach den Tabellen richtet, kann es ihn erwischen. Die Wahrscheinlichkeit hierfür hängt von vielen Faktoren ab, darunter Müdigkeit, Wasserhaushalt, körperliche Verfassung und Grad der Anstrengung unter Wasser. Schon in seiner ersten Lehrstunde erlernt ein Taucher die Grundlagen der Dekompressionstheorie und das Lesen der

Tauchtabellen. Vielen Tauchern fällt es schwer, den Sinn der Tabellen zu erkennen, während sich andere durch die vielen Buchstaben und Zahlen verunsichert fühlen. Auch Sue war die korrekte Benutzung der Tauchtabellen am Anfang nicht ganz klar und Chris und Chrissy gaben ihr zu Hause Nachhilfe.

»So, Mom, jetzt zeigen Dad und ich dir, wie das mit den Tabellen läuft. Ist echt nicht so schwer«, drängte Chrissy.

Sue machte ein besorgtes Gesicht. »Na, ich weiß nicht. Mir kommt das immer so kompliziert vor mit den ganzen Zahlen.«

Chris meldete sich zu Wort. »Du machst mir vielleicht Spaß. Warst doch so ein As in der Schule! Mensch, wenn sogar ich das kann, dann müsstest du das im Schlaf packen!«

Sue war ihren beiden Männern dankbar für ihre Unterstützung. Sie holten etliche Bücher hervor und erklärten ihr spannend eines der Geheimnisse des Tauchsports und wie es zumindest teilweise gelöst worden war.

Während Haldanes neue Dekompressionstabellen es Tauchern nun ermöglichten, in größere Tiefen vorzudringen, bemerkten sie, wie der Stickstoff, den sie in der Tiefe atmeten, sie schwächte und benebelte. Einige experimentierten daher mit verschiedenen Gasgemischen. Aus der Tatsache, dass Stickstoff als biologisch inertes Gas für körperliche Funktionen nicht benötigt wurde, schloss man, dass er durch leichtere Gase, nämlich Wasserstoff, Neon oder Helium, ersetzt werden konnte. Diese Gase versetzten Taucher in die Lage, viel tiefer zu tauchen, ohne dass eine Rauschwirkung einsetzte. Allerdings brauchte man andere Dekompressionstabellen, denn die leichteren Gase wurden vom Körper schneller aufgenommen und auch schneller wieder abgeatmet. Stimmen wurden laut, die bezüglich der Sicherheit und der Wirksamkeit von Mischgas starke Zweifel äußerten.

Im Jahre 1945 tauchte der schwedische Ingenieur Arne Zetterström mit einem Gasgemisch, das Wasserstoff anstelle von Stickstoff enthielt, 152 Meter tief. Er verstarb beim Auftauchen, weil ein unerfahrener Oberflächenhelfer Zetterströms Anweisungen falsch verstanden hatte und ihn zu früh so weit hinaufgezogen hatte, dass er sich 40 Meter oberhalb des geplanten Dekostopps befand. Später tauchte der britische Marinetaucher George Wookey erfolgreich auf 183 Meter hinab. Dieser Rekord wurde von dem schweizerischen Mathematiker Hannes Keller eingestellt. Keller, dem als medizinischer Berater sein Landsmann Albert Bühlmann zur Seite stand, tauchte mit Heliumgasgemischen erst auf 222 und dann 1962 auf 305 Meter. Der Tauchgang in 300 Meter Tiefe war alles andere als ein ungetrübter Erfolg, denn aufgrund technischer Probleme starben ein mit Keller tauchender Journalist und ein weiterer Sporttaucher, während Keller unverletzt blieb. Diese groß angelegten Tauchexperimente bestärkten die Kritiker nur in ihrem Bild von den nicht kalkulierbaren Gefahren der Tiefe. Und wieso sollte Sporttauchern das gelingen, woran Profis gescheitert waren?

Auf der einen Seite gab es all die Gefahren, die das Tauchen in großen Tiefen mit sich brachte, auf der anderen aber handfeste wirtschaftliche Anreize, und so suchten manche Berufstaucher nach einer alternativen Lösung zur Erkundung der Tiefen. Ihre Überlegung war, dass Stickstoffnarkose, toxische Wirkung des Sauerstoffs und Dekompressionskrankheit umgangen werden könnten, wenn der Taucher sich in einem Schutzanzug aufhielt, in dem konstant der atmosphärische Druck wirkte – egal wie groß der tatsächliche Außendruck war. Solch ein Tauchpanzer hätte noch dazu den Vorteil, dass der Taucher nach getaner Arbeit sofort wieder zur Oberfläche auftauchen könnte. John Lethbridges Tauchgerät von 1715 war im Grunde eine Vorform des Tauchpanzers, bei dem allerdings die Arme ungeschützt blieben. Der erste wirklich erfolgreiche Tauchpanzer wurde 1917 von der deutschen Firma Neufeldt & Kuhnke hergestellt und sah aus wie ein Sciencefiction-Roboter. Die deutsche Marine testete das Gerät 1924 bis zu einer Tiefe von 160 Metern, und sechs Jahre später wurde mit ihm eine Million Dollar in Goldbarren aus dem Wrack des Passagierdampfers *Egypt* geborgen. Im Zweiten Weltkrieg setzte die deutsche Kriegsmarine eine ganze Reihe von N & K-Tauchpanzern ein, die bei Kriegsende von den Alliierten beschlagnahmt wurden.

Im Jahr 1922 hatten Erfinder von gepanzerten Tauchanzügen in den USA Hochkonjunktur. Victor Campos ließ sich einen Anzug patentieren, den er nach eigenen Angaben bis 180 Meter getestet hatte, und Joseph Peress meldete das erste Modell mit Kugelgelenken als Patent an. Bei ihm wurde der Druck durch eine Flüssigkeit übertragen, wodurch Arme und Beine besser beweglich waren. Drei Jahre nach der Patentanmeldung hatte Peress seinen Tauchpanzer fertig gestellt, er war jedoch ein Fehlschlag. Im zweiten Anlauf entwickelte er einen Tauchpanzer, mit dem man bis zu 136 Meter tief tauchen konnte und den die britische Royal Navy später erfolgreich testete. Peress' Tauchpanzer wurde 1969 von einer britischen Firma umgebaut und in den Folgejahren noch weiter modifiziert. Als JIM-Tauchpanzer wurde er 1976 erfolgreich für eine Taucherkundung von Ölfeldern in 276 Meter Tiefe in der kanadischen Arktis eingesetzt.

So spektakulär derartige Leistungen auch gewesen sein mögen, es änderte nichts an der Tatsache, dass der Tauchtiefe von Panzertauchern – wie auch der von U-Booten – Grenzen gesetzt sind. Tauchte man zu tief, so wurde der Panzer mitsamt Inhalt zerquetscht wie ein Ei im Schraubstock. Die meisten Sporttaucher jedoch können sich einen Tauchpanzer inklusive der Hilfsgeräte, die zusätzlich an der Oberfläche benötigt werden, ohnehin nicht leisten. Und selbst wenn ein Sporttaucher all das bezahlen könnte, so wäre doch die Apparatur in der Handhabung zu schwerfällig, außerdem sind die zur Oberfläche führenden Verbindungsschläuche für eine detaillierte Erkundung von Unterwasserhöhlen ungeeignet. Man könnte damit zwar nach Schiffswracks tauchen, doch vor dem Eindringen in ein intaktes Wrack müsste man zuerst dessen äußere Metallhülle aufschweißen oder mit Sprengstoff ein ausreichend großes Loch schaffen.

Trotz aller einschneidenden Verbesserungen bei der Konstruktion von Tauchpanzern mussten sich die meisten Taucher – ob nun Berufs-, Marine- oder Sporttaucher – mit den traditionellen Tauchanzügen begnügen, in denen sie den mentalen und körperlichen Herausforderungen der Tiefe relativ schutzlos ausgeliefert waren.

Einer von ihnen war Glenn Butler, der seine Karriere als professioneller Taucher 1968 im Alter von siebzehn Jahren begann. Dabei war sein Einstieg in die Welt des Berufstauchens nicht der übliche. Sein Vater hatte direkt nach dem Zweiten Weltkrieg im Auftrag der U.S. Army Minen in flachen Gewässern geräumt. Nach seiner Rückkehr ins zivile Leben gründete er ein Minenräumunternehmen. Die Begeisterung des Vaters für das Meer übertrug sich auf den Sohn, der im zarten Alter von sieben Jahren mit dem Gerätetauchen begann. Mit fünfzehn war Glenn Butler geprüfter Taucher, in den folgenden drei Jahren hielt er Lehrgänge ab und leitete Tauchexkursionen. Er liebte das Wasser, und er wusste, dass sein Leben, in welcher Weise auch immer, mit dem Meer zu tun haben würde. Butlers Vater versuchte, seinem Sohn bei der Suche nach einem Job als Berufstaucher zu helfen, und nahm ihn mit nach Washington zur U.S. Navy. Glenn betrachtete die Ausrüstung der Taucher dort und sagte dann zu seinem Vater: »Dad, so wie diese Leute will ich nicht arbeiten – ich brauche ein bisschen mehr Nervenkitzel. Irgendwie muss es doch etwas geben, das besser zu mir passt.«

Das war der Fall. Es war gegen Ende der sechziger Jahre, und Glenn Butler wusste, wo es im Tauchgewerbe richtig zur Sache ging: bei einer Forschungsfirma namens Ocean Systems, die Union Carbide gehörte. Mit seinen siebzehn Jahren nutzte Butler seine Kontakte zur New Yorker Taucherszene und bekam einen Vorstellungstermin auf dem Forschungsgelände der Firma in Tarrytown im Bundesstaat New York. Auf der Treppe kam ihm Dr. Bill Hamilton entgegen, ein Mann mit gut schulterlangem, braunem Haar und einem Overall, auf dessen Brust ein großes, leuchtend rosafarbenes Schwein prangte.

Hamilton und dessen Chef Dr. Heinz Schreiner standen an der Spitze einer gigantischen Forschungseinrichtung, und Glenn Butler konnte sich glücklich schätzen, hier einen Fuß in die Tür zu bekommen. Ein halbes Jahr lang arbeitete er ohne Bezahlung als Praktikant, dann wurde er gefragt, ob er als Taucher anfangen wolle.

Taucher in einer Forschungseinrichtung zu sein, ist nicht vergleichbar mit anderen Einsatzbereichen. Man hatte es zwar mit großem Wasserdruck zu tun, wurde dabei aber nicht nass. Butlers offizielle Stellenbezeichnung lautete »Innenraum-Beobachter«, dahinter verbarg sich die Tatsache, dass er im Innenraum einer Druckkammer als menschliches Versuchskaninchen fungierte. Indem Hamilton und andere von außen die Regler bedienten, simulierten sie an Butler verschiedene Tiefendrücke, um neue Atemgase, Dekompressionstabellen und -theorien sowie die physiologischen Belastbarkeitsgrenzen zu testen. Butler und andere »Innenraum-Beobachter« litten oft an Bends, wenn sie zum Normaldruck zurückkehrten. In diesen Fällen stiegen sie gar nicht aus der Kammer aus, sondern wurden sofort erneut unter Druck gesetzt und dann langsamer wieder nach oben gebracht, während das Forscherteam Messergebnisse protokollierte und Theorien und Dekotabellen den neuen Gegebenheiten anpasste. Bei einem Trockentauchgang in der Kammer wurde Butler einmal in elf Minuten auf eine Tiefe von 300 Meter geschickt. Man ging dem Problem nicht einfach nur auf den Grund – man folgte ihm in den Abgrund. Irgendwie überlebte er die Sache unbeschadet.

Einer der Forschungszweige bei Ocean Systems war die Entwicklung eines Standards für den Umgang mit reinem Sauerstoff bei extrem erhöhtem Druck. Die Verwendung ungeeigneter Materialien in Verbindung mit Sauerstoff und hohem Druck konnte Explosionen und Feuer auslösen. Die Ergebnisse derartiger Untersuchungen waren durchaus auf Gebiete außerhalb des Tauchens übertragbar, doch es musste sich erst die Feuerkatastrophe auf der Abschussrampe von Apollo 1 ereignen, in der die Astronauten Roger Chaffee, Gus Grissom und Edward White 1967 umkamen, bevor die Welt wachgerüttelt wurde und man begann, eine Verbindung zwischen Tauchforschung und Raumfahrt überhaupt zu sehen. Obwohl Butler, Hamilton, Schreiner und die anderen Forscher bei Ocean Systems niemals direkt für die Raumfahrt arbeiteten, trugen sie nach der Tragödie von Apollo 1 dazu bei, die Erkundung des Weltraums sicherer zu machen, indem sie die NASA bei der Entwicklung von Kriterien für die Materialsicherheit in ihrem Raumfahrtprogramm unterstützten.

Als in den achtziger Jahren viel Geld in die Erkundung von Erdölvorkommen gepumpt wurde, schaffte Butler den Vorstoß in die Berufstaucherelite: Er wurde Sättigungstaucher, das heißt, er arbeitete unter konstantem Tiefendruck, und das manchmal über mehrere Wochen. Auf diese Weise konnte er insgesamt länger in großen Tiefen arbeiten, als wenn er jeden Tag aufs Neue getaucht wäre. Butlers Körper war mit inertem Gas gesättigt, denn er machte keine Dekompression nach den Tauchgängen, sondern der Druck wurde um ihn herum auf konstanter Höhe gehalten. So musste er pro Einsatz nur eine Dekompression machen, ganz am Ende. Er arbeitete, wo immer auf der Welt er gebraucht wurde: in Afrika, in der Nordsee, im Nordatlantik und im Pazifik. Wenn Butler sich nicht gerade im Wasser aufhielt – in Tiefen von manchmal über 100 Metern –, dann war er in einer röhrenförmigen Druckzelle eingeschlossen, in deren Boden sich eine Schleuse befand, durch die er ein- und aussteigen konnte. Die Zelle wurde jeden Tag von der Tauchplattform nach unten gelassen, und wenn sie auf dem Meeresboden angekommen war, stieg Butler aus. Nach einem Acht-Stunden-Tag, den er mit dem Verlegen oder der Überprüfung von Pipelines oder Bohrköpfen zugebracht hatte, spazierte Butler erschöpft am Meeresboden entlang, und wirbelte dabei wie Pigpen, der kleine schmutzige Junge von den Peanuts, mit den Füßen Wolken von Sand und Schlick auf. Schließlich kroch er zurück in den Schutz seiner kahlen, ständig feuchten, gefängnisartigen Behausung und wurde zur Oberfläche hochgezogen. Der Druck blieb dabei die ganze Zeit über konstant. Nirgendwo auf der Welt gibt es ein einsameres Gefängnis. Butler durfte seine Druckkammer nicht verlassen, denn sonst wäre er qualvoll an der Dekompressionskrankheit gestorben. Sein Körper war allerdings nicht das Einzige, was gesättigt war: Auch sein Bankkonto füllte sich dank der Zulagen. Dafür, dass ein Sättigungstaucher sein Leben praktisch rund um die Uhr riskiert, erhält er Sonderzulagen, ähnlich wie Soldaten im Kampfeinsatz.

Doch anders als bei den Soldaten bringt der Druck, dieser unsichtbare Feind, den Sättigungstaucher ganz langsam um. Der Druck frisst den Körper auf, und wer mehrere Jahre lang in diesem Beruf gearbeitet hat, dessen Röntgenaufnahmen zeigen Anzeichen von Knochenschwund in Form von Löchern in der normalerweise festen Struktur der Hüft- und Kniegelenke. Die moderne Medizin macht es heute möglich, diese Knochen bei

Verschleißerscheinungen zu ersetzen, und so ist es durchaus nicht ungewöhnlich, dass ein ehemaliger Sättigungstaucher in beiden Hüften und Knien künstliche Gelenke hat.

Butler liebte seinen Beruf, trotz der Risiken und trotz der Schmerzen durch gelegentliche Bends, von denen er insgesamt siebzehn erlitt. Doch er hielt die starken Schmerzen aus wie ein Boxer, der fest entschlossen ist, seinen Gegner zu besiegen. Vieles über die physiologischen Risiken bei wiederholtem Auftreten der Dekompressionskrankheit war damals noch im Unklaren. Was die Wissenschaftler und Butler nicht vorsehen konnten, war, dass sich die erlittenen Anfälle viele Jahre später erneut bemerkbar machen würden: Butlers Gehirn war geschädigt. Als ich ihn einmal beim Treffen eines Tauchclubs sah, dachte ich, er hätte zu viel Bier getrunken, denn er nuschelte und hatte Schwierigkeiten bei der Formulierung seiner Sätze. Ich fühlte mich an Muhammad Ali, den Helden meiner Kindheit, erinnert, dem ich einmal begegnet war, als er schon ziemlich angeschlagen war. Butler litt zu dieser Zeit, Anfang der neunziger Jahre, sehr stark an Gedächtnislücken und dem Nuschel-Syndrom eines angeschlagenen Boxers. Die Ärzte konnten ihm nicht helfen. Ich war skeptisch, ob ein Zusammenhang zwischen Butlers zahlreichen Anfällen von Dekompressionskrankheit und seinen Problemen bei der Artikulation tatsächlich nachgewiesen werden konnte. Butler erzählte mir, eine Untersuchung mit dem Computertomographen hätte ergeben, dass sein Gehirn vier bisher unerkannte Läsionen aufwies, die vom Tauchen herrührten und inoperabel waren. »Dass ich nicht mehr richtig sprechen kann, das kommt von einem Aneurysma – weißt du, so einer Blutung im Gehirn«, sagte er. »Die kann von einer der Verletzungen stammen, die ich vom Tauchen habe, aber die Ärzte meinen eher, Ursache sei zu hoher Blutdruck.«

Butlers Zustand verbesserte sich im Laufe der Jahre ständig. 1995 konnte er wieder normal sprechen und sein Gedächtnis funktionierte wieder einwandfrei, wie die Ärzte es ihm vorausgesagt hatten. Nach weiteren fünf Jahren sind inzwischen alle Hirnläsionen bis auf eine von allein ausgeheilt, und sein hochdruckbedingtes Aneurysma, das für sein Nuschel-Syndrom verantwortlich war, ist verschwunden. Butler sagt, nach Ansicht seiner Ärzte sei er wieder »so gut wie neu und nicht besonders gefährdet für Hirnblutungen, solange mein Blutdruck normal bleibt«. Er ist immer noch als Berater, Hersteller von Spezialausrüstung und Dekompressionstherapeut in der Tauchindustrie tätig, und trotz seiner 49 Jahre hat er sich eine fast kindliche Begeisterung für das Tauchen erhalten.

1990 war man allgemein der Ansicht, dass im Sportbereich alles außer Luft gefährlich sei. Offiziell wurden keine Kurse für Sporttaucher angeboten, die gern den Umgang mit heliumhaltigen Atemgemischen erlernen wollten. Die Öffentlichkeit hat Recht, wenn sie Tauchen für gefährlich hält. Denn erst seit relativ kurzer Zeit, seit den fünfziger Jahren, ist Tauchen überhaupt erst ein Sport. Das Gerätetauchen wurde 1943 von den Franzosen Jacques Cousteau und Émile Gagnon erfunden. Deren Idee war es, zwei Ausrüstungsgegenstände, die es schon eine ganze Weile gegeben hatte – nämlich die Pressluftflasche und das bedarfsgesteuerte Ventil, das sich beim Einatmen öffnet, so dass der Taucher frei atmen kann – miteinander zu kombinieren und so ein System zu schaffen, das den Taucher bei jedem Atemzug mit der richtigen Menge Luft versorgt. Das war etwas völlig Neues. Das Bestechende des Cousteau-Gagnon-Apparats lag in seiner Einfachheit. Nach dem Zweiten Weltkrieg setzte Cousteau seine Forschungen über das Tauchen fort, trieb Geldmittel ein, schrieb Bücher und machte schließlich seine berühmten Unterwasser-Fernsehserien. Eine von Cousteaus Geldeinnahmequellen war der Verkauf seiner Erfindung, des Presslufttauchgeräts (»Aqualung«), an Sporttaucher.

Gerätetauchen wurde zum Sport, als Marinetaucher ins zivile Leben zurückkehrten und in ihrer Freizeit die Unterwasserwelt vor ihren Küsten erkunden wollten. Oberflächenunabhängige Tauchausrüstung für zivile Nutzung war in begrenztem Umfang vorhanden. Man brauchte lediglich Geld, jedoch keinerlei Ausbildung.

In der Anfangszeit waren Sporttaucher größtenteils Männer, und sie waren der Überzeugung, dass man ein ausgezeichneter Schwimmer sein musste, um das Gerätetauchen sicher zu betreiben. Vereinzelt gab es auch Frauen in dieser Männerwelt, wie etwa die schöne Österreicherin Lotte Hass, die zusammen mit ihrem Mann Hans die Unterwasserwelt fotografierte, filmte und in Büchern beschrieb. In den Vereinigten Staaten hatte Cousteau ein besseres Marketing als das Ehepaar Hass, was dazu führte, dass Cousteau eine international anerkannte Leitfigur des Tauchsports wurde, während die Bekanntheit des Ehepaars Hass sich auf Europa beschränkte, wo ihre Sendungen ausgestrahlt wurden.

Cousteau und das Ehepaar Hass sorgten dafür, dass die Möglichkeiten von Unterwassererkundungen als Sport überhaupt bekannt wurden. Zivilisten, deren Neugier geweckt worden war, konnten sich von ehemaligen Marinetauchern schulen lassen. Doch wer als Vorbedingung nicht sehr gute schwimmerische Fähigkeiten und eine hervorragende Ausdauer besaß, wurde für Lehrgänge gar nicht erst zugelassen. Auf dieser Grundlage entstanden dann Mitte der fünfziger Jahre Tauch-Lehr- und -Trainingsprogramme, deren Teilnehmer sich neben der eigentlichen Tauchausbildung durch Fitnessübungen wie Liegestütze und Strandjogging körperlich ertüchtigen mussten. Und das hatte seinen guten Grund. In den Anfängen erforderte die Tauchausrüstung eine kräftige Lunge, damit man durch den klobigen, ziehharmonikaförmigen, an einen Doppelschlauch angeschlossenen Atemregler genügend Luft bekam. Außerdem wusste man nie genau, wie viel Luft man noch in der Flasche hatte, es gab lediglich eine Sicherheitsvorrichtung, die eine Reserve aktivierte, wenn der Taucher Schwierigkeiten beim Atmen hatte. Dafür musste er an der Seite seiner Flasche an einem langen Stab ziehen, durch den ein Schalter am Flaschenventil hinuntergedrückt wurde. Wenn der Taucher vorher mit dem Schalter irgendwo angestoßen war, ohne es zu bemerken, dann hatte er seine Reserveluft natürlich schon verbraucht und war jetzt völlig ohne Luft am Grund. Er musste kontrolliert auftauchen, um dann schnorchelnd zurück zum Ufer oder zum Boot zu gelangen. So gesehen hatte man als guter Schwimmer tatsächlich bessere Überlebenschancen.

Je mehr die Tauchbesessenheit der Rouses wuchs, desto größer wurde auch ihre Sammlung von Büchern, Zeitschriften und Videos über das Tauchen. Ihre intensive Beschäftigung mit dem Sport führte zu einem Grad an Kenntnissen, der weit über dem der meisten Taucher lag. Als ich sie einmal besuchte, fragten sie, ob ich schon die Sendung von Cousteau über Höhlentauchen gesehen hätte. »Mann, das musst du dir angucken, das ist echt lustig!«, meinte Chris Rouse, und Sue und Chrissy nickten zustimmend. Während wir uns den Film über die Bahamian Blue Holes, ein Kalksteinhöhlensystem mit Zugängen am Meeresboden, ansahen, wiesen sie auf zahlreiche technische Fehler hin, die das Cousteau-Team bei seinem Tauchgang mit Dr. George Benjamin machte. Dieser hatte viel zur Verbesserung der Sicherheit im Höhlentauchen beigetragen, indem er zum Beispiel den zweiten Atemschlauch erfunden hatte, der für den Taucher lebenswichtig werden kann und mit dem er auch einen in Luftnot gekommenen Partner retten kann. Obwohl Dr. Benjamin für jeden leidenschaftlichen Höhlentaucher ein echter Held war, lebte er irgendwo im Verborgenen, ohne Kontakt zu dieser besonderen Gemeinschaft.

Als die Videoaufzeichnung der Sendung lief, machten die Rouses abwechselnd Cousteaus deutlich nasalen, französischen Akzent nach und wiesen einander auf Fehler hin. An einer Stelle sagte Cousteau: »Für diesen Tauchgang haben wir besonders große Flaschen ausgewählt.« Sue lachte auf und sagte: »Ja, genau. Aber schaut mal genau hin, das sind ja 80er. Mann, hat der noch nie was von 104ern gehört?« Damit meinte sie die Flaschen normaler Größe, die das Cousteau-Team benutzte, im Gegensatz zu den schweren, extra-großen Flaschen, die von wirklich ambitionierten Höhlentauchern verwendet werden und die wie kleine Bomben aussehen.

Chris machte aufgeregt weiter: »Hör mal, was er jetzt sagt!« »Wir mussten spezielle Magnesium-Unterwasserfackeln benutzen, um die Höhle auszuleuchten. Der flüssige Rauch füllte bald die Höhle aus und verringerte unsere Sicht.« Chris drehte sich zu mir. »Haben die noch nie was von Hochleistungsbatterielampen gehört, die es extra fürs Höhlentauchen gibt?«

Als dann auch noch ein Taucher aus dem Cousteau-Team seine ausgebrannte Fackel wegwarf, bekamen wir alle einen Anfall. Das Team verletzte dauernd die Grundprinzipien der Erhaltung von Höhlen und dass diese Leitfigur des Schutzes der Unterwasserwelt dies sogar vor einem internationalen Publikum tat, war zu viel für uns. Wir alle waren mit dem Merksatz der Höhlentaucher gedrillt worden: »Nimm nichts mit außer Fotos, lass nichts zurück außer Luftblasen.« Die Cousteau-Taucher dagegen verschmutzten die Höhle unnötig mit ihren Fackeln, obwohl sie mit Taucherlampen viel besser gesehen hätten, und sie ließen ohne Rücksicht auf die Umwelt ihren Müll einfach in der Höhle zurück. Darüber hinaus waren ihre Tauchflaschen für den Tauchgang viel zu klein (im Notfall hätten sie nicht genügend Luftreserven gehabt), und sie benutzten nicht die von Dr. Benjamin entwickelte Ausrüstung, die inzwischen zum Standard im Höhlentauchen geworden war und mit der auch dieser Tauchgang viel sicherer gewesen wäre.

Chrissy schüttelte den Kopf. »Mensch, was für eine schwache Nummer! Die sollten *uns* mal engagieren, dann würden wir denen *richtiges* Höhlentauchen zeigen, und nicht so was hier.« Wir alle waren enttäuscht darüber, dass Dr. Benjamin dem Druck – von welcher Seite auch immer – nachgegeben und es zugelassen hatte, dass zur Dramatisierung des Höhlentauchens unzulängliche Ausrüstung und Techniken gezeigt wurden. Zwar waren wir alle Cousteau dankbar für die Erfindung des Pressslufttauchgeräts und für das Umweltbewusstsein, das die Cousteau-Gesellschaft vertrat, aber unsere Hochachtung vor seinem Sachverstand und seiner Autorität hatte einen deutlichen Dämpfer bekommen.

An Cousteaus Film über das Höhlentauchen wurde uns klar, wie wichtig Bescheidenheit ist. Obwohl er und Gagnon das Gerätetauchen erfunden hatten, hätte er sich offen zeigen können für die Dinge, die andere, insbesondere Dr. Benjamin, nach ihm beigesteuert hatten, um das Tauchen sicherer zu machen. Cousteau hatte es vorgezogen, bei der Tauchausrüstung und den Techniken zu bleiben, die ihm vertraut waren, anstatt Neues dazuzulernen. Ganz anders waren da Taucher wie Marc

Eyring eingestellt. Eyring war ein äußerst erfahrener Höhlentaucher, trotzdem behauptete er immer von sich, er sei ein »Anfänger«. In Gesprächen sagte er gerne: »Wenn du glaubst, du weißt schon alles, wenn du nicht mehr offen bist für neue Wege, dann hast du ein Problem. Da unten, wo wir uns aufhalten, gibt es kein Pardon. Ich lerne immer noch dazu, denn sonst würde es nicht lange dauern, und ich wäre tot, das weiß ich.« Eyrings Einstellung war die eines echten Forschers.

Manche Höhlentaucher brauchen für die Dekompression mehrere Stunden, in denen sie im Wasser nur darauf warten, dass das überschüssige inerte Gas abgeatmet wird. Dieses Warten kann unendlich langweilig sein. Steve Berman musste oft lange Dekopausen machen, sowohl als Tauchkursleiter als auch nach Tauchgängen zum eigenen Vergnügen. Es gibt Taucher, die sich die Wartezeit verkürzen, indem sie unter Wasser Bücher oder Zeitschriften lesen oder sogar auf magnetischen Schachbrettern Schach spielen. Außerhalb des Wassers war Berman ein ausgesprochener Vielleser, und nun suchte er nach einer sinnvollen Beschäftigung für seinen Geist während der Dekompression. Musik! Damit würde die Zeit viel angenehmer vergehen! Berman begann, seinen Walkman unterwassertauglich zu machen. Das Abspielgerät vor Wasser zu schützen, war einfach, er verwendete einen runden Behälter, in dem normalerweise die Batterie für die Taucherlampe aufbewahrt wird. Viel problematischer war dagegen der Kopfhörer: Dies war die Schwachstelle in Bermans »Diveman«, wie er sein Gerät getauft hatte. Mal umwickelte er den kleinen, empfindlichen Kopfhörer mit Plastikfolie, mal tauchte er ihn in erhitztes Gummi. Für einige Tauchgänge ging das gut, doch dann entstanden Löcher. Wasser drang nicht nur in den Kopfhörer ein, sondern wanderte in den Kabeln bis in das Gerät selber und machte es unbrauchbar.

Nachdem Berman bei mehreren Walkman-Geräten den Kampf gegen das Wasser verloren hatte, erzählte er Reekie frustriert von seinem Problem. Dabei war die Lösung eigentlich ganz einfach: Der Kopfhörer musste von vornherein für den Unterwassergebrauch ausgelegt sein. Auf einer Fachmesse sah Reekie dann zufällig einen Unterwassermetalldetektor, zu dem auch ein großer, stabiler und vor allem wasserdichter Kopfhörer gehörte. Reekie sprach den Hersteller an: »Ich würde gerne einige von diesen Kopfhörern bei Ihnen bestellen, möchte damit aber Stereo hören. Können Sie mir das umbauen?« Der Hersteller wunderte sich über den Sonderwunsch, aber schließlich wollte er sein Produkt verkaufen, und so sagte er den Umbau zu. Als dann Reekie und Berman den speziell angefertigten Kopfhörer an Bermans Diveman ausprobierten, hatte der Ärger mit dem Wassereinbruch ein Ende, und sie konnten den schönsten Stereosound genießen.

Berman hörte nun bei seinen Dekopausen im kristallklaren Wasser oberhalb des Einstiegs zum Devil's Cave-System von Ginnie Springs die surreale Musik von Pink Floyds »The Dark Side of the Moon«. Oft tauchte er allein um Mitternacht und genoss einfach die Ruhe einer Welt, die er dann ganz für sich hatte. Zur Dekompression lehnte er sich lässig an einem ins Wasser gefallenen Baumstamm an. Der Mond war oft die einzige Lichtquelle, und die Lichtstrahlen drangen durch die von ihm ausgeatmeten Blasen, die wie schnell größer werdende fliegende Untertassen aufstiegen und dann an der Oberfläche zerplatzten. Die gebrochenen Lichtstrahlen warfen am felsigen Höhleneinstieg unterhalb von Berman gespenstische Schatten, in denen Fische, Krabben und Krebse in rascher Folge erschienen, verschwanden und wieder erschienen, als tanzten sie im Licht einer Stroboskopleuchte.

Berman schenkte den Rouses einen Diveman, und mit kindlicher Vorfreude nahmen sie ihr neues Spielzeug mit ins Wasser. Chrissy stand mehr auf Rockmusik als auf Bermans softe Klänge, und wenn er bei der Dekompression Musik hörte, wiegte er wie auf einem Konzert zum Rhythmus der Musik den Kopf und machte mit beiden Händen Trommelbewegungen. Als das Album »Ten« von Pearl Jam herauskam, fand Chrissy sein neues Lieblingslied. Passenderweise hieß es »Even Flow«. Er hörte es begeistert bei allen Gelegenheiten – unter Wasser, in seinem Auto, zu Hause. Im Gegensatz zu seinem Sohn verbrachte Chris die Ruhezeit nach einem Tauchgang still und in sich gekehrt. Er ließ einfach im gleichmäßigen Fluss des Quellwassers die Zeit verstreichen.

Aufgrund der berechenbaren Umgebung ist es in vielfacher Hinsicht einfacher, in Höhlen als im offenen Meer zu tauchen. Bei ihren Tauchgängen zu Schiffswracks vor der Küste von New Jersey – in der Regel vom Tauchboot ihres Tauchlehrers Bob Burns aus – waren die Rouses meist innerhalb der von den Tauchtabellen vorgegebenen Grundzeiten geblieben, um nicht während der Dekopausen von der Ankerleine durchgerüttelt zu werden. Wie viel einfacher war es doch, sich zur Dekompression einfach auf den Höhlenboden zu setzen oder an einen Baum anzulehnen, der in den Höhleneingang gestürzt war. Wenn sie aber doch einmal im Meer Austauchpausen machten, mussten sie sich an der Ankerleine des Tauchboots festhalten, um nicht von der Strömung fortgetragen und nie mehr wiedergefunden zu werden. Bei ruhiger See war die Dekompression einfach, und die Rouses bekamen immer genug Meeresgetier zu Gesicht, um sich nicht zu langweilen. Doch bei Strömung oder Seegang wurden die Arme und Schultern irgendwann müde. Es dauerte nicht lange, und sie benutzten eine Verbindungsleine, eine Nylonschnur von normalerweise zwei Meter Länge. Während der Austauchpausen legten sie die Verbindungsleine (oder Buddyleine) um die Ankerleine und hielten sich an einer Schlinge am anderen Ende fest. Wenn die Strömung zu stark wurde, konnten sie die Schnur auch direkt an ihrem Jackett einhaken, so dass sich ihre Hände nicht wund scheuerten. Bei hohem Seegang hielten sie sich dicht an der Ankerleine, die sich in der Dünung auf und nieder bewegte, aber statt ihrer Arme nur die Verbindungsleine mit sich zog. Obwohl sie ein nützliches Hilfsmittel war, stellte die Verbindungsleine doch einen weiteren Gegenstand dar, den man auf jeden Tauchgang mitnehmen musste und der vielleicht – aber vielleicht auch nicht – gebraucht würde. Auf jeden Fall aber musste die Leine schnell zur Hand sein, wenn sie gebraucht wurde, denn sonst konnte der Taucher den Halt an der Ankerleine verlieren und abdriften.

Beim Höhlentauchen legt man alles, was nicht direkt für den Tauchgang benötigt wird, in der Tiefe ab, in der man es später benutzen will. Braucht man für die Dekompression zusätzlich Luft, so kann man sich beim Auftauchen an die zuvor hinterlegten Flaschen anschließen. Auf diese Weise sind die Taucher während der eigentlichen Schwimmphase des Tauchgangs so stromlinienförmig und so wenig bepackt wie möglich. Beim Wracktauchen im offenen Meer ist das nicht möglich, dort lautet die Grundregel, dass jeder Taucher zu jeder Zeit alles Nötige mitführen muss. Der Wracktaucher kann sich noch nicht einmal darauf verlassen, dass beim Auftauchen das Boot noch da sein würde, denn es ist schon vorgekommen, dass sich die Ankerleine bei plötzlich einsetzendem schwerem Wetter vom Wrack gelöst hat. Wenn ein Wracktaucher zusätzliche Flaschen für die Dekompression braucht, ist es deshalb sinnlos, sie in der jeweils benötigten Tiefe an der Ankerleine festzumachen. Manchmal legen Wracktaucher die zusätzlichen Flaschen außerhalb des Wracks ab, um beweglicher zu sein und im Wrack selber keine Beschädigungen an der Ausrüstung zu riskieren. Hat das Wrack große Öffnungen und Innenräume, so kann man die Zusatzflaschen auch die ganze Zeit über mitführen, doch das ist eher die Ausnahme.

Die meisten Wracktaucher im Nordosten der USA legten Wert darauf, Trophäen von ihren Erkundungen mitzubringen, seien es lebende Hummer zum Essen oder Sammlerstücke aus dem Schiffswrack zur Dekoration des Wohnzimmers. Wer bei einem einzigen Tauchgang die größten oder die meisten Hummer mitbrachte, zeigte seinen Fang stolz auf dem Tauchboot herum. Wenn es nur darum geht, Eindruck zu machen, dann ist Größe alles, was zählt, und wer den größten Hummer gefangen hatte, wurde für einen kompetenten Taucher gehalten, auch wenn sehr große Krustentiere nicht so einen feinen Geschmack haben wie ihre etwas kleineren Artgenossen. Und wer mit Andenken vom Wrack hochkam, dem wurde ein gutes Auge bescheinigt – vielleicht in Verbindung mit einer Portion Glück. Immer wieder Artefakte mit hochzubringen, zeichnete einen wahrhaft erfahrenen Wracktaucher aus. Aber um eine dieser Trophäen zu erlangen, brauchte der Taucher entweder ein Sammelnetz aus Nylon für seinen Hummerfang oder einen Werkzeugbeutel, wenn er Teile aus dem Wrack bergen wollte, die irgendwo befestigt waren. Manche Taucher nahmen auch einen Beutel mit Werkzeug und zusätzlich ein Sammelnetz mit, um auf alles vorbereitet zu sein. Nichts ging natürlich über den Riesenglücksfall der Kombination von Hummer und Artefakt; für einen echten Wracktaucher kam das noch vor einem Lotterie-Hauptgewinn.

Zu einem seltsamen Menschenschlag gehörten diejenigen Wracktaucher, die in der Lage waren, die Unterwasserwelt in Film und Foto einzufangen. Viele halten solche Taucher schlicht für Masochisten. Es ist einfach unglaublich, was alles bei einer Unterwasser-Foto- oder Filmausrüstung nicht funktionieren kann und wie viel Aufmerksamkeit man vor, bei und nach dem Tauchgang auf jedes winzige Detail verwenden muss. Kameras und Zubehör vertragen keinerlei Wasser, massive Gehäuse sind nötig, damit sie kein Tröpfchen Meerwasser abbekommen. Doch wie leicht passiert es, dass eine Kamera einen Wasserschaden bekommt und tausende Dollar verloren sind. Oder dass sie schlicht blockiert, dass der Taucher für die Unterwasserbedingungen oder für die Motive, die ihm vor die Linse kommen, nicht das richtige Objektiv dabei hat?

Die harte, unberechenbare Umgebung beim Wracktauchen in kalten Gewässern hatte dazu geführt, dass es ganz veschiedene Arten gab, die diversen Ausrüstungsgegenstände mit sich zu führen, die man möglicherweise unter Wasser brauchen würde. Und es wurde auch leidenschaftlich darüber gestritten, wie man die Ausrüstung korrekt trug und wie der Tauchgang selbst abzulaufen hatte. Das führte zur Bildung von Cliquen unter den Wracktauchern; Taucher mit ähnlicher Einstellung tauchten zusammen. Da man gleichzeitig auch Jagd auf Trophäen und Statussymbole machte, waren Konflikte vorprogrammiert.

Ken Reinhart hätte seine Warnung an Chris Rouse, Höhlentauchen sei, wie einen schlafenden Tiger am Schwanz zu packen, eigentlich auch auf das Wracktauchen ausdehnen sollen. An Wracks waren noch nicht einmal Warnschilder angebracht wie damals der Schnitter Tod in Devil's Cave in Ginnie Springs, und die Rouses hatten nicht bemerkt, dass der Tiger bereits angefangen hatte, mit dem Schwanz zu zucken.

KAPITEL 4

Beutefieber

Sommer 1990 – Key West, Florida.

Zwei Jahre bevor John Chatterton das geheimnisvolle U-Boot vor der Küste von New Jersey entdeckte, hatte ein Mann, von dem man das zunächst nicht erwartet hätte, die Welt des Sporttauchens von Grund auf umgekrempelt: Michael Menduno. Voller Energie, Enthusiasmus und mit einer ganz neuen Vision vom Tauchen betrat er die Szene. Mit seinen langen, schmutzigblonden Haaren, seinen schief gewachsenen Zähnen und seiner eher dürren, keinesfalls athletischen Figur schien er nicht gerade dazu prädestiniert zu sein, die Symbolfigur für neue Herausforderungen im Tauchsport zu werden. Die erste Nummer seiner Zeitschrift *AquaCorps* wurde im Jahre 1989 sehr verhalten aufgenommen. Aber Menduno lernte schnell dazu. Bei Showveranstaltungen rund ums Tauchen gab er quer durch die Vereinigten Staaten Extremtauchern die Gelegenheit zu aufregenden Vorführungen, was viel Aufmerksamkeit unter all jenen erregte, die sich bislang innerhalb der gängigen Grenzen der Sporttaucherei gehalten hatten – etwa 43 Meter oder weniger in den Vereinigten Staaten, etwa 55 Meter in Großbritannien und Europa.

Es dauerte nicht lange, und *AquaCorps* wurde mit seiner Mischung aus brandneuen Informationen, dramatischen Unterwasseraufnahmen und beeindruckenden Graphiken das Szenemagazin der Taucheravantgarde. Auch die Rouses gehörten zu den treuen Lesern des Blatts. Immer wenn eine neue Nummer herauskam – nie wusste man, wann es wieder soweit war – und die Rouses sie als Erste ergattern konnten, riefen sie ihre Freunde an, um ihnen den Inhalt durchzugeben, was diese natürlich genauso machten, wenn sie schneller waren. Hier war endlich ein Blatt, das die Kühnheit besaß, sich ganz der Welt des Höhlen- und Wracktauchens als Extremsport zu widmen, hier konnte man verfolgen, wie überall auf der Welt die Grenzen verschoben wurden, wie Menschen immer weiter in Höhlensysteme vordrangen oder neue Tiefenrekorde aufstellten.

Wie zuvor schon viele andere Neuheiten, die es im Tauchsport gegeben hatte, so teilte auch *AquaCorps* die Taucherwelt in das Lager der Konservativen, die sich an das Bewährte hielten, und diejenigen, die sich für die neuen Entwicklungen interessierten und gerne wissen wollten, wie man auf sichere Weise tiefer und länger tauchen konnte. Bevor *AquaCorps* herausgekommen war, wurden Verkäufer in Taucherläden, die auch selbst Höhlen- oder Wrackexpeditionen unternahmen, oft angehalten, Kunden oder Kursteilnehmern gegenüber nichts von solchen Abenteuern zu erzählen. Die Ladenbesitzer fürchteten, dass der Trend zu immer tieferen, schwierigeren Tauchzielen auch zu mehr Todesfällen führen, dem Sport eine schlechte Publicity geben und damit letztendlich die Umsatzzahlen sinken lassen könnte. Doch als das Magazin in Aufmachung und Präsentation immer ansprechender wurde und auch immer mehr Leser fand, fühlten sich diejenigen bestärkt, die bislang als die Außenseiter des Tauchsports gegolten hatten. Mit einem Mal war es in, möglichst tief zu tauchen.

Mendunos *AquaCorps* hatte es sich zum Ziel gesetzt, Sporttaucher rund um den Globus mit interessanten Neuigkeiten zu versorgen und die Entwicklung des Unterwassersports voranzutreiben. Als Menduno einmal nach Florida kam – eigentlich tauchte er in Kalifornien mit einer Gruppe von Meeresbiologen – war er von der technischen Perfektion, die die Höhlentaucher dort entwickelt hatten, sehr beeindruckt. Auf Key West schließlich, der letzten Insel der langen Kette, die sich vor Florida in die Karibik erstreckt, lernte er Billy Deans kennen, ebenfalls ein Tauchpionier, unter dessen Anleitung sich viele Taucher in bis dahin für unerreichbar gehaltene Tiefen vorgewagt hatten.

Wie Glenn Butler, so hatte auch Billy Deans die Begeisterung für das Tauchen von seinem Vater geerbt, einem Sporttaucher aus Florida, wo auch Billy geboren und aufgewachsen war. 1965 machte der damals zehnjährige Billy seinen Tauchschein. Zusammen mit seinem Vater tauchte er in den Korallenriffen der Key-Inseln vor Florida. Billy war fasziniert von der Pracht und den Farben der Riffe und der Fische, die sich dort tummelten, ständig auf der Suche nach Nahrung oder Schutz. Das Leben unter Wasser hatte etwas Elementares: Fressen oder gefressen werden, leben oder sterben, das war das einzige Gesetz, – nicht so völlig verschieden von dem, was auch für einen Taucher galt, der sich in diese fremdartige Welt wagte.

Ab 1977 gab Billy Tauchkurse. Mit dem Riff und seinen Bewohnern war er so vertraut, dass er sich, bewaffnet mit einer Harpune, ein Zubrot als Unterwasserjäger verdienen konnte. Bald schon merkte er, dass die größeren, lukrativeren Fische wie der Seebarsch und der Gelbflossentunfisch tiefere Gewässer bevorzugten und besonders in der Umgebung von Schiffswracks zu finden waren. Wenn er mit seinem Freund John Ormsby Tauchgänge bis auf 70 Meter Tiefe mit Pressluft unternahm, was eine lange Dekompressionszeit erforderte, so fühlten sie sich aufgrund des Stickstoffs, der auch nach dem Auftauchen in ihrem Körper verblieb, stets außerordentlich müde. Sie überlegten, ob das nicht zu ändern sei, und dann lasen sie in zwei Handbüchern der amerikanischen Regierung, die Sicherheit des Tauchens in großen Tiefen ließe sich verbessern, wenn man bei den Dekompressionsstopps reinen Sauerstoff atme. Sie befolgten diese Anleitungen minutiös, mit dem Resultat, dass sie sich nach dem Auftauchen weit weniger müde fühlten. Der Stickstoff war also viel schneller »ausgespült« worden, wie die Taucher sagen, als wenn sie nur komprimierte Luft geatmet hätten, ein deutlicher Sicherheitsgewinn.

Billy Deans las alles, was er über das Tauchen finden konnte. Er war auch mit Kampftauchern der Marine befreundet, die auf den Key-Inseln stationiert waren, und erfuhr so einiges über die Geheimnisse des Tauchens mit Mischgasen, wovon damals kaum ein Sporttaucher etwas verstand. Deans hatte davon gehört, dass Dr. Bill Hamilton ein Programm entwickelt hatte, um Tauchtabellen mit verschiedenen Gasgemischen zu berechnen, und so rief er ihn an und fragte Hamilton, ob jener ihm nicht Tauchtabellen verkaufen könne. Seine Absicht war, nach der *Wilkes-Barre* zu tauchen, einem außer Dienst gestellten Schlachtschiff, das in 80 Meter Tiefe vor Key West absichtlich versenkt worden war. Das Schiff sollte dort ein künstliches Riff bilden, in dem sich größere Fische ansiedeln konnten, um die Sportfischer anzulocken und so die Tourismusindustrie zu beleben. Hamilton war skeptisch, er fragte sich, ob Deans wirklich wusste, auf welche Gefahren er sich bei einem solchen Unternehmen einließ. »Hören Sie mal, Billy, Tieftauchen, das ist *wirklich* gefährlich, sind sie sich darüber klar?«, fragte Hamilton.

»Ja, durchaus«, antwortete Billy respektvoll mit der Höflichkeit des Südstaatenjungen, die ihm sein Vater beigebracht hatte. »Wir tauchen im Bereich von 60 bis 80 Meter mit Pressluft nach Wracks und setzen bei der Dekompression auch Sauerstoff ein. Aber wir bräuchten Helium, um den Tiefenrausch zu vermeiden und die Sicherheit zu erhöhen. Und dabei, Sir, würden uns ihre Tauchtabellen sehr helfen.«

»Ich hatte schon mit Forschungsprojekten und mit Berufstauchern bei Ölbohrungen zu tun, und zwar...«, Hamilton lachte ein wenig, »na ja, lange, viel zu lange schon. Und soll ich Ihnen mal was sagen? Diese Leute benutzen alle Arten von Sicherheitsvorkehrungen und befolgen tausend Sicherheitsvorschriften, das könnt ihr Sporttaucher euch gar nicht vorstellen, und trotzdem passieren *immer noch* Unfälle. Wie kommen Sie darauf, dass Sie das besser hinkriegen als die Profis? Und wozu überhaupt? Alles, womit Sie als Tauchlehrer oder als Unterwasserjäger Geld verdienen können, das können Sie auch in geringerer Tiefe machen, wo es viel sicherer ist.«

Deans hatte mit diesem Widerstand schon gerechnet. Berufstaucher schauten immer ein wenig auf Sporttaucher herab, sie hielten es einfach für unverantwortlich, sich ohne basisgestützte Luftversorgung und ohne Kommunikationsmöglichkeit zur Oberfläche ins Wasser zu begeben. Forschern wie Hamilton war es völlig unverständlich, dass Sporttaucher sich überhaupt in größere Tiefen vorwagten, noch dazu ohne die Ausrüstung von Berufstauchern wie Glenn Butler – reiner Selbstmord in ihren Augen.

Billy erklärte das Sicherheitskonzept, das er und Ormsby für das Tauchen nach tief gelegenen Wracks entwickelt hatten. Dazu gehörte eine Sicherheitsmannschaft, die im Wasser die Taucher überwachte und auf die Einhaltung der Tauchzeiten achtete. Deans und seine Kollegen tauchten normalerweise im Team. Wenn jemand nicht zum vorgesehenen Zeitpunkt zurückkam, veranlasste Deans sofort eine Suchaktion. Falls einem Taucher bei einem Dekompressionsstopp der Luftvorrat knapp wurde, versorgten ihn die Sicherheitstaucher aus Zusatzflaschen mit Luft. Alle Taucher wurden aus großen Flaschen mit Sauerstoff, die auf dem Boot lagen, versorgt: Speziell gefertigte, über 15 Meter lange Schläuche, »Peitschen« genannt, führten von den Sauerstoffflaschen ins Wasser bis zu einer trapezförmigen Konstruktion, die die kritischen Dekostopps bei drei und sechs Metern markierte.

Hamilton versuchte in der Regel, Sporttaucher vom Tieftauchen abzubringen. Wenn er schließlich überzeugt war, dass der Taucher wirklich wusste, wovon er redete, oder wenn er merkte, er würde es trotz aller Warnungen auch ohne seine Tauchtabellen probieren, sagte er schließlich doch seine Unterstützung zu. Allerdings ließ er sich das auch ordentlich bezahlen. In den späten achtziger Jahren gab es nur wenige Leute, die über Dekompressionstabellen für das Trimix-Tauchen verfügten, und unter denen, an die man als Sporttaucher herankommen konnte, waren die von Bill Hamilton die begehrtesten, denn niemand hatte so viel Tieftaucherfahrung wie er. »Gut, Sie haben mich überzeugt«, sagte Billy schließlich zu Deans. »Aber seien Sie vernünftig und bringen Sie sich nicht um. Beweisen Sie mir, dass ich mich irre und dass ihr Sporttaucher genauso viel draufhabt wie die Profis!«

Mit Hamiltons Trimix-Tauchtabellen erkundete Billy Deans die *Wilkes-Barre* mit der neu gewonnenen Nüchternheit, die das Helium ermöglichte. Die Zeiten des Fünf-Martini-Rauschs waren nun für ihn und seine Leute vorbei. Im Verlauf der achtziger Jahre entwickelte er allmählich sein eigenes Lehrprogramm für das sichere Tauchen in größeren Tiefen. Unter Verwendung strenger Checklisten und mit militärischem Drill – er ging sogar so weit, Begriffe wie »Mission« statt »Tauchziel« oder »Rapport« statt »Abschlussbesprechung« zu verwenden – geleitete Deans seine Tauchschüler durch eine Reihe zunehmend schwierigerer Aufgaben, erst in seichtem, dann in tieferem Wasser. Gleichfalls von der Militärausbildung inspiriert war eine Übung, in der die Schüler ihre Masken schwärzen mussten, um dann in voller Ausrüstung auf einem Ponton Notfallübungen durchzuführen, bei denen sie ganz auf sich gestellt waren: Sie mussten die Zufuhr zu einem defekten Atemregler abstellen, ihn ausspucken und einen neuen in den Mund nehmen, ohne dabei die Arme und Hände zu benutzen, sie mussten das Ventil einer Luftflasche aufdrehen, das versehentlich geschlossen worden war, und sie mussten die unter dem Arm befestigten Zusatzflaschen ausklinken, um sie aus einer Verwicklung zu befreien und anschließend wieder an der Ausrüstung zu befestigen. Während dieser simulierten Übungen im Hafen »starben« die Schüler mehr als einen Tod. Wer es nicht schaffte, dem blieb nichts anderes übrig, als den Atemregler auszuspucken, um Luft zu bekommen. In der Sicherheit des Hafens blieb den Schülern die Panik erspart, Wasser in ihre Lungen eindringen zu fühlen, bevor sie die richtigen Handgriffe getätigt hatten. Die Übungen dienten hauptsächlich dazu, dass die Schüler lernten, im Notfall instinktiv das Richtige zu tun, sie bremsten aber auch ihren Übermut, denn sie führten ihnen deutlich vor Augen, wie leicht man im Wasser den Tod finden konnte.

Auch Billy hatte diese Erfahrung machen müssen. Im Jahre 1985, als er noch an der Entwicklung der Tauchtechnik in großen Tiefen feilte, war er dabei gewesen, als die Leiche seines Freundes John Ormsby aus einem Schiffswrack geborgen wurde. Ormsby war unversehens vom Tauchplan abgewichen und hatte sich in 70 Meter Tiefe von Deans getrennt. Er war in das Wrack geschwommen, wo er sich in Kabeln verheddert und ertrank. Mehrere Teams von Tauchern waren zwei Tage lang damit beschäftigt, ihn an die Oberfläche zu bringen. Der Anblick von Ormsbys bleichem, erstarrtem Leichnam machte Billy Deans traurig und verbittert. Es war eine harte Lehre, die ihm zeigte, dass das Überleben unter Wasser mehr bedeutete, als bloß zu fressen oder gefressen zu werden. Manche Leute behaupteten, Billy steigere sich zu sehr in seine Lehrerrolle und leide mit seinen 1,65 Metern an einem Napoleonkomplex. Doch diese Leute wurden nicht nachts im Schlaf vom Bild des hilflosen Leichnams von John Ormsby heimgesucht, verstrickt in dicke, hin- und herpeitschende Kabel, die sich in Schlangen verwandelten und Billy und seine Schüler zu verschlingen versuchten. Sie sahen auch nicht Ormsbys angstverzerrtes Gesicht, das mit vom Wasser erstickter Stimme »Hilf mir, Billy, hilf mir!« rief, wann immer er sich in irgendeinem noch so unbedeutenden Punkt als Lehrer eine Nachlässigkeit erlaubt hatte. Billy Deans führte einen ständigen Kampf gegen John Ormsbys Geist, die Kabelschlangen und die unheimliche Stimme.

Erst wenn ein Schüler seine Fähigkeiten im Wasser bewiesen und zugleich gezeigt hatte, dass er auch über die nötige Reife verfügte, nahm Billy ihn mit in 65 Meter Tiefe an Deck der *U.S.S. Wilkes-Barre* oder noch 15 Meter tiefer auf den Grund des Ozeans, wo die stählerne Hülle des Schlachtschiffs, das vor Leben nur so wimmelte, surreal in die Höhe ragte.

Menduno war fasziniert von den Techniken und Methoden, die Billy Deans und andere Spitzenleute unter den Sporttauchern benutzten. Das war genau das, was er für seine Zeitschrift suchte. Er reiste nach Key West, wo er viel von Billy Deans lernte. Zwar war Menduno kein Tauchlehrer, aber er hielt Vorträge über die Entwicklungen im technisch orientierten Tauchen. Die Technikfreaks unter den Tauchern benutzten als Atemluft ein Gemisch aus mehreren Gasen, um tiefer und sicherer tauchen zu können. Auch ihre Ausrüstung war völlig neuartig, manche Geräte hatten sie sogar selbst erfunden, weil ihnen das, was man in den Läden kaufen konnte, nicht genügte. Menduno berichtete von allen Entwicklungen des Sports und beschleunigte sie damit.

Chris und Chrissy Rouse hörten stets fasziniert zu, wenn erfahrene Taucher von den Wracks berichteten, zu denen sie schon getaucht waren, ganz so wie Seeleute, die von ihren Zielhäfen erzählten. Es erinnerte Chrissy an seine Freunde, wenn sie über ihre Lieblingsbars schwärmten.

Chrissy nahm eine Stelle bei Underwater World an, dem Taucherladen in Horsham (Pennsylvania), wo er und sein Vater den ersten Tauchkurs gemacht hatten. Mike Gucken, der Besitzer, schätzte die zuverlässige, kompetente Arbeit, die Chrissy bei der Reparatur und Instandhaltung der Geräte leistete. Doch obwohl er schon auf der High School Kurse belegt hatte, um später einmal Mechaniker zu werden, war Chrissy außer Stande, selbst einfachste Wartungsarbeiten für den Maschinenpark der Tiefbaufirma zu erledigen, wenn sein Vater ihn darum bat. Das brachte Chris regelrecht zur Verzweiflung. Chrissy behauptete hartnäckig, er sei unfähig, auch nur die kleinste Kleinigkeit an seinem Auto in Ordnung zu bringen. Er nahm dafür immer wieder seinen Dad in Anspruch, obwohl er regelmäßig Atemregler reparierte, die ihrem Benutzer nur bei absoluter Fehlerfreiheit das Überleben garantieren konnten, oder Auftriebshilfen, die verhinderten, dass ein Taucher unter dem Gewicht seiner Ausrüstung in den Tiefen versank. Es war beinahe so, als lege Chrissy es darauf an, von seinem Vater abhängig zu sein.

Als sie 1989 mit ihrem frisch erworbenen Höhlentauchschein aus Ginnie Springs zurückkamen, brachten Chris und Chrissy Rouse auch neue Ausrüstung mit, über die ihre Sportkameraden die Köpfe schüttelten, teils verwundert, teils auch verächtlich. Die Rouses fuhren weiterhin jedes Wochenende zum Steinbruch, einfach aus Freude am Tauchen. Mittlerweile kamen immer mehr Tauchlehrer mit ihren Schülern zum anstrengenden Abschlusstraining dorthin. Die beiden fielen auf, sie stachen aus der Menge heraus wie zwei frische Karotten aus einem Glas Mixed Pickles. Viele wunderten sich, wenn sie die beiden unter Wasser schwimmen sahen – ihr Höhlentaucher-Beinschlag erinnerte an die Schwimmtechnik von Fröschen. »Hast du die beiden Typen mit den Doppelflaschen gesehen? Die müssen ja 'n dollen Luftverbrauch haben! Und wie die geschwommen sind!« Selbst die Tauchlehrer waren ein wenig ratlos, wenn sie auf die beiden angesprochen wurden.

Die Rouses benutzten nur noch den Froschbeinschlag, den sie in Ginnie Springs gelernt hatten; das war eine ganz andere Technik als das Auf- und Abbewegen der Beine beim Kraulbeinschlag, wie er jedem Taucher im Grundkurs beigebracht wird. Der Froschbeinschlag diente zur horizontalen Fortbewegung im Wasser. Dabei hielten sie den Kopf leicht gesenkt und die Beine in den Knien angewinkelt. In dieser Haltung waren die Flossen höher als der Kopf. Beim traditionellen Kraulbeinschlag hingegen ist die Lage von Beinen und Füßen tiefer als die des Rumpfes, was daher rührt, dass es für einen Menschen an Land natürlich ist, seine Füße unter sich zu haben und er dies unter Wasser automatisch genauso macht. Die Kraftrichtung der Schwimmstöße weist dabei senkrecht nach unten, wodurch enorm viel Schlick aufgewühlt wird. Beobachtet man einen dicht über dem Grund schwimmenden Taucher von oben, sieht es aus, als würde sich ein Bombenteppich entfalten. Der Schlick scheint in konzentrischen Kreisen regelrecht zu explodieren, jeder Schwimmstoß hinterlässt einen kleinen Krater. Ein gut eingeübter Froschbeinschlag hingegen lenkt die Kraft nach oben, weg vom Grund, und verhindert so das Aufwirbeln von Ablagerungen und die dadurch verursachte Trübung der Sicht.

Chris und Chrissy war natürlich der Unterschied zwischen ihrer Technik und Ausrüstung zu der der Freiwasserschwimmer im Steinbruch einschließlich ihrer Lehrer bewusst. Mit ihrer Höhlentaucherausbildung gehörten sie zur Avantgarde unter den Tauchern, doch waren sie gleichzeitig auch die Einzigen, die das überhaupt merkten. Wenn Vater und Sohn in aller Ruhe ihre Kreise im Steinbruch zogen und an ihrer Technik feilten, dann kamen sie sich vor wie der Homo sapiens inmitten einer Landschaft voller Neandertaler. »He, Dad«, konnte Chris sagen, wenn sie auftauchten, »hast du gesehen, wie mies die Technik sogar bei den Tauchlehrern ist?«

Chris, der gerade einen Lehrer beim Einstieg ins Wasser mit seinen Schülern beobachtete, meinte nur: »Ja, die machen da eine richtige Kohlengrube draus. Kein Wunder, dass man kaum noch was sieht unter Wasser.«

Gerade kam ein Tauchlehrer vorbeigeschwommen und rief

ihnen zu: »He, Leute, seid ihr sicher, dass ihr euch genug Ausrüstung umgehängt habt?«

Chrissy brauste sofort auf. Sie hatten diesen Tauchlehrer unter Wasser gesehen: Mit seiner ungelenken und veralteten Technik hätte er sich in Ginnie Springs zum Gespött gemacht. Der Achtzehnjährige schnaubte vor Wut.

Chris Rouse war stolz darauf, dass er seinem Sohn die bestmögliche Ausbildung und Ausrüstung für den Tauchsport verschafft hatte, und es ärgerte ihn, dass andere Taucher – und sogar Tauchlehrer – sie wie Wesen von einem fremden Stern behandelten. Es war wirklich eine Schande. Chris kam gerne mit seiner Familie hierher. Der Steinbruch war ein hervorragender Ort, um im Training zu bleiben, wenn sie keine Zeit hatten, woanders hinzufahren. Und es war eine bequem zu erreichende Gelegenheit, unter überschaubaren Bedingungen neue, veränderte oder verbesserte Ausrüstungsgegenstände zu überprüfen. Chris wandte sich zu seinem Sohn und sagte: »Lass ihn, Junge, gehen wir was essen. Mom hat sicher schon den Grill fertig.« Ohne die Menge der Schüler und Tauchlehrer auf den Pontons eines weiteren Blickes zu würdigen, schwammen sie ans Ufer zurück.

Damals, 1987, als die erste Nummer von Michael Mendunos *AquaCorps* noch nicht erschienen war, und ein Jahr bevor die Rouses ihren ersten Tauchkurs machten, galt Wakulla Springs im Norden Floridas als *die* Adresse für Sporttaucher. Das klare Wasser, das aus den Quellen sprudelte, hatte schon lange zuvor Touristen angezogen. In Booten mit gläsernem Boden glitten sie über die schwarze Öffnung der Wakulla-Mündung hinweg, die mit einem Durchmesser von 100 Metern in 70 Meter Tiefe unter ihnen lag.

Schon im Jahre 1930 hatten Taucher kurze Expeditionen in die Wakulla-Höhle gewagt, wo sie Knochen aus dem Pleistozän und sogar das vollständige Skelett eines Mastodons entdeckten. Doch die Taucherhelme, wie man sie damals benutzte, und die Versorgung mit Pressluft über Schläuche von der Oberfläche aus erlaubten keine eingehendere Untersuchung des Höhlensystems. In den fünfziger Jahren waren es dann Studenten der Florida State University, die mit den damals noch neuen, von Jacques Cousteau entwickelten Atemgeräten dort weitermachten, wo die Helmtaucher vor ihnen aufgeben mussten, aber bald kamen auch sie an ihre Grenzen. Erst in den späten achtziger Jahren gelang es Dr. Bill Stone, der einst als Astronaut für den Mondflug trainiert worden war, den weitläufigen Tunnelkomplex kartographisch zu erfassen.

Stone versammelte eine Mannschaft herausragender Höhlentaucher um sich, mit der zusammen er den Geheimnissen der Wakulla-Quellen auf den Grund kommen wollte. An Land errichtete eine kleine Armee von Helfern ein Basislager unweit des Einstiegs. Hier lagerten ganze Lastwagenladungen von Flaschen mit Atemgasen, aus denen Stone Mischungen für die Expeditionen zusammenstellte, die die Taucher in 100 Meter Tiefe und vielleicht noch weiter führen sollten. Damit die Taucher schneller vorankamen, setzte man in Stones Team Scooter ein, die von der Form her an Torpedos erinnerten. Mit ihnen wurden auch die vielen Flaschen in die Tiefe transportiert, die die Taucher zusätzlich zu den bis zu sieben Flaschen benötigten, die sie selbst mit sich führten.

Nach solchen Ausflügen in die Tiefe mussten die Teams Dekompressionszeiten von bis zu 30 Stunden auf sich nehmen. Das brachte massive Probleme mit sich. Die Wassertemperatur betrug zwar etwa 20° C, doch bei derartig langen Tauchzeiten riskierten die Taucher trotzdem eine lebensbedrohliche Unterkühlung. Außerdem hatten Forscher wie Dr. Bill Hamilton herausgefunden, dass Dekompressionsprobleme auch daher rühren können, dass die Taucher nicht genügend Flüssigkeit und Nahrung zu sich nehmen. Nur durch Trinken und Essen während der Dekompression blieb die Körpermaschine auf Touren und konnte die schädlichen Gase ausscheiden, bevor sich schmerzende und lähmende Bläschen bilden konnten. Stones Lösung für dieses Problem bestand in einer großen, luftgefüllten, im Wasser schwebenden Glocke. Sie sah aus wie ein Raumschiff. Die Taucher schwammen durch den offenen Boden in die Glocke und konnten dort die Dekompressionszeit auf Bänken sitzend verbringen. Sie aßen, tranken und vertrieben sich mit Scherzen die Zeit. Stone ließ sogar zwei Telefone einbauen, mit denen die Taucher Kontakt zum Team an der Oberfläche aufnehmen konnten. Die Glocke nahm die Taucher in etwa 20 Meter Tiefe auf und wurde dann langsam über Zwischenstufen der Dekompression nach oben gezogen.

Selbst in dem relativ ruhigen Wasser der Quelle hatte es Stones Glocke nicht leicht, sich gegen die Naturgesetze zu behaupten. Der ehemalige Astronaut, ein hervorragender Ingenieur, stellte komplizierte Berechnungen an, um herauszubekommen, wie die Glocke sicher in der Tiefe verankert werden konnte. Da sie mit Luft gefüllt war, hatte sie natürlich gewaltigen Auftrieb, der sie wie einen Ballon an die Oberfläche zu reißen versuchte. Nur Bleigewichte – insgesamt 8,5 Tonnen – konnten die Glocke in der gewünschten Tiefe in Position halten. Und wie sich herausstellen sollte, brauchte man noch eine Tonne mehr. Bill Stones ehrgeiziges Wakulla-Springs-Projekt war der erste Test für seine Vision – mancher würde sagen für seine Obsession –, einen unabhängigen Tauchapparat zu entwickeln, der es erlaubte, 24 Stunden am Stück zu tauchen und dabei mehrfach das Atemgas zu wechseln. Normalerweise musste ein Taucher mindestens eine Flasche pro Atemgas plus Atemregler bei sich führen, und wollte er auf ein anderes Gas umsteigen, so musste er den Regler wechseln. Das verlangte ihm in der Tiefe viel Konzentration ab. Außerdem mussten vor dem Tauchgang die Flaschen genauestens gekennzeichnet und in der richtigen Reihenfolge am Körper befestigt oder in der Höhle deponiert werden. Trotzdem kam es vor, dass ein Taucher den falschen Atemregler erwischte, ein Gas einatmete, das in der Tiefe, in der er sich befand, giftig war, und ertrank. Stones Apparat, ein so genannter »Rebreather«, ein geschlossenes Kreislaufsystem, verhinderte solche Unfälle. Der Rebreather führte die ausgeatmete Luft dem System wieder zu. Das offene System normaler Tauchgeräte entließ die ausgeatmete Luft ins Wasser; damit war die Tauchzeit durch die Anzahl der Luftflaschen begrenzt, die ein Taucher mit sich führen konnte. Der Rebreather enthielt Kügelchen, die chemisch das Kohlendioxid, das Abfallprodukt der Sauerstoffverbrennung im menschlichen Organismus, herausfilterten. Das war keine ganz neue Erfindung. Schon im Jahre 1880 hatte Henry Fleuss ähnliche Apparaturen zur Rettung eingeschlossener Minenarbeiter entwickelt. Bald wurden Rebreather auch unter Wasser eingesetzt, und dann natürlich auch für militärische Zwecke überall auf der Welt.

Die ersten Rebreather verwendeten nur ein Gas, Sauerstoff, das leicht vom Kohlendioxid zu trennen war und zudem eine hohe Fehlerrate erlaubte; es war nicht nötig, dass der eingeatmete Sauerstoff vollständig vom Kohlendioxid gereinigt war, um für den Menschen atembar zu sein. Normale Luft hingegen, deren Sauerstoffanteil nur 21 Prozent beträgt, erlaubt keine sehr hohe Fehlerrate beim Reinigungsprozess. Stones Idee des Tauchapparats basierte auf der Verwendung mehrerer Atemgase, die sensor- und computergesteuert im jeweils erforderlichen, vorprogrammierten Prozentsatz der Atemluft beigemischt wurden. So konnte beispielsweise in größerer Tiefe der Prozentsatz an Sauerstoff reduziert werden, um einer Sauerstoffvergiftung vorzubeugen. Denn durch den steigenden Druck, dem der Taucher in der Tiefe ausgesetzt ist, steigt auch der Druck der einzelnen Gaskomponenten an, was zur Folge hat, dass auch bei reduziertem Sauerstoffgehalt eine verhältnismäßig stärkere Konzentration vorliegt, als das an der Oberfläche der Fall wäre.

Bill Stone nannte seinen Rebreather »Cis-Lunar MK-1«. Normalerweise stand der Ingenieur schon um fünf Uhr morgens auf, um an seiner Erfindung zu basteln, bevor er zur Arbeit ging. Kaum war er wieder zu Hause, machte er nach einer kleinen Pause zum Essen und Duschen weiter. Wenn er gegen Mitternacht erschöpft ins Bett fiel, träumte er von seinem Tauchapparat. Die endlosen Stunden, die Stone mit seinem MK-1 verbrachte, bekamen seiner Ehe nicht: Seine Frau verließ ihn und nahm auch die Kinder mit. Stone machte unbeirrt weiter, bis schließlich ein Prototyp des MK-1 für Tests in Wakulla fertig war.

Der sperrige, 80 Kilogramm schwere Apparat mit seinen beiden voluminösen, zylinderförmigen Reinigungskanistern, den vielen auf dem Rücken getragenen Tauchflaschen und den zwei großen, wasserdicht verpackten Computer- und Messgeräteinheiten sowie den Druckanzeigen, die der Taucher auf der Bauchseite trug, funktionierte, auch wenn er direkt einem schlechten

Sciencefictionfilm der fünfziger Jahre zu entstammen schien. Sowohl unter Wasser als auch in der Glocke schaffte es Stone, 24 Stunden lang mit diesem Gerät zu atmen.

Mit dem Auf- und Abbau der Unterwasserglocke dauerte das gesamte Wakulla-Springs-Projekt mehrere Monate. Sheck Exley und seine Taucher drangen mit Hilfe ihrer Scooter in bis zu 120 Meter Tiefe mehrere Kilometer weit in das Tunnel- und Höhlensystem ein und kartographierten es. Eines der Telefone in der Glocke wurde häufig benutzt, besonders, wenn die Taucher ihre Essensbestellungen aufgaben, die ihnen von Hilfstauchern geliefert wurden, doch das zweite wurde nicht ein einziges Mal angerührt. Das war das Telefon, das für den Notfall vorgesehen war, falls ein Taucher die Bends bekommen sollte. Bei den langen Tauchzeiten und der komplizierten Verwendung von Gasgemischen war für einen solchen Fall eine Beratung mit Dekompressionsexperten vorgesehen. Unter anderem stand Dr. Hamilton bereit, um einem möglichen Opfer noch unter Wasser Hilfe zu bringen, denn einen Taucher direkt nach einem Auftauchen aus 110 Meter Tiefe in eine Dekompressionskammer zu schaffen, bedeutete seinen sicheren Tod.

Michael Menduno bezeichnete die Wakulla-Expedition gerne als den »Big Bang« des Sporttauchens. Taucher in der ganzen Welt waren stolz auf die perfekt und vor allem sicher durchgeführte Aktion. Dank der Tauchtabellen von Hamilton hatte es keinen einzigen Fall von Bends gegeben – eine Pionierleistung, die auch jedem kommerziellen oder militärischen Unternehmen Ehre gemacht hätte. Wakulla, Bill Stone und seine Taucher machten den Weg frei für längere und tiefere Höhlenexpeditionen, als sie je zuvor versucht worden waren. Die Kunde von der erfolgreichen Wakulla-Expedition blieb zunächst auf die Kreise der Höhlentaucher beschränkt. Die am Projekt beteiligten Taucher galten als Superstars der Szene, doch man feierte sie in aller Stille, wie das bei Höhlentauchern üblich ist. Hersteller von Tauchausrüstung, die sich etwas davon versprachen, wenn die besten Taucher der Welt mit ihren Marken gesehen wurden, schenkten ihnen ihre Geräte.

Als die Rouses zwei Jahre später von Stones legendärer Leis-

tung hörten, stachelte sie das an, sich ebenfalls Ruhm im Tieftauchen zu verschaffen.

In den Höhlen war der Taucher wie Theseus, er tauchte durch
das Labyrinth, besiegte das Monster und kehrte siegreich an
die Oberfläche zurück. Doch im offenen Meer begegnete er
einer ganzen Unterwelt voller Mythen und kam wie Äneas oder
Odysseus als Held ans Tageslicht – beutebeladen und um ein
gutes Stück weiser.

Von Tauchern, die schon seit den fünfziger Jahren zu den
Schiffswracks vor der Nordostküste Amerikas tauchten, hörte
Chris großartige Berichte über gespenstische Schiffsleiber, aus
denen Reichtümer quollen wie aus aufgeplatzten Koffern: Bullaugen, Schiffsglocken, Porzellan, Tafelsilber. Er schaute sich
die Beutestücke an, die in den Tauchgeschäften auslagen. Darunter waren auch riesige Hummer mit gewaltigen Scheren, die
man vom Meeresgrund heraufgeholt und als Trophäen ausge-
stopft hatte. Chris traf Tauchveteranen, die ihm einen ange-
knabberten Finger oder Daumen präsentierten und ihm vom
Kampf mit solchen Unterwassermonstern berichteten, die
ohne zu zögern nach ihrer Hand geschnappt hatten, als sie sie
zu packen versuchten. In vertraulich raunendem Ton warnten
sie Chris: »Tut schon ein bisschen weh, wenn dich so ein Vieh
zwickt, aber stell dir erst mal vor, wenn es deinen Schlauch
erwischt!« Chris packte die Abenteuerlust, er wollte sich auch
gerne solche Delikatessen fangen. Entlang der ganzen Ostküste
gab es viele Boote, die Taucher hinaus aufs Meer brachten. Der
Ozean kam Chris wie eine Schatzkiste vor, die nur darauf wartete, dass er sie um ihren wertvollen Inhalt erleichterte.

Mit Geschichten von reicher Beute und sagenhaften Hummern im Kopf beluden die Rouses eines Tages im Jahre 1989
um zwei Uhr früh ihren Van mit ihrer einige hundert Pfund
schweren Ausrüstung und verließen Riviere in Pennsylvania,
um vier Stunden später, nachdem sie alles auf Bob Burns' Char-
tertauchboot *Dina Dee* umgeladen hatten, von Brielle in New
Jersey aus in See zu stechen. Das Ziel war die *Mohawk*, ein Passagierdampfer, der 1935 nach einer Kollision gesunken war. Da
das Schiff in relativ flachen Gewässern gelegen war – der sandi-

ge Grund befand sich in nur etwa 25 Metern Tiefe – war das
Wrack eine Gefahr für andere Schiffe gewesen und die Küstenwache hatte es gesprengt. Teile des Schiffsrumpfs lagen nun in
weitem Umkreis auf dem Grund des Ozeans verstreut.

Viele der Passagiere auf dem Tauchboot wurden unterwegs
zum Wrack seekrank und übergaben sich stöhnend ins Meer.
Auch die Mägen der Rouses gerieten vor Übelkeit und ge-
spannter Vorfreude in Aufruhr; sie mussten sich ziemlich
beherrschen, um ihre Sportkameraden nicht an der Reling
beim Fische füttern zu unterstützen.

Doch kaum waren sie etwa sechs Meter tief ins Meer einge-
taucht, da hörte das Rumoren in ihren Eingeweiden auf und sie
konnten sich auf das konzentrieren, was ihnen hier unter Wasser geboten wurde. Auf dem Grund sah es aus wie auf einem
Unterwasserschrottplatz; so weit das Auge reichte – was an
diesem Tag bestenfalls sechs Meter waren –, lagen die Stahlplatten des Schiffsrumpfs in bizarren Formen kreuz und quer
verstreut. Das dunkelgrüne Wasser ließ die Szenerie in einem
unwirklichen Licht erscheinen. Ihre Unterwasserlampen, ge-
speist von Batterien, die so stark waren wie die von Motor-
rädern, ließen die gezackten Formen in ihrer Reichweite in
grellem Licht erscheinen. Alles jenseits von sechs bis sieben
Metern jedoch verschwand in der trüben Dunkelheit. Es wimmelte nur so vor Leben; Fische tanzten im Strahl der Scheinwerfer zur Choreographie eines unbekannten Unterwasserbal-
letts. Immer wenn sich Chris und Chrissy einem Hummer
näherten, kam dieser herausfordernd unter seiner Stahlplatte
hervor und streckte ihnen seine geöffneten Scheren entgegen,
bereit, die Luftblasen speienden Eindringlinge zu packen.
Sobald sie jedoch näher herankamen und das Tier direkt in den
Strahl ihrer Scheinwerfer geriet, zog es sich im Rückwärtsgang
unter sein Wrackteil zurück, wo es sich verschanzte und mit
seinen Scheren drohte. Es war gar nicht so einfach, einen Hummer mit der Hand zu fangen. Als die für den Tauchgang vorgesehenen 40 Minuten fast vorüber waren, schwammen sie zur
Ankerkette des Boots und stiegen wieder auf. Sie waren in
bester Stimmung. Es war eine ganz neue Welt, und sie hatten
gerade erst mal einen Blick darauf geworfen. Ihre Erlebnisse

beim Wrack und ihre Gefühle nach dem Tauchen bildeten einen starken Kontrast zu den Magenbeschwerden, die sie vor dem Sprung ins Wasser gehabt hatten. Selbst Pawlow hätte sich nichts Besseres ausdenken können, um einen positiven Anreiz zu schaffen, und so verbrachten sie mehrere Wochenenden bei den Wracks vor der Küste von New Jersey.

Jeder, der im Nordatlantik nach versunkenen Schiffen getaucht ist, möchte auch das Wrack sehen, das alles andere in den Schatten stellt: den italienischen Luxusliner *Andrea Doria,* den prachtvollen und gefährlichen Kadaver eines Schiffs, das als »der Mount Everest des Tauchsports« bezeichnet wird.

Die *Andrea Doria* war nicht der schnellste Ozeandampfer gewesen, aber mit ihren schlanken Linien und den zahlreichen eigens für sie gefertigten Kunstwerken ein schwimmendes Monument italienischer Kultur. Vom ästhetischen Standpunkt verhält sich die *Andrea Doria* zu den heutigen, eher wuchtigen und kastenförmigen Kreuzfahrtschiffen wie ein Ferrari zu einem Müllwagen. In der Nacht des 25. Juli 1956 kollidierte sie auf dem Weg nach New York bei ihrer hundertsten Atlantiküberquerung mit einem anderen Ozeanriesen, der *Stockholm.* Beide Schiffe hatten sich schon aus 17 Kilometer Entfernung auf dem Radar wahrgenommen und standen in Funkkontakt. Trotzdem bohrte sich die *Stockholm* in dem dichten Nebel, der vor der Küste von Nantucket lag, mit ihrem gegen Eisgang verstärkten Bug in die *Andrea Doria.* 56 Menschen kamen bei der Kollision ums Leben. Als die *Stockholm* sich rückwärts befreite, drangen Unmengen von Wasser in das klaffende Leck der *Andrea Doria*, die sofort schwere Schlagseite bekam. Der Kapitän gab Befehl, das Schiff zu verlassen. Andere Schiffe eilten dem Ozeanriesen zu Hilfe und nahmen die Passagiere und die Besatzung an Bord. Auch die *Stockholm* rettete viele Menschen von dem Schiff, das sie gerammt hatte.

Der Todeskampf der *Andrea Doria* dauerte lange genug, dass sich Fotografen und Fernsehteams Flugzeuge mieten konnten, mit denen sie über dem tödlich verwundeten Schiff kreisten. Sie hielten jede Phase des Untergangs fest, bis zu dem Moment, wo das Schiff zur Seite rollte und versank. Der Luftverkehr über der Unglücksstelle war so stark, dass die Luftfahrtbehörde eine Sonderflugzone um die *Andrea Doria* einrichtete, in die neu ankommende Flugzeuge nur nach Genehmigung und nur für eine festgelegte Zeit einfliegen durften. Nie zuvor war der Untergang eines derart berühmten Schiffes so ausführlich dokumentiert worden. Die Foto- und Filmaufnahmen des tragischen Unglücks erschütterten ein weltweites Publikum. Harry Trask vom Bostoner *Herald,* der eine Fotoserie von den letzten Augenblicken der *Andrea Doria* schoss, erhielt für eine Aufnahme des Schiffes, auf dem nur noch eine der Schrauben aus dem Wasser ragt, 1956 den Pulitzerpreis für Pressefotografie.

Die Geschichte der *Andrea Doria* als Ziel für Taucher begann nur wenige Stunden, nachdem sie gesunken war, als Peter Gimbel, ein Fotograf des Magazins *Life,* als erster Taucher das Wrack besichtigte. Mit 80 Meter Tiefe, einer Wassertemperatur um 4° C, Haien, der Strömung und der unvorhersehbaren, rasch umschlagenden Wetterverhältnisse an der Oberfläche des Ozeans lag die *Andrea Doria* damals im absoluten Grenzbereich dessen, was ein Taucher noch halbwegs sicher erreichen konnte. Gimbel, ein reicher Kaufhauserbe, war besessen von dem Wrack. Er wendete über die Jahre Unsummen auf, um den Safe des Zahlmeisters zu bergen, der Gerüchten zufolge wahre Schätze enthalten sollte. Mit Hilfe eines kommerziellen Tauchunternehmens gelang es schließlich, ein Loch in den Schiffsrumpf der *Andrea Doria* zu schneiden und den Safe, einen von siebzehn, die das Schiff an Bord hatte, zu lokalisieren. Das Vorhaben erwies sich als außerordentlich schwierig, und trotz des Einsatzes der erfahrensten Taucher und eines ausgesuchten Hilfsteams mit aller möglichen Ausrüstung war der Safe schwer zu bergen. Als es schließlich doch gelang und man den Safe in einer landesweit übertragenen Live-Fernsehsendung öffnete, war die Enttäuschung groß: Anstelle der erwarteten sagenhaften Juwelen enthielt der Safe nur Bündel verrotteter Banknoten.

Doch für Sporttaucher ist ein Wrack – besonders eines von der Größe und dem Ruhm der *Andrea Doria* – auch ohne Juwelen und Gold eine Schatzkiste. Im Jahre 1970 begann

Captain Steve Bielenda, der selbst ernannte »König der Tiefe«, als einer der Ersten damit, Sporttaucher auf seinem Boot, der *Wahooo,* zum Wrack der *Andrea Doria* zu bringen. Ihm folgte Bill Nagel, der trunksüchtige Kapitän, der später Chatterton und dann die Rouses zu *U-Who* mitnehmen sollte, mit seiner *Seeker.* Zwei Mal pro Saison unternahmen sie eine derartige Expedition. Damals musste ein Taucher vom Kapitän eines Bootes eingeladen werden, bevor er ihm Geld geben durfte. Es genügte nicht, Geld zu haben, um an Bord eines Tauchboots zu gelangen. Die Kapitäne beobachteten normalerweise über mehrere Jahre die Taucher, die sich nach und nach an anspruchsvollere Wracks entlang der Küste heranmachten. Gefiel ihnen ein Taucher und bewies er gute Fähigkeiten und Urteilsvermögen, dann luden sie ihn ein. Wer nach der *Andrea Doria* tauchen durfte, der gehörte zur Elite.

Bei diesem Wrack galt es sich nicht nur Ruhm, sondern auch Trophäen zu erwerben. Die Taucher brachten Messingbullaugen vom Promenadendeck und Geschirr mit dem »Italia«-Wappen ans Tageslicht. Besonders begehrt war das Geschirr der ersten Klasse, das mit Goldrand und einem chinesischen Motiv in der Mitte der Teller verziert war.

Das Tauchen nach der *Doria* barg viele Gefahren, bekannte und unbekannte. Zum Wrack zu gelangen, war erst die halbe Arbeit. Überall gab es Blauhaie. Die größeren Haie hatten Respekt vor den Luftblasen, die die Eindringlinge ausstießen, doch die kleineren, jüngeren Haie kamen öfter an die Taucher heran und attackierten sie in dem Bemühen, unter sich eine Rangordnung aufzubauen. Manchmal mussten zwei Taucher sich Rücken an Rücken, die Flaschen aneinander gepresst, mit ihren schweren Hämmern oder Schraubschlüsseln gegen besonders aggressive Haie zur Wehr setzen, die ihnen keine Ruhe ließen. Nur durch einen gut platzierten Schlag auf die Schnauze ließ sich so ein Hai vertreiben. Glücklicherweise wurde nie ein Taucher gebissen.

Die *Andrea Doria* war so gefährlich, dass über viele Jahre nur eine kleine Gruppe von Tauchern regelmäßig das Wrack besuchte, von dem so viele schwärmten. Für einige jedoch erwies sich die Verlockung als fatal, sie bezahlten sie mit ihrem

Leben. Das trug jedoch nur dazu bei, die Aura des Geheimnisvollen, die das Schiff umgab, zu verstärken.

Die Tiefe ist einer der Faktoren, die die *Andrea Doria* zur Herausforderung machen, ähnlich wie die Höhe beim Mount Everest. Der höchste Teil des Schiffs liegt in 50 Meter Tiefe, was einer Narkosewirkung von drei Martinis entsprach. Der tiefsten Stelle in 73 Metern entsprechen fünf Martinis. In Verbindung mit der Kälte und der eingeschränkten Sicht verstärkt sich dieser Effekt noch; Tauchgänge in warmem Wasser und bei guten Sichtverhältnissen verlangen dem Taucher sowohl geistig als auch körperlich bedeutend weniger ab. Selbst die erfahrensten Taucher sind der Martiniregel unterworfen, deren Auswirkungen je nach Tagesform unvorhersehbar schwanken können.

Auch die Strömung ist ein Risikofaktor, weit weniger berechenbar als die Tiefe. Es lässt sich nicht vorhersehen, wie die Verhältnisse unter Wasser sein werden, oder wie sie sich oben ändern, während man in der Tiefe ist. Taucher müssen bei jedem Besuch der *Andrea Doria* mit Strömungen verschiedener Stärken und in jeder Tiefe aus anderen Richtungen rechnen. Dabei können die Verhältnisse innerhalb von Minuten umschlagen. Ein Taucher, der gegen die Strömung ankämpfen muss, riskiert eine tödliche Erhöhung des Kohlendioxidspiegels in seinem Körper. Mindestens ein Mal ist es vorgekommen, dass ein Taucher von der Ankerkette weggetrieben wurde, mit aller Kraft versuchte, sie wieder zu erreichen und das Bewusstsein verlor; er ertrank.

Die *Andrea Doria* löst bei vielen Tauchern ein Beutefieber aus, das zu einer unvernünftigen Risikobereitschaft führt. Das ist besonders in größerer Tiefe ausgesprochen gefährlich. Zudem gibt die *Andrea Doria* ihre Schätze nicht so ohne weiteres preis. Als John Ormsby 1985 mit Billy Deans an Bord der *Wahoo* zum Wrack kam, hatte er bereits viel Erfahrung beim Wracktauchen in warmem Wasser bis zu 80 Meter Tiefe gesammelt. Taucher, die die Wracks an der Nordostküste kannten, rieten ihm, einige Änderungen an seiner Ausrüstung vorzunehmen. Mit den Clips, die er überall an seinen Gurten hatte, könne er sich, so sagten sie ihm, leicht in einem Kabel oder in einem Fischernetz verfangen, womit das Wrack an vielen Stellen überzogen war. Doch Ormsby schnauzte nur, er kenne sich aus und käme mit seiner Ausrüstung prima zurecht. Er schwamm in die Sektion der ersten Klasse, und als er nicht zur verabredeten Zeit an der Ankerkette auftauchte, fürchteten seine Tauchkameraden das Schlimmste. Ein Suchteam startete von der Oberfläche, nachdem man die Nachricht gemeldet hatte. Man fand Ormsby in 70 Metern Tiefe, ungefähr 10 Meter im Wrack. Offenbar hatte sich ein dickes Kabel in einem Clip seiner Ausrüstung verfangen, und als er sich umdrehte, um festzustellen, wo er fest hing, hatte sich das Kabel um ihn gewickelt wie eine Boa Constrictor. Nachdem er seine Flaschen leer geatmet hatte, war er hilflos im Kabelgewirr ertrunken.

Die Rouses waren besonders fasziniert von den Geschichten, die ich und Steve Berman über unsere Erfahrungen mit der *Andrea Doria* zu erzählen hatten. »Bernie, ich gäbe was dafür, auch zur *Doria* zu tauchen«, sagte Chris Rouse zu mir. Als ich das erste Mal zum Wrack tauchte, im Sommer des Jahres 1990, hatte ich mein Höhlentaucherzertifikat bereits seit einem Jahr und war zwei Jahre lang entlang der Nordostküste nach Wracks getaucht. Für Steve Berman und mich stellte die *Andrea Doria* eine gigantische, stählerne Höhle dar, in die wir mit Höhlentauchtechniken tief eindringen wollten. Wir tauchten von Steve Bielendas Boot aus, der *Wahoo*. Zur Crew gehörte Gary Gentile, der über hundert Mal am Wrack gewesen war und ein Buch darüber geschrieben hatte, *Andrea Doria: Dive to an Era*. Sowohl Berman als auch ich hatten das Buch genauestens studiert und waren begeistert, Gary an Bord zu haben und ihm direkt Fragen stellen zu können.

Berman und ich beeilten uns, ins Wasser zu kommen und zum Wrack hinabzutauchen, bevor uns die rauer werdende See zur Rückkehr zwang. Die starke Strömung zehrte an meinen Kräften, und obwohl das völlig intakte Schiff so verlockend aussah, wie es auf der Seite lag, brach ich den Tauchgang ab, kaum dass wir es erreicht hatten. Berman schien noch gut bei Kräften, aber er stieg ohne irgendwelche Fragen mit mir zusammen auf. Als wir wieder an Bord der *Wahoo* waren, entschuldigte ich mich bei ihm. »Ach, mach dir keine Sorgen«, meinte er nur. »Sicherheit geht über alles. Sollte mir mal einer hinterher Vorwüfe machen, wenn ich einen Tauchgang abgebrochen habe, dann tauche ich nie mehr mit dem. Schauen wir einfach, dass es beim zweiten Mal klappt.« Ich war sehr erleichtert, und mein Respekt vor Berman wuchs.

Bei unserem zweiten Tauchgang schwammen wir in 61 Meter Tiefe horizontal ins Wrack hinein. Die hölzernen Kabinenwände hatten sich aufgelöst, was es uns ermöglichte, durch die ovalen, stählernen Kabinenstützen entlang einer ganzen Flucht ehemaliger Passagierkabinen zu schwimmen. Überall lagen bräunliche Ablagerungen und Trümmerstücke herum – das, was von der Holzvertäfelung, den Matratzen, Bezügen und Decken übrig geblieben war. Elektrokabel baumelten herab. Da das Schiff auf der Seite lag, war alles um 90° C verdreht. Waschbecken und Badewannen waren in der Wand zu meiner Linken verankert, die einst der Fußboden gewesen war. In der Ferne sah ich ein schwaches Licht und etwas, das wie ein anderer Taucher aussah. Mein Herz begann zu schlagen. Wir waren knapp zwanzig Meter tief im Wrack, und ich fragte mich, wer denn noch hier drin war – und mir entgegenkam. Als ich näher heranschwamm, erkannte ich, dass es mein eigenes Bild in einem Spiegel gewesen war, und ich musste lachen. Ich wandte mich zu Berman um und gab das Zeichen zur Rückkehr. Auf dem Rückweg hob Steve drei Teller auf; da er keine »Beutetasche« bei sich hatte, steckte er sie in den Allzweckbeutel, der an meinen Gurten angeklippst war. Wieder auf der *Wahoo* meinte ein erfahrener Mittaucher mit leichtem Entsetzen: »He, ihr habt ja sogar was gefunden. Nicht schlecht für Höhlenmenschen!«

Angespornt von diesem Anfängerglück, planten Steve und ich einen dritten Tauchgang. Wir beschlossen, einen Quergang hinunterzutauchen, den wir etwa zehn Meter im Innern des Wracks passiert hatten. Dieser nun senkrechte Schacht schien sehr tief, und auch der kräftige Schein unserer Lampen reichte nicht bis auf den Grund. Unser Abstieg führte uns in 72 Meter Tiefe, was knapp über fünf Martinis entspricht. Dann schwammen wir in einen horizontalen Gang, Steve, der die Sicherungsleine von der Rolle auslegte, wie wir es beim Höhlentauchen gelernt hatten, vorneweg. Wir waren etwa

50 Meter weit ins Schiff vorgedrungen, als ich Gläser, Kristall-platten und Teller sah, die im feinen Schlick am Boden lagen. Statt Steve ein Zeichen zu geben, bevor ich nach der Beute griff, wie ich es der Regel nach hätte tun sollen, übermannte mich das Jagdfieber. Ich kniete mich auf den Boden, stapelte etliche Platten und Teller auf und krönte das Ganze mit einem Wein-glas.

Kaum hatte ich den Boden berührt und erst recht als ich nach der Beute griff, wirbelte um mich herum der feine Schlick auf. Tastend arbeitete ich weiter. Ich löste meinen Beutesack und schickte mich an, den gesamten Stapel hinein zu verfrachten. Da spürte ich plötzlich, wie jemand heftig an meiner Wade zog, wodurch ich beinahe mit dem Gesicht in den Schlick fiel. Ich wandte mich um, und als mein Gesicht dem von Berman ganz nahe war, hörte ich ihn schreien: »Lass uns hier abhauen!« Ich drehte mich noch einmal um und hob einen Teller auf, um ihm zu zeigen, was ich da machte, aber er schnappte mich wieder am Bein, diesmal noch heftiger, und wiederholte seinen Befehl. Ich ließ den ganzen Stapel und meine offene Beutetasche da-neben fahren. Da erst bemerkte ich, dass Berman um mich herumschwamm, hektisch bemüht, mich aus der weißen Siche-rungsleine zu befreien, in die ich mich verheddert hatte. Anscheinend hatte sich ein Flaschenventil in der Leine verfan-gen, als ich mich zu Boden sinken ließ, um nach dem Geschirr zu greifen, und bei der Suche nach einer günstigen Position hat-te sie sich dann um mich gewickelt.

Ein anderer, weniger erfahrener Taucher oder einer mit weniger Mut hätte mich vielleicht meinem Schicksal überlas-sen. Etwas Ähnliches war einem Taucher passiert, der nach U-853 getaucht war, einem deutschen U-Boot, das in den letz-ten Kriegstagen versenkt worden war. Er hatte sich in der Sicherungsleine verfangen und schaffte es zwar, aus dem Wrack herauszukommen, aber er hing immer noch in der Lei-ne, die quer durch das Boot lief. Er signalisierte seinem Mittau-cher, dass er Hilfe brauchte. Der sagte später aus, sein Kumpel wäre in Panik geraten und hätte wild um sich geschlagen, wes-halb er ihn schließlich zurückgelassen habe, ohne ihn zu befrei-en. Seine Schilderung des Vorfalls war widersprüchlich, man konnte ihr nicht entnehmen, wo genau sich der andere Taucher befand. Der einzige Begleiter an Bord des Bootes, mit dem sie gekommen waren, weigerte sich, einen Rettungsversuch zu unternehmen. Er berief sich darauf, es sei gegen die Vorschriften des Sporttauchens, ohne Begleitung zu tauchen. Taucher der Küstenwache bargen schließlich die Leiche, die immer noch am Wrack hing und wie eine makabre Fahne in der Strömung schwebte.

Berman und ich schafften jedoch die Rückkehr von unserem dritten Ausflug zur *Andrea Doria.* Wieder auf der *Wahoo,* standen wir an der Reling und besprachen mit Blick auf den Ozean unseren Tauchgang. Steve Bielenda, den unser intensives Gespräch neugierig machte, kam zu uns und fragte, wie es denn gewesen sei. Ich erzählte ihm kurz, was vorgefallen war. Bielenda hörte aufmerksam zu und setzte dann ein breites, vielsagendes Grinsen auf. »Na, ich glaube, da habt ihr die richtige Wahl getroffen, das Zeug da unten zu lassen und euch selbst in Sicherheit zu bringen. Schätze, ihr seid noch nicht fertig mit der *Doria.* Wann kommt ihr wieder?«

Als wir ihm erzählten, dass wir das nächste Mal ein ganzes Team mitbringen und mit Gemisch tauchen würden, fing er an zu kichern und meinte: »Ja, die *Doria* hat euch gepackt. So geht's allen.«

In gewisser Hinsicht war die *Andrea Doria* wie Wakulla Springs: Sie war tief, und sie war eine Herausforderung. Wer diese Tauchziele gemeistert hatte, dem wurde in der Tauchergemeinde Respekt gezollt. Und er wandelte von da an im Bewusstsein auf dieser Erde, anders zu sein als der Rest der Menschheit, er fühlte sich auserwählt wie ein Testpilot der Luftwaffe. Das Tauchen mit Gasgemisch veränderte die Welt des Sporttauchens, und wer daran teilhatte, der gehörte zur Elite, ganz so, wie das Raumfahrtprogramm damals in den sechziger Jahren neue Maßstäbe in der Welt der Testpiloten gesetzt hatte.

Als ich die Rouses einlud, sich unserem Team auf der *Andrea-Doria*-Expedition anzuschließen, ergriffen sie ohne zu zögern die Gelegenheit, ihre Fähigkeiten an dem prestigeträchtigen Wrack unter Beweis zu stellen. Chris Rouse gefiel das

Vorhaben. Nachdenklich meinte er: »Eine stählerne Höhle? Interessante Vorstellung! Das lohnt einen Versuch. Und ein paar von diesen Tellern würden sich auf meinem Kaminsims bestimmt gut machen.«

KAPITEL 5

Team Doria '91

27. Juni 1991 – Hafenbecken von Captree, Südufer von
Long Island, Bundesstaat New York, auf halbem Weg
zwischen New York City und Montauk Point.

Chris und Chrissy Rouse waren ambitionierte Taucher und
übertrugen mit wachsenden Kenntnissen und Ansprüchen
immer mehr Prinzipien des Höhlentauchens auf das Wracktauchen. Als sie bei Bob Burns ihren ersten Tauchkurs für Fortgeschrittene gemacht hatten und anschließend auf seinem
Charterboot, der *Dina Dee,* zu einigen Wracks vor der Küste
von New Jersey hinausgefahren waren, begnügten sie sich
noch damit, die Ausrüstung des durchschnittlichen Wracktauchers in den nordöstlichen US-Gewässern zu kopieren; diese
bestand im Wesentlichen aus einem Nasstauchanzug zur Wär-
meisolierung, einer Tauchflasche sowie einer kleinen Reserveflasche, die man Ponyflasche nennt. Diese Ausrüstung genügte
den Rouses für Tauchgänge zu Wracks in weniger als 40 Meter
Wassertiefe, der von prüfungsberechtigten Tauchschulen empfohlenen maximalen Tauchtiefe für Sporttaucher in den USA.
Mit mehr Erfahrung und gestiegenem Selbstvertrauen über-
nahmen die Rouses die Ausrüstungszusammenstellung fort-
geschrittener Taucher, zu der neben zwei Tauchflaschen, die
längeres und tieferes Tauchen ermöglichen, auch eine angemessene Reserve für Notfälle gehört.

Wenn die Rouses in Höhlen tauchten, dann stets mit mindestens zwei Flaschen – wegen der »Drittelregel« von Sheck Exley.
Das bedeutete, dass sie sehr große Flaschen mit sich führen
mussten, wenn sie tiefer in eine Höhle eindringen wollten.
Wracktaucher im Nordosten der USA benutzten seit Jahren

Doppelflaschen, wenn sie nach der Erkundung eines Wracks in größerer Tiefe eine Dekompression im offenen Meer machen mussten oder sich lange Zeit bei einem Wrack in relativ flachen Gewässern aufgehalten hatten. Nach den Tauchtabellen der U.S. Navy hätten die Rouses lediglich zehn Minuten in der laut Empfehlung größten Tauchtiefe verweilen dürfen, ohne eine Dekompression machen zu müssen. Bei einer Grundzeit von fünfzehn Minuten in 40 Metern Tiefe ist eine Dekompressionspause von einer Minute in drei Meter Tiefe erforderlich, zwanzig Minuten Grundzeit erfordern vier Minuten in drei Metern, nach 25 Minuten Grundzeit muss man eine zehnminütige Dekopause in drei Metern Tiefe einlegen, und nach einer halben Stunde sind 21 Minuten Dekompression vorgeschrieben, von denen die ersten drei in sechs Meter Tiefe verbracht werden müssen. Die Rouses benutzten für die Dekompression ihre Armbandtauchcomputer, die konservativere Werte, also längere Dekopausen als die Navy-Tabellen, vorschlugen. Die Zahlen der U.S. Navy basierten auf den Forschungen des schottischen Physiologen John Scott Haldane zu Beginn des zwanzigsten Jahrhunderts. Haldanes Arbeit war damals ein bedeutender Durchbruch gewesen, doch die moderne Forschung hat inzwischen Feinheiten der menschlichen Physiologie verstehen gelernt, die von seinen Dekompressionstabellen nicht berücksichtigt werden.

Um zu einem so anspruchsvollen Wrack wie der *Andrea Doria* zu tauchen, konnten Höhlentaucher wie die Rouses und ich auf unsere Erfahrungen in Höhlen zurückgreifen, um die Zusammenstellung unserer Ausrüstung an die Erfordernisse anzupassen. Da waren insbesondere die zusätzlichen Flaschen, die wir an unsere normale Luftversorgung anschlossen und unter den Armen seitlich am Körper trugen. Höhlentaucher führten nämlich schon lange Zusatzluft für größere Tauchtiefen mit. Diese Reserveflaschen wurden nur zu einem Drittel leer geatmet und dann auf einer bestimmten Stufe in der Höhle zurückgelassen, um sie dann beim Auftauchen wieder als Luftversorgung zu benutzen. Als die Rouses und ich einmal auf einem Tauchboot unsere Ausrüstung anlegten, schauten andere Wracktaucher auf die zusätzliche Flasche und fragten sich, was in aller Welt wir da taten. Einige Besatzungsmitglieder waren der Meinung, dass die Zusatzausrüstung eine zu große Belastung während des Tauchgangs sei und wir uns damit in der anspruchsvollen und sich laufend verändernden Welt der maritimen Wracks selbst in Gefahr bringen würden. Die schlimmsten Kommentare aber hagelte es, als andere Wracktaucher sahen, wie wir grüne Tauchflaschen mit weißer Prägung »OXYGEN« für Sauerstoff anschnallten. »Bei dem Typ hier ist der Unfall vorprogrammiert!«, hörte ich zum Beispiel. Die meisten Wracktaucher wussten nicht, dass das Atmen von Sauerstoff bei der Dekompression in sechs und drei Meter Tiefe dem Körper hilft, den überschüssigen Stickstoff effektiv und schnell abzuatmen. In den Augen von Wracktauchern beschwor das Mitführen von Sauerstoff Unfälle geradezu herbei. Zu einfach könne es passieren, dass der Taucher in der Tiefe versehentlich nach dem Atemregler der Sauerstoffflasche greife. Die Krämpfe, die der in der Tiefe toxische Sauerstoff verursacht, würden unweigerlich zum Ertrinken führen. Die Grundregel beim Wracktauchen hatte immer gelautet: Überlebensfähigkeit ohne fremde Hilfe. Jeder Taucher musste alles mit sich führen, was er während des Tauchgangs benötigt, einschließlich seiner kompletten Luftversorgung während der Dekompression. Schließlich konnte man als Wracktaucher nie sicher sein, ob das Tauchboot immer noch da war, wenn man zur am Wrack befestigten Ankerleine zurückkehrte. Die See konnte ganz schnell unruhig werden und der Anker sich vom Wrack lösen, oder das Tauchboot zog bei Strömung so stark an der Ankerleine, dass das Wrack aufgerissen wurde und das Tauchboot auf den Ozean hinaustrieb.

Die Rouses und alle übrigen Taucher vom Team Doria '91 hatten schon neue Methoden im Wracktauchen übernommen, auch wenn diese noch umstritten waren – selbst unter unserer Bootsbesatzung, wie wir bald feststellten. Neben der Mitnahme von Sauerstoff für die Dekompression waren wir alle vom Nutzen von Sicherungsleinen bei der Wrackerkundung überzeugt, während eher konservativ eingestellte Wracktaucher noch erhitzt darüber stritten, ob eine Sicherungsleine tatsächlich der Sicherheit diene oder selbstmörderisch sei.

»Wenn mir eine Leine im Weg ist, dann schneid ich sie durch«, kündigte das Crewmitglied Hank Garvin an, als wir an einem kühlen Juninachmittag mit Kurs auf die *Andrea Doria* ablegten. Ich wusste, dass seine Ansicht von der Besatzung der *Wahoo* geteilt wurde, ganz zu schweigen von der Mehrheit der altgedienten Wracktaucher der Gegend. Als ich die 17 Meter lange *Wahoo*, deren Eigner Steve Bielenda war, für die Team-Doria-Tauchfahrt charterte, wusste ich genau, was Hank und der Rest der Besatzung von Sicherungsleinen beim Wracktauchen hielten.

Über dieses Thema hatte ich während des vergangenen Jahres mit Garvin schon wiederholt heiße Debatten ausgefochten. Mit seinen 30 Jahren Taucherfahrung hatte Garvin schon zu viele tote Wracktaucher gesehen und zu viele Leichen geborgen, um nicht zu jedem Aspekt dieses Sports ganz entschiedene Ansichten zu haben. Er wusste aus eigener Anschauung, wie gefahrvoll Wracktauchen ist. Und es war ihm klar, wie leicht ein Taucher, der mit zu vielen Dingen gleichzeitig fertig werden musste – inklusive seiner komplizierten Ausrüstung und den rapide wechselnden Unterwasserverhältnissen – aus Überforderung sich selbst und andere in Todesgefahr bringen konnte. Für ihn war eine Sicherungsleine ein Ausrüstungsgegenstand mehr, mit dem man Schwierigkeiten haben, der einen unglücklichen Taucher fesseln oder strangulieren konnte.

»Jetzt pass mal auf, Hank«, sagte ich mit blitzenden Augen zu Garvin, während wir zuschauten, wie die *Wahoo* Verpflegung aufnahm, »wir haben das Boot gechartert, um die Sache so durchzuziehen, wie wir uns das vorstellen. Wir haben diese Fahrt ein Jahr lang geplant, und mir ist es egal, was du von Sicherungsleinen hältst, denn wir bestimmen, wie wir tauchen.«

»Klar könnt ihr tauchen, wie ihr wollt«, entgegnete Hank grimmig. »Du weißt, wie ich darüber denke: Alles zu seiner Zeit. Aber meistens ist eine Sicherungsleine bloß eine lästige Krücke. Der Taucher verplempert damit seine Zeit und seine Tauchgänge, statt sich das Wrack so gut einzuprägen, dass er mit verbundenen Augen und ohne Sicherungsleine wieder herausfinden würde.« Wie oft hatte Garvin das schon gebetsmühlenartig wiederholt. Jetzt klang es fast väterlich. »Bernie, du weißt doch, was passiert, wenn jemand sich auf seine Sicherungsleine verlässt und die dann durchtrennt wird, oder?«

»Mensch, Hank, das haben wir doch alles schon gehabt.«

»Na bitte, dann weißt du ja, was los ist, wenn deine Sicherungsleine plötzlich nicht mehr da ist, mit der du eben noch fest gerechnet hast. Dann erwischt es dich!« Garvin machte eine Pause, um den Satz wirken zu lassen. »Ich mag dich, Bernie. Und ich hab' was dagegen, deine Leiche zu bergen. Das würde mir den Tag versauen. Ehrlich.«

Ich kicherte in mich hinein. »Danke für dein Mitgefühl, Hank. Aber das wird nicht nötig sein.«

»Ach wirklich? Was ihr beiden, du und Berman, letztes Jahr in der *Doria* gemacht habt, das war Wahnsinn! Wie weit wart ihr drin? 30 Meter? 60 Meter? Bei euren *ersten Tauchgängen?*«

»Ich glaub', du hast es immer noch nicht geschnallt, Hank.« Inzwischen war ich frustriert. »Die *Doria,* die ist für uns eine riesige Höhle, eine aus Stahl.«

Hank schaute zum Himmel auf und schüttelte den Kopf. »Du und Berman habt bestimmt viel Sicherheit und Erfahrung mit Höhlen. Aber die *Doria* ist *keine* Höhle. Und das offene Meer ist nicht so berechenbar wie eine Unterwasserhöhle. Und jetzt wollt ihr diesen Blödsinn mit einem ganzen *Team* veranstalten?« Garvin schnaubte genervt. »Mensch, das wird da unten wimmeln von Sicherungsleinen, das reinste Spinnennetz. Und wenn ihr Glück habt, wird sich keiner von euch darin verfangen. Aber was ist mit uns?«

Es stand fest, dass Garvin und der Rest der Crew auf traditionelle Weise, ohne Sicherungsleinen, neben dem Team Doria tauchen würden.

»Du, wenn du meinst, dass eine Sicherungsleine dir im Weg ist, tauch doch an einer anderen Stelle des Wracks«, sagte ich. »Wir zahlen schließlich für diesen Trip, und die Tauchgänge werden für uns gemacht, nicht für dich und die Crew!«

Wie die meisten Wracktaucher im Nordosten der USA, setzte auch Garvin auf die Technik des schrittweisen Vordringens. Das bedeutete, dass man sich nur eine Körperlänge weit in das

Wrack vorarbeitete und sich mit der Umgebung erst vollkommen vertraut machte, bevor man beim nächsten Tauchgang zwei Körperlängen weit schwamm und vor dem Weiterschwimmen wieder alles genau erkundete. Theoretisch würde es auf diese Weise viele Tauchgänge erfordern, bis man so tief eingedrungen war, dass man von der Stelle, an der man hereingekommen ist, kein Licht mehr sehen würde. Für tiefere Erkundungen bildeten manche Taucher Teams, wobei ein Taucher so weit hineinschwamm, dass er gerade noch den Ausgang sehen konnte. Dort blieb er dann und leuchtete mit seiner Lampe in Richtung des anderen Tauchers, der nun weiter in das Wrack hineinschwamm. Der erste Taucher war also so etwas wie ein Leuchtturm, der mit dem Strahl seiner Lampe seinem Partner den sicheren Weg zurückwies.

Da die meisten Wracktaucher für den Umgang mit Sicherungsleinen nicht ausgebildet waren, benutzten viele sie erst gar nicht. Viele Ausbilder im Bereich des Sporttauchens hatten zumeist wenig Erfahrung mit Sicherungsleinen und predigten ihren Schülern, dass das Eindringen in Wracks für Sporttaucher viel zu anspruchsvoll und gefährlich sei, was auch der offizielle Standpunkt der Amateurtauchschulen war. Wer also eine Leine benutzen wollte, musste auf eigene Faust damit experimentieren. Unter solchen Umständen blieben unerfreuliche Erlebnisse mit Sicherungsleinen nicht aus. Zu leicht konnte die Leine über die Rolle rutschen, sich im Drehmechanismus verhaken und völlig verklemmen. Außerdem nahm die Nylonschnur Wasser auf und wurde dadurch dicker, so dass es passieren konnte, dass sie über den Rand der Rolle trat und schließlich als dickes Bündel im Wasser trieb. Seegang an der Oberfläche und die Wellenbewegung unter Wasser konnten den Taucher und seine Sicherungsleine herumwirbeln wie Wäsche in einer Waschmaschine, was ebenfalls dazu führen konnte, dass sich die Leine abwickelte und wie ein Netz im Wasser herumtrieb, in dem sich der Taucher leicht verfangen konnte. Anstatt den Umgang mit der Leine erst einmal in flachem Wasser zu üben und die Rolle richtig einzustellen, wollten die meisten Taucher sie gleich in viel anspruchsvollerer Umgebung an einem Wrack ausprobieren und gaben nach einem oder zwei

Versuchen genervt auf. Eine Sicherungsleine ist ein Mittel, Unterwassererkundungen sicherer und effektiver zu machen, kein Selbstzweck. Auch wenn man mit ihrem Gebrauch vertraut war, konnte man sich bei jedem Tauchgang zu einem Wrack neu entscheiden, ob man dieses Hilfsmittel einsetzen wollte oder nicht. Manchmal war schon abzusehen, dass die Leine eher ein Problem als eine Hilfe sein würde, besonders wenn man in einem engen Teil des Schiffswracks nach Artefakten suchte.

Richtig eingesetzt, ist eine Sicherungsleine aber nicht bloß ein Hilfsmittel, sondern kann Leben retten. Das erfuhr ich am eigenen Leib, als ich 1989 bei einem Tauchgang beschlossen hatte, keine Leine zu benutzen. Ich tauchte damals zur *U.S.S. San Diego,* einem US-Panzerkreuzer aus dem Ersten Weltkrieg, der 1917 vor der Südküste von Long Island gesunken war. Eine Mine, die das deutsche U-Boot *U-156* gelegt hatte, war ihm zum Verhängnis geworden. Die 150 Meter lange *San Diego* liegt kieloben in 33 Meter Wassertiefe und ist eines der beliebtesten Wracks vor Long Island. Die meisten Taucher wagen sich nicht ins Innere vor, aber das ist auch nicht nötig, um einen Eindruck von dem imposanten Kriegsschiff zu bekommen. Als ich das erste Mal zur *San Diego* tauchte, war ich beeindruckt von der Sichtweite, die 15 Meter betrug, den riesigen Ausmaßen des Wracks und den großen Fischschwärmen, die um den Rumpf herum und in ihn hineinschwammen. Beim Schwimmen über und neben dem Schiff faszinierten mich die massiven stählernen Rumpfplatten, die oben am Wrack von der Kraft der Wellenbewegung hin und her bewegt wurden, als wären sie an einem Scharnier befestigt. Ein paar von uns schwammen damals in das Wrack hinein, und in Verbindung mit den rhythmischen Bewegungen der Rumpfplatten erweckten ihre Atemblasen den Eindruck, es handele sich um einen liegenden, atmenden Drachen. Vielen genügte das, und sie verzichteten gerne darauf, hineinzutauchen und ihr Leben zu riskieren. Für andere aber war die Aussicht auf eventuelle Funde so verlockend, dass sie sich doch ins Innere wagten.

Nachdem ich mehrere Male zur *San Diego* hinabgetaucht und hier und da auch schon ein Stück weit hineingeschwommen war, hörte ich zufällig auf dem Tauchboot mit, wie ein Besatzungsmitglied von einer Geschirrkammer erzählte. Neugierig fragte ich nach. Der Mann sagte mir, der Raum läge neun Meter innerhalb des Wracks in einer Tiefe von 27 Metern, und beschrieb mir den Weg dorthin. Ich nahm den Rat eines erfahrenen Wracktauchers an und beschloss entgegen meinen Höhlentauchergewohnheiten, auf die Sicherungsleine zu verzichten. Er empfahl mir stattdessen, mich die ganze Zeit mit einer Hand direkt am Kabineneingang festzuhalten, so dass ich mit der freien Hand nach dem Geschirr tasten konnte. Trotz des aufgewirbelten Schlicks wäre es so ein Leichtes, die Kabine wieder zu verlassen, weil ich ja eine Hand noch am Eingang hätte. Mit einer Sicherungsleine würde ich mich dagegen nur verheddern, meinte er.

Als ich in die Geschirrkammer schwamm, befand ich mich etwa einen Meter über dem schlickbedeckten Boden. Im Sinken bewegte ich mich etwas vom Eingang weg und begann, mit der linken Hand nach Objekten im Schlick zu suchen. Meine rechte Hand legte ich auf einen verbogenen Träger in der Öffnung. Kaum hatte ich meinen Wühlarm bis zum Ellbogen in das fette, götterspeiseartige Sediment gesteckt und wieder herausgezogen, war der Raum schon vollkommen schwarz. Ich hielt mir die Taucherlampe vor die Maske und sah immer noch nichts, nicht einmal den Schein der Lampe. Ich wühlte weiter und stieß auf die Überreste eines Wasserkrugs aus Porzellan, wie ich durch Abtasten erkannte, da ich schon mehrere solcher Stücke auf Tauchmessen und in einem Museum gesehen hatte. Eine angemessene Belohnung.

Um die Kabine zu verlassen, tastete ich mich auf der Suche nach der Eingangsöffnung entlang der Wand voran. Ich fand sie nicht. Mit einem Mal fühlte ich mich sehr allein und sehr weit von der Sicherheit des Tauchboots entfernt. Neben meinem metallischen Atemgeräusch hörte ich ein lautes Hämmern: Mein Herz schlug mir bis zum Hals, und ich musste mich auf kontrolliertes Atmen konzentrieren, damit mir die kostbare Luft nicht zu früh ausging.

Ich erinnerte mich, was Marc Eyring bei meinem Einführungskurs ins Höhlentauchen über Maßnahmen bei Sichtverlust durch Schlick gesagt hatte: »Wenn ihr nichts mehr sehen könnt, macht die Augen zu. Euer Gehirn arbeitet so, dass es euch Bilder zeigen will, die gar nicht da sind. Lasst die Augen also zu und konzentriert euch darauf, wo ihr sein könntet. Öffnet nur ab und zu die Augen, um zu sehen, ob ihr aus der Sedimentwolke herausgekommen seid.«

Mit fest geschlossenen Augen bewegte ich mich langsam voran und tastete dabei das Innere der Kabine mit den Händen ab. Zusätzlich hatte ich gegen die Angst anzukämpfen, dass ich einem der zahlreichen Aale, die das Wrack bewohnten, meine Hand ins Maul stecken und gebissen würde. Ich arbeitete mich an einer Wand voran, dann an einer weiteren. Als ich die Augen öffnete, bemerkte ich, dass der Schlick hier nicht mehr schwarz, sondern nur braun war, so dass ich ein wenig sehen konnte. Ich überprüfte die Luftmenge in meiner Flasche und stellte erleichtert fest, dass ich vorerst noch genug hatte und die kleinere Reserveflasche nicht anbrechen musste. Mein Tiefenmesser zeigte 27 Meter an. Das einzige Problem war also der enge Raum, in dem ich mich befand. Er kam mir vor wie ein Stahlsarg, und dieser Gedanke ließ mich frösteln. War ich denn noch in der Kabine mit dem Geschirr, oder war ich in einen anderen Teil des Schiffs, vielleicht gar auf ein anderes Deck geschwommen? Ich zwang mich, den Blick scharf zu stellen, drehte mich herum und sah mir gegenüber eine Wolke schwarzen Schlicks, die wie eine Wand vor mir stand. Obwohl mir davor graute, wusste ich, dass ich durch diese Wolke zurückschwimmen musste, denn von dort war ich gekommen: Der schwarze Schlick zeigte die Stelle, an der ich gegraben hatte.

Ich schloss die Augen wieder und schwamm vorwärts, die rechte Hand immer fest an der Wand. Mir war bewusst, wenn ich den Körperkontakt zum Wrack jetzt verlieren würde, dann wäre es völlig aus mit der Orientierung, und möglicherweise wüsste ich gar nicht mehr, wo oben und unten ist. In diesem Fall hätte ich keine Chance mehr. Mit der Rechten am Wrack, streckte ich die Linke aus und versuchte, etwas zu ertasten. Ich erinnerte mich daran, wie ein Besatzungsmitglied seinem Tauchkumpel von diesem Raum erzählt hatte: Auf der einen Seite der Öffnung, die ins Freie führt, seien Holzregale angebracht. Jetzt kam ich mit der linken Hand an die Regale, und mein Herz hüpfte vor Aufregung. Vorsichtig ertastete ich die Zwischenräume zwischen den Regalen und schwamm dabei langsam weiter. Dann fühlte ich auf einmal nichts mehr mit der Linken, auch nicht als ich sie einen großen Bogen beschreiben ließ. Immer noch nichts. Hier musste der Ausgang liegen! Aufgeregt schwamm ich vorwärts und knallte mit dem Kopf gegen etwas, das die Rückwand eines großen hölzernen Geschirrschranks gewesen sein musste. Ich hörte den dumpfen Aufprall.

Bitter enttäuscht stöhnte ich auf und fluchte vor Wut. Ich hielt inne und gab mir etwas Zeit, um nachzudenken und meine Gefühle wieder in den Griff zu bekommen. Mit der rechten Hand fuhr ich an der Seite des Schranks entlang, schwamm ein wenig zurück und setzte die Suche fort. Ich wedelte mit meiner linken Hand durch das Wasser, um ein anderes Regal zu ertasten. Jetzt fiel mir wieder ein, dass ich beim Hineinschwimmen ein bisschen nach unten gesunken war, also schwamm ich jetzt etwas höher, und nachdem ich einen guten halben Meter aufgestiegen war, suchte ich zu meiner Linken weiter nach dem Ausgang. Die rechte Hand immer in Kontakt mit der Wand, kam ich an eine Stelle, an der meine linke Hand ins Leere tastete. Diesmal schwamm ich ganz langsam vorwärts und ließ dabei meine Linke abwechselnd lang ausgestreckt und im Kreis rudern. Immer noch nichts zu tasten. Ich machte zwei Flossenschläge, die mich weiter voranbrachten – immer noch kein Hindernis. Ich öffnete die Augen und sah, dass ich mich bereits in dem Gang befand, der aus dem Wrack hinausführte. Ein schwacher grüner Schein von Sonnenlicht zeigte mir den Fluchtweg aus meinem stählernen Sarg. Mein Herz klopfte. Noch nie in meinem Leben hatte ich etwas Schöneres gesehen.

Nicht lange nach dieser Erkundung der *San Diego,* die beinahe mein Schicksal besiegelt hätte, kam ein anderer erfahrener Wracktaucher in eine ganz ähnliche Lage. Er hatte ein Gewehr gefunden und versuchte, wieder aus dem Wrack hinauszukommen. Er hatte aber nicht so viel Glück wie ich. Ohne jede Sicht durch den aufgewühlten Schlick verlor er in dem Labyrinth die Orientierung und ertrank. Das Opfer war Besatzungsmitglied auf einem Tauchboot gewesen, und als man seine Leiche nicht fand, kamen andere Boote, deren Besatzungen das Wrack durchkämmten. Nach einer Woche ergebnisloser Suche kam Hank Garvin eine Idee, wo der Tote sein könnte. Es war ein Bereich, den man zunächst ausgeschlossen hatte. Garvin fand schließlich die Leiche. Es war ein schrecklicher Anblick: Meerestiere hatten an den ungeschützten Gesichtspartien das Fleisch abgenagt, und der Tote war von den unter der Haut eingeschlossenen Gasen, die seinen Tauchanzug hatten anschwellen lassen, grotesk entstellt. Es waren mehrere Tauchgänge nötig, um eine Öffnung zu schneiden, durch die der aufgeblähte Leichnam in einem Stück an die Oberfläche transportiert werden konnte.

Trotz dieses und ähnlicher tödlicher Unfälle hielten Hank Garvin und andere Wracktaucher der alten Schule an ihren Vorbehalten gegen Sicherungsleinen fest. Garvin war der Überzeugung, dass es nur eine Möglichkeit gebe, wirklich sicher wieder aus einem Schiffswrack herauszukommen: sich vollkommen mit ihm vertraut zu machen. Das Crewmitglied des Tauchboots, das in der *San Diego* ertrunken war, hatte mit diesem Wrack noch nicht viel Erfahrung gehabt, und in dem Bereich, in dem er das Gewehr gefunden hatte, war der Mann noch nie gewesen. Beim Versuch, das Wrack zu verlassen, war er an einer entscheidenden Stelle falsch abgebogen und auf ein anderes Deck geschwommen, von wo aus es kein Weiterkommen mehr gab.

Ich sprach auch mit Chrissy Rouse über diesen Todesfall und die Weigerung der anderen Wracktaucher, über Sicherungsleinen auch nur nachzudenken. Er war fassungslos. »Glauben die etwa, mit mehr ›Erfahrung‹ wäre der aus dem Wrack rausgekommen?« Er schnaubte verächtlich. »Sind denn immer noch nicht genug Leute in Wracks abgesoffen, die sich auf ihre ›Erfahrung‹ verlassen haben? Wenn du sicher sein willst, dass du wieder rauskommst, dann nur mit Leine.«

Auch Chrissy hatte den Wert einer Sicherungsleine am eigenen Leib erfahren. Das war in Ginnie Springs gewesen, auf einem Tauchgang mit seiner Mutter im Höhlensystem der

Devil's Cave. Chrissy und Sue Rouse folgten der dicken, gold-farbenen, fest installierten Sicherungsleine, dem so genannten Ariadnefaden, und kamen an eine Engstelle. Die Höhle ist dort so eng, dass sie ihre Flaschen abnehmen, durch die Öffnung schieben, sich selbst hindurchwinden und die Flaschen auf der anderen Seite wieder anlegen mussten. Die ganze Aktion führte zu einer erheblichen Verminderung der Sicht, mit der Folge, dass sie die Leine, die aus der Höhle hinausführte, nicht mehr erkennen konnten. Chrissy und Sue gaben sich alle Mühe, die Sicherungsleine wiederzufinden, doch es gelang ihnen nicht.

Bei ihrer Ausbildung für das Tauchen in Unterwasserhöhlen hatten Chrissy und Sue sowohl an Land als auch im Wasser geübt, wie man sich in einem solchen Fall verhält. Daher wusste Chrissy genau, was er zu tun hatte. Mit Handzeichen gab er sei-ner Mutter zu verstehen, dass sie sich an der Höhlenwand fest-halten sollte, während er auf die Suche nach der Leine ging. Sie folgte seinen Anweisungen und wartete im Schlick getrübten Wasser. Ihr Sohn machte seine Notsicherungsleine einsatz-bereit, befestigte sie neben Sue an einem Felszacken und schwamm davon. Obwohl sie daran glaubte, dass Chrissy die Sicherungsleine wiederfinden würde, hatte sie Angst. Sie hörte nur ihr eigenes Atemgeräusch und sah nichts als den hellen, sandhaltigen Schlick, der von ihrer Lampe angestrahlt wurde.

Der enorme Vorteil in einem solchen Fall ist, dass man nicht den kompletten Rückweg, sondern nur die fest installierte Leine finden muss. Wenn Chrissy methodisch suchte, war es sicher, dass er die Leine finden würde.

Als Chrissy die Nylonschnur ertastet hatte, befestigte er zuerst seine Notsicherungsleine an der permanenten Leine und schwamm dann zu Sue zurück. Das Herz schlug ihr bis zum Hals, als sie plötzlich ihren Sohn wie ein Gespenst aus der Sedi-mentwolke auftauchen sah. Chrissy machte mit der Hand das Okay-Zeichen, das sie automatisch erwiderte. Er bedeutete ihr, seiner Leine zu folgen. Sue Rouse formte um Chrissys Notleine aus ihrem linken Daumen und Zeigefinger ein »O«, und so schwamm sie langsam und vorsichtig daran entlang. Dabei achtete sie darauf, die rechte Hand wie einen Scheibenwischer oberhalb des Kopfes zu bewegen, um nicht an einen Fels zu stoßen. Chrissy schwamm hinter seiner Mutter her, erst zurück zum Ariadnefaden und dann an die Oberfläche.

Für den Neunzehnjährigen war das ein großes Abenteuer. Chrissy genoss den erstaunten Ausdruck auf den Gesichtern der Leute, wenn er davon erzählte. Wer nichts vom Höhlentauchen verstand, der erschrak über Chrissys zur Schau gestellte Tapferkeit und fragte sich, ob er bloß den Macker spielte, um seine eigene Angst zu überdecken. Aber damit hatte Chrissys Einstellung zu dem Erlebnis nichts zu tun. Vielmehr spiegelte sie den jugendlichen Glauben an die eigene Unsterblichkeit und das Vertrauen in seine Taucherausbildung wider. Die Vorstellung, dass er selbst in einer Höhle den Tod finden könnte, war ihm gänzlich fremd.

»Mein Gott, Chrissy, hatte ich eine Angst!«, sagte seine Mutter, als sie aufgetaucht waren.

»Ach, Mom, da war doch weiter nichts dabei.« Chrissy war gerade damit beschäftigt, die Flossen auszuziehen, um auf den Holzstufen nach oben zu gehen. »Ich weiß einfach, dass ich nicht in einer Höhle sterben werde. Ich sterb beim Wracktauchen.«

Sue bekam einen Heidenschrecken. »Wie bitte? Sag sowas nicht! Ich will sowas nicht hören!«

Aber dieses Beharren darauf, er würde beim Wracktauchen sterben, das war schon seltsam. Nach dem Vorfall in der Höhle hörte Sue Chrissy später noch einmal den gleichen Satz sagen. Warum erzählte er ihr so etwas, und auch noch mehrfach? Doch sie wischte den Gedanken weg. Das war vielleicht nur eine kindische Art, um auf sich aufmerksam zu machen.

Als die Rouses zur *Wahoo* kamen, half ich ihnen, die Ausrüstung an Bord zu laden. Sie hatten 40 Flaschen mitgebracht. Die meisten waren für ihre Atemgeräte auf den Tauchgängen bestimmt, aber es waren auch einige 1,50 Meter große, grüne Sauerstoffflaschen dabei, mit denen sie bei Bedarf mehr Atemgas mischen oder mehr Sauerstoff in die Flaschen geben konnten, die sie für die Dekompression benutzen wollten. Zum ersten Mal wollten Sporttaucher mit Mischgas zur *Andrea Doria* tauchen, und das war einer der Gründe, weshalb die

Fahrt des Teams Doria für Taucher auf der ganzen Welt von Interesse war.

Die Flaschen, die wir an Bord der *Wahoo* nahmen, enthielten verschiedene Gasgemische, und alle nicht mit Pressluft gefüllten Flaschen waren mit speziellen Aufklebern versehen, aus denen die Gaszusammensetzung hervorging. Flaschen mit hohem Sauerstoffgehalt oder reinem Sauerstoff hatten Farbcodes: grün für reinen Sauerstoff und gelb-grün-gestreift für Nitrox, ein Atemgas mit hoher Sauerstoffkonzentration, das auch Stickstoff enthält. Orange war die Markierungsfarbe für die kleinen mit Argon gefüllten Flaschen; wegen seiner besseren Isoliereigenschaften wollten wir das Edelgas in unseren Trockentauchanzügen benutzen. Auf den Aufklebern stand sowohl die genaue Zusammensetzung der Gemische als auch die größte Tauchtiefe, bis zu der das jeweilige Gas geatmet werden durfte. Auf diese Weise sollte sichergestellt werden, dass niemand in zu großer Tiefe ein falsches Gemisch atmete und vielleicht durch die toxische Wirkung des Sauerstoffs Krämpfe bekam und starb. Das zu verhindern, hatte oberste Priorität.

Die größte Neuerung stellte das so genannte Trimix dar. Es besteht aus Helium, Sauerstoff und Stickstoff. Während Helium-Sauerstoff-Gemische, auch als Heliox bekannt, seit einigen Jahren von Berufs- und Marinetauchern erfolgreich eingesetzt worden waren, war Trimix etwas ganz Neues. Nur wenige Taucher und Forscher hatten bislang praktische oder dekompressionsphysiologische Erfahrungen damit gesammelt. Theoretisch betrachtet, erschien Trimix als ein geeignetes, sinnvolles Gas für die Unterwasseratmung. Diese Meinung teilte ich mit den anderen Tauchern, denen ich angeboten hatte, sich dem Team Doria anzuschließen. Im Übrigen hatten die Rouses und ich an einem Trimix-Kurs bei Sheck Exley teilgenommen, und wenn der mit dieser Technik aus einer Tiefe von 264 Metern lebend wieder hochgekommen war, dann sollte es für uns wohl reichen. Irgendwann werden Forscher eine genaue Erklärung dafür finden, wie diese Gase vom Körper aufgenommen und wieder abgeatmet werden, doch selbst dann würden noch letzte Fragen offen bleiben, so wie auch nicht alle Geheimnisse um

Pressluft gelüftet sind. Wenn wir abwarteten, bis die wissenschaftliche Welt sich auf Verwendungsvorschriften für Trimix geeinigt hatte, würden wir alt und grau werden. Wir aber wollten jetzt die Möglichkeit ausnutzen, sicher in noch größere Tiefen vorzustoßen.

Obwohl Bill Stone 1987 beim Wakulla-Projekt auf wiederholten, ausgedehnten Tauchgängen in Tiefen bis 110 Metern erfolgreich Trimix eingesetzt hatte, war immer noch nicht ganz klar, welche Dekompressionstabellen zu benutzen waren und warum, und wie der Körper auf die Gase reagierte. Das war es, was die Forscher herausbekommen wollten: Was geschieht im Körper bei der Aufnahme und dem Ausscheiden der beiden Inertgase Stickstoff und Helium? Man konnte die Molekularmassen der Gase in Computermodelle eingeben und Dekompressionstabellen erstellen. Doch wie effektiv würde die Dekompression dann in der Praxis im menschlichen Körper verlaufen? Und wie effektiv wären sie im offenen Meer, wo der Taucher die Tiefen der Dekostopps wegen starken Seegangs möglicherweise gar nicht genau einhalten konnte?

Im Allgemeinen waren Forscher der Ansicht, es sei verrückt, die Schmerzen von Bends zu riskieren. Zwei von ihnen, Karl Huggins und Mike Emmermann, waren jetzt jedoch sehr begierig, die Auswirkungen der Tauchgänge zur *Andrea Doria* bei mir, den Rouses und den übrigen Mitgliedern vom Team Doria aufzuzeichnen. Huggins war an der University of Michigan als Wissenschaftler am Fachbereich Meteorologie und Ozeanographie tätig. Außerdem war er Mitglied im Komitee für Tauchsicherheit seiner Universität und hatte sich durch seine Arbeiten zur Dekompressionstheorie ein internationales Renommee erworben. Er hatte auch ein Dekompressionsprogramm für Computer entwickelt, das 1984 im ersten erfolgreichen Tauchcomputer überhaupt, dem »Edge«, eingesetzt worden war.

Der »Edge«-Computer zeichnete in regelmäßigen Abständen die Tauchtiefe auf und errechnete dann auf der Grundlage des von Huggins entwickelten Algorithmus die Zeit, die sich der Taucher in dieser Tiefe ohne Dekompression aufhalten konnte, was bei seiner Markteinführung eine kleine Revolution bedeutete. Der »Edge« funktionierte mit einem Mikroprozessor, einem Vorgänger der Chips, wie sie in den heutigen leistungsstarken PCs verwendet werden. Wenn eine Dekompression nötig wurde, so zeigte der Computer die Tiefe und die Dauer der Dekopausen an. Der »Edge« erleichterte die Durchführung von Tauchgängen erheblich, denn er maß die jeweilige Verweildauer in einer Tauchtiefe in Echtzeit; und er schlug einen darauf abgestimmten Dekompressionsplan vor, der sich aus der theoretischen Gasaufnahme des Körpers während des Tauchgangs errechnete. Der »Edge« war zwar alles andere als grazil – er beanspruchte den gesamten Unterarm des Tauchers –, doch das wurde durch ein gut gestaltetes Display wettgemacht. Zunächst reagierte die Taucherwelt misstrauisch: Konnte man in der rauen Unterwasserumgebung die Berechnung der Dekompression tatsächlich der Elektronik überlassen? Auch der hohe Anschaffungspreis ließ viele Taucher erst einmal abwarten, welche Probleme andere bei der Benutzung des Geräts wohl haben würden. 1986 waren weltweit über 5000 »Edge«-Computer im Einsatz. Das war ein bescheidener Anfang, doch die gleichbleibend hohen Verkaufszahlen des »Edge« veranlassten bald weitere Hersteller, im Zuge der technischen Entwicklung kleinere, noch leistungsfähigere Tauchcomputer auf den Markt zu bringen. Und während der Preis für den »Edge« allmählich fiel, war sein einziger echter Nachteil – neben der Größe – die Tatsache, dass er nur für Tauchgänge programmiert war, bei denen Pressluft geatmet wurde.

Huggins hatte begonnen, sich für die wissenschaftliche Begleitung der Tauchgänge des Teams Doria zu interessieren, nachdem sein Freund Mike Emmermann ihm von dem Projekt erzählt hatte. Ich hatte Emmermann, einen Geschäftsfreund von der an der Wall Street ansässigen Investmentfirma Neuberger-Berman, eingeladen, an der Tauchfahrt teilzunehmen und Untersuchungen durchzuführen. Tagsüber verwaltete Emmermann Investmentbeträge in mehrstelliger Millionenhöhe. An den Abenden, Wochenenden und während des Urlaubs dagegen drehte sich sein Leben ums Tauchen. Er machte eigene Studien über die Auswirkungen des Tauchens nach Flügen. Der Kabinendruck in einem Passagierflugzeug entspricht einem

Luftdruck von 2100 bis 2400 Metern über dem Meeresspiegel. Das bedeutet, dass jemand, dessen Körper auf Meereshöhe eingestellt ist, während eines Fluges überschüssigen Stickstoff abatmet. Wer sich also nach dem Tauchen zu früh in ein Flugzeug setzt, läuft Gefahr, Bends zu bekommen, selbst wenn er am Boden keinerlei Dekompressionsbeschwerden hatte!

Huggins und Emmermann planten, an Chris, Chrissy, mir und anderen Versuchskaninchen einen Apparat anzuwenden, den man »Doppler-Ultraschall-Bläschendetektor« nennt. Der Detektor zeichnet nicht-invasiv, also ohne in den Körper einzudringen, die Fließgeräusche des Blutes auf. Er ist in der Lage zu registrieren, wann sich die Bläschen von Inertgas bilden, die Auslöser der Dekompressionskrankheit sind. Die Bläschen sind als Rasseln zu hören, dessen Lautstärke in vier Schweregrade unterteilt ist. Als allgemeine Regel gilt, dass die Stärke der Bends von der Anzahl der Bläschen abhängig ist. Es gab jedoch schon Untersuchungen, in denen nachgewiesen wurde, dass sich – aus Gründen, die niemand verstand – auch dann Bläschen von Inertgas im Körper eines Tauchers befinden können, wenn dieser keine erkennbaren Symptome der Dekompressionskrankheit zeigt. Eine Theorie hierzu lautete, dass sich Bläschen auch direkt in den Zellen bilden können, wo sie nicht vom Doppler erkannt werden, aber trotzdem Bends hervorrufen. Dieser Theorie zufolge waren also Bläschen im Blutkreislauf weniger wichtig als Bläschen in den Zellen. Die Forscher erhofften sich, mit Hilfe der Doppler-Aufzeichnung von unseren Trimix-Tauchgängen aussagekräftige Daten zu sammeln. Zur Kontrolle wollten sie die Ergebnisse auch mit Tauchgängen, bei denen wir nur Luft atmeten, und mit den Resultaten anderer Studien vergleichen.

Von dieser Tauchfahrt erwarteten wir reichlich Gelegenheit zum Vergleich der unterschiedlichen Tauchtabellen, die zum Teil auf konkurrierenden Theorien beruhten. Huggins' Computerprogramm basierte auf John Scott Haldanes Dekompressionstheorie vom Beginn des zwanzigsten Jahrhunderts. Einige modernere Theorien wichen entweder von Haldane ab oder verfeinerten seine Arbeiten. Zur letzteren Gruppe gehörte das Schreiner-Modell, ein mathematisches Dekompressionsmodell, das nach Bill Hamiltons und Glenn Butlers Chef bei Ocean Systems benannt ist. Einige unserer Taucher sollten nach Bill Hamiltons computergenerierten Dekotabellen tauchen, die auf den Forschungen von Schreiner, Hamilton und anderen Mitarbeitern von Ocean Systems basierten.

Randy Bohrer wiederum würde nach Tabellen tauchen, für die er selbst das Computerprogramm geschrieben hatte. Sein Programm stützte sich auf die Theorien des renommierten Züricher Medizinprofessors Albert Bühlmann, der sich intensiv mit dem komplexen Thema von Dekompressionsmodellen beschäftigte. Bohrer, tagsüber Luftfahrtingenieur, tüftelte in seiner Freizeit an computergestützten Dekompressionsmodellen. Irgendwann hatte er vor Problemen gestanden, die niemandem erspart bleiben, der sich mit solchen Modellen beschäftigt, und sich mit Bill Hamilton zusammengetan. Bohrer wurde als Berater für eine Reihe von Tieftauchversuchen engagiert, und hatte auch die Dekotabellen für Sheck Exleys Weltrekord im Höhlentauchen in 264 Meter Tiefe berechnet.

Zu Beginn des Jahres hatte ich Randy Bohrer in das Tauchcomputerprojekt geholt, in dem ich als Berater für das japanische Handelsunternehmen Inabata tätig war. Ich hatte vorgeschlagen, zuerst einen für Pressluft ausgelegten Computer zu entwickeln und anschließend die Grundeinstellungen des Geräts so zu verändern, dass es Tauchgänge mit Nitrox-Gasen (auch bekannt als sauerstoffangereicherte Gase) berechnen konnte. Schließlich sollte eine dritte Generation von Tauchcomputern für die Verwendung von Trimix-Atemgasen folgen, doch dazu musste sich der Sport – und der Markt – erst noch etwas entwickeln.

Ich hatte meine eigenen Theorien, was effiziente Dekompression und Widerstandsfähigkeit des Körpers gegen kaltes Wasser betraf. Doch ich hatte keine experimentelle oder theoretische Grundlage, auf die ich mich stützen konnte. Meine Theorien waren rein praktischer Natur – schließlich hingen mein Leben und meine Gesundheit davon ab, jedes Mal, wenn ich tauchte. Wenn etwas funktionierte, dann war es letztlich egal, welche physiologischen Prozesse sich dabei abspielten – Hauptsache, es funktionierte. Meine Grundüberzeugung war, dass der Körper das Abatmen von Inertgasen dadurch trainiert, dass er ihnen immer wieder ausgesetzt ist. Der Aufenthalt in kaltem Wasser hat Auswirkungen auf die Blutzirkulation, denn der Körper schützt sich vor Wärmeverlust, indem weniger Blut in die Extremitäten fließt und die Haut weniger stark durchblutet wird. Dadurch verändert sich aber auch die Geschwindigkeit, mit der überschüssiges Inertgas aufgenommen und, was wichtiger ist, abgeatmet werden kann. Dennoch sah ich kaltes Wasser eher als ein mentales als ein körperliches Problem an. Nur durch lange Unterwasseraufenthalte bei niedrigen Temperaturen konnte ein Taucher seinen Körper und seinen Kopf auf die Dekompression in kaltem Wasser einstellen. Ein Freizeittaucher, der Dekompression eigentlich grundsätzlich vermeidet, kann ganze zehn Minuten in 40 Meter Tiefe verweilen.

Wer zu so tief gelegenen Wracks wie der *Andrea Doria* tauchen wollte, der brauchte eine mentale und körperliche Vorbereitung durch allmählich in immer größere Tiefen führende Tauchgänge. Man musste seine Grundzeit jedes Mal ein bisschen ausdehnen, um auf eine möglicherweise langwierige Dekompression vorbereitet zu sein. Ich hatte mich schrittweise auf 73 Meter hinabgearbeitet und atmete während verschieden langer Grundzeiten Luft. Für das Austauchen schlugen die von mir benutzten, auf den Bühlmannschen Algorithmen basierenden Tauchcomputer zwei- bis dreistündige Dekostopps vor. Um mich vor dem Ausfall des Computers zu schützen, trug ich auf jedem Tauchgang zwei identische Geräte, wie das jeder vernünftige Taucher macht, so auch die Rouses. In einer Tiefe von 40 Metern, die mir jetzt vergleichsweise gering vorkommt, verbrachte ich bis zu 53 Minuten. Um auf diese langen Tauchgänge möglichst wenige Flaschen mitnehmen zu müssen, achtete ich sehr darauf, mich körperlich fit zu halten. Schon früher hatte ich immer aktiv Sport getrieben, angefangen von Laufen über Street-Hockey, Eishockey, Boxen, Karate bis hin zu Rugby. Dadurch hatte ich einen durchtrainierten Körper und eine leistungsfähige Lunge. So war ich in der Lage, auch lange Tauchgänge mit nur drei Flaschen zu machen, was andere Taucher oft in Erstaunen versetzte.

Die Rouses teilten meine Ansichten, was Dekompression betraf, wollten allerdings von regelmäßigem Sport nichts wissen. Ihrer Meinung nach gab es nur ein Rezept für gute Kondition und zur Vermeidung der Dekompressionskrankheit, und das hieß: Tauchen. Chris und Chrissy hatten die Dauer ihrer Unterwasser-Aufenthalte wie ich langsam immer mehr ausgedehnt. Außerdem benutzten wir alle drei Sauerstoff für die Dekompression und konnten auf diese Weise unsere Dekostopps verkürzen. Der Sauerstoff gab uns eine größere Sicherheitsreserve, denn wir richteten uns bei unseren Tauchgängen weiterhin nach den Werten unserer Computer, welche die Dekopausen natürlich auf der Basis von Pressluft berechneten. Wenn wir nach langen Tauchgängen in große Tiefe, auf denen wir Luft geatmet hatten, Sauerstoff für die Dekompression verwendeten, fühlten wir uns bedeutend besser, als wenn wir bloß Luft benutzt hätten. Wir spürten also, dass wir während der Dekompression mehr inertes Gas abgeatmet hatten. Wissenschaftler suchen noch nach Erklärungen für das, was im Körper auf einem Tauchgang passiert. Wir aber, die Rouses und ich, fühlten einfach an uns selber, wie gut unsere Methode funktionierte. Theorien sind nicht verkehrt, aber wir wussten einfach, dass wir auf diese Weise nach langen Aufenthalten in großer Tiefe keine Bends bekamen.

Mit Kurs auf die *Andrea Doria* kämpfte sich die *Wahoo* durch unablässig wogende Wellen und eine starke Strömung. Wir hielten uns nahe der Südküste von Long Island, denn weiter draußen tobte die See noch viel stärker. Das Boot war im wahrsten Sinne randvoll beladen. An Bord befanden sich die zwölf Mitglieder des Teams Doria, zwei Wissenschaftler, ein Journalist, neun Besatzungsmitglieder und so viel Tauchausrüstung, dass man auf Deck kaum einen Fuß vor den anderen setzen konnte. Fast alle waren jetzt in der Hauptkabine versammelt, um sich vor der Kälte zu schützen, und ich nutzte die Gelegenheit, die neueste Fassung der Namensliste an die Mitglieder unseres Tauchteams auszuteilen. Nicht alle an Bord kannten sich bereits, denn ich hatte das Team aus Tauchern zusammengestellt, die aus allen Teilen der USA, Kanadas und sogar aus der Schweiz kamen.

Bedauerlicherweise trug die Liste, die ich in bester Absicht aufgestellt hatte, zu einer weiteren Verschlechterung des Klimas zwischen dem Team und der Besatzung bei. Die Besatzungsmitglieder standen nicht mit auf der Liste, weil zuvor nicht klar gewesen war, wer mit an Bord gehen würde, und manche waren deswegen eingeschnappt. Die Teammitglieder beschwerten sich über die Enge ihrer Kojen und grummelten, die der Besatzung seien viel geräumiger. Ich musste diesem kleinlichen Gezerre sofort ein Ende bereiten.

Die gereizte Atmosphäre an Bord machte mich noch nervöser, als ich es ohnehin schon war. Dies war das bei weitem anspruchsvollste Tauchprojekt, das ich bisher geleitet hatte, es war gleich mehrere Nummern größer als die Tagesfahrten und die Tauchexkursionen in die Karibik mit dem Laden in Manhattan, für den ich nebenberuflich als Tauchlehrer tätig war, oder die von mir selbst organisierten Tages- oder Wochenend-Tauchfahrten zu verschiedenen Wracks.

Bisher war immer alles gut gegangen. Ich war noch nie auf einer Tagesfahrt oder Exkursion gewesen, bei der ein Taucher einen tödlichen Unfall hatte, wusste aber, dass viele der erfahrenen Taucher an Bord der *Wahoo* so etwas schon erlebt hatten. Ich konnte nur für uns alle hoffen, dass das Glück mir auch diesmal treu blieb.

Ich wusste gut genug über Tauchunfälle Bescheid, um mir Sorgen zu machen. Durch meine Recherchen am Zentrum für die Erfassung von Unterwasser-Unfällen (National Underwater Accident Data Center) an der University of Rhode Island kannte ich die Einzelheiten jedes tödlichen Unfalls beim Wracktauchen, dessen Opfer ein Amerikaner gewesen war. Die Unfallberichte beteiligter Taucher zeigten mir deutlich, wie tief der Tod eines Tauchers auf See die anderen an Bord berührte – wenn auch in unterschiedlicher Weise, je nach den genauen Umständen, der seelischen Verfassung der Überlebenden, der Beliebtheit des Opfers und anderen Faktoren. In einem Fall hatte ein Taucher sich vor dem tödlichen Unfall nicht nur arrogant verhalten, sondern um ein Haar auch noch ein weibliches

Mitglied der Bootsbesatzung mit in den Tod gerissen, als er mit großer Geschwindigkeit sank, wodurch sie 20 Meter nach unten auf den 75 Meter tiefen Meeresgrund trudelte. Wieder an Bord, trat die Frau in ihrer Wut den Toten, dessen bodenlose Verantwortungslosigkeit nicht nur ihn selbst, sondern beinahe auch noch sie das Leben gekostet hätte, mehrmals mit Füßen, bespuckte ihn und belegte ihn mit einem Schwall von Flüchen. Bei einem anderen Vorfall bekam der Tauchpartner des Opfers an Deck des Tauchboots einen Nervenzusammenbruch. Er hatte bei der Dekompression die ganze Zeit den toten Freund vor Augen gehabt, den er nicht mehr an die rettende Oberfläche hatte bringen können und der nun leblos am Meeresboden trieb. Der Überlebende reagierte auf die Fragen der Besatzung, was denn passiert sei, nur mit Gekreisch und Heulkrämpfen. Die abgebrühten Taucher hielten sein Verhalten für eine schwere Entgleisung: Gegen einen Nervenzusammenbruch war nichts einzuwenden, aber bitte erst *nachdem* man der Besatzung mitgeteilt hatte, wo die Leiche zu finden war.

Bei Expeditionen zur *Andrea Doria,* wo es immer auch um wertvolle Trophäen geht, ist es sogar schon vorgekommen, dass man dem Tauchen Vorrang vor einem Todesfall gab. So kam beispielsweise ein nicht sehr beliebter Taucher gleich bei seinem allerersten Abstieg zum Wrack zu Tode. Anstatt den Vorfall sofort bei der Küstenwache zu melden, bedrängten alle Teilnehmer den Kapitän, damit noch drei Tage bis zum planmäßigen Ende der Exkursion zu warten. Jeder hatte für diese Fahrt über 800 Dollar hingeblättert, und die Bedingungen zum Tauchen waren optimal. Hätte man den Unglücksfall sofort angezeigt, so wäre die Fahrt damit automatisch beendet gewesen, denn die Küstenwache hätte verlangt, mit dem Leichnam unverzüglich zurückzukehren. Der Kapitän kam den Bitten der Taucher nach. Man verstaute den Leichnam in seinem Schlafsack, füllte diesen mit dem Eis aus sämtlichen Kühlboxen und legte den Toten in seine Koje.

Einige der Ausrüstungsgegenstände, mit denen die *Wahoo* vollgestopft war, stammten aus der Produktion von Chris Rouse. Er hatte inzwischen tatsächlich Ernst gemacht und die Tauchfirma gegründet, von der er zu träumen angefangen hatte, als es mit seiner Baufirma bergab ging. Chris' neue Firma hieß »Black Cloud Scuba«. Das war John Reekies Idee gewesen, weil er den Eindruck hatte, über den Rouses hinge immer eine schwarze Wolke. Es war schon etwas daran, auch ich musste es zugeben – die Rouses hatten beispielsweise immer wieder Pannen, obwohl sie ihr Zeug pingelig pflegten und warteten. Ihr Firmenlogo bestand aus einer einzelnen schwarzen Wolke, aus der es regnete, und, was noch bedrohlicher aussah, aus der drei schwarze Blitze zuckten.

Trotz ihrer angespannten finanziellen Situation waren die Rouses ihren Freunden gegenüber immer großzügig und teilten alles mit ihnen. Sogar in der schwierigen Anfangsphase der Tauchfirma, als Chris Unterwasser-Scooter reparierte und mit der alten Drehbank und der Ständerbohrmaschine, die er früher für die Instandhaltung seiner Tiefbaumaschinen benutzt hatte, Rollen für Taucherleinen selbst herstellte, sogar in dieser Zeit verschenkte er Tauchausrüstungsgegenstände aus eigener Produktion an seine Freunde. Von denen, die auf der *Wahoo* mitfuhren, hatten Steve Berman, John Reekie und ich die Rollen für unsere Notleinen von Chris geschenkt bekommen. Auf der Rolle von 30 Zentimeter Durchmesser waren 100 Meter Sisalleine aufgewickelt, an deren Ende ein Auftriebskörper befestigt war. Sollten wir einmal wegen Orientierungsverlusts oder weil sich die Ankerleine vom Wrack gelöst hatte, die Verbindung zum Tauchboot verlieren, so konnten wir den Auftriebskörper mit Luft füllen und ihn mit der daran befestigten Notleine wie einen Fesselballon aufsteigen lassen. Wenn sich keine Leine mehr von der Rolle abwickelt, weiß man, dass der Auftriebskörper an der Oberfläche angekommen ist. Dann wird die Leine von der Rolle abgetrennt und an einem Wrackteil festgezurrt. Beim Austauchen mit Dekostopps hat man auf diese Weise die Sicherheit, nicht durch die Strömung vom Wrack weggetrieben zu werden und auf See verloren zu gehen.

Unterwegs zur *Andrea Doria* hatten Huggins und Emmermann, die beiden Wissenschaftler, in der Kabine der *Wahoo* reichlich zu tun. Sorgfältig beschrifteten sie zunächst für jeden

Taucher eine Audiokassette und machten sich dann in ruhiger, konzentrierter Atmosphäre daran, mit dem Doppler-Ultraschallgerät vor dem ersten Tauchgang die Fließgeräusche unseres Blutes aufzuzeichnen. Diese wollten sie mit Messungen nach unseren Tauchgängen vergleichen, um eventuell im Blut zirkulierende Bläschen aufzuspüren. Ich machte den Oberkörper frei und ließ sie das Doppler-Mikrofon zuerst über dem Herzen und dann auf Höhe des linken Schultergelenks ansetzen. Über ihre Kopfhörer lauschten sie und korrigierten daraufhin den Sitz des Mikrofons geringfügig. Als sie die beiden Stellen gefunden hatten, an denen das Mikrofon die Fließgeräusche am besten übertrug, zeichneten sie dort mit Markerstift jeweils einen Kreis auf meine Haut. Als ich so an meinem markierten Körper – ein Kreis über dem Herzen, der andere in Schulterhöhe – hinunterschaute, konnte ich den Gedanken nicht abweisen, regelrecht als Zielscheibe für die Dekompressionskrankheit vorbereitet worden zu sein. Normalerweise dachte ich vor dem Tauchen nicht groß an die Gefahren. Ich hatte trainiert, ordentlich gegessen und geschlafen, also müsste mein Körper eigentlich so funktionieren, wie ich es erwartete, das heißt, ich würde das während des Tauchgangs aufgenommene überschüssige Gas problemlos wieder abatmen können. Aber wenn nun etwas schief ging? Wenn ich trotz allem Bends bekam? Ich wusste von Tauchern, die, obwohl sie nach eigenen Aussagen auf ihrem Tauchgang alles richtig gemacht hatten, zeitlebens behindert waren. Doch wie alle anderen Taucher, wollte ich daran glauben, dass mir nichts passieren könne. Aber was, wenn doch ...?

Während ich mich schon wieder anzog, kam Wings Stocks an die Reihe. Er war etwa einsachtzig groß, massig und muskulös. Mit seinem langen, wallenden Bart und den von Tattoos übersäten, baumstarken Oberarmen sah er aus wie ein Mitglied der Hells Angels. Doch er trug stets ein entwaffnendes Lächeln, und wenn er einen durch seine runde Nickelbrille anschaute und mit sanfter Stimme ansprach, entspannte man sich sofort und fasste Vertrauen zu ihm. Die Wissenschaftler hatten Wings' Bart zur Seite geschoben und machten sich gerade daran, seinen Körper zu markieren. Bald liefen alle Taucher vom Team Doria mit zwei Zielmarken auf der Brust herum.

Ich ging aus der Kabine hinaus und hielt mich im Türrahmen fest, um den Wellengang und den bewölkten Himmel zu inspizieren. Die Umgebung war komplett in trübe Grautöne getaucht, die sich deutlich von den bunten Tauchflaschen abhoben, die überall auf dem Deck der *Wahoo* verstreut lagen. Billy Deans stand über seinen torpedoförmigen Scooter gebeugt und zurrte die Leine fest, mit der das Gerät innen am Schanzkleid befestigt war. Erst nach langem Zögern hatte er sich entschieden mitzukommen – als Crewmitglied. Viele von der Stammbesatzung der *Wahoo* hatten nicht damit gerechnet, dass er zu dem Wrack zurückkehren würde, das 1985 seinen Freund John Ormsby das Leben gekostet hatte. Doch die Freundschaft mit Steve Bielenda und die Aussicht, an einem Tauchexperiment teilzunehmen, hatten Billy schließlich veranlasst, von Key West heraufzukommen. Michael Menduno hatte ihn auf der langen Reise die Küste entlang begleitet. Er wollte in *AquaCorps* über die Expedition berichten und sammelte bei Kapitän Bielenda eifrig Informationen.

Ich fing Bielendas Blick auf und rief ihm zu: »Denkst du bitte daran, dass wir am Heck festmachen wollen?«

»Wir werden's versuchen, aber garantieren kann ich für nichts«, erwiderte er.

Bielendas ausweichende Antwort gefiel mir nicht, denn meine Planung für die Tauchgänge zur *Doria* basierte darauf, dass wir im Heckbereich in das Wrack eindringen würden. Dort gab es zahlreiche große Tür- und Fensteröffnungen, durch die wir jedes beliebige Deck erreichen konnten. Es war geplant, dass Zweierteams auf verschiedenen Decks in 62 und 73 Meter Tiefe entlang der ausgedehnten waagerechten Gänge permanente Sicherungsleinen installieren sollten. Quer verlaufende Leinen sollten entlang der kürzeren Gänge gespannt werden, durch die die waagerechten Gänge miteinander verbunden waren, und an den Kreuzungsstellen sollten die Leinen verknotet werden. Wenn ein Tauchteam eine Stelle mit vielen Artefakten entdeckte, dann sollte es an der Fundstelle die Richtung zum Ausgang mit einem an der Sicherungsleine angebrachten Pfeil markieren. Die anderen

Tauchteams könnten dann abwechselnd hinuntergehen und die Stücke bergen. Wenn nun aber Bielenda sein Boot nicht an der Heckpartie festmachte, würde es aufgrund der schiefen Lage des Wracks auf dem Meeresboden und der eingeschränkten Zugangsmöglichkeiten zu den verschiedenen Deckniveaus viel schwieriger sein, unsere Pläne umzusetzen.

Das Ankern ist eine schwierige Angelegenheit. Zunächst einmal muss der Kapitän sein Schiff direkt über das Wrack manövrieren. 1991 wurde das mit Hilfe des Ortungssystems Loran-C getan, wobei ein Empfänger an Bord die Funksignale triangulierte, die von verschiedenen Punkten entlang der US-amerikanischen Küste ausgesandt wurden. Aufgrund mathematischer Berechnungen gab der Empfänger dann zwei Zahlen für den jeweiligen Längen- und Breitengrad aus. Waren die Loran-C-Werte für die Position eines Wracks bereits bekannt, so konnte man die Daten eingeben und damit wie mit einem Kompass – nur wesentlich genauer – das Wrack ansteuern. Loran-C kann eine Position auf 15 Meter genau bestimmen. (Heute allerdings verwenden die meisten Bootseigner das Satelliten unterstützte GPS, das Positionsbestimmungen auf mindestens einen Meter genau ermöglicht.)

Befindet sich das Boot in der Nähe des Wracks, lässt der Kapitän ein Crewmitglied einen hellen, schwimmenden Gegenstand über Bord werfen, etwa eine große Plastikflasche, an der eine Leine mit Gewicht befestigt ist. Diese Behelfsboje markiert nun die Stelle, um die herum nach einem festgelegten Muster der Meeresgrund mit einem Echolot abgesucht wird. Das Gerät sieht aus wie ein kleiner Fernseher und bildet die Konturen des Bodens (und von Fischschwärmen) ab. Die Umrisse eines großen Wracks, das hoch vom Meeresboden aufragt, wie etwa das der *Andrea Doria,* sind deutlich auf dem Echolot-Monitor zu sehen, wenn sich das Boot direkt über dem Wrack befindet.

Nach dem Ausbringen der Flaschenboje muss der Kapitän mehrere Faktoren gleichzeitig berücksichtigen: die Geschwindigkeit seines Bootes, die Stärke und Richtung der Strömung und der Wellen, die Kraft, mit der der Wind das Tauchboot abtreibt, sowie schließlich die Zeit, die der Anker für das Sinken bis zum Boden braucht. Der Kapitän steuert das Boot so in Position, dass die Strömung es über das Wrack hinwegtreibt, und ruft dann seiner Besatzung zu, wann der Anker vom Bug aus zu Wasser gelassen werden soll. Meist wird ein Anker benutzt, der die Form eines Hakens hat und an einer drei bis sechs Meter langen Kette hängt. Die Kette ist dann an der eigentlichen Ankerleine befestigt, einem starken Tau aus geflochtenem Nylon. Wenn man Glück hat, wird der unten angekommene Anker durch die Strömung, die das Boot treibt, so über das Wrack gezogen, dass er sich irgendwo festhakt. Wenn nicht, muss er wieder hochgezogen werden, und die Prozedur beginnt von neuem.

Wenn der Kapitän sicher ist, dass der Anker festen Sitz hat, tauchen zwei Besatzungsmitglieder an der Ankerleine hinab, um zu prüfen, ob sich der Anker an einer geeigneten Stelle festgehakt hat. Ist das nicht der Fall – und das ist meistens –, müssen die Crewmitglieder den Anker wieder lösen, was manchmal sehr anstrengend ist, und damit zu der vom Kapitän bezeichneten Stelle schwimmen. Zur Sicherung des Ankers wird schließlich eine Leine um den Anker und das betreffende Wrackteil gebunden, denn wenn der Anker sich lösen würde, würde das Boot fortgetrieben. Bei Tauchfahrten, die eine oder mehrere Übernachtungen einschließen, wird sogar statt der Leine, die man dann für nicht genügend belastbar hält, ein schwerer Stahlschäkel zur Sicherung eingesetzt, der aussieht wie ein »C« und an beiden Enden eine Bohrung hat, durch die ein massiver Splint geführt und festgeschraubt wird, so dass der Schäkel dann die Form eines »D« hat. Normalerweise wird der Schäkel noch durch eine Leine verstärkt, für den Fall, dass sich der Splint löst. Am Ende des Aufenthalts über einem Wrack müssen wieder Taucher hinabsteigen, um den Anker zu lösen.

Neben mir stand John Reekie. John Moyer von der Bootsbesatzung kam zu ihm hinüber und sagte: »Ich hab gesehen, du hast ein Sweatshirt von der *Empress of Ireland* an. Würd mich reizen, da mal zu tauchen. Bist du schon dort gewesen?«

Reekie zog die Stirn in Falten. »Ob ich schon mal dort gewesen bin? Ich veranstalte Tauchfahrten dahin!«

Der Passagierdampfer *Empress of Ireland* war im Sankt-Lorenz-Strom gesunken, dem mächtigen, zwischen den Vereinigten Staaten und Kanada gelegenen Wasserlauf. Bei dem Untergang der *Empress* am 29. Mai 1914 vor Rimouski in der Provinz Québec kamen 1012 Menschen zu Tode – nach der *Titanic* das verlustreichste Schiffsunglück in Friedenszeiten. Viele nannten die *Empress* das »Heilsarmee-Wrack«, weil ein Großteil der Passagiere auf dem Weg zu einem internationalen Treffen der Heilsarmee gewesen war. Die *Empress of Ireland* liegt bei starker Strömung in kaltem Wasser, und mit ihrem verfallenden Innenraum, der immer noch interessante Sammlerstücke enthält, stellt sie eines der schönsten Ziele für Wracktaucher in der ganzen Welt dar.

»Ich hab schon so viel von der *Doria* gehört, und jetzt will ich einfach mal sehen, ob sie mit der *Empress* mithalten kann«, sagte Reekie zu Moyer. Die beiden Männer begannen angeregt über Einzelheiten der beiden Wracks zu fachsimpeln. Moyer hatte schon an zahlreichen Wrack-Expeditionen teilgenommen – sowohl als Crewmitglied wie als zahlender Taucher. Er besaß ein von der Küstenwache ausgestelltes Kapitänspatent und war, was Wracks in großer Tiefe betraf, einer der erfahrensten Taucher im gesamten Nordosten der USA. 1985, als er im Team von Gary Gentile, dem Autor des Buches über das Tauchen zur *Doria,* an den Vorbereitungen zur Bergung der Schiffsglocke der *Andrea Doria* teilnahm, hatten ihn die Bends schwer erwischt. Da man vermutete, die Glocke müsse aus dem Wrack herausgeschweißt werden, erprobte Moyer die Anwendung der Schweißtechnik zunächst an dem 60 Meter tief gelegenen Wrack der *Goulandris,* eines Frachters von 110 Meter Länge, der 1942 nach einer Kollision vor der Küste von New Jersey gesunken war. Dieses Wrack war für die Tests hervorragend geeignet, da es in Küstennähe lag und die Taucher mit ihm vertraut waren. Außerdem hatte es ein gut zugängliches, großes Steuerruder mit Messingspeichen, eine heißbegehrte Trophäe, was die Motivation der Taucher erheblich erhöhte.

Als Moyer damals vom Schweißen an die Oberfläche kam und an Bord klettern wollte, fühlte er sich extrem schlapp und brauchte Hilfe, um die Leiter zu erklimmen. Moyer war dermaßen durcheinander und kraftlos, dass er seine Ausrüstung nicht selbst ablegen konnte, nicht einmal den Tauchanzug. Gary Gentile, ein Vietnamveteran, durch mehrere Kugeln im Brustbereich schwer verwundet, wusste ganz genau, was es heißt, wenn man hilflos seinen Schmerzen ausgesetzt ist. Er half seinem Freund Moyer sofort und koordinierte die Rettungsbemühungen.

Nachdem sie Moyer aus dem Tauchanzug befreit hatten, brachten die Helfer ihn unter Deck in seine Koje. Er klagte über Schmerzen: zuerst in den Schultern, dann in den Ellbogen, den Handgelenken und schließlich in den Händen. Gentile wusste, dass Moyer jetzt unbedingt Sauerstoff bekommen musste, damit sein Körper die Stickstoffbläschen schneller ausscheiden konnte. Ohne Behandlung würde Moyer dauerhafte Behinderungen davontragen – oder sogar sterben. Gentile machte sich eilends auf die Suche nach einer Sauerstoffflasche für Moyer.

In einem Helikopter der Küstenwache wurde Moyer schließlich ohne weitere Zwischenfälle in ein Krankenhaus geflogen und in einer Druckkammer behandelt. Als die Expedition zur Bergung der Glocke der *Doria* dann stattfand, beschloss er, das Team zu begleiten, obwohl er nach dem Unfall noch nicht tauchen durfte. Moyer war ein echter Teamplayer, und es genügte ihm, sich an Bord des Bootes nützlich zu machen: Tauchern beim Anlegen der Ausrüstung oder beim Anbordkommen zu helfen und von der Oberfläche aus Ratschläge für die Bergung der Schiffsglocke zu geben, nachdem man sie entdeckt hatte. Moyer half auch, das 230 Kilo schwere Messingobjekt mit der Aufschrift »Andrea Doria« an Bord zu hieven.

Das Dröhnen der *Wahoo*-Dieselmotoren ebbte zu einem gedämpften Brummen ab, und die Fahrt des Bootes verringerte sich. Ich wusste, wir waren jetzt nahe an der *Andrea Doria*. Die Wellen waren zwei bis zweieinhalb Meter hoch, gelegentlich aber auch gut einen Meter höher, und sie ließen das Boot heftig schlingern. Chrissy kam zu mir herüber, schaute hinaus auf die Wellen und meinte sarkastisch: »Klasse Tag zum Tauchen, Mann!« Wir alle hatten uns eine Menge vorgenommen.

KAPITEL 6

Die stählerne Höhle

28. Juni 1991 – an Bord des Tauchboots Wahoo, *über dem Wrack der* Andrea Doria.

In der Welt der passionierten Höhlen- und Wracktaucher schlug den Rouses große Anerkennung entgegen, als bekannt wurde, dass sie an der Expedition zur *Andrea Doria* im Jahre 1991 teilnahmen. Sie hatten sich zwar schon zuvor durch ihre Höhlenabenteuer und ihren Enthusiasmus einen gewissen Ruf erworben, doch nun erlebten sie zum ersten Mal, wie ihnen allgemeine Bewunderung und Beifall gezollt wurden.

Als sie in das Wasser mit seinen zwei bis zweieinhalb Meter hohen Wellen schauten, in denen die *Wahoo* schaukelte, zu denen von Zeit zu Zeit schwere Brecher von 3,5 Meter Höhe hinzukamen, wurde Chris und Chrissy Rouse klar, warum die *Andrea Doria* den Beinamen »Mount Everest des Tauchsports« erhalten hatte. Das Wrack lag in 73 Meter Tiefe auf der Steuerbordseite, wo es sich 20 Meter hoch vom Grund erhob. Selbst die Stelle, die der Wasseroberfläche am nächsten kam, lag noch 11 Meter unterhalb der Sicherheitsgrenze, deren Einhaltung von Sporttaucherorganisationen in den Vereinigten Staaten empfohlen wurde. An dieser besonders tückischen Stelle des Ozeans, wo das Wetter jederzeit umschlagen konnte, und zwar nicht nur über, auch unter Wasser, lag das Wrack in der Tiefe, es lockte uns wie eine Sirene mit dem Versprechen auf Abenteuer, aber auch auf Gefahr.

Tief in der *Andrea Doria* schlummerten Werke berühmter italienischer Künstler, die speziell für dieses Schiff geschaffen worden waren. Einige dieser Künstler waren inzwischen gestorben, und der Wert ihrer Gemälde, Plastiken, Kacheln und

Vasen war seit dem Zeitpunkt des Untergangs noch erheblich gestiegen. Bei nicht wenigen der Kunstwerke auf der *Andrea Doria* handelte es sich um unschätzbare Einzelstücke. Selbst so prosaische Gebrauchsgegenstände wie Teller, die Taucher aus dem schlanken, eleganten Rumpf des Schiffes bargen, das den Beinamen »Grande Dame der Meere« getragen hatte, waren begehrte Sammlerstücke. Chris und Chrissy Rouse waren sich bewusst, dass sie allein schon durch die Tatsache ihrer Teilnahme an dieser Tauchexpedition in die Taucherelite aufstiegen: Nur 300 Menschen waren seit dem Untergang im Jahre 1956 am Wrack gewesen, und einige von ihnen hatten dort ihr Leben gelassen. Wer kein allzu großes Wagnis eingehen, sich aber dennoch gerne damit brüsten wollte, das untergegangene Schiff besucht zu haben, begnügte sich damit, kurz hinabzutauchen und es zu berühren, ohne zu versuchen, auch ein Erinnerungsstück an die Oberfläche mitzubringen. Wer ernsthaft auf ein Souvenir aus war, der machte sich zunächst in vielen Tauchgängen mit dem Wrack vertraut, bevor er sich hineinwagte, um etwas herauszuholen. Wenn Chris und Chrissy es schaffen würden, nicht einfach nur zum Wrack zu tauchen, sondern tatsächlich etwas nach oben zu bringen, dann würden sie zur absoluten Spitze gehören und hätten es mit ihren innovativen Höhlentauchertechniken der Weltelite unter den Tauchern gezeigt. Sie könnten sich dann wie Sieger bei der Olympiade fühlen.

Ich war in der großen Kabine und schaute Sally Warman zu, wie sie Kartoffeln für einen Salat schälte, der zusammen mit anderen Speisen nach dem Tauchgang für alle zur Stärkung bereitstehen sollte. Ohne von ihrer Arbeit aufzusehen, sagte sie: »He, Bernie, ein paar von deinen Tauchern reden da von riesigen Durchgängen im Wrack. Hört sich an, als ob ein Lastwagen durchfahren könnte. So groß können die doch nicht sein. Ich hoffe, du hast sie vor Kabeln und aufgewirbeltem Schlick gewarnt.«

»Ja, sie kennen die Gefahren. Aber für jemanden, der Höhlen gewohnt ist, sind diese Durchgänge breit genug für Sicherungsleinen und geeignet, tief in das Schiff vorzudringen«, antwortete ich.

Sally hörte mit dem Schälen auf und sah mich an. »Ich verstehe das nicht. Warum wollt ihr denn quer durch das Wrack schwimmen, wenn ihr euch nur eine Öffnung in der Nähe der Stelle zu suchen braucht, wo ihr hinwollt?«

»Das hat mich Hank auch gefragt«, sagte ich. Er konnte nicht begreifen, was uns an der Idee faszinierte, durch das Wrack zu schwimmen. Seiner Vorstellung nach hielt man sich bloß so kurz wie möglich im Wrack auf, und diese schrecklichen Momente nahm man nur auf sich, um irgendwelche Souvenirs zu ergattern. Sich aus anderen Gründen im Wrack aufzuhalten, war für Garvin ein Kokettieren mit der Gefahr. Sally war offenbar der gleichen Meinung. »Sally, es macht Spaß, in Höhlen und Wracks zu schwimmen. Sicher, Souvenirs sind eine feine Sache, aber es ist auch spannend, sich das einfach nur anzuschauen.«

Sally sah mich an, als wollte ich ihr das Fegefeuer mit der Aussicht auf prima Grillrestaurants schmackhaft machen. Sie zuckte mit den Schultern und wandte sich wieder ihren Kartoffeln zu. »Wenn's euch Spaß macht. Aber seid vorsichtig.«

Steve Bielenda kletterte die Leiter vom Steuerhaus der *Wahoo* herab und trat munter in die Kabine ein. »Bernie, wir ankern bei der ersten Klasse.«

Ich war enttäuscht. Damit lag unser Ankerplatz weit entfernt von der Stelle, an der wir unseren Tauchgang beginnen wollten. Steve Bielenda und seine Crew waren sehr erfahrene Leute, die sich gerne damit brüsteten, sie könnten genau da vor Anker gehen, wo man es haben wolle. »Und wieso ankern wir nicht am Heck?«

»Wir können froh sein, dass wir's überhaupt geschafft haben, Heck hin oder her. Nichts gemerkt? Wir haben inzwischen ein hübsches Wetterchen hier draußen, das Boot tanzt wie verrückt, und die Strömung ist auch nicht ohne. Sei froh, dass wir das Wrack überhaupt am Haken haben!«

Jetzt vom Kapitän zu verlangen, die Ankerleine an einer anderen Stelle festzumachen, würde unsere Tauchexpedition einen ganzen Tag kosten. Angesichts des Wetters, das sich durchaus noch verschlechtern und uns zum Abbruch zwingen konnte, war das keine gute Idee. Ob es mir gefiel oder nicht, wir mussten das Beste daraus machen und unsere Erkundung der *Andrea Doria* eben im Bereich der ersten Klasse beginnen.

Ich wandte mich an die Taucher von unserem Team, die in der Kabine versammelt waren. »Okay, Jungs. Wir ankern bei der ersten Klasse, nicht bei der dritten, wie wir es eigentlich vorgesehen hatten. Das bedeutet, wir sehen uns jetzt da nur mal ein bisschen um und orientieren uns für die nächsten Tauchgänge.«

Es kam ziemliche Bewegung ins Boot, als die Taucher vom Team Doria in ihren Taschen wühlten, die seitlich auf der Plattform aufgestapelt waren, wo die Mannschaft schon dabei war, ihre Ausrüstung anzulegen. Um mehr Platz zu schaffen, hatte man die Taschen im Heckbereich auf einen Haufen gestapelt, wo schon all die Kisten mit den Ausrüstungen standen. Am Schanzkleid waren Tauchflaschen in mehreren Reihen befestigt, die bis zu einem Meter von dem ohnehin knappen Platz an Deck der *Wahoo* einnahmen. Alleine die Rouses hatten 40 Flaschen mitgebracht, dazu mehrere Kisten voller Ausrüstung. Sie hatten für jedes Teil gleich mehrfachen Ersatz vorgesehen. Ihr sprichwörtliches Pech sollte ihnen bei diesem prestigeträchtigen Wrack nicht in die Quere kommen. Es hätte sie hart getroffen, wenn ein defektes Ausrüstungsstück sie davon abgehalten hätte, zum Wrack zu tauchen, ganz abgesehen davon, dass es sich unter anderen Tauchern herumgesprochen und ihrem gerade langsam aufblühenden Tauchgeschäft geschadet hätte.

Mein Tauchpartner sollte Steve Foreman sein, der zum Team von Bill Stones' Wakulla-Expedition gehört hatte. Steve Foreman hatte auf seinem Höhlentauchlehrer-Ausweis die Nummer 6 stehen, die niedrigste Nummer von allen aktiven autorisierten Lehrern, abgesehen von Sheck Exley. Foreman sprach stets sehr bescheiden von seinen Höhlenabenteuern. Er hatte keine besondere Erfahrung im Wracktauchen in kalten Gewässern, und so fragte er Hank Garvin, Steve Bielenda, Janet Bieser und Sally Warman, ob sie ihm nicht ein paar Tipps für die *Andrea Doria* geben konnten. Die Mannschaft wusste diese Haltung zu schätzen und wunderte sich, dass der Rest des

Teams Doria dem Wrack und der Erfahrung der Bootsbesatzung nicht den gleichen Respekt – oder war es Ehrfurcht? – entgegenbrachten, auch wenn Garvin und die anderen Crewmitglieder bestimmt nicht wie Foreman mit Sicherungsleinen weit ins Innere des Schiffes vordringen würden. Der Höhlentauchlehrer hinterließ bei der Mannschaft der *Wahoo* einen bleibenden positiven Eindruck.

Ich war schneller in meiner Ausrüstung als Foreman, und da man bei dem Rollen des Bootes in vollem Geschirr kaum noch sitzen konnte, rief ich Foreman zu: »Wir sehen uns unten beim Wrack!« Er war einverstanden, dass ich vorausschwamm und die Sicherungsleine auslegte, der er dann folgen würde.

Beim Abstieg an der Ankerleine konnte ich bald die gewaltigen Umrisse des Ozeanriesen erkennen, der sich mit seinen Bullaugen wie ein umgestürzter Wolkenkratzer in alle Richtungen vor mir ausbreitete. Ganz gleich, wie oft ich ein Wrack bereits besucht habe, es fasziniert mich immer wieder aufs Neue, an etwas entlangzuschwimmen, das einst stolz an der Oberfläche dahingefahren ist. Die *Andrea Doria* war eine schwimmende Stadt gewesen, so groß, dass nun, da sie auf dem Grund des Ozeans lag, ein Tauchgang nicht genügte, um an dem ganzen Schiff entlangzuschwimmen. So blieb immer noch ein Teil des Geheimnisses für den nächsten Tauchgang übrig.

Die Ankerleine führte mich zum höchsten Punkt des Wracks. Ich versuchte, meine Augen an die Dämmerung zu gewöhnen. Die Sicht betrug gut 12 bis 15 Meter in alle Richtungen. Das hellgrüne Wasser kontrastierte mit dem rostroten Stahl der Schiffshülle und den weißen Tentakeln der Seeanemonen, die mir verführerisch zuzuwinken schienen. Seeanemonen sind Lebewesen, die sich gerne an Schiffswracks festsaugen. Sie sehen aus wie Pflanzen, sind aber in Wirklichkeit Tiere. Mit ihren Tentakeln fangen sie Plankton und Fischeier ein, die in der Strömung vorbeiziehen. Wenn ich mich einer Seeanemone näherte, dann zog sie ihre Tentakel schnell ein und sah dann aus wie der weiche, braune Stiel eines Pilzes. Die Abwehrreaktion der Seeanemonen erinnerte mich daran, dass ich in dieser Welt ein Eindringling war.

Da die Sicht außerhalb des Wracks sehr gut war, beschloss ich, in Richtung Bug zu schwimmen und mir die Brücke anzusehen, die Kommandozentrale, von wo aus einst der Kapitän das Schiff gesteuert hatte. Auf meinem Weg dorthin passierte ich eine endlose Reihe Bullaugen. Das Wrack schien gar kein Ende mehr zu nehmen. Als ich die Brückennock sah, die rechtwinklig aus den Aufbauten herausragte, wusste ich, dass ich fast da war. Hier hatten die Offiziere und Wachtposten gestanden und nach Objekten Ausschau gehalten, die eventuell mit ihrem Schiff kollidieren könnten. Ich schwamm am Brückennock vorbei und schaute nach rechts. Die Front fiel in einer eleganten Linie über mehrere Decks hinab. Als ich in das Steuerhaus hineinschaute, fragte ich mich, was genau wohl vor sich gegangen war, damals 1956, als auf dem Radarschirm ein blinkender Punkt die *Stockholm* angezeigt hatte.

Steve Foreman hatte mich eingeholt und gab mir das »OK«-Zeichen, das ich wiederholte. Er war mir entlang der Sicherungsleine gefolgt, die ich ab der Ankerleine ausgelegt hatte. Wir schwebten beide in zehn Meter Entfernung vor der Brücke und bewunderten die graziösen, geschwungenen Linien des Schiffes und den Kontrast der Farben. Wir schwammen die halbe Brücke entlang nach unten bis in 60 Meter Tiefe, dort hielten wir an. Die Zeit verstrich schnell, während wir Details des Wracks bewunderten. Schon bald gab mir Steve mit dem Daumen das Zeichen zum Aufstieg, und ich nickte. Dann aber signalisierte ich ihm, dass ich noch eine Weile am Wrack bleiben würde und er alleine aufsteigen solle. Er gab mir das »OK«-Zeichen, wandte sich um und schwamm davon.

Auf der Suche nach einer geeigneten Stelle, die mich ins Innere des Wracks führen könnte, fand ich eine große Öffnung im Ballsaal der ersten Klasse. Dort herrschte eine wunderbare Stille. Der Ballsaal war von beeindruckender Größe, wie die Grotte von Ginnie Springs. Durch die Öffnungen, die früher einmal Fenster gewesen waren, kam Sonnenlicht herein. Ich ließ mich hinabsinken, wobei ich es vermied, gegen die Tische zu stoßen, die am Boden des Schiffes festgeschraubt waren und die nun, da das Schiff ja auf der Seite lag, an der Wand zu meiner Linken hingen. Ich fragte mich, wie viele berühmte Leute auf ihrem

Weg zu geschäftlichen und politischen Treffen oder auf der Heimreise wohl an diesen Tischen gesessen und sich während der langen Atlantiküberquerung amüsiert hatten. Ich schwebte durch den Raum und versuchte mir vorzustellen, dass einst Menschen hier nächtelang getanzt und gelacht hatten. Ich kam zu einer Stelle, an der sich viel Schlick abgelagert hatte und aus der Rohre hervorschauten.

Mein Kopf schwirrte im Rauschzustand: Ich war mit Pressluft getaucht, womit ich auch in dieser Tiefe Erfahrung hatte. Trimix hätte mir zwar einen klaren Kopf garantiert, aber ich hätte mehr Flaschen mitnehmen müssen, dazu noch eine Extraflasche, um meinen Tauchanzug aufzublasen, und zwei verschiedene Atemgase für die Dekompression. Der Gedanke an das zusätzliche Gewicht und die schwer zu berechnende Dekompressionszeit beim Trimix-Tauchen hatte mich bewogen, es bei dem zu belassen, womit ich auch schon früher gut zurecht gekommen war. Für die Dekompression hatte ich Sauerstoff dabei. Langsam kroch die Kälte in meine Glieder, trotz der Thermokleidung, die ich unter meinem Tauchanzug trug. Ich schaute auf den Tiefenmesser. Er zeigte 72 Meter an, mehr als fünf Martinis also. Ich fühlte mich prima, angenehm aufgehoben in der optimistischen Stimmung, in die man durch fünf Martinis versetzt wird.

Als ich über den Boden schwamm, machte ich die kaum erkennbaren Umrisse einer Flasche aus. Ich öffnete mein Sammelnetz, hob die Flasche vorsichtig auf und steckte sie hinein. Dann grub ich mit einer Hand im weichen Schlick herum, ob da noch mehr zu finden war. Sofort war ich in eine Wolke brauner Schwebeteilchen eingehüllt. Anders als bei meinem Besuch der Geschirrkammer der U.S.S. *San Diego* tauchte ich mit Sicherungsleine und war mir sicher, dass ich trotz der von mir selbst verursachten Trübung der Sicht wieder zurückfinden würde. Als ich den Arm bis zum Ellbogen in den Schlick steckte, ertastete ich eine weitere Flasche und zog sie heraus. Bei meinem dritten Versuch fand ich einen Krug. Beim vierten fühlte ich einen großen, runden Gegenstand. Ich schaffte es nicht, ihn mit einer Hand zu lockern, also legte ich die Rolle mit der Sicherungsleine neben mich, packte den Gegenstand mit beiden Händen und zog ihn heraus. Ohne feststellen zu können, was es war, packte ich ihn ganz unten in mein Sammelnetz, die Flaschen und den Krug obenauf.

Ich konnte meinen Tauchcomputer nicht ablesen, aber ich wusste instinktiv, dass es an der Zeit war, mich auf den Rückweg zu machen. Ich nahm die Rolle wieder auf und schwamm zurück, wobei ich die Sicherungsleine aufwickelte. Ohne Probleme fand ich zur Ankerleine zurück. Beim Beginn des Aufstiegs schaute ich auf meine beiden Tauchcomputer. Ich war 39 Minuten unter Wasser gewesen. Mein erster Dekostopp war in 18 Meter Tiefe. Die Dekompressionsanzeige stand auf 99 Minuten, doch da das die Maximalanzeige war, hieß das, dass meine Dekompressionszeit in Wirklichkeit im dreistelligen Bereich lag.

Langsam arbeitete ich mich an der Ankerleine hinauf, wobei ich mich mit einer Hand festhielt und hochzog. Ich wollte nicht unversehens von der Strömung abgetrieben werden, sonst würde ich meine Dekompressionszeit im Ozean treibend verbringen müssen. Beim Auftauchen wäre ich dann sicher außer Sichtweite der *Wahoo,* und nur mit Glück würde man mich lebend aus dem Wasser fischen. Regelmäßig überprüfte ich während des Aufstiegs meine Computer, und als ich bei 18 Metern angekommen war, befestigte ich meine Buddyleine an der Ankerleine, und steckte das linke Handgelenk durch die Schlaufe am anderen Ende. Die Ankerleine tanzte auf und ab, aber dank Jon Hulberts (er hatte die spezielle Leine erfunden und war übrigens auf dieser Expedition dabei) blieb ich stets auf gleicher Höhe. In dieser Tiefe musste ich nur vier Minuten verharren, dann erschien im Display die Anzeige 15 Meter, daneben ein Pfeil, über dem ein Strich war. Das bedeutete, dass ich auf höchstens 15 Meter aufsteigen durfte, nicht darüber. Ich löste den Knoten meiner Buddyleine und stieg an der Ankerleine auf. Als ich bei 16 Meter angekommen war, knotete ich mich wieder fest und ließ mich einfach rückwärts in der Strömung treiben, wie ein Astronaut am Ende seines Halteseils. Ich lag mit dem Gesicht nach unten im Wasser, senkrecht zu dem unsichtbaren Sandgrund, der fast 60 Meter unter mir lag.

Mein Rezept, die vor mir liegenden Stunden zu verbringen, bestand darin, einfach zu entspannen, mich dem Gefühl der Schwerelosigkeit hinzugeben und mich dabei in einen Zustand der Meditation zu versetzen. Sehr wichtig war es allerdings, wach zu bleiben, ich durfte mich also nicht so weit entspannen, dass ich riskierte, einzuschlafen. In diesem Fall würden meine Blutzirkulation, meine Atmung und sämtliche anderen Körperfunktionen so weit heruntergefahren werden, dass der in meinem Körper gebundene Stickstoff nicht effektiv ausgeschieden würde. Wenn ich mich dagegen auf meinen Atemrhythmus konzentrierte und die Meerestiere um mich herum beobachtete, dann blieb ich wach und hatte Unterhaltung genug. Ich brauchte keinen Unterwasser-Walkman, wie Steve Berman oder John Reekie. Vielleicht lag das daran, dass ich in Manhattan wohnte, wo ich den ganzen Tag von Lärm umgeben war. Unter Wasser genoss ich das beruhigende Geräusch meines eigenen Atems: Erst machte es »swisssch«, wenn ich über mein Mundstück einatmete, dann »blub, blub, blub«, wenn die ausgeatmete Luft in Blasen aufstieg.

Meine einzige Sorge während der Dekompression waren die Quallen. An den Stellen meines Körpers, die durch meinen Neoprenanzug, meine Handschuhe und meine Kapuze geschützt waren, konnten sie mir zwar nichts anhaben, aber meine Lippen, eine ziemlich empfindliche Stelle, waren dem Wasser frei ausgesetzt. Manchmal sah ich die langen, brennenden Tentakel auf mich zutreiben, dann musste ich sanft die Hand vor dem Gesicht bewegen, um sie von mir fern zu halten. Manchmal, wenn der Körper einer Qualle in pulsierender Bewegung auf mich zuschwebte, fing ich sie mit der offenen Hand und bewunderte die Schönheit ihres durchscheinenden Körpers und die Kraft, mit der sie sich vorwärts zu bewegen versuchte. Dann bewegte ich die Hand zur Seite, bis sie schließlich abglitt und davonpulste. Die Tentakel verfingen sich auch in der Ankerleine, und ich musste aufpassen, dass ich sie beim Hochziehen nicht an den Handschuh bekam, der dann womöglich, beispielsweise beim Wechseln des Atemreglers, mit meinen Lippen in Berührung kam. Auch wenn die Tentakel sich vom Körper der Qualle gelöst hatten, waren die Nesselkapseln, die das Hautbrennen verursachten, immer noch aktiv. Wenn es einen richtig erwischte, dann schwollen die Lippen an und wurden rot wie nach einem Bienenstich. Quallenverbrennungen an den Lippen waren unter Tauchern gar nicht so selten. Ich verbrachte insgesamt drei Stunden und vierzehn Minuten unter Wasser, dann tauchte ich auf, schwamm zum Heck der *Wahoo* und kletterte aus dem Wasser.

»Deinen Forscherkollegen geht's nicht so gut«, empfing mich Steve Bielenda. Ich erfuhr, dass Huggins und Emmerman, die Dekompressionsforscher, unter Seekrankheit litten. Sie lagen am Boden der Kabine, kreidebleich, und erhoben sich nur von Zeit zu Zeit, um zur Reling zu wanken. Es ging ihnen viel zu schlecht, als dass sie in der Lage gewesen wären, zu testen, ob ich Gasbläschen im Blut hatte. Zwischen ihren Brechanfällen hatten sie überhaupt nur zwei andere Taucher untersuchen können, bevor sie es aufgegeben und sich in der Kabine hingelegt hatten. Ich war enttäuscht, doch so war das eben mit dem Tauchen und der Forschung. Nichts war jemals hundertprozentig sicher. Trotz allen technischen Fortschritts kann der Mensch nicht über seine Physis und seine Psyche hinaus. Seine Eingeweide, seine Lunge oder auch seine Motivation setzen seinem Streben Grenzen.

Ohne dass jemand vom Team Doria davon wusste, hatte John Moyer in der Sektion der ersten Klasse zwei besonders interessante Gegenstände zu lokalisieren versucht: die zweite Schiffsglocke der *Andrea Doria* und einen Wandfries von Guido Gambone, einem von Picasso beeinflussten Künstler. Es war das von den Ausmaßen her größte Kunstwerk, das der mittlerweile verstorbene, renommierte Künstler je geschaffen hat. Der Fries bestand aus Keramik, dem bevorzugten Material Gambones, und bedeckte eine ganze Wandfläche innerhalb des Schiffs. Was das Kunstwerk, das Elemente etruskischer Kunst aufgriff, eigentlich bedeuten sollte, war den Experten immer noch ein Rätsel. Das Werk besaß einen unschätzbaren Wert, doch war es nicht das Geld, das Moyer antrieb. Er wollte mit dem Fries etwas vom Glanz des Schiffes retten, der für immer verloren sein würde, wenn das stählerne Wrack dereinst den vereinten Kräften der Stürme und der chemischen Einwirkungen des Salzwassers zum Opfer gefallen sein würde, die ohne Unterlass an ihm nagten.

Moyer hatte, wie viele andere Tauchenthusiasten auch, einen großartigen Traum: Er wollte den Grundstein für ein allein der *Andrea Doria* gewidmetes Museum legen, in dem all die Schätze ausgestellt würden, die man aus dem Wrack geborgen hatte. Hier könnte man dann mehr über das Schiff erfahren, die Geschichte seiner letzten Reise nachvollziehen, sein elegantes Design und die an Bord versammelten Kunstwerke kennen lernen. Die zweite Schiffsglocke und der Fries sollten zu den Hauptattraktionen dieses zukünftigen Museums gehören.

Ich wusste von dieser Idee, doch konnte ich nicht ahnen, dass er nur an dieser Expedition teilgenommen hatte, um die *Andrea Doria* auszukundschaften. So nobel seine Absichten waren, Moyer konnte sie uns nicht offen legen: Unter den Tauchern herrschte eine erbitterte Konkurrenz um die besten Beutestücke, jemand anderes hätte ihm den Preis wegschnappen können, für den er so hart gearbeitet hatte. Vor allem Bill Nagels *Seeker* und Steve Bielendas *Wahoo* schenkten sich nichts, wenn es um Trophäen von der *Andrea Doria* ging. Während einer der Expeditionen der *Seeker* – Moyer war damals ein Mitglied von Nagels Crew gewesen – fanden John Chatterton und andere Taucher eine größere Menge Teller im Wandschrank eines Flurs. Bei zwei Tauchgängen bargen sie hunderte von Gegenständen aus diesem Schrank, aber es blieb ihnen nicht genug Zeit, alles mitzunehmen. Die Kunde über diese unerschöpfliche Fundgrube sprach sich rasch herum. Das lockte die *Wahoo* an, die neben der *Seeker* vor Anker ging. Chatterton tauchte noch einmal zum Wrack und schweißte eine Metallstange vor das Loch, um den anderen Tauchern den Zugang zur Schatzstelle zu versperren. Doch damit nicht genug, die Leute von der *Seeker* brachten auch noch ein Schild an: »Wegen Inventur geschlossen. *Seeker*.« Das gab der Mannschaft von Nagels Boot auf der Rückfahrt viel zu lachen. Sorgfältig verstaute man das kostbare Geschirr, damit es auf dem langen Nachhauseweg keinen Schaden nahm.

Aber die Taucher der *Wahoo* waren von der Stange, die den Eingang blockierte, wenig beeindruckt, und das Schild spornte sie nur noch mehr an, es ihren Rivalen zu zeigen. Janet Bieser und Hank Garvin tauchten zum Wrack. Hank nahm einfach seine Flaschen ab und schlängelte sich an der Metallstange vorbei ins Wrack. Dann reichte Janet die Flaschen zu Garvin durch, der sie sich aufschnallte und die Trophäen suchte. Er kehrte mit einem Netz voller Geschirr zurück, schwamm nach oben, übergab die Sachen Bieser, nahm wieder seine Flaschen ab, schob sie durch die Öffnung und kam dann selbst hinterher. Janet half Garvin, die Flaschen wieder anzulegen, dann stiegen die beiden auf, gut gelaunt bei dem Gedanken, wie sie es Chatterton und der *Seeker* gezeigt hatten. Beim nächsten Abstieg nahmen sie auch das Schild als Trophäe mit und ersetzten es durch ein neues: »Inventur beendet. *Wahoo*.«

Moyer verließ sich ganz auf seinen Boss, Steve Bielenda, und auf Billy Deans, in dessen Laden in Florida – Key West Diver – er früher gearbeitet hatte. Billy Deans hatte seinen »Aqua-Zepp« mitgebracht, ein Unterwasser-Fortbewegungsgerät, das wie ein Torpedo aussah. Der Aqua-Zepp hatte Griffe an den Seiten, und Deans lag darauf wie auf einem Rennmotorrad. Es war ein richtiges Geschoss, das ihn mit solcher Kraft durchs Wasser zog, dass er sich mit den Füßen an einer zusätzlich angeschweißten Querstange abstützen musste, um nicht die Kontrolle zu verlieren. Moyer hielt sich an Deans Beinen fest und ließ sich mitziehen. Beim Wrack angekommen, machte er Deans ein Zeichen, und der parkte den Aqua-Zepp auf dem Wrack. Dann durchsuchten sie den Bereich der ersten Klasse. Die zweite Glocke der *Andrea Doria* fanden sie nicht, dafür aber den Fries von Gambone. Um einen so großen und schweren Schatz zu heben, mussten sie allerdings mit einem eigenen Team zurückkommen.

Kaum hatte ich meine Ausrüstung abgelegt, da kam Chris Rouse auf mich zu und sagte: »Du solltest mal mit Wings reden. Er ist wirklich ziemlich sauer.«

»Warum das?«, fragte ich.

»Es ist anscheinend mit einigem unzufrieden, aber jetzt ist er richtig wütend wegen einer zerdepperten Trophäe und weil keiner von der Crew ihm geholfen hat.«

Ich ging zu Wings, der in der Tat ziemlich verärgert aussah. »Wings, was ist passiert?«

»Ach, die Scheißcrew. Die denken nur an ihre eigene Taucherei. Sind die nicht da, um uns zu helfen? Als ich raufgekommen bin, habe ich an der Leiter gerufen, aber niemand ist gekommen.«

»Vielleicht haben sie dich einfach nicht gehört?«

Wings sah mich verächtlich an. »Es ist die verdammte Pflicht der Crew, den Taucher zu *sehen*, wenn er hochkommt. Es hätte einer da sein müssen, auch ohne Rufen.« Wings langer Bart bebte vor Verärgerung. »Die ganze Einstellung hier an Bord ist *zum Kotzen*. In Kalifornien wären solche Typen schon längst aus dem Geschäft! Schau dir das mal an.« Wings griff in seinen Trophäenbeutel und zog ein paar Bruchstücke aus länglichem, weißem Glas und ein seltsam geformtes Stück Messing hervor.

»Oh!«, rief ich aus. »Sieht aber interessant aus. Was ist das?«

»Das *war* etwas, eine an der Wand montierte Blumenvase in einer Herrentoilette. Als ich sie abnahm, war sie noch ganz, aber sie ist kaputtgegangen, als ich auf der Leiter durchgeschüttelt wurde. Wenn jemand mir geholfen hätte, dann hätte ich jetzt ein hübsches und vor allem ganzes Erinnerungsstück.« Wings schnaubte vor Wut. Er kniete sich auf die Plattform, auf der wir unsere Tauchausrüstung anlegten, breitete die Glasstücke aus und setzte das Puzzle zusammen. »Schau. So hat es ausgesehen«, erklärte er. »Na gut, ich kann es wieder zusammenkleben, aber das ist nicht das Gleiche.« Er sprach wie ein Junge, dem man ein Spielzeug zerbrochen hat, und ich konnte ihn gut verstehen.

»Ja, du hast Recht. Aber immerhin hast du was gefunden. Ich rede mit Bielenda, was wir tun können, damit so etwas nicht noch einmal passiert.«

Bielenda hörte sich Wings Beschwerde an und meinte dann: »Ich werde dafür sorgen, dass immer jemand am Heck bereitsteht. Es hätte jemand da sein sollen, um Wings zu helfen, aber anscheinend war die Mannschaft gerade mit jemand anderem beschäftigt. Die Leute können nicht überall zur gleichen Zeit sein.«

»Die Besatzung ist groß genug, daran kann es nicht liegen«, entgegnete ich.

Bielenda sah mir fest in die Augen. »Bernie, vergiss nicht, es wird in Schichten gearbeitet, wir brauchen ein oder zwei Leute, die die ganze Nacht am Radar sitzen und aufpassen, dass wir kein Wasser machen.«

Ich war mir nicht sicher, ob er die Sache wirklich ernst nahm, doch als John Reekie von seinem Tauchgang zurückkam, sah ich, wie ihm Hank Garvin und Jon Hulbert – der Mann, der die »jonline« oder Buddyleine erfunden hatte –, aus dem Wasser halfen.

Reekie stieg die auf- und abtanzende Leiter hinauf und überreichte Garvin sein Sammelnetz. »Seid vorsichtig damit!«, rief Reekie. »Da ist eine Glasschüssel drin. Nicht zerdeppern!«

Nachdem er sicher an Bord gelangt war und sich aus seiner Ausrüstung geschält hatte, ging Reekie zu der Plastiktonne, in die Garvin das Sammelnetz zur Sicherheit verstaut hatte. Reekie zog die Glasschüssel heraus. Sie war ziemlich groß und schien ideal für Bowle geeignet zu sein. In einem umlaufenden Band waren am Rand miteinander verbundene Halbkreise eingeschliffen. Über der Gravur »ITALIA« war eine Krone, das Emblem der Gesellschaft, der die *Andrea Doria* gehört hatte. Hulbert musterte die Schale. »Wo hast du die denn gefunden?«

»In der Küche«, antwortete Reekie mürrisch.

»Du warst in der Küche?«, fragte Hulbert, mehr als nur ein bisschen überrascht.

»Ja, ich habe mir den Decksplan angesehen und bin reingeschwommen. Dieses Wrack ist größer als die *Empress,* aber der Bauplan ist der Gleiche.« Er sprach von seinem Lieblingswrack, der *Empress of Ireland* im Sankt-Lorenz-Strom.

Hulbert bewunderte die Schale und rief: »Alle Achtung! Ich bin fünf Jahre lang zur *Doria* getaucht, bis ich da hingekommen bin, wo du gleich beim ersten Mal warst.«

»Na ja, eine Sicherungsleine hat halt ihre Vorteile«, meinte

Reekie. Garvin, der zugehört hatte, rollte die Augen, als er das Wort hörte.

Chris Rouse schaute Reekie über die Schulter. »Ich wünschte, wir hätten auch etwas gefunden.«

Chrissy Rouse runzelte die Stirn. »Hätten wir vielleicht auch, wenn du nicht wieder so rumgezappelt und dich verheddert hättest!«

»Was war denn los, hattet ihr Probleme?«, fragte ich, ein wenig hellhörig geworden.

Chris hatte sich in einer Nylonschnur verfangen – einer transparenten Angelschnur, deren Haken am Wrack hängen geblieben und die dann abgerissen war. Solche Angelschnüre finden sich an jedem Wrack, und auch dem vorsichtigsten Taucher gelingt es nicht immer, sie zu vermeiden. Bei dem Versuch, die Schnur durchzuschneiden, hatte sich Chris dann auch noch in der Sicherungsleine verwickelt. Chrissy war seinem Vater zu Hilfe gekommen, aber es hatte eine Weile gedauert, bis sie das Problem gelöst hatten. In der Hektik hatten sie dann die Rolle mit der Sicherungsleine in der Nähe der Ankerleine liegen lassen. Ich bot ihnen an, die Rolle beim nächsten Tauchgang heraufzuholen.

»Nein, wir machen das schon. Man kann ja nicht sein Zeug da unten liegen lassen«, antwortete Chris abweisend.

Ich musste daran denken, was Steve Bielenda ein Jahr zuvor gesagt hatte, als ich mich beklagte, weil mein Sammelnetz samt einer Rolle Sicherungsleine und einer Lampe im Wrack der *Andrea Doria* geblieben war. Es war mein dritter Tauchgang mit Steve Berman gewesen, er wollte zurück und ich verfing mich in der Sicherungsleine. Bielenda hatte nur gelacht und trocken kommentiert: »Wer nie was unten lässt, war gar nicht da! Wir alle haben Massen von Zeug daliegen lassen.«

Auch Reekie mischte sich ein. »Was ist schon so wichtig an einer Rolle? Da unten liegt jede Menge Müll. Eine Rolle mehr oder weniger macht da keinen Unterschied.«

Chrissy sah eine Chance, seinem Vater eine zu verpassen. »Ja, und du hast eine Reserveflasche da unten gelassen. Warum hast du die nicht mitgenommen? Die Flasche mit Atemregler und allem Drum und Dran ist doch wesentlich mehr wert als so eine Rolle.«

Chris verzog das Gesicht und wandte sich seinem Sohn zu. »Wie bitte? Du hast vielleicht Nerven!« Er stieß mit dem Finger in Chrissys Richtung. »*Du* solltest die Flasche raufbringen. *Du* hast sie unten gelassen. Jetzt gib nicht *mir* die Schuld daran!«

Der Streit schaukelte sich schnell hoch. Ich trat zwischen die beiden. »Okay, okay. Macht mal halblang. Dann holt ihr die Flasche eben beim nächsten Mal rauf. Oder ich mach das für euch.«

Das wirkte. Die Vorstellung, jemand anderes könne ihre Ausrüstung bergen, brachte sie schlagartig davon ab, aufeinander herumzuhacken. »Nein, nein. Wir holen das Ding schon«, murmelte Chris, »um unseren Krempel kümmern wir uns schon selber.«

Ich war nicht sehr glücklich über diese Geschichte. Die wüsten Unterwasserquerelen der Rouses machten mir Sorgen. Hinzu kam das miserable Wetter. Steve Bielenda wäre sicher gar nicht rausgefahren, hätte er nicht gewusst, dass er ausschließlich sehr erfahrene Taucher an Bord hatte. Wir beratschlagten ständig, was wir tun sollten. Ich vertraute darauf, dass ihn seine langjährige Erfahrung als Kapitän davon abhalten würde, unnötige Risiken einzugehen. Trotz allem waren wir beide bemüht, das Beste aus dieser Expedition zu machen. Das Boot schaukelte heftig von einer Seite auf die andere, und als ich mich an diesem Nachmittag über das Essen hermachen wollte, kullerten mir die Erbsen vom Teller auf den Kabinenboden. Alle Taucher vom Team Doria mussten zwar herzlich darüber lachen, dass Sally uns ausgerechnet bei so einem Wetter Erbsen vorsetzte, aber der kleine Vorfall zeigte auch deutlich, wie ungünstig das Wetter war. Durch das Fenster der Hauptkabine rollten die hohen Wellen wie eine Wand auf unser Boot zu. Ich erinnerte mich an den Film »Die Höllenfahrt der Poseidon«, in der ein Ozeandampfer von einer gewaltigen, durch ein Seebeben ausgelösten Welle erfasst wird und kentert.

Während die Rouses darüber witzelten, man könne die heruntergefallenen Erbsen ja immer noch unseren seekranken Forschern vorsetzen, meinte Bielenda, laut Wetterbericht würde es nicht schlimmer, eher besser. Wir beschlossen, die Nacht über beim Wrack zu bleiben. Die Crew würde sich am Radar abwechseln und sicherstellen, dass kein Schiff mit unserem kollidierte. Das Seegebiet, in dem wir ankerten, lag zwischen zwei Seestraßen, die auf den Karten als hellbraune Bahnen den Ozean unterhalb von Long Islands Südküste durchschnitten und in und aus dem New Yorker Hafen führten. Die nördliche hellbraune Bahn markierte die Route, die für Schiffe jeder Art und Größe reserviert war, die von Osten in die Gewässer der USA einfuhren; auf der südlichen Route nahmen Schiffe von den USA aus Kurs auf Europa. Obwohl dazwischen eigentlich keine größeren Frachter und Tanker zu erwarten waren, sahen wir diese Riesen tagsüber oft beängstigend nahe an unserem winzigen Tauchboot vorüberziehen.

Die Wachsamkeit der Besatzung am Radar war für uns überlebenswichtig. Niemandem lag daran, mit der *Wahoo* auf den Meeresgrund neben die *Andrea Doria* zu sinken. Während einer Nachtwache hatte es Janet Biester einmal mit einem Frachter zu tun, der sich mit Kollisionskurs der vor Anker liegenden *Wahoo* näherte und auf ihre Funksprüche nicht reagierte. Während wir Taucher friedlich in unseren Kojen lagen und nichts von der Gefahr ahnten, steuerte der Frachter unbeirrt auf unser Boot zu. Wütend rief Janet in das Mikrofon des Funkgeräts und gab gleichzeitig mit einem Scheinwerfer Lichtsignale in Richtung des Schiffsriesen. Als der Frachter nur noch etwa 400 Meter von uns entfernt war, sah Janet auf dem Radar der *Wahoo*, dass das gewaltige Schiff doch abzudrehen begann. Sie seufzte vor Erleichterung auf, weil sie wusste, dass sie die Ankerleine hätte kappen müssen, wenn der schnell fahrende Frachter nicht in genau diesem Moment seine Kurskorrektur begonnen hätte. Falls die Männer auf der Brücke des Frachters geschlafen hatten, hätten sie von der Kollision nicht mehr gemerkt als ein mächtiger Hai, der durch Plankton schwimmt.

Währenddessen lag ich seelenruhig in meinem Schlafsack in einer der breiten Kojen unter der Hauptkabine, wo auch die Crew schlief. Steve Bielenda reservierte diese geräumigen Kojen immer für die Crew. Als Organisator der Expedition hatte er auch mir dort einen Schlafplatz zugewiesen. Normalerweise schlief ich in den Quartieren im Heck, zu denen eine hölzerne Treppe in einem hundehüttenähnlichen Lukenhäuschen hinabführte. Obwohl es im Vorderteil des Schiffes mehr Platz gab, war ich doch abergläubisch und bevorzugte eigentlich die schmale hölzerne Koje im Heckbereich, den alle nur »das Weinregal« nannten, weil es dort so eng und abgeschlossen war. Im »Weinregal« hatte ich schon geschlafen, als ich 1990 mit Berman nach der *Andrea Doria* getaucht war, und damals hatten wir Glück gehabt.

Als ich an dem Morgen nach Janets Kampf mit dem Frachter erwachte, tanzte die *Wahoo* immer noch genauso heftig auf den Wellen wie am Tag zuvor. Sie waren nicht kleiner, aber auch nicht höher geworden. Ich entschied mich dafür, der Sache mit Optimismus zu begegnen. Trotzdem machte ich mir auch Sorgen. Das waren nicht gerade optimale Tauchbedingungen. Ich wollte nicht, dass jemand zu Schaden kam, nur weil ich die Expedition durchziehen wollte und die Leute tauchen ließ. Mir war durchaus bewusst, dass einige der Taucher unter diesen Bedingungen kein gutes Gefühl hatten, aber vor den anderen nicht das Gesicht verlieren wollten; sie würden ins Wasser springen, wenn es nur irgend ginge. Echte Sorgen machte ich mir um den am wenigsten erfahrenen Taucher unter uns. Er hatte nicht alle eigentlich notwendigen Übungstauchgänge mitmachen können, die für diese Expedition vorgesehen waren, und war damit bestenfalls auf die allergünstigsten Tauchbedingungen vorbereitet. Sally hatte mir berichtet, dass er am Tag zuvor Probleme mit der rauen See gehabt hatte; schon als er auf sechs Meter hinabgetaucht war, war ihm klar geworden, wie schwierig die Dekompressionsphase werden würde, und er hatte den Tauchgang abgebrochen, ohne zur *Andrea Doria* abgestiegen zu sein. Als er mir davon erzählte, tat er mir Leid, weil er das Wrack nicht gesehen hatte, aber ich war auch erleichtert, dass er die richtige Entscheidung getroffen hatte und sicher wieder an Bord der *Wahoo* war. Jetzt sprach ich ihn an, ob er denn an diesem Tag tauchen wolle.

»Wie steht's mit dir?«, fragte er, mit der zitternden Stimme eines tapferen kleinen Jungen, der bereit ist, seinem großen

Bruder überallhin zu folgen. Eigentlich wollte ich ihn nicht im Wasser sehen, konnte jedoch nicht ernsthaft von ihm erwarten, dass er darauf verzichtete, wenn ich selbst tauchte. »Nein, ich glaube, es ist ein bisschen zu heftig heute«, sagte ich. »Ich gehe auf Nummer sicher und bleibe an Bord.«

»Ich wohl auch«, antwortete er. Die Erleichterung war ihm deutlich anzusehen. Auch ich fühlte mich jetzt besser. Zwar bedauerte ich die verlorene Chance, noch mehr Sachen aus dem Wrack zu bergen, aber ich wollte auf keinen Fall, dass ein derart unerfahrener Taucher bei solchen Wetterbedingungen sein Leben riskierte, nur weil er meinem Beispiel gefolgt war.

Die Rouses legten ihre Ausrüstung an. Es war gar nicht so einfach, auf dem heftig schlingernden, vollgestopften Boot sein Zeug zusammenzubekommen. Von Zeit zu Zeit hielten sie inne und fragten die anderen, wie lange es denn dauern würde, bis sie ihre Ausrüstung angelegt hätten. Zumindestens einen Vorteil hatte das schlechte Wetter: Es hielt die Rouses davon ab, vor dem Tauchgang aufeinander herumzuhacken! Ich half Chris in seine Ausrüstung, wünschte beiden viel Glück und sah zu, wie sie ins Wasser sprangen. Dann besprach ich mich noch einmal mit Steve Bielenda wegen des Wetters. Er schaute mich mit seinen stahlblauen Augen an und sagte: »Ist hart an der Grenze. Könnte eine heiße Nacht werden, wenn wir hier draußen bleiben. Entscheide du.«

Ich schaute hinaus auf die Wellen, dann auf den weißhaarigen Kapitän, auf dessen Kinn mehrtägige Stoppeln sprossen. Die Aussicht, dass es vielleicht noch dicker kommen würde als in der Nacht zuvor, versetzte mich nicht gerade in Begeisterung. Aber wenn wir die Aktion abbliesen, dann würden wir die erforderlichen Daten für unsere Dekompressionsforschungen nicht mehr zusammenbekommen. Huggins und Emmerman, die nach zwei Tagen Seekrankheit bleich und erschöpft aussahen, würden sich nicht mehr ans Meer gewöhnen können und die Zielmarken austesten, die sie mir auf die Brust gemalt hatten. Und ich würde außer den beiden Flaschen vom Vortag keine weiteren Souvenirs mehr finden. Als Leiter dieser abgekürzten Expedition würde ich mir zwar einen guten Ruf in puncto Vorsicht und Vernunft verschaffen, konnte aber bei der

Heimkehr leider nicht triumphierend mit der Sicherungsleine und Trophäen winken oder mit wichtigen Forschungsergebnissen über die Vorteile von Höhlentauchtechniken bei Wracks glänzen. Andererseits waren die Wetterverhältnisse wirklich sehr schlecht, und dank Moyer und Bielenda ankerten wir nicht über dem Bereich des Wracks, den wir ursprünglich ins Auge gefasst hatten, so dass wir nun in Zweierteams tauchten und also auch nicht wie geplant alle gemeinsam Sicherungsleinen entlang der Hauptgänge auslegen konnten.

Die Entscheidung fiel mir nicht leicht, doch ich hatte im Grunde keine Wahl. Ich wandte mich an Bielenda und erklärte: »Okay, das war's. Warten wir, bis die Jungs wieder raufgekommen sind, und dann geht's zurück nach Block Island.«

»Gut. Allerdings können wir dann morgen nicht noch einmal zur *Doria* rauskommen. Dafür reicht weder die Zeit noch der Treibstoff. Aber wenn das Wetter sich bessert, können wir vielleicht zu einem anderen Wrack fahren, das näher an der Küste liegt.«

Ich gab mein Einverständnis.

Als ich den Wetter gegerbten Kapitän verließ, entfuhr mir ein Seufzer der Enttäuschung. Ich war nur einmal getaucht, und die meisten anderen waren auch erst das zweite Mal unten. Doch die Expedition abzubrechen, war die richtige Entscheidung, hoffte ich.

Die Rouses kamen schon nach anderthalb Stunden wieder hoch – ungewöhnlich schnell für die beiden. Inzwischen hatte sich das Meer beruhigt und es war sogar die Sonne herausgekommen. Hatte ich eine Fehlentscheidung getroffen? Nur noch ein Taucher war im Wasser, Jon Hulbert, ein Mitglied der Mannschaft. Als er auftauchte, erzählten ihm die anderen, dass wir abbrechen würden. Trotz der Maske konnte ich sehen, wie ungläubig er die Neuigkeit aufnahm. Der erfahrene Taucher stieg die Leiter hinauf, schaute mich direkt an und sagte: »Wie bitte? Wir brechen ab? Gut getimt, jetzt, wo sich das Meer beruhigt. Wer hat denn *die* glorreiche Entscheidung getroffen?«

Ich sagte nichts, in der Hoffnung, die Zeit würde meinen Entschluss rechtfertigen.

Als die Rouses ihre Ausrüstung ablegten, hörte ich sie schon wieder streiten, genau wie nach ihrem letzten Tauchgang. »Was war denn jetzt wieder los?«, fragte ich, obwohl ich kaum in der Stimmung war, es mir anzuhören. Die Sonne schien mir warm in den Nacken.

Chris sah mich an. »Es *war* echt prima. Wir waren 30 Meter im Wrack drin. Als wir rauskamen und am Wrack entlang geschwommen sind, hat sich Sohnemann entschieden, die Rolle fallen zu lassen.«

Chrissy schüttelte sich, so dass seine nassen Haare auf- und niederflogen. »Ich habe mich zu gar nichts *entschieden*! Es war ein Versehen.«

Chris warf seinem Sohn einen verächtlichen Blick zu. »Ja, ja, und du hättest kaum einen besseren Platz dafür finden können! Lässt die Rolle ins Wrack fallen, genau neben so ein Scheiß-fischernetz. Und dann verfängst du dich auch noch drin, als du das Ding wieder raufholst.«

Chrissy hatte es anscheinend seinem Vater nachgetan, der sich bei ihrem letzten Tauchgang verfangen hatte. Dieses Mal war es der jüngere der beiden gewesen, der sich befreien lassen musste.

Als echten Höhlentauchern war den Rouses die lebenswichtige Sicherungsleine viel wert. Anstatt also einfach aufzutauchen und die Rolle liegen zu lassen, riskierten sie aus geradezu übertrieben sentimentaler Anhänglichkeit ihr Leben, um sie zu bergen. Das gefiel mir überhaupt nicht. »Du hast dich in einem Netz verfangen?«

»Ja, blöde Sache«, antwortete Chrissy beiläufig. »Musste mich selbst freischneiden, und dann habe ich mich auch noch in der Leine von der Spule verfangen, die musste ich dann auch noch durchschneiden.«

»Warum habt ihr die Spule nicht einfach liegen lassen? Ist doch nur ein Stück Ausrüstung. Außerdem habt ihr die Dinger in eurem Shop. Wie viel kostet so eine Spule? Fünf Dollar, zehn Dollar? Und was ist euch euer Leben wert?«

»Jedes Stück Ausrüstung zählt«, meinte Chris düster.

Die Sonne fühlte sich mittlerweile schon nicht mehr so warm an. Die Geschichte der Rouses bestärkte mich darin, das Wrack zu verlassen, bevor etwas Schlimmeres passierte.

Nach sechs Stunden Fahrt zum nächstgelegenen Küstenstück machte Steve Bielenda die *Wahoo* im Hafen von Block Island fest. Der Wind blies so heftig, dass er die Fahnen von den Masten zu zerren drohte. Ich war heilfroh, dass wir nicht mehr auf See waren; ich wusste, ich hatte die richtige Entscheidung getroffen.

Michael Menduno hatte an Bord der *Wahoo* fleißig Fotos für *AquaCorps* geschossen und sich Notizen gemacht. Immerhin war das Team Doria das erste Gemeinschaftsunternehmen von Höhlen- und Wracktauchern, ein Meilenstein in der Geschichte des Tauchens. Das Klima dieser Begegnung war noch rauer gewesen als die See, in der die *Wahoo* über der *Andrea Doria* geschaukelt worden war.

Alles in allem war ich von der Expedition enttäuscht. Am Wetter ließ sich nichts ändern; die Unberechenbarkeit der Elemente gehörte nun einmal zum Tauchen. Aber die anfänglichen Spannungen zwischen den Wracktauchern und den Höhlentauchern hatten mir doch sehr zu denken gegeben. Der Konflikt saß tiefer, als dass ich ihn mit meiner begrenzten Erfahrung hätte beschwichtigen können. Erst als einige Taucher, wie beispielsweise John Reekie, die erfahrenen Wracktaucher mit den Trophäen beeindruckt hatten, die sie mit ihren Höhlentauchtechniken heraufgeholt hatten, hatte sich die Stimmung etwas gebessert. Die Dekompressionsversuche, besonders der Vergleich der Verwendung von Pressluft und Mischgas, hatten zu keinen Ergebnissen geführt. Huggins und Emmerman hatten ihr Bestes versucht, mehr konnte man von niemandem verlangen, doch schließlich hatte die Seekrankheit ihrer Forschungsarbeit ein Ende gesetzt. Es blieb, wie es war: Selbst nach tausenden von Jahren technologischer Entwicklung war der Mensch noch nicht im Meer heimisch geworden, weder auf seiner Oberfläche noch in seinen Tiefen.

Was ich im Wrack gefunden hatte, waren lediglich ein paar Flaschen Mineralwasser aus den fünfziger Jahren und der Sockel eines Aschenbechers. Die Rouses hatten nichts gefunden. Sie konnten zwar in dem Bewusstsein nach Hause fahren, den Mount Everest des Tauchsports bezwungen zu haben, aber sie hatten nicht die Trophäen im Gepäck, mit denen sie andere Taucher beeindrucken konnten. Mehr als alles andere, hatten sie sich nach einem greifbaren Beweis ihrer herausragenden Fähigkeiten gesehnt. Sie würden sich die Trophäen nicht entgehen lassen, wie mir bald klar wurde. Als die *Wahoo* wieder im Heimathafen lag, sagte Chris Rouse: »Bernie, nächstes Jahr machen wir unsere eigene Expedition zur *Doria*. Wir würden uns freuen, wenn du mitkommst.« Ich sagte weder Ja noch Nein – es amüsierte mich und irritierte mich auch ein wenig, dass Vater und Sohn sich nach zwei erfolglosen Tauchgängen zur *Doria,* bei denen sie sich auch noch gestritten hatten, für fähig hielten, selbst eine Expedition zu leiten, obwohl sie bislang noch nicht einmal die kleinste Tauchunternehmung geführt hatten. Und so trieben die Verlockungen der *Andrea Doria* die Rouses, aber auch mich zu neuen Höchstleistungen an.

KAPITEL 7

Auf Leben und Tod, oder:
Ein Martini zu viel

Juli 1991 – Horsham im Bundesstaat Pennsylvania, Tauchshop Underwater World.

Jedes Mal wenn die Rouses bei Underwater World waren, fesselten sie die anwesenden Taucher mit Geschichten über die *Andrea Doria.* Tauchgänge in solche Tiefe und so weit draußen auf offener See überstiegen bei weitem die Fähigkeiten und Ambitionen der meisten Kunden und auch Angestellten – Chris und Chrissy waren die Helden von Horsham, Pennsylvania, fast auf einer Stufe mit Astronauten, die triumphierend vom Mond zurückkehren. Dann aber kam die unvermeidliche Frage: »Und was habt ihr hochgeholt?«

Die Frage war gut gemeint, verletzte jedoch jedes Mal wie ein Messerstich. Natürlich hatten die Rouses gehofft, mit einigen Fundstücken heimzukehren, die sie im Laden stolz herumzeigen könnten. Eine Trophäe von der *Andrea Doria,* in der Welt des Tauchens so begehrt wie ein Stück Mondgestein in der Raumfahrt, wäre ein handfester Beweis für ihre Leistung gewesen, die sie mit nur wenigen hundert Taucherinnen und Tauchern auf der Welt teilten. So war die Unternehmung im Grunde eine halbe Niederlage: Sie hatten zwar den Mount Everest des Tauchsports erreicht, aber ihr Ziel verfehlt, in die noch kleinere Gruppe derer aufzusteigen, die bei der Heimkehr Trophäen im Gepäck hatten. Chris bemühte sich, in selbstbewusstem Ton zu antworten: »Wir haben gar nichts hochgeholt – diesmal.«

»Kein Geschirr – nichts?«, meinte irgendein Sonntagstaucher. »Da gibt's doch jede Menge Geschirr, oder?«

»Nächstes Mal bringen wir was mit«, sagte Chrissy knapp. »Wir stellen für nächstes Jahr unsere eigene Expedition zusammen.«

Zu Beginn der Planungsphase für ihren nächsten Beutezug zur *Doria* unternahmen die Rouses weiterhin regelmäßige Tauchausflüge und waren jedes Wochenende im Steinbruch. Verglichen mit den anspruchsvollen, aufregenden Tauchgängen zu dem Ozeanriesen, war der Steinbruch eine Badewanne. Zugegeben, es war nett, den Tauchlehrern bei den Kursen zur Hand zu gehen, und es half, in Übung zu bleiben, dennoch erschienen ihnen diese Tauchgänge wie Kindergartenübungen. Auch wenn die Rouses durch ihre Arbeit und ihren Wohnort im weit vom Meer entfernten Pennsylvania gebunden waren – es musste doch einen Weg geben, etwas Aufregendes zu erleben, einen Adrenalinrausch wie an der *Doria* –, nach ihren eigenen Regeln und vielleicht mit etwas mehr Risiko. Und auch etwas zu ergattern, was man herumzeigen konnte.

Eines Abends beim Essen meinte Chrissy zu seinen Eltern: »Wär es nicht klasse, wenn wir hier irgendwo Höhlen finden würden? Es muss doch welche geben. Vielleicht entdecken wir sogar neue Lebensformen oder sowas!«

Sein Vater strahlte. Es war eine großartige Idee von Chrissy. »Oh ja, das wär mal was, richtige Erkundungsarbeit hier in der Gegend. Ich hab die Nase nämlich voll von den weiten Fahrten an die Küste zu ’nem Tauchboot oder zu den Höhlen nach Florida.«

»Genau! Und in Höhlen gibt's auch keine Wellen. Mann, die Expedition zur *Doria* war richtig fies. Das war überhaupt nichts für meinen Magen.«

»Für meinen auch nicht«, stimmte Chris zu.

Ende Juli, nur einen Monat nach der Tauchexpedition zur *Andrea Doria,* rief mich Chrissy an und erzählte mir: »Sag es nicht weiter, aber wir haben hier in der Nähe ’ne Höhle gefunden. Auf Privatgelände. Der Einstieg ist in einem Brunnenhaus auf dem Grundstück, und man kommt ins Wasser, wenn man ein paar lose Dielen herausnimmt. Wir hatten 30 Meter Sicht und auf dem Grund in 18 Meter Tiefe haben wir sogar Kerami-

173

ken gefunden. Bernie, wir lassen's dich wissen, wenn's hier richtig losgeht, dann kannst du mit uns tauchen. Im Moment sieht's so aus, als ob die Höhle sich in 30 Meter Tiefe verengt und dann endet.«

Mein Herz schlug höher. Das hörte sich spannend an: eine Höhle ganz in der Nähe, in die noch niemand getaucht war – ein Traum, der Wirklichkeit wird! »Sagt Bescheid, wenn ihr irgendwie Hilfe braucht, und wenn's nur um das Schleppen der Ausrüstung geht«, sagte ich. Nach der Expedition zur *Doria*, die auch für mich nur ein Teilerfolg gewesen war, fühlte ich mich ebenfalls überreif für neue Tauchabenteuer. Ich wusste, wie selten eine unerforschte Höhle war und dass die Entdeckung einer bedeutenden Höhle einem Taucher mehr Ehrungen und Jubel einbringen konnte als tausend Teller. Mit einer solchen Expedition konnte man buchstäblich über Nacht berühmt werden.

»Bernie, wär das nicht stark, wenn wir neue Lebensformen entdecken würden und benennen könnten?«

»Ja«, sagte ich, »das wäre 'ne echte Sensation!«

Chrissy war keineswegs größenwahnsinnig. Es war durchaus schon vorgekommen, dass Taucher in Höhlen aufsehenerregende Entdeckungen gemacht und sogar Tierarten aufgespürt hatten, die noch niemand vor ihnen beschrieben hatte. Und es war seit jeher Tradition, dass dem Entdecker einer neuen Spezies oder neuer, unerforschter Orte – ob über oder unter der Erde – die Ehre der Namensgebung zufiel.

Eine der spektakulärsten Entdeckungen neuer Lebensformen in jüngerer Zeit geschah im Jahre 1985 in Rumänien am Rande des Schwarzen Meeres. Bei Arbeiten am Fundament eines neuen Kraftwerks stießen Arbeiter auf ein Loch in der Erdkruste. Man musste herausfinden, was sich unter dem klaffenden Loch befand, sonst konnte kein Fundament gelegt werden. Also wurde der Geologe Christian Lascu vom Emil-Racovita-Institut für Höhlenkunde aus Bukarest gerufen, um den Erdspalt zu inspizieren, dem er den Namen Movile-Höhle gab. Lascu seilte sich in den Schlund ab und fand ein Labyrinth miteinander verbundener Höhlen. Er zwängte sich 100 Meter weit einen Gang entlang, bis er an einem Wasserbecken nicht mehr ohne Tauchausrüstung vorankam. Lascu benachrichtigte seine Kollegen von der Gruppe für Unterwasser- und Höhlenforschungen, die er selbst im Jahre 1981 mit aufgebaut hatte. Unter den Gründungsmitgliedern befand sich auch Serban Sarbu, seines Zeichens Biologielehrer an einer Oberschule und Höhlentaucher. Nach einer ersten Erkundung und Vermessung der Höhlengänge seilten sich Lascu und Sarbu 1986 in die Höhle ab. Sie wurden von einem Helferteam unterstützt, das die Tauchausrüstung transportierte.

Lascus und Sarbus Entdeckung brachte Höhlentaucher überall auf der Welt zum Träumen. Die beiden tauchten ab, passierten einen kurzen Tunnel und stießen auf eine Luftblase, eine Stelle, an der der Tunnel nur zum Teil wassergeflutet und ansonsten mit Luft gefüllt war. Es gab dort nichts von besonderem Interesse, aber die Luftblase ließ darauf schließen, dass es noch weitere Höhlenräume gab. Sie schwammen durch einen vollständig gefluteten Tunnel weiter und erreichten eine zweite Gasblase. Hier fanden sie eine fremde Welt vor, etwas, das sie noch nie zuvor gesehen hatten und das auch in keinem Buch beschrieben war – außer vielleicht in einem Sciencefiction-Roman. Buchstäblich alles in ihrer Umgebung – das Wasser, die Wände, alles – erschien lebendig, überall krabbelten fremdartige Insekten. Mit erstaunten Blicken konnten sie beispielsweise einen kaum erbsengroßen Käfer mit vielen Beinen und antennenartigen Fühlern beobachten, der die Höhlenwand nach Nahrung absuchte. Eine seiner Antennen berührte leicht den Fühler eines exotisch anmutenden Tausendfüßlers – und damit war das Schicksal des Käfers besiegelt. Der sieben Zentimeter lange Tausendfüßler stieß vor, schnappte den Käfer mit seinen Fresszangen und zermalmte ihn. Dann sahen die Männer einen Wasserskorpion auf sich zuschwimmen. Sie beobachteten, wie er mit seinen zwei langen Vorderbeinen im Wasser einen Käfer ergriff, ihn am Kopf durchbohrte und sein Opfer aussaugte, bis es aufhörte, sich im Todeskampf zu winden.

Als sich Sarbu und Lascu ebenso erstaunt wie triumphierend einander zuwandten, sahen sie, dass sie beide mit einem dünnen weißen Schleier überzogen waren wie mit einer Schicht von nassem Toilettenpapier. Diese Höhle war zweifellos etwas ganz Besonderes. Mit Sicherheit gab es hier viel zu erforschen, und die beiden Taucher würden als gefeierte Naturforscher-Pioniere berühmt werden. Sie bestimmten insgesamt 47 in dieser abgeschlossenen Welt lebende Spezies, von denen 32 zuvor unbekannt gewesen waren.

Bei weitergehenden Untersuchungen fand man heraus, dass das Gas in der Luftblase eine andere Zusammensetzung hatte als die Luft an der Erdoberfläche. Es enthielt nur etwa zehn Prozent Sauerstoff, jedoch über drei Prozent Kohlendioxid und etwas unter einem Prozent Methan. Lebewesen von der Erdoberfläche konnten unter solchen Bedingungen nicht existieren, und dennoch gedieh hier in Luftglocke Nummer 2 ein komplettes, in sich geschlossenes Ökosystem. Aber damit nicht genug: Durch eine heiße Quelle strömten aus der Tiefe der Erde Schwefelwasserstoff und Methan in die Luftglocke ein. Diese Gase waren in Wahrheit Stoffwechselprodukte einer hauchdünnen Schicht von Bakterien, und das war es auch, womit Lascu und Sarbu bei jedem Aufenthalt in der Höhle überzogen wurden. Der Stoffwechsel der Bakterien setzte Schwefelwasserstoff frei, der wiederum im Wasser gelöst mit dem Kalksandstein der Höhlenwände zu Säure reagierte. Sie hatte sich immer tiefer ins Gestein gefressen und so die Höhle entstehen lassen. Obwohl die Speläologen vermutet hatten, dass ein solcher Prozess für die Höhlenbildung verantwortlich gewesen sein könnte, war dies zuvor nie belegt worden. Die Movile-Höhle war der Nachweis für ein chemo-autotrophes System, das heißt eine von äußeren Einflüssen abgeschlossene Höhle, deren Entstehung aus einem direkten Zusammenspiel von Chemikalien und Lebewesen mit dem umgebenden Gestein resultierte.

Zusätzlich zu dem säurebildenden Gas, das sie ausschieden, produzierten die Bakterien auch noch Glukose, eine organische Verbindung, auf der andere organische Verbindungen aufbauen, etwa Kohlenhydrate, Fette und Proteine. Der Mikroben-Bewuchs war somit zugleich Katalysator für die Entstehung der Höhle und Grundlage der Nahrungskette. Lascu und Sarbu waren die ersten Oberflächenbewohner, die in das Millionen Jahre lang abgeschlossene Höhlensystem vordrangen.

Diese Entdeckung veränderte Sarbus Leben. 1987 setzte er sich aus dem damals noch kommunistischen Rumänien in die USA ab. Er promovierte auf der Grundlage seiner Forschungen in der Movile-Höhle im Fach Höhlenbiologie an der University of Cincinnati. Er erhielt Fördermittel aus dem Fullbright-Programm, und nach dem Ende der kommunistischen Herrschaft kehrte er regelmäßig in seine Heimat zurück, um die Studien in der fantastischen Welt der Movile-Höhle fortzusetzen. Inzwischen ist er eine lebende Legende in der Elite der Höhlentaucher geworden, wo jeder Einzelne darauf hofft, eines Tages eine ebenso überwältigende Entdeckung zu machen.

So bedeutend Serban Sarbus Entdeckungen waren, die breite Öffentlichkeit nahm bis zur Mitte der neunziger Jahre davon kaum Notiz. Noch zwanzig Jahre zuvor war es den Zeitungen und Nachrichtensendungen in aller Welt Sensationsmeldungen wert, wenn unbekannte Lebensformen entlang von Spalten im Meeresboden gefunden wurden. Damals arbeitete Robert Ballard – der Mann, der später die genauen Positionen so berühmter Schiffswracks wie der *Titanic,* der *Bismarck* und der *Yorktown* bestimmen sollte – im Rahmen seiner Doktorarbeit daran, den Nutzen von Mini-Tauchkapseln nachzuweisen, die in viel größere Tiefen vordringen konnten als ihre wuchtigeren militärischen Entsprechungen. Im Rahmen zweier Forschungsexpeditionen der National Geographic Society machten er und andere Wissenschaftler am Meeresboden des Pazifik westlich von Ecuador fantastische Entdeckungen. In 2400 Meter Tiefe tritt aus einem Spalt kontinuierlich flüssige Lava aus, die sich beim Festwerden zu Schloten auftürmt. Weitere Forschungen offenbarten ein komplettes, geschlossenes Ökosystem mit Riesenmuscheln, Röhrenwürmern und Krabben einer bis dahin unbekannten Krustentierfamilie. Die Grundlage der Nahrungskette bilden Bakterien, die sich wiederum von den Schwefelwasserstoffverbindungen nähren, die aus dem Inneren der Erde austreten. Zum ersten Mal hatte man einen Fall von Chemosynthese nachgewiesen, ein Prozess, bei dem die

Energie für die Entstehung von Leben nicht aus dem Licht der Sonne, sondern aus der Verbindung von Chemikalien stammt. Wissenschaftler hatten bis dahin angenommen, die Tiefsee sei zu lebensfeindlich für komplexe Ökosysteme, aber die National-Geographic-Expeditionen bewiesen das Gegenteil.

Diese Entdeckungen stärkten die Position derjenigen, die schon immer von einer Vielzahl der Lebensformen im Universum überzeugt waren. Einige hatten selbstgefällig die Meinung vertreten, fremde Lebensformen seien nur in fernen Galaxien anzutreffen, aber nun war der Beweis erbracht, dass auch das Leben auf unserem eigenen Planeten noch voller Geheimnisse steckte. Was gab es wohl sonst noch unter Wasser zu entdecken?

Der technische Fortschritt hatte zwar 1969 den ersten bemannten Flug zum Mond ermöglicht, doch auf dem Grund des Meeres konnte sich wegen des ungeheuren Drucks auch 1991 noch niemand aufhalten. Die Erkundung und Erforschung der Tiefen der Weltmeere waren nur an Bord hoch spezialisierter Mini-Tauchkugeln möglich. Doch immerhin zeichneten sich Fortschritte bei der Entwicklung von Spezialtauchanzügen ab. Der Kanadier Phil Nuytten entwarf den »Newtsuit«, mit dem sich ein Taucher in einer Tiefe von bis zu 450 Metern aufhalten kann. Der Umgebungsdruck für den Taucher bleibt dabei konstant auf Oberflächenniveau, so dass nach dem Tauchgang keinerlei Dekompression erforderlich ist. Wer noch tiefer tauchen will, muss sich mit kurzen Aufenthalten in Mini-U-Booten begnügen, von denen aus man durch dicke Glasscheiben die fremdartige Welt der Tiefe betrachten kann. Um einen Gegenstand zu fassen oder Proben einzusammeln, muss man umständlich den mechanischen, außen an der Tauchkugel angebrachten Greifarm betätigen.

Für Sporttaucher viel konkreter nachvollziehbar als die Arbeiten von Serban Sarbu oder Dr. Robert Ballard war allerdings das 1990 erschienene Buch *Faszination Blue Holes. Die Geschichte des Andros-Projekts* von Rob Palmer, in dem der britische Taucher seine Höhlenerkundungen auf den Bahamas beschreibt. Den Umschlag ziert ein Foto von Tauchern in einem tiefen Höhlensystem, das dem Augenschein nach von gewaltigen Ausmaßen sein muss. »Hast du dir schon das Buch von Palmer geholt?«, fragte mich Chris eines Tages am Telefon. »Du, und hast du dieses sagenhafte Umschlagfoto gesehen? Was muss das für eine Höhle sein! Mann, das wär was, da zu tauchen!« Ich stimmte ihm zu. Chrissy, Chris und ich waren gleichermaßen elektrisiert.

Wir alle drei waren von Palmers Pioniergeist beeindruckt. Er hatte die kalten, trüben Höhlen seiner britischen Heimat hinter sich gelassen und in den warmen, klaren unterirdischen Systemen, die es überall auf den Bahamas gibt, fantastische Höhlen und Lebensformen aufgespürt. Von vielen der von ihm entdeckten Lebewesen hatte man angenommen, sie seien seit Jahrhunderten ausgestorben. Wissenschaftler erhielten nun die Möglichkeit, diese Geschöpfe zu studieren und mehr darüber zu erfahren, wie sich das Leben auf unserem Planeten entwickelt hatte und wie es sich immer wieder von neuem anpasst. Die Höhlen selber bestanden aus riesigen und – zumindest für Gerätetaucher – oftmals sehr tiefen Tunnelsystemen. Seltsamerweise schien es in diesen Höhlen Gezeiten zu geben, eine bis dahin unbekannte Erscheinung.

Auch die Rouses wollten Entdeckungen machen und ihren Vorbildern Sheck Exley, Billy Deans, Bill Stone und Rob Palmer nacheifern, und so statteten sie wenige Tage nach ihrer ersten Erkundung der Lahaska-Höhle unter dem Brunnenhaus in Pennsylvania einen erneuten Besuch ab. Die Sicht betrug nur drei Meter, denn der Schlick, den sie während ihres ersten Tauchgangs beim Abtasten der dunkelbraunen, schlammbedeckten Wände nach weiterführenden Gängen aufgewirbelt hatten, schwebte immer noch im Wasser. Es gab keine Strömung wie in den mit Quellen verbundenen Höhlen von Florida. Doch die Rouses ließen sich von den schlechten Sichtverhältnissen nicht beirren und drangen tiefer vor. Getrennt erkundeten sie eine ausgedehnte Höhle, die sie den »Großen Raum« genannt hatten. Sie fanden Gänge, die aus dem Raum hinausführten, und sie drangen schließlich 60 Meter weit in die Höhle vor. Das Vorankommen war mühselig, aber die Sache war durchaus erfolgversprechend, und sie kamen sich vor wie die Pioniere des Höhlentauchens von Florida in den fünfziger und sechziger Jahren. Auf ihren Erkundungen stießen die Rouses auf immer neue Verzweigungen, die ihre Hoffnung nährten, ein ganzes Tunnelsystem entdeckt zu haben.

Da die Tunnel von Lahaska recht niedrig waren, mussten die beiden Taucher ihre Ausrüstung anpassen, damit zumindest einer von ihnen vorankam. Aufgrund der Enge und der geringen Sicht war es sicherer, allein zu tauchen, und sie entschieden, jeweils unterschiedliche Areale nach weiterführenden Gängen zu durchforschen. Schon beim zweiten Erkundungstauchgang befestigte Chrissy seine Flaschen nicht mehr auf dem Rücken, sondern links und rechts am Körper. Die seitliche Flaschenbefestigung war ursprünglich von britischen Höhlenforschern entwickelt worden, die bei Erkundungen weitgehend trockener Höhlen häufig auf mit Wasser gefüllte Vertiefungen stießen. Dank der flachen Anordnung der Tauchflaschen konnten die Forscher solche Stellen durchschwimmen und danach ihre Erkundung zu Fuß fortsetzen. Auch Rob Palmer hatte mit dieser Form des Tauchens reichlich Erfahrung gesammelt. Sein Buch enthält mehrere Aufnahmen, die ihn mit seitlich befestigten Flaschen zeigen.

Chris' und Chrissys Begeisterung über ihre neue Höhle erhielt jedoch schon bald einen kräftigen Dämpfer, und das aus einem ganz banalen Grund. In der Nähe gab es ein Motel, das nur in der Hochsaison öffnete und das sein Wasser aus der Höhle bezog. Als der Betreiber Ende Juli das Wasser aufdrehte, nachdem die Rouses kurz zuvor in der Höhle getaucht waren, kam eine trübe Brühe aus dem Hahn, was ihn verständlicherweise nicht gerade erfreute. Die Brunnenanlage des Motels war nicht mit einem Filter ausgestattet, und weil der Betreiber seine Gäste nicht mit Schlammwasser duschen lassen wollte, untersagte er den Rouses das Betreten der Höhle während der Sommermonate. Glücklicherweise sind jedoch die Wassertemperaturen von Höhlensystemen in weitaus geringerem Maße als die Luft jahreszeitlichen Schwankungen unterworfen und pendeln sich mit nur wenigen Grad Abweichung etwa bei der Jahresdurchschnittstemperatur der jeweiligen Gegend ein. So betrug die Wassertemperatur beim ersten Tauchgang der Rouses Ende

180

Juli elf Grad Celsius, und sie konnten sich damit trösten, dass sie auch im tiefsten Winter kaum viel niedriger sinken würde. Dennoch mussten sie ihre hochgesteckten Erwartungen fürs Erste zurückschrauben. Sie gingen wieder ihrer Arbeit nach und tauchten im Steinbruch. Sie hatten nicht mehr vorzuweisen als eine Geschichte und die Hoffnung, doch noch etwas zu entdecken. Das war für diese beiden, die von ihrem Ehrgeiz und ihrem Konkurrenzdenken immer weiter und in immer größere Tiefen getrieben wurden, nicht leicht zu verdauen.

Die Zwangspause bis zum Spätherbst gab den Rouses Gelegenheit, befreundeten Tauchlehrern von Underwater World bei der Betreuung von Kursen und bei den Abschlussprüfungen für den Taucherschein im Steinbruch von Dutch Springs zu helfen. Zu ihnen gehörte Cathie Cush, die die Rouses kannte, seitdem sie 1988 mit dem Tauchen begonnen hatten. Als der Ladenbesitzer Chrissy im Frühjahr 1989 bat, Cathie bei den Prüfungen unter die Arme zu greifen, schien ein Generationenkonflikt zwischen dem Achtzehnjährigen und der Kursleiterin, die so alt wie dessen Mutter war, geradezu vorprogrammiert. Doch dann lernte Cathie Chrissy als hervorragenden Assistenten schätzen: Stets war er bereit, Hand anzulegen und den Teilnehmern mit ihrer Ausrüstung zu helfen. Chrissy lernte schnell, und Cathie begann, sich zunehmend auf den Sachverstand des jungen Mannes zu verlassen. Sie schätzte es, wenn er ihre Ausrüstung überprüfte und alles in Ordnung brachte, was nicht hundertprozentig verlässlich arbeitete. Besonders gern befolgte sie seine Tipps, wie sie ihre Ausrüstung unter Wasser stromlinienförmiger machen konnte. Dabei gab er ihr aber nie das Gefühl, sie mache ihre Sache nicht richtig oder er setze sie vor den Tauchschülern herab.

Cathies Freundschaft mit Chrissy wuchs aus ihrer Faszination für die Leidenschaft, mit der er seinen Sport betrieb, und aus ihrer Bewunderung für seine jugendliche Selbstsicherheit und seine herausragenden Tauchfähigkeiten. Aber sie genoss es durchaus auch, mit einem jüngeren Mann zu flirten. Eines Abends, nachdem er Cathie wieder einmal am Steinbruch geholfen hatte, fuhr Chrissy sie mit seinem klapprigen Käfer nach Hause. Die hintere Sitzbank hatte er herausgenommen, um

Platz für ein Gestell zu schaffen, auf dem die Tauchflaschen zum Transport befestigt wurden. Nachdem Chrissy das Auto vor ihrem Haus geparkt hatte, griff er lässig hinter sich und fischte aus dem Durcheinander von Tauchflaschen und Taschen mit Ausrüstung ein Stück aufgetaute Tiefkühlpizza aus einer Schachtel. Cathie schaute ihn entsetzt an. »Das wirst du doch jetzt nicht essen!«

»Warum denn nicht?«

»Weil man Tiefkühlpizza nicht aus der Schachtel isst, die muss vorher in den Ofen. Darum.«

Chrissy betrachtete das Stück Pizza eingehend. »Nee, die sieht doch gut aus. Ist schon 'ne Woche hier drin. Gefroren ist die jedenfalls nicht mehr.« Er biss hinein und schmatzte genussvoll.

Cathie war gleichermaßen schockiert, amüsiert und besorgt. Chrissy schluckte den Bissen hinunter, schaute Cathie an und sagte dann unvermittelt: »Du, weißt du, ich hab es mir schon immer schön vorgestellt, mit einer älteren Frau zusammen zu sein.«

Cathie war sprachlos. Mit seinem jugendlichen Aussehen, seinen langen Haaren und seiner saloppen Art hätte man das für einen Scherz halten können, doch sie wusste immer genau, wann ein Mann es ernst meinte. »Chrissy, deine Mutter würde mir die Augen auskratzen!«

Chrissy machte ein trauriges Gesicht. Er schaute kurz weg, dann sah er sie plötzlich aus funkelnden Augen an – wie ein Kind unterm Weihnachtsbaum. »Ja, vielleicht, aber mein Dad würde sagen: ›Geh ran, Junge!‹«

Cathie konnte ihr Lachen nicht unterdrücken. Beim Öffnen der Autotür sagte sie: »Ich muss jetzt rein, dummer Junge, aber alleine. Bis bald!«

Als Chrissy sich einmal mit seinem Freund Tim Stumpf beim Bier über Frauen unterhielt, erzählte er ihm die Geschichte in einer etwas anderen Version. »Sie hat's bei mir probiert«, log Chrissy, »aber sie ist so alt wie meine Mutter. Und die sind ja befreundet und so. Ich mein bloß, was würde denn meine Mutter da sagen?«

Es war immer noch besser, Tim Stumpf und seine Saufkumpane dachten, Chrissy hätte Cathies Angebot abgelehnt, als wenn sie erfahren hätten, dass sie seinen Annäherungsversuch für einen Jungenstreich gehalten hatte.

Während die Rouses also bei den Tauchkursen aushalfen und geradezu auf die nächste Herausforderung brannten, kehrte ich – sechs Wochen nach unserer enttäuschenden Expedition – zur *Doria* zurück. Das bisschen Geschirr, das ich 1990 mit Steve Berman geborgen hatte, und die Limonadenflaschen, die ich von der Team-Doria-Expedition mitgebracht hatte, waren nur ein Vorgeschmack gewesen. Jetzt wollte ich es wissen und wie andere erfahrene *Doria*-Taucher – etwa Hank Garvin und die Besatzung der *Wahoo* – einen größeren Posten Geschirr heraufholen.

Diesmal tauchte ich mit John Griffith, der auch schon beim Team Doria dabei gewesen war. Griffith hatte kurze Haare und trug eine dicke Brille, und wenn er über irgendwelche Pläne sprach, machte er eine Miene, als verriete er Staatsgeheimnisse. »Bernie«, sagte er dann, beugte sich zu mir vor und vergewisserte sich mit einem kurzen Blick über beide Schultern, dass uns niemand belauschte. »Bernie, ich muss dir was erzählen, aber nur wenn du mir hoch und heilig versprichst, es für dich zu behalten. Versprichst du mir das?« Ich sagte ja, und daraufhin enthüllte John mir sein neuestes technisches Meisterstück zur Verbesserung irgendeines Details an der Tauchausrüstung. Dabei begleitete er seine Eröffnungen stets mit dem Satz: »Bernie, ich schwöre, ich rede nie wieder mit dir, wenn du hierüber auch nur ein Sterbenswörtchen ausplauderst.« Eines seiner Geheimnisse war sein Plan, eine eigene Tauchfirma zu gründen. Allerdings wollte er das Projekt etwas anders aufziehen als die Rouses, die nicht nur aus Liebe zu ihrem Sport, sondern auch aus finanziellen Nöten ins Tauchgeschäft eingestiegen waren. Griffith verdiente gut mit seiner Arbeit als Vertreter für Industriebeleuchtungsanlagen und wohnte mit Frau und zwei Kindern in einem besseren New Yorker Vorort. Mit seinem soliden finanziellen Hintergrund hatte Griffith genug Zeit, in Ruhe mit möglichen Herstellern und Importeuren zu verhandeln, deren Produkte er unter seinem Logo verkaufen wollte.

Ich hielt mein Wort und erzählte niemandem davon, solange alles nur ein Plan war.

Durch die starken optischen Gläser, die in Griffiths Tauchmaske eingeschliffen waren, wirkten seine Augen so groß wie die eines Insekts und ließen ihn wie eine Comicfigur aussehen. Es fiel mir schwer, nicht loszulachen, wenn ich ihn so unter Wasser sah. Dann drang allerdings Wasser in meine Maske ein, und ich musste es mit einer einfachen, aber trotzdem lästigen Prozedur ausblasen: mit einer Hand den oberen Maskenrand andrücken, den Kopf nach hinten legen und durch die Nase ausatmen. Normalerweise genügte das, um mir die Albernheit auszutreiben, aber wenn Griffith dann zu mir herangeschwommen kam und mich mit besorgtem Blick anstarrte, was seine Augen nur noch mehr verzerrte, konnte es schon schwierig werden. Von solchen Nebensächlichkeiten abgesehen, schätzte ich Griffiths methodischen Ernst beim Tauchen und seinen ausgesprochenen Teamgeist. Ich kam sehr gut mit ihm aus und tauchte gerne mit ihm.

Was uns außerdem verband, war unser gemeinsames Jagdfieber. Zusammen würde es uns gelingen, Beute von der *Doria* heraufzubringen. Griffith hatte auch schon einen Plan, wie wir aus einer Geschirrkammer der *Andrea Doria* etliche Stücke bergen konnten. Er kannte die Lage des Raumes von einem früheren Tauchgang.

»Bernie, willst du graben?«, fragte mich Griffith. »Ich habe nicht so große Lust, in über 60 Meter Tiefe in einem winzigen Raum Unmengen von Schlick aufzuwirbeln.« Mein Herz begann vor Aufregung zu rasen. Na klar konnte und wollte ich im Schlick wühlen, während Griffith draußen warten und die Sicherungsleine halten würde, die uns den Weg aus dem Wrack wies! Griffith teilte übrigens meine Ansicht, dass man bei schlechter Sicht ohne Sicherungsleine einfach zu leicht die Orientierung verliert – mit möglicherweise tödlicher Folge. Was die Sache in unserem konkreten Fall noch komplizierter machte, war, dass die Kammer neben einer Treppe lag, die nun allerdings aufgrund der Seitenlage des Wracks um 90 Grad versetzt waagerecht verlief. Wie leicht konnte man in dem mit Schlick vernebelten Gang versehentlich auf einem falschen Deck landen.

Nachdem wir abgetaucht waren und Griffith seine Sicherungsleine in der Nähe der Ankerleine befestigt hatte,
schwamm er zu einer nur sechs Meter entfernten, klaffenden
Öffnung voran. Ich bewunderte die immer noch intakten
Deckplanken aus Teakholz, die jetzt von einer dünnen Sedimentschicht bedeckt waren. Plötzlich bog Griffith an einer
stählernen Wand nach links ab und war verschwunden, als hätte das Wrack ihn verschluckt. Ich schwamm an seiner Sicherungsleine entlang, folgte ihm um die Ecke und sah gerade
noch seine Flossen an einer Biegung nach rechts verschwinden.
Ich schwamm hinterher, da bemerkte ich die Treppe links von
uns. Griffith wartete neben der Wand, die sich rechts von uns
befand, und sah mich mit seinen durch die Maske stark vergrößerten Augen an. Er zeigte auf eine Öffnung in der Wand: die
Geschirrkammer. Ich nickte, schwamm an ihm vorbei durch
das Loch und fand mich in einem winzigen Raum wieder. Mit
klopfendem Herzen ließ ich mich etwa einen Meter sinken.
Stets darauf bedacht, dass meine Flossen nach oben gerichtet
waren, grub ich einen Arm bis zum Ellenbogen in den pudding-
artigen Schlick. Jetzt erst konnte ich festen Grund fühlen. Ich
drehte den Kopf nach oben, damit meine Maske und mein
Atemregler nicht in den Schlick gerieten. Meine Hand tastete
sich langsam auf dem Grund voran. Ich fühlte eine Tasse, griff
sie und zog sie aus dem Schlick. Der Raum war inzwischen
pechschwarz, ich konnte nicht einmal mehr Griffiths Lampe
sehen, obwohl sie nur etwa einen Meter entfernt war. Ich steckte die Tasse in mein Sammelnetz und tauchte die Hand erneut
ein. Der Boden war übersät mit Fundstücken, und jedes Mal
wenn ich wieder eins in das Netz legte, war ein gedämpftes
Klappern zu hören. Ich schwamm mit dem vollen Netz in Griffiths Richtung, der schließlich meine Hand aus dem Schlamm
geschwärzten Wasser hervorkommen sah und sie packte – zum
Zeichen, dass er mich bemerkt hatte. Ich hielt ihm das Sammelnetz hin, er nahm es mir ab und drückte mir ein zweites in die
Hand. Daraufhin wandte ich mich wieder um, ließ mich bis
zum Boden sinken und sammelte weitere Trophäen ein.

Unsere Tauchpartnerschaft bewährte sich. Griffith und ich
brachten von drei Tauchgängen mehr als 120 Artefakte mit,

darunter auch Blumenvasen, Teller, Untertassen sowie Tassen verschiedenster Größe. Ein tiefblaues sowie ein goldenes Band verzierte alle Porzellanteile. Ich war im siebten Himmel. Endlich war es mir gelungen, selbst eine größere Anzahl der begehrten Fundstücke von der *Doria* hochzuholen.

Die Trophäen selbst waren mir jedoch nicht so wichtig, dass ich sie unbedingt aufbewahren musste, wie viele andere Taucher das tun, und so habe ich die meisten der Stücke inzwischen an Freunde verschenkt. Mir ging es hauptsächlich um die Befriedigung, diesen Tauchgang zu einem der anspruchsvollsten Wracks auf der ganzen Welt endlich wie geplant durchgeführt zu haben. Erst jetzt hatte ich das Gefühl, ein »richtiger« Wracktaucher geworden zu sein. Die Rouses hatten an dieser Tauchfahrt nicht teilnehmen können, und ich wusste, dass sie vor Enttäuschung und Neid platzen würden, wenn sie von meinen Erfolgen hörten.

Wir hatten optimales Wetter auf unserer Expedition: ruhige See und gute Sichtverhältnisse unter Wasser. Die einzige Schwierigkeit war die starke Strömung bei der Dekompression, doch nachdem ich die Buddyleine an meiner Tarierweste und an der Ankerleine befestigt hatte, konnte ich in aller Ruhe die Meerestiere bewundern, die in der Strömung schnell an mir vorübertrieben.

Es blieb uns sogar noch Zeit für einen vierten Tauchgang. Griffith bedrängte mich. »Los, Bernie, lass uns nochmal runtergehen zu der Geschirrkammer und wirklich *alles* rau#sholen!«, rief er, während wir unseren Schatz feierten. Auch ohne seine Maske waren seine Augen riesengroß – vor Aufregung.

Ich wunderte mich über ihn. Wie viele Trophäen benötigten wir denn noch? Ich hatte Lust auf eine neue Herausforderung und freute mich auf die ausgedehnte Erkundung eines anderen Teils des Wracks. Vielleicht würde ich auch den Weg aus der zweiten Klasse finden, wo wir geankert hatten, und zur dritten Klasse vordringen können. Ich wollte mir ohnehin noch mein Sammelnetz, die Rolle meiner Sicherungsleine und meine Lampe wiederholen, die dort neben einem Haufen Fundstücken liegen geblieben waren. Ich hatte sie 1990 bei meinem dritten, nicht ungefährlichen Tauchgang mit Steve Berman zurücklassen müssen, als ich mich beim Einsammeln in der Sicherungsleine verfangen und Berman mich befreit hatte. Griffith dachte eine Weile nach und schüttelte dann den Kopf. »Bernie, 73 Meter ist zu tief für mich. Mit nur einem Satz Flaschen ist mir das zu riskant. Ich weiß, du kommst gut damit aus, aber ich würde uns beide nur in Schwierigkeiten bringen. Tauch doch alleine, wenn du Lust hast.« Ich war meinem Freund dankbar, dass er so ehrlich war, denn nun konnte ich mich auf die besondere Freiheit eines Solo-Tauchgangs freuen.

Ich schwamm an der inzwischen vertrauten Stelle in die *Doria* hinein und dann weiter die sechs Meter bis zu der Treppe, die neben der Geschirrkammer lag. Aber anstatt an der Treppe rechts abzubiegen, schwamm ich nach links weiter in einen Gang, den einst die Passagiere und die Crew benutzt hatten, um von einer Seite des Schiffes auf die andere zu gelangen. Ich befestigte meine Sicherungsleine mit etwas Abstand sowohl zur Treppe als auch zu dem Durchgang, der in diesen Teil führte. So war die Leine weit genug von der Geschirrkammer entfernt, dass nicht ein anderer Taucher von unserem Boot sie versehentlich für den Wegweiser zum Geschirr halten konnte. Ich selbst war so oft in diesem Teil des Wracks gewesen, dass ich von dort ohne Sicherungsleine den Weg ins Freie finden konnte. Meine Technik bestand also aus der Kombination der althergebrachten Wracktauchermethode des schrittweisen Vordringens und der vom Höhlentauchen übernommenen Anwendung der Sicherungsleine.

Der ursprünglich waagerechte Verbindungsgang lag nun in senkrechter Ebene. Er führte zwar immer noch zur gegenüberliegenden Seite der *Andrea Doria*, doch verlief er jetzt von oben nach unten anstatt parallel zur Wasseroberfläche. Auf der Suche nach einem Abzweig nach rechts, der mich in den Bereich der dritten Klasse führen würde, folgte ich dem Gang in die Tiefe. Das grünstichige Tageslicht, das noch von meiner Einstiegsstelle her ins Wrack drang, wurde nun immer schwächer, und binnen kurzem war überhaupt kein natürliches Licht mehr vorhanden. In dieser absoluten Finsternis war ich bei der Erkundung der Geheimnisse des Wracksinneren vollkommen auf meine starke Taucherlampe angewiesen. Das Wasser fühlte sich merklich kälter an, was möglicherweise daran lag, dass es mit meinen Lippen in Berührung kam, doch irgendwie schien die Kälte auch durch meinen Trocki und meine dicke Unterbekleidung zu dringen. Mein stickstoffvernebeltes Gehirn nahm lediglich »kalt« wahr, aber woher die Kälte kam und was sie für mich bedeutete, war mir völlig egal.

Denn was mich nun wärmte und mir wohl tat, war die Erfahrung der Einsamkeit in diesem Wrack. Niemand konnte mich in diesem Moment stören, mich bei irgendetwas unterbrechen oder mir vorschreiben, was ich zu tun oder zu lassen hatte. Auf diesem Tauchgang hatte ich einmal keine Verantwortung für meinen Tauchpartner, und auch ich fiel niemandem zur Last. Ich fühlte mich dem Alltag so entrückt wie noch nie zuvor und empfand erneut jene friedvolle Einsamkeit, die ich früher als Einzelkind so manches Mal verflucht hatte.

Während ich mit dem Kopf voran den Gang hinabtauchte, strich die ausgeatmete Luft in Blasen an meinem Körper entlang und stieg dann dorthin auf, woher ich gekommen war. Es kommt vor, dass die von Tauchern ausgeatmete Luft nicht bis zur Oberfläche aufsteigen kann und in geschlossenen Räumen oder Gängen Luftpolster bildet. Der darin enthaltene Sauerstoff reagiert chemisch mit dem Stahl, das Metall wird vom Rost zerfressen, schließlich instabil und im Laufe der Zeit von der Strömung zersetzt. Irgendwann einmal wird das Wrack der *Andrea Doria* zu Pulver am Boden des Atlantik zerbröseln und am Ende wird der schwimmende Kunstpalast spurlos vom Meeresgrund verschwunden sein.

Es gelang mir nicht, den Durchgang zur dritten Klasse zu finden. Am Ende des senkrechten Ganges konnte ich nur nach links schwimmen, in Richtung Bug, doch dort ging es nur tiefer in die zweite und dann weiter zur ersten Klasse. Ich schaute auf meinen Tiefenmesser, obwohl das nicht nötig war, denn das Gerät bestätigte mir nur, was ich ohnehin schon wusste: Ich befand mich in 72,5 Meter Tiefe. Die Finimeter zeigten für beide Flaschen einen ausreichenden Luftvorrat an. Ich tauschte die Atemregler aus, um beide Flaschen gleichmäßig leerzuatmen. Nach diesen tauchtechnischen Handgriffen schwamm ich den waagerechten Gang entlang. Die Sicherungsleine wickelte sich leicht von der Rolle ab, und im Schein meiner Lampe kamen verschieden tief in den feinen Schlick versunkene Teller und Gläser zum Vorschein. Ich bewegte mich mit dem Froschbeinschlag vorwärts, um keine Ablagerungen aufzuwirbeln, und ließ die Geschirrteile erst einmal liegen. Ich konnte sie mir ja auf dem Rückweg holen, wenn ich bis dahin noch nichts Besseres gefunden hatte.

Dann plötzlich endete der Gang in einem Schlammhügel, aus dem Rohre und Kabel ragten. Es sah aus wie nach einem Erdrutsch. Ich wandte mich um und schwamm zurück und schaute das Geschirr, das ich vorher nicht weiter beachtet hatte, diesmal genauer an, als wäre ich auf einem Einkaufsbummel. Mir war klar, dass sich die Sicht sehr schnell auf Null herabsetzen würde, sobald ich etwas berührte, daher wollte ich sicher sein, dass sich das, was ich in die Hand nahm, wirklich lohnte. Da ich auf den vorangegangenen Tauchgängen schon eine große Zahl an Trophäen gesammelt hatte, konnte ich es mir nun erlauben, wählerisch zu sein. Ich nahm einen Teller auf, steckte ihn in mein Sammelnetz, und im Nu befand ich mich in einer Sedimentwolke, aus der ich mit zwei kräftigen Beinschlägen in Richtung Ausgang herausschwamm. Dabei wickelte ich beständig Sicherungsleine auf und hielt Ausschau nach weiteren Trophäen. Auf einem Teller war die »Italia«-Krone zu sehen, und ich packte ihn zu dem Ersten. Beim Weiterschwimmen entdeckte ich ein interessantes, anmutig geformtes Sahnekännchen. So etwas hatte ich dort noch nie gesehen. Ich nahm es vorsichtig vom Boden auf. Als ich es in das kleine Sammelnetz steckte, das ich extra für empfindliche Objekte mithatte, entstand im Wasser eine Schlammspur wie von einem rußenden Düsentriebwerk. Das Kännchen sah unversehrt aus, und ich freute mich über den Fund.

Nachdem ich das Sahnekännchen vorsichtig im Sammelnetz verstaut und mich überzeugt hatte, dass es auch richtig verschlossen war, sah ich auf meinen Tauchcomputer. Ich war bereits 22 Minuten unter Wasser, und es war Zeit aufzutauchen. Zügig schwamm ich den waagerechten Gang entlang, wobei ich kontinuierlich Sicherungsleine aufwickelte, und dann weiter den senkrechten Verbindungsgang hinauf. Mein

Computer piepte, um mich vor einem zu raschen Aufsteigen zu warnen, was das Risiko von Dekompressionskrankheit erhöhte. Ich ignorierte die Warnmeldung. Ich fand den schnellen Aufstieg von 72,5 auf 60 Meter vertretbar, denn jede weitere in der Tiefe verbrachte Minute verlängerte die erforderliche Dekozeit, die schon jetzt bei über zwei Stunden lag, erheblich. In 60 Meter Tiefe begann ich, langsamer aufzusteigen, und kam zu der Stelle, an der ich die Sicherungsleine befestigt hatte. Ich löste sie, wickelte sie vollständig auf, legte den Knopf um, der ein unerwünschtes Abspulen verhinderte, und packte sie in meinen Allzweckbeutel, der ein bisschen Werkzeug, gedruckte Austauchtabellen für den Fall, dass meine beiden Computer ausfielen, eine Rettungsboje, meine Buddyleine sowie mehrere Reservemesser enthielt, falls ich mich aus einem Leinengewirr befreien musste und meine beiden am Anzug befestigten Messer verloren hatte oder sie nicht erreichen konnte.

Ich verließ das Wrack, schaltete die Lampe aus, befestigte sie an meiner Tarierweste und schwamm hinüber zur Ankerleine, wo ich meine Sauerstoffflasche für die Dekompression sowie eine weitere Flasche mit Luft festgemacht hatte. Diese beiden Flaschen wurden nun in die Schulterringe der Weste eingehakt. Während ich langsam entlang der Ankerleine aufstieg, klinkte ich auch noch die unteren Halterungen der Flaschen an den Hüftringen der Weste ein, so dass sie unter meinen Armen hingen und nicht gefährlich hin- und herbaumelten, denn damit konnte ich mich selbst oder andere Taucher verletzen, insbesondere während einer langen Dekompression.

Insgesamt war ich dreieinhalb Stunden unter Wasser, doch den größten Teil davon verbrachte ich mit der Dekompression. Ich nutzte diese Zeit dafür, mir die Funde genau anzuschauen, den Tauchgang noch einmal Revue passieren zu lassen und mich ganz einfach an meinem Glück zu freuen, Unterwassererkundungen machen zu können. Schließlich war es so weit, ich tauchte auf und kletterte, überglücklich über meine drei Fundstücke, an Bord der *Seeker*. Ich hatte es ganz allein geschafft. Trophäenbesitzer und Bezwinger der Tiefe, der ich war, fühlte ich mich wie ein einsamer Cowboy im letzten Stück des Wilden Westens, das auf dieser Erde noch verblieben war.

Solo-Unternehmungen waren ein viel diskutiertes Thema im Tauchsport geworden. Es war noch nicht lange her, dass man in Taucherkreisen offen darüber sprach, wozu auch der Titel »Solo« des 1990 erschienenen ersten Hefts von *AquaCorps* beigetragen hatte. Freizeittauchschulen hielten an dem Lehrsatz »Tauche niemals ohne Partner« fest, doch wenn sich die Gelegenheit ergab, haben sich schon viele Taucher für einen Solo-Tauchgang entschieden. Chris und Chrissy Rouse waren in Höhlen schon oft allein getaucht, und die meisten Taucher, vor allem aber Höhlentaucher, besaßen die Fähigkeiten und den Mut, ausschließlich allein zu tauchen, wie es ihnen die Wracktaucher aus dem Nordwesten der USA schon vor Jahren vorgeführt hatten. Höhlentaucher wussten, dass Selbstvertrauen und Vorbereitung auf alle Eventualitäten das beste Rezept zur Vermeidung von Tauchunfällen waren. Wer sich im Klaren darüber war, was er tat, der konnte auch lernen, es allein zu tun. Das Selbstvertrauen, das man aus erfolgreichen Solo-Tauchgängen zog, war ein unschätzbarer Vorteil. Aber es gab auch Nachteile.

Mit einem Partner zu tauchen, bedeutete eine zusätzliche Absicherung, denn wenn ein Taucher Probleme hatte, konnte der andere ihm zu Hilfe kommen. Diese Lehrmeinung war ein unmittelbares Ergebnis des Schwimmlehrprogramms des YMCA*, denn dort lautete die Maxime, dass man in Seen oder im Meer stets zu zweit schwimmen sollte. Bekam ein Schwimmer Krämpfe, konnte sein Partner ihn abschleppen.

Selbst äußerst wagemutige Taucher würden im Normalfall – also meistens – zugeben, dass ein Buddy nicht nur nützlich, sondern manchmal sogar lebensrettend sein kann. Als Chrissy Rouse und seine Mutter im System der Devil's Cave die Sicherungsleine aus den Augen verloren hatten, funktionierte das Buddy-System, weil Chrissy die Technik und das Selbstvertrauen besaß, nach der verlorenen Leine zu suchen, die sie aus der Höhle hinausführen würde. Obwohl auch Sue selbst auf die Suche hätte gehen können, wurde ihre Angst dadurch ge-

---

* Young Men's Christian Association, Christlicher Verein Junger Männer (CVJM).

lindert, dass ihr Sohn und Tauchpartner für sie beide suchte. Sie hatte die Gewissheit, dass er zu ihr zurückkehren würde. Dagegen war Chrissys Suche nach der Leine eigentlich ein Solo-Tauchgang, denn seine Mutter musste sich, während er tauchte, an der Höhlenwand festhalten.

In psychologischer Hinsicht war es oft sehr wertvoll, einen anderen Taucher in seiner Nähe zu haben, denn das wirkte beruhigend – besonders wenn jemand erste Erfahrungen im Tauchen in kaltem Wasser und bei schlechten Sichtverhältnissen sammelte oder wenn man das Innere von Wracks und Höhlen erkundete. Möglicherweise verstärken die Auswirkungen der Stickstoffnarkose auch noch die tief in uns sitzenden Ängste vor Dunkelheit und geschlossenen Räumen, so dass der Organismus plötzlich wieder nach dem Urprinzip des Überlebenkampfes funktioniert: Kampf oder Flucht.

Der Fluchttrieb führt unter Wasser nicht selten zu irrationalen Reaktionen. Der häufigste Impuls eines in Panik geratenen Tauchers ist es, so schnell wie möglich zur vermeintlichen Sicherheit der Wasseroberfläche zu schwimmen. Zu allem Unglück aber besteht bei einem Taucher, der zur Oberfläche flüchtet, auch noch die Tendenz, die Luft anzuhalten. Dabei dehnt sich unter dem verminderten Druck geringerer Wassertiefe in seiner Lunge die Luft aus, die er unter dem Druck der Tiefe geatmet hat. Die Lunge wird überdehnt und reißt, und die dadurch freigesetzte Luft führt zu einer Gasembolie. Luftbläschen können in die Blutbahn gelangen, wo sie sich noch weiter ausdehnen, bis sie das Herz erreichen und es lahm legen, oder sie wandern zum Gehirn, wo sie zum einen das empfindliche Nervengewebe schädigen und zum anderen die Sauerstoffzufuhr unterbinden, indem sich die Luft in der Blutbahn zu immer größeren Bläschen zusammenschließt und am Ende kein Blut mehr durchlässt. Ein Taucher mit einem Barotrauma der Lunge hat extrem viel Glück, wenn die Bläschen nicht in die Blutbahn gelangen, sondern lediglich Lungengewebe zerstören und sich unter der Haut sammeln. Bei dieser Art der Verletzung, die man als subkutanes Emphysem bezeichnet, schwillt die Haut im Schulter- und Nackenbereich an, ist druckempfindlich und knistert, wenn man sie berührt wie gepuffte Weizen- oder Reiskörner, die in Milch schwimmen. Unsere aus Urzeiten ererbte Reaktion, bei Bedrohung mit Kampf oder Flucht zu antworten, hat sicherlich zum Überleben der Art beigetragen, für einen Taucher jedoch ist sie tödlich. Probleme, die unter Wasser entstehen, müssen unter Wasser gelöst werden.

Der offizielle Standpunkt der organisierten Tauchschulen ist zwar, dass die Anwesenheit eines Tauchpartners in jeder Lage eine Hilfe darstellt, doch bisweilen ist der primitive Fluchttrieb so stark, dass ein in Panik geratener Taucher seinen Partner, der ihm zu Hilfe kommt, in Gefahr bringt. Wenn beispielsweise ein Taucher keine Luft mehr hat und sein Buddy versucht, die Luft mit ihm zu teilen, kann daraus ein Kampf um den lebenswichtigen Atemregler werden, denn der Selbsterhaltungstrieb kann so stark werden, dass der eine Taucher sich auf völlig irrationale Weise weigert, dem anderen den Atemregler wieder zurückzugeben. Schon oft sind auf diese Weise beide zu Tode gekommen. Trotzdem halten Sporttauchschulen weiterhin an dem Grundsatz fest, nur paarweise zu tauchen.

Ein Weg, seinem Buddy die Panik zu nehmen, ist die sprachliche Kommunikation. Selbst in einer beängstigenden, tiefschwarzen, Schlamm vernebelten Umgebung kann es beruhigend wirken, die Stimme eines anderen zu hören, und natürlich kann man mittels Sprache auch am effektivsten einen durchdachten, koordinierten Plan zur sicheren Beendigung des Tauchgangs entwickeln. In einer Umwelt, in der alle Sinneswahrnehmung gedämpft, nur mit Einschränkung oder gar nicht möglich ist, kann es enorm hilfreich sein, mit jemandem zu sprechen. Für Berufstaucher wie Glenn Butler gehört eine Sprecheinrichtung wie selbstverständlich zur Standardausrüstung, doch Sporttaucher haben bislang größtenteils auf diese Vorrichtung verzichtet, obwohl sie unter Umständen Leben retten kann. Eine Ausnahme bildete Jim Baden, ein ehemaliger Soldat bei den Marines, ein hervorragender Taucher und einer der ersten Lehrer im Bereich des Technischen Tauchens.

Die Rouses und ich hatten Gelegenheit, Badens Sprachkommunikationssystem bei unserer gemeinsamen Expedition mit dem Team Doria in Betrieb zu sehen. Wie Wings Stocks, war auch Baden extra für diese Tauchexpedition aus Kalifornien eingeflogen. Beide besaßen dort einen Tauchladen und lehrten alles – vom Freizeittauchen bis zum Technischen Tauchen mit Mischgas. Aber das war auch schon fast alles, was es an Gemeinsamkeiten zwischen den beiden Männern gab. Sowohl vom Aussehen als auch vom Temperament her waren Baden und Wings grundverschieden. Der ehemalige Scharfschütze der Marines war so groß wie Wings, aber er hatte die sehnige Muskulatur eines Schwimmers – im Gegensatz zum bulligen Körperbau von Wings, der an einen Linebacker vom Football erinnerte. Baden war immer glatt rasiert und trug die Haare kurz, während Wings' Kopfbehaarung der eines Hells Angel glich. Baden hielt auf militärische Präzision und hatte für ein freundliches Lächeln oder ein kleines Schwätzchen nichts übrig. Seine einsilbige Art und seine Lehrmethoden waren von der wohlwollenden, aufbauenden Unterrichtsarbeit eines Wings Stocks himmelweit entfernt – viel weiter als die Läden der beiden, die in den Hügeln östlich von Los Angeles beziehungsweise in einem Vorort von San Francisco lagen. Einer der wenigen Getreuen (manche würden vielleicht auch sagen: Masochisten), die sich von Badens rigidem, militaristischem Trainingsprogramm nicht hatten abschrecken lassen, war Chuck Schmidt. Baden hielt ihn als Einzigen unter seinen Schülern für reif genug, an einem Tauchprojekt vom Kaliber unserer *Doria*-Expedition teilzunehmen.

Baden und Schmidt hatten ausgiebig zusammen den Umgang mit Vollgesichtsmasken trainiert, die im Gegensatz zu den normalerweise üblichen Halbmasken das ganze Gesicht und nicht nur Augen und Nase abdecken. Die Vollgesichtsmaske besitzt eine Innenmaske für Mund und Nase, ähnlich der Apparatur, mit der ein Arzt einem Patienten Narkosegas verabreicht. Da bei diesem Maskentyp der Atemregler in der Maske integriert ist, konnten Baden und Schmidt unter Wasser atmen, ohne etwas im Mund zu haben. Dies wiederum ermöglichte ihnen die Benutzung eines Kommunikationssystems, mit dem sie sowohl untereinander als auch mit dem Oberflächenpersonal Kontakt halten konnten. Statt über feste Verbindungskabel, wie sie seit über hundert Jahren bei den professionellen

Helmtauchern üblich waren, konnten sich Baden und Schmidt nun über Funk unterhalten.

Als Berufstaucher fand Glenn Butler es vollkommen in Ordnung, dass Baden und Schmidt im Sporttauchbereich ein Kommunikationssystem einsetzten. »Ich kann mir gar nicht vorstellen, ohne eine Sprecheinrichtung zu tauchen«, sagte er mir. »Die hilft einem, bei Verstand zu bleiben, wenn man da unten irgendwelche Probleme kriegt.« Man kann mit Sprecheinrichtung viel schneller und leichter andere Taucher herbeirufen, um im Wasser nach einem vermissten Taucher zu suchen oder einen Bewusstlosen zu bergen. Wie vielen Sporttauchern hätte wohl das Leben gerettet werden können, wenn sie in der Lage gewesen wären, Hilfe anzufordern?

Ein Beispiel für einen tragischen Unfall, der durch eine Sprecheinrichtung hätte verhindert werden können, fand am Wrack der *U.S.S. San Diego* statt. Ein Tauchteam aus Vater und Sohn drang in den Panzerkreuzer aus dem Ersten Weltkrieg ein, der vor der Südküste von Long Island im Bundesstaat New York gesunken war. Auf ihrer Suche nach Fundstücken folgte der Sohn seinem Vater ins Innere des Wracks, schwamm aber zu dicht hinter ihm, so dass sein Fuß ihm die Maske vom Kopf riss. Die Sicht war für den Sohn stark eingeschränkt, weil der Vater den Kraulbeinschlag verwendete. Als der Sohn seine Maske schließlich wieder angelegt hatte, sah er nichts mehr. Ohne Sicht aber und ohne die Möglichkeit, mit dem Vater zu sprechen, war er nicht in der Lage, seinen Vater zu lokalisieren. Der Siebzehnjährige tauchte zur *Wahoo* auf und berichtete der Crew, er habe unter Wasser den Kontakt zu seinem Vater verloren. Eine Suche wurde eingeleitet, und man fand den Vater des jungen Mannes im Wrack – tot. Hatte er die gesamte Luft seiner einzelnen Flasche bei der Suche nach seinem Sohn verbraucht? Oder hatte er die Orientierung verloren und den Weg aus dem Wrack nicht mehr gefunden?

Der Sohn war völlig verzweifelt. Er sagte der Besatzung der *Wahoo*, er allein habe den Tod des Vaters verschuldet. Er schwor sich, nie mehr wieder zu tauchen. Der junge Mann musste die extreme seelische Belastung verkraften, sich für den Tod des eigenen Vaters verantwortlich zu fühlen. Die Besatzung der *Wahoo* spendete nach Kräften Trost, doch nichts konnte den Vater wiederbringen. Auch die Begeisterung für den Sport, die Vater und Sohn einst geteilt hatten, war ein für allemal zerstört.

Hätten allerdings die Rouses über eine Sprecheinrichtung verfügt, so hätte das vielleicht auch Nachteile mit sich gebracht. Schließlich war es überhaupt nicht nötig, dass sie ihr Gezänk auch noch unter Wasser fortsetzten. Dort nämlich sorgten die Atemregler in ihren Mündern für ein selbst auferlegtes Mecker-Moratorium, wodurch sich ihre gemeinsamen Tauchgänge umso angenehmer gestalteten. Obwohl die Rouses fanden, Badens Idee sei innovativ, hatten sie doch auch Sicherheitsbedenken, weil sein System mit nur einem Atemregler ausgestattet war, und sie fragten sich, wie effektiv man damit während des Tauchgangs das Atemgas wechseln konnte. Baden löste diese Probleme, indem er eine weitere, normale Maske um den Hals trug. Dazu führte er auch einen von der Vollgesichtsmaske unabhängigen, leicht erreichbaren zweiten Atemregler mit. Sollte Baden tatsächlich einmal Atemprobleme mit der Vollgesichtsmaske bekommen, dann würde er diese unter Wasser abnehmen, aus dem Ersatzatemregler atmen und seine zweite Maske aufsetzen. In der gleichen Weise ging Baden auch vor, wenn er beim Auftauchen auf Dekompressionsgase umstieg. Den Rouses war das zu umständlich. Außerdem verbrauchte man mit einer Vollgesichtsmaske mehr Luft als mit der Standardkonfiguration für das Gerätetauchen.

Dabei schleppte dieses Vater-Sohn-Gespann wirklich schon genug mit sich. Bei ihrer Höhlentauchausbildung hatten die Rouses gelernt, dass man auf einen Tauchgang alle lebenswichtigen Ausrüstungsgegenstände mindestens doppelt mitzuführen hat. In einer Höhle, wo es in der Regel nur eine Möglichkeit gibt, zurück an die Oberfläche zu kommen, nämlich genauso wie auf dem Hinweg, kann der Ausfall eines Atemreglers oder einer Lampe tödliche Folgen haben. Daher hatten sie nichts übrig für Dinge, die das Atmen erschwerten, selbst wenn es, wie im Falle der Vollgesichtsmaske, im Notfall das Risiko einer Panik verringerte. Die Rouses zogen es vor, sich auf das zu ver-

lassen, was sie gelernt hatten, und darauf, dass sie ein einge-
spieltes Team waren.

Dabei berücksichtigten die Rouses allerdings nicht, dass
man ja den Sprechfunk und seinen eigenen gesunden Men-
schenverstand miteinander kombinieren und so den Höhlen-
und Wracktauchsport auf ein neues Sicherheitsniveau bringen
konnte. Ich selber hatte das genauso wenig gesehen wie die
Rouses und die allermeisten anderen Sporttaucher auch. Und
warum? Weil das neue Equipment nicht nur unhandlich und
kostspielig war, sondern auch dem Wunsch vieler Sporttaucher
zuwider lief, allein zu sein. Wir wollten unter Wasser Dinge
anpacken und uns nicht auf Technik verlassen, die wir nicht
brauchten und die das Vertrauen in unsere Fähigkeiten, Erfahrungen und unseren einzigartigen Mut in Frage stellten.

Während der Expedition des Teams Doria war Billy Deans auf
Chrissy Rouse aufmerksam geworden. Vater und Sohn Rouse
planten sorgfältig ihre Tauchgänge, und sie tauchten mit einer
sinnvoll zusammengestellten Ausrüstung. Billy gefiel das. Genauer gesagt, er wusste, dass er für so jemanden Verwendung
hatte. Im Gegensatz zu seinem Vater konnte Chrissy jederzeit
umziehen, denn er hatte keine Verpflichtungen, weder Frau
noch Haus noch Firma, und seine offensichtliche Begeisterung
für den Sport, seine Kenntnisse sowie seine taucherischen
Fähigkeiten machten ihn zum Wunschkandidaten für einen
Job als Tauchlehrer in Billys Laden »Diver Center« auf Key
West.

Billy sah, dass die Zukunft dem Technischen Tauchen gehörte. Wer bisher noch keine Erfahrung mit Mischgas hatte, buchte jetzt einen Kurs. Dazu kam eine verstärkte Nachfrage nach
Charterfahrten zu dem in 75 Meter Tiefe gelegenen Wrack der
Wilkes-Barre. Billy und sein Tauchpartner John Ormsby hatten früher dort mit der Harpune gejagt. Nun wollte Billy Deans
das Wrack genauer erkunden. Um möglichst sicher zu tauchen,
hatte er Bill Hamilton bedrängt, ihm seine neuen Tauchtabellen für Trimix zur Verfügung zu stellen. Chrissy hatte Erfahrungen im Tauchen mit Mischgas: Im Oktober 1990 hatte er
zusammen mit seinem Vater und seiner Mutter an einem Kurs

beim Meister Sheck Exley persönlich teilgenommen. Auch seine Erfahrungen im Höhlentauchen hatten Chrissy dafür sensibilisiert, jedes Detail eines Tauchgangs im Voraus zu planen. Je länger Billy darüber nachdachte, desto sicherer war er, dass Chrissy Rouse mit seinem Wissen, seinen taucherischen Fertigkeiten und seinem jugendlichen Alter ein Gewinn für den Laden sein würde.

Billy kam zwischendurch aus Florida hoch in den Nordosten der USA, um Mischgas-Tauchkurse abzuhalten, für die er von anderen Tauchshop-Inhabern bezahlt wurde. Bei einem solchen Freiwasser-Tauchkurs zu tief gelegenen Wracks vor der Küste von New Jersey traf Billy Deans an Bord der *Seeker* Chrissy Rouse und machte ihm sein Angebot.

Chrissy war überglücklich. Als er wieder zu Hause war, rief er mich sofort an. »Bernie, weißt du was? Billy hat mir 'nen Job bei sich unten in Florida angeboten! Ich kann's immer noch nicht glauben – ich meine, der ist doch richtig berühmt, und dann bietet *der mir* an, für sich zu arbeiten!«

»Ist ja klasse!«, antwortete ich. »Und? Ziehst du runter nach Florida?«

Meine Frage setzte seiner Freude erst einmal ein jähes Ende. Er war vor lauter Begeisterung noch gar nicht zum Nachdenken gekommen.

»Weiß nicht, ist alles noch nicht entschieden.« An seiner Stimme merkte ich, dass ich ihn aus der Fassung gebracht hatte. »Ich find's nur nicht so gut, dass ich dann so weit weg von den tollen Wracks bin, die wir hier haben.«

»Dafür ist Billys Laden viel näher an den Höhlen von Florida«, warf ich ein.

»Stimmt schon, aber jetzt, wo Dad und ich gerade diese Höhle in unserer Nähe gefunden haben, da wär's vielleicht besser, ich bleib erstmal hier und helfe ihm bei der Erkundung. Und wenn diese Höhle nichts bringt, dann kann ich ja immer noch runterfahren und für Billy arbeiten.«

Chrissys Zukunft lag im Tauchen, das stand fest. Ich fragte mich nur, ob es für seine Karriere und sein Erwachsenwerden förderlich war, wenn er sich weiterhin an Pennsylvania und damit an die Projekte und Launen seines Vater klammerte. Wie andere Taucher, hatte auch ich bemerkt, dass Chrissy von seinem Vater ständig wegen jeder Kleinigkeit kritisiert wurde – sei es, dass er vor einem Tauchgang vom Boot aus ihre Ausrüstung nicht richtig zusammengestellt habe, sei es, dass er angeblich über kein handwerkliches Geschick verfüge, und das, obwohl Chrissy viel besser als die meisten Profis Equipment in Ordnung bringen konnte. Wenn er es seinem Vater schon niemals recht machen konnte – ich jedenfalls bewunderte sein Wissen und seine Geschicklichkeit im Umgang mit Tauchausrüstung. Aber Chrissy war noch jung, und bei dem sprunghaft ansteigenden Interesse für die Taucherei würde er seine Chance in den nächsten Jahren schon noch bekommen. Vielleicht kamen die beiden ja noch ganz groß raus mit ihrer Höhle, als Helden des Tauchsports.

Ich wollte die Rouses gerne bei einer geplanten Tauchfahrt auf einem Charterboot dabeihaben. »He, Chrissy, habt ihr Lust, mit rauszufahren und zur *Northern Pacific* zu tauchen?«

»Nee, sind pleite.«

»Was, pleite? Das gibt's doch nicht!«, protestierte ich. »Gib mir doch mal bitte Chris, ja?«

Ich hörte, wie Chrissy seinen Vater ans Telefon rief. Als er am Apparat war, sagte ich: »Mensch, Chris, so abgebrannt kannst du doch gar nicht sein, dass ihr nicht zur *Northern Pacific* mitkommen könnt! Ich hab ein Boot gechartert. Wird bestimmt super! Wir holen uns ein paar Bullaugen.«

Chris seufzte. »War schon richtig, was Chrissy dir gesagt hat, Bernie. Wir sind total blank. Am Bau läuft derzeit praktisch überhaupt nichts mehr, und die Sache mit der Tauchausrüstung, die ich machen will, die ist ja erst im Anlaufen. Ich hab sogar mein Flugzeug verkaufen und mir die Lebensversicherung auszahlen lassen müssen!«

Das war ein Schlag. »Du hast die Lebensversicherung gekündigt? Was soll denn Sue machen, wenn dir was zustößt?«

»Mann, ich hatte keine Wahl!«, verteidigte sich Chris. Meine Frage war ihm unangenehm.

»Hast du deine Tauchausrüstung verkauft?«

»Quatsch! Die brauchen wir auf alle Fälle! Ich will doch

Equipment herstellen und verkaufen. Da brauch ich schließlich mein eigenes Tauchzeug, um die Sachen erstmal zu testen, bevor ich sie für den Verkauf in Serie produziere.«

Ich verstand ihn schon. Schließlich liebte er seine Tauchausrüstung und hatte außerdem seine Hoffnungen für die Zukunft in sie gesetzt. Dennoch fand ich es seltsam, dass er zwar sein Flugzeug, aber nichts von seiner Tauchausrüstung verkauft hatte, obwohl er davon wirklich mehr als genug hatte.

Sue Rouse stand wie immer zu ihrem Mann. Wenn Chris sein Flugzeug und sogar seine Lebensversicherung zu Geld machen musste, dann war es eben so, da konnte man nichts machen. Sicher, sie hatte sich sehr über Chris' Erfolg mit seinem Tiefbauunternehmen gefreut, aber irgendwie hatte sie gewusst, dass ihre Glückssträhne einmal zu Ende sein würde. Die Rouses waren schon immer Pessimisten gewesen, und selbst als es ihnen gut ging, machten sie sich schon auf die Pechsträhne gefasst, von der sie, wie sie meinten, verfolgt wurden. Es war, als lebten sie in einem Traum, und beim Aufwachen würden sie wieder in die harte Lebenswirklichkeit zurückgeholt.

Nun, da die Rezession in Bucks County deutlich zu spüren war, mussten sie sich wieder abstrampeln, um ein Auskommen zu haben. Chris stellte in seiner Werkstatt neben dem Wohnhaus Spezialausrüstung her und verkaufte sie an Ladenbesitzer, die er persönlich kannte. Manche Tauchläden nahmen auf Wunsch ihrer Kunden die von Chris gefertigten Produkte in ihr Sortiment auf. Die einträglichste Sparte von Chris' Firma »Black Cloud Scuba« war die Reparatur von Scootern, mit denen Höhlentaucher weitaus tiefer in Höhlen vordringen können und die auch von Wracktauchern gerne benutzt werden, um die Unmengen von Sand fortzublasen, unter denen Fundstücke oft begraben sind. Zur Erweiterung seines Reparaturangebots hatte er sich sogar teure Formmaschinen nach seinen eigenen Vorgaben bauen lassen, mit denen er nun Propellerflügel aus Metall in die Scooter einsetzen konnte, während es ansonsten am Markt nur Flügel aus Plastik gab. Die Metallflügel waren viel haltbarer als die aus Kunststoff und brachen so gut wie nie. Das sprach sich in Taucherkreisen herum, denn einen Mechaniker, der defektes Material gut und zuverlässig reparierte, brauchte man immer. Chris' Firma lebte größtenteils von Mundpropaganda. Das hatte schon bei seinem Tiefbauunternehmen funktioniert, und so würde es jetzt wieder sein, da war er sicher. Bald schon stand Chris Rouse im Ruf, die beste Adresse im ganzen Lande für die Reparatur von Unterwasser-Scootern zu sein. Aus allen Teilen der USA und selbst aus Kanada schickten Taucher ihm ihre Scooter zur Überholung und Instandsetzung. Trotzdem verdiente er damit nicht genug für seine Familie und sich.

Sue dachte wehmütig an ihre früheren gemeinsamen Erfolge, die schon in so weiter Ferne schienen und die sie nun in ihrer Erinnerung heraufbeschwor. Sie würde bis in den Tod zu ihrem Mann stehen, in guten wie in schlechten Zeiten. Und im Moment waren die Zeiten eben schlecht.

Sues Gelübde war kein leeres Versprechen – sie lebte auch danach. In zwanzig Jahren hatten die beiden gelernt, einander vollkommen zu vertrauen, und keiner hatte dem anderen Anlass gegeben, daran zu zweifeln. Chris' früherer geschäftlicher Erfolg, so unwahrscheinlich er auch am Anfang erschienen war, hatte nur Sues Vertrauen gestärkt, dass alle Pläne ihres Mannes sich am Ende zum Guten wenden würden – so auch sein derzeitiges Projekt einer Spezialfirma für Tauchausrüstung und Reparaturen.

Doch fragte sich so mancher in ihrem Freundeskreis, ob die Beziehung der Rouses nicht irgendwo auf der Stufe der High School stehen geblieben war. Chris kritisierte ja nicht nur seinen Sohn bei jedem Handgriff, was zu ihren ständigen Wortgefechten führte, er tat das Gleiche auch mit seiner Frau: Ihr Essen war nicht gut genug, das Haus und die Kleidung waren nicht sauber genug, und auch beim Tauchen zeigte sie nicht den Einsatz, den ihr Mann von ihr erwartete. Vielleicht waren die familiären Streitereien unter den drei Rouses so etwas wie ein fortwährender adoleszenter Kampf um Selbstbehauptung, nach der Art, wie Pubertierende untereinander eine Hackordnung aufstellen. Was man aber auf jeden Fall sagen konnte, war, dass alle drei Rouses starrköpfig waren und dass niemand bereit war, in Konfliktfällen nachzugeben.

Bei den Vorbereitungen für meine Dreitagesfahrt zum Wrack der *Northern Pacific,* einem zum Truppentransporter umgerüsteten Passagierdampfer, der 1922 nach einem mysteriösen Feuer vor der Küste des Bundesstaats Delaware auf 45 Meter Tiefe gesunken war, schaute mir mein dreijähriger Sohn beim Packen meiner Tauchtaschen zu, wie er es schon oft getan hatte. Nur, dass er diesmal fragte: »Kommst du wieder zurück, Daddy?«

Er sagte das in so einem sonderbaren Tonfall, dass ich die Sachen, die ich gerade in der Hand hatte, beiseite legte und ihn ansah. Ich fragte mich, ob er mehr wusste als ich. »Natürlich komme ich wieder, Gil. Daddy kommt doch immer zurück.« Gil schaute zu Boden, als habe ihn das nicht überzeugt. Als sich am Nachmittag meine Frau und er am Auto von mir verabschiedeten, bevor ich zum Heimathafen der *Seeker* nach Brielle in New Jersey fuhr, drückte ich ihn besonders fest an mich.

Ich hatte Bill Nagels Boot *Seeker* für diese Expedition gechartert. Nagel hatte mir zwar seine Bedenken geäußert, im Oktober, was für die Tauchsaison im Nordosten der USA ein später Termin war, eine Fahrt so weit weg vom Heimathafen der *Seeker* zu machen, doch ich blieb bei meinem Entschluss und trommelte Leute zusammen, die mitfahren wollten. Dabei hätte ich die Fahrt zur *Northern Pacific* auch gut auf die nächste Saison bei wahrscheinlich besseren Wetterverhältnissen verschieben können, aber ich hatte mir fest vorgenommen, meine bislang erfolgreichste Tauchsaison mit mindestens einem Messing-Bullauge zu beenden, wovon unter den stählernen Rumpfplatten dieses Wracks bekanntermaßen noch zahlreiche vorhanden waren. Durch meinen Erfolg bei der *Andrea Doria* ermutigt, ließ mich der Gedanke nicht mehr los, meiner schnell größer werdenden Trophäensammlung eine weitere Kostbarkeit hinzuzufügen.

Wir tuckerten nach Delaware, den Bundesstaat, der sich südlich an New Jersey anschließt. Das Wetter war hervorragend – eine freudige Überraschung nach einer stürmischen Woche. Ich hoffte darauf, dass die Sandablagerungen um die *Northern Pacific* sich durch die Stürme vielleicht verschoben hatten und nun den Blick auf die begehrten Bullaugen freigaben. Zu den Teilnehmern der Expedition gehörte unter anderem Peter Thompson, ein ehemaliger Tauchschüler von mir. Er war es übrigens gewesen, der mir den Beratervertrag für das Tauchcomputer-Projekt vermittelt hatte, denn er arbeitete für das japanische Handelsunternehmen. Auch Kevin O'Brien und Cliff Herbst waren meine Schüler gewesen. Dennis Anacker und John Harding hatten sich zum Ziel gesetzt, irgendwann einmal zur *Andrea Doria* zu tauchen; die beiden Freunde waren Mitglieder bei den New York City Sea Gypsies, dem Tauchclub, dem auch ich seit 1987 angehörte. Mein Tauchpartner war Ed Dady, ein ambitionierter und erfahrener Taucher, den ich über Steve Berman kennen gelernt hatte. Wir wollten alle zusammen als Team tauchen, entlang des kieloben auf Grund liegenden Wracks der *Northern Pacific* Sicherungsleinen spannen und nach Trophäen Ausschau halten. Die Rouses fehlten mir, auch wenn einem ihre überhand nehmenden Streitereien auf die Nerven gehen konnten. Aber ich wusste, dieses Wetter und dieses Wrack wären genau das Richtige für sie gewesen.

Bei meinem ersten Tauchgang stieß ich auf eine Stelle, wo der Sand ungleichmäßig über das Wrack verteilt war, so als läge etwas darunter. Ich begann zu graben und fand einige Geschirrscherben und zwei unversehrte Besteckteile. Als ich nach meinem zweieinhalbstündigen Tauchgang wieder an Bord kletterte, berichtete einer der anderen Taucher, er habe unterhalb einer massiven stählernen Rumpfplatte mehrere Bullaugen entdeckt. Ich überlegte, was zu tun sei, und beschloss, einen Wagenheber mit zwei Tonnen Tragkraft mit nach unten zu nehmen, um die Rumpfplatte so weit aufzubiegen, dass wir an die Bullaugen herankamen. Ich tauchte an diesem Abend noch einmal hinab, wobei ich der Sicherungsleine zu der bewussten Stelle folgte. Ich brachte den schweren Wagenheber unter der Rumpfplatte in Position, doch als ich den Hebemechanismus in Bewegung setzte, rührte sich nichts. Ich versuchte herauszufinden, woran das lag.

Dies wurde dadurch erschwert, dass meine Sicht nicht nur von aufgewühlten Partikeln, sondern auch von unzähligen winzigen Tierchen behindert wurde, die mich umschwärmten, als befände ich mich in der Unterwasser-Version von Hitchcocks »Die Vögel«. Diese Lebewesen waren so zahlreich und so klein, dass ich nicht genau ausmachen konnte, worum es sich überhaupt handelte, wahrscheinlich aber waren es Hummer- oder Krabbenlarven. Sie wurden vom Licht meiner Taucherlampe angezogen, die ich in der vollkommenen Dunkelheit meines nächtlichen Tauchgangs benötigte. Als ich einmal den Atemregler wechselte, um meine beiden Flaschen gleichmäßig leer zu atmen, bekam ich eine Unmenge Larven in den Mund. Ich mag Meeresfrüchte wirklich sehr gerne, aber das war mir nun doch ein wenig zu frisch. Ich hielt die Lampe etwas vom Körper weg und legte sie dann in den Sand, und die Larven folgten ihr. Es schwirrten so viele Tierchen umher, dass sie die Leuchtkraft der Lampe verminderten, und sie warfen gespenstische, schnell wieder verschwindende Schatten auf die Rumpfplatte, die ich aufbiegen wollte.

Ich warf einen Blick unter die Stahlplatte und verstand, warum der Wagenheber nichts hatte ausrichten können: Der Sand war so locker, dass der Wagenheber sich einfach immer tiefer eingrub, je mehr ich den Hebel betätigte. Es war fast so, als hätte das Wrack beschlossen, mir den Zugang zu den Bullaugen zu verweigern, denen ich schon so nahe war – so unerreichbar nahe.

Trotz Belästigung durch die Tierchen machte ich weiter und suchte nach einem Wrackteil zum Unterlegen, um dem Wagenheber Halt zu geben. Die *Northern Pacific* ist zwar größtenteils unversehrt, doch rings um das zwölf Meter aus dem Sand aufragende Wrack liegen kleinere Teile verstreut, und ich fand rasch ein passendes Metallstück. Aber als ich gerade den Wagenheber auf das Metallstück gestellt und ihn an der Rumpfplatte angesetzt hatte, war meine Tauchzeit abgelaufen, und knurrend vor Enttäuschung schwamm ich für meine lange Dekompression zur Ankerleine zurück.

Es war schon nach Mitternacht, als ich mich an Bord der *Seeker* hievte. Ich hatte Gliederschmerzen, fühlte mich schlapp, und mir tat der Hals weh. Nicht nur, dass mein Tauchgang frustrierend gewesen war, jetzt bekam ich auch noch eine Grippe.

An meinem Schlafplatz auf der *Seeker* war die Luft muffig-feucht, alles war sehr beengt, und so schlief ich nicht gut. Ich beschloss, nicht mehr zu tauchen und nahm zwei Ibuprofen-tabletten gegen die Gliederschmerzen ein. Wer so krank ist, dass er Medikamente braucht, der sollte nicht tauchen. Doch während ich schlaflos mit meinen Beschwerden dalag, dachte ich immer wieder an die Bullaugen dort unten. Sie erschienen mir so nahe, als könnte ich sie von meiner Koje aus greifen. Ich malte mir aus, wie die herrlichen Trophäen mit ihrem polierten Messing in meiner Wohnung in Manhattan wirken würden.

Als ich am nächsten Morgen aufstand, wollte Ed, mein Tauchpartner, gleich tauchen gehen. Ich sagte ihm, mir gehe es nicht gut, aber er drängte mich. Ich nahm noch einmal Medizin ein, unter anderem auch etwas gegen Nebenhöhlenentzün-dung, legte mich wieder hin und ließ mich vom Boot sanft schaukeln. Seltsam, dachte ich, dass Ed plötzlich so großen Wert darauf legte, mit einem Partner zu tauchen, obwohl er doch ein erfahrener Solo-Taucher war. Meist nämlich trennten wir uns, wenn wir zusammen tauchten, unter Wasser sowieso und trafen uns erst an der Ankerleine zur Dekompression wie-der. Diese Art des Tauchens wurde scherzhaft als »Partertau-chen im selben Ozean« bezeichnet. Viele erfahrene Taucher täuschten einen Tauchpartner nur vor, und sei es, um den Kapi-tän ihres Tauchboots zu beruhigen.

Nach ein paar Stunden Ruhe ging es mir schon besser. Die Medizin und gute Ernährung schienen Wirkung zu zeigen. Daher beschloss ich, doch noch einen kurzen Tauchgang von zwanzig Minuten zu machen. Ich informierte Ed und die ande-ren, dass ich nicht ganz auf dem Posten war; sollte es mir unter Wasser wieder schlechter gehen, würde ich den Tauchgang vorzeitig abbrechen. Ich sagte Ed, dass er in diesem Falle nicht mit mir hochzukommen bräuchte. Schließlich waren es nur 45 Meter, das Wetter war fantastisch, und ich hatte am Vortag schon zwei Tauchgänge zu dem Wrack absolviert, so dass ich mich gut genug auskannte.

Beim Abtauchen spürte ich, wie ein Adrenalinstoß mir neue Energie gab. Da war einerseits die Verlockung, die von den Bullaugen ausging, und andererseits der leichte, angenehme

Tiefenrausch. Trotz des untergelegten Metallstücks hatten die anderen Taucher auch nicht mehr Glück beim Anheben der Rumpfplatte gehabt, und wir hatten die Bergung dieser Stücke inzwischen aufgegeben. Daher wollte ich versuchen, irgendwo anders Bullaugen zu finden. Ich schwamm aber vorher nochmals zur alten Stelle, um noch einen Blick auf die verlockenden Objekte zu werfen. Vielleicht würde mir ja noch eine Idee kommen, wie man auf andere Weise herankommen konnte. Nach zwanzig Minuten fühlte ich mich immer noch prächtig, hatte reichlich Luft in meinen Flaschen und beschloss daher, den Tauchgang auf normale Länge auszudehnen. Auf den beiden vorangegangenen Tauchgängen war ich – ohne Dekompressionszeit – 43 Minuten in 45 Meter Tiefe geblieben, und das würde ich jetzt auch wieder schaffen, dachte ich.

Ich schwamm zum Bug des 150 Meter langen Wracks, obwohl wir unsere Ankerleine ganz am Heck des Schiffes festgemacht hatten. Als das Schiff gesunken war, war es mit dem Bug voran in den Sand am Meeresgrund gestoßen. Der stählerne Rumpf des Dampfers war durch den abrupten Stopp extrem belastet worden und in zwei Teile gebrochen. Daher klaffte jetzt am Wrack eine drei Meter breite Lücke zwischen dem Bugteil und dem Rest des Schiffes. Ich war fasziniert, wie klar abgegrenzt man die einzelnen Decks unterscheiden konnte, wenn man vom Meeresboden am Rumpf entlang nach oben schwamm. Es war, als würde man sich eine Querschnittszeichnung anschauen, nur dass alles echt war.

Ich ließ mich wieder sinken und schwamm in den Bugteil des Wracks hinein, um Hummer zu suchen. Wenn ich schon kein Bullauge bekommen konnte, wollte ich wenigstens etwas Großes, Essbares als Belohnung aus der Tiefe mitnehmen. Ich hatte gerade meinen zweiten Hummer in der Hand, da sah ich in der breiten Spalte, durch die ich in die Bugsektion geschwommen war, den Schein von Eds Lampe. Ich steckte das Krustentier in mein Sammelnetz, dann schwamm ich zu Ed hin. Wir verließen zusammen den Bugbereich, und Ed gab mir durch Zeichen zu verstehen, dass wir zum Auftauchen die zweite Leine benutzen sollten, die Dan Crowell, ein Crewmitglied der *Seeker,* an der Bruchstelle des Rumpfes festgemacht hatte. Ich war einverstanden und wiederholte Eds Zeichen.

Beim Aufsteigen las ich meine Geräteanzeigen ab und merkte mir die Zeit, die ich für die Dekompression brauchen würde. Da fiel mir ein, dass ich die für die Dekompression vorgesehene Flasche mit Sauerstoff an der Ankerleine am Heck des Schiffes vertäut hatte. Diesen Sauerstoff aber benötigte ich, um jetzt, nach meinem dritten Tauchgang auf 45 Meter innerhalb von 24 Stunden, als Sicherheitsreserve für die Dekompression.

Wir waren erst drei Meter oberhalb des Wracks in 30 Meter Tiefe. Ich machte Ed Zeichen, dass ich noch einmal hinabtauchen, zur Ankerleine schwimmen und von dort aus auftauchen wollte. Er schaute mich fragend an.

Ich wandte mich ab, ging etwas tiefer und schwamm dann in 33 Meter Tiefe am Kiel des Schiffes entlang. Die Strömung war inzwischen stärker geworden, und ich verbrauchte viel Luft, weil ich kräftige Beinschläge machte, um zügig voranzukommen. Ich wusste, dass die Uhr lief, und ich wollte so schnell wie möglich zu meiner Sauerstoffflasche gelangen und mit der Dekompression beginnen. Da es am Kiel nichts zum Festhalten gab, konnte ich die Arme nicht zur Unterstützung einsetzen. So mussten die Beinmuskeln die Arbeit allein verrichten, wodurch ich mehr Luft verbrauchte, weil die Muskeln der Beine größer sind als die der Arme und einen höheren Sauerstoffbedarf haben.

Beim Schwimmen schaute ich ziemlich außer Atem auf meine Geräteanzeigen. Durch die große Anstrengung reicherte sich mein Blut rasch mit Kohlendioxid an, was zu noch schnellerem Atmen führte. Insgesamt musste ich eine Strecke von etwa 100 Metern zurücklegen, doch wenn ich weiter so schwer atmete, dann würde ich vor dem Erreichen des Hecks ohnmächtig werden. Mir wurde klar, dass ich mir eine andere, körperlich weniger anstrengende Art einfallen lassen musste, um an meine Sauerstoffflasche zu kommen.

Ich ließ mich zur Seite des Wracks bis zum sandigen Grund sinken. Dort, in 45 Meter Tiefe, musste ich zwar längere Dekozeiten in Kauf nehmen als vorher in 33 Metern, aber dafür war ich nun vor der Strömung geschützt und konnte mich mit den

Armen an den überall am Boden verstreuten Wrackteilen entlangziehen. Aber die Anstrengungen, die hinter mir lagen, forderten bereits ihren Tribut.

Nach unserer Martini-Regel entspricht eine Tauchtiefe von 45 Metern drei Gläsern. Die berauschende Wirkung der Luft, die ich dort unten atmete, wurde durch das Kohlendioxid, mit dem mein Blut inzwischen übersättigt war, und durch die Symptome, die ich für den Beginn einer Grippe hielt, noch verstärkt, und ich fühlte mich nun, als hätte ich gerade einen weiteren Martini gekippt. Alles begann sich in meinem Kopf zu drehen, als ich mich nach Ed umwandte. Ich sah ihn hinter mir herkommen, aber er schien noch ein gutes Stück entfernt. Ich ruhte mich etwas aus, bis ich bei Atem war, dann schwamm ich weiter, indem ich mich mit den Armen voranzog und mich gleiten ließ.

Je näher ich dem Heck kam, desto trüber wurde das Wasser und desto schwieriger wurde es, den doch nur sechs Meter entfernten Rumpf zu erkennen. Oder war nicht das Wasser, sondern meine Sicht getrübt? Immerhin wirkten eine Menge Faktoren zusammen: die Anstrengung, das mit Kohlendioxid übersättigte Blut, mein geschwächter Zustand, die Medikamente und die noch einmal verstärkte Stickstoffnarkose.

Mir schlug das Herz bis zum Hals, als ich nach der Ankerleine suchte. Eigentlich wusste ich, wo sie sein musste, aber plötzlich war alles so schwarz um mich, dass ich Schwierigkeiten hatte, überhaupt noch etwas zu erkennen. Ich schwamm auf den massiven Rumpf zu, weg von den umherliegenden Wrackteilen, und bewegte meine Lampe auf und ab, als wäre sie ein Pinsel, mit dem ich den Rumpf anstrich. Irgendwo hier musste die Ankerleine sein, doch ich konnte sie nicht ausmachen. Auch Ed konnte ich nicht sehen. Wenn wir eine Sprechverbindung gehabt hätten, hätte ich ihn fragen können, wo er war, und er hätte mich zur Ankerleine lotsen können, die er, wie ich später erfuhr, tatsächlich gefunden hatte, und zwar nur unweit der Stelle, an der ich gesucht hatte.

Ich hätte nach dem Auftreten der Krankheitssymptome meine Entscheidung gegen einen weiteren Tauchgang nicht mehr rückgängig machen dürfen. Aus Gier nach Beutestücken je-

Vater und Sohn bei ihrem ersten Hobby, mit ihrem geliebten Flugzeug.
(Mit freundlicher Genehmigung von Sue Rouse)

Bei der Tauchprüfung.
(Mit freundlicher Genehmigung von Sue Rouse)

Sue Rouse (rechts im Bild) bei ihrer Grundausbildung im Höhlentauchen in
Peacock Springs, Florida.
(Mit freundlicher Genehmigung von Sue Rouse)

Die Rouses bereiten sich auf einen Tauchgang in der Devil's Ear Cave,
einer Unterwasserhöhle in Ginnie Springs, vor.
(Mit freundlicher Genehmigung von Sue Rouse)

Eine Öffnung im Meeresboden führt hinab zu Lothoren Blue Hole, einem Höhlensystem vor East End auf Grand Bahama Island.
(© Stephanie Schwabe, Blue Holes Foundation)

Ein Taucher bahnt sich in der East End Cave auf Grand Bahama Island seinen Weg zwischen Säulen aus Kalkstein, so genannten Speläothemen. Der Taucher hat seine Flaschen an der Seite anstatt auf dem Rücken befestigt, was ein Vordringen auch in äußerst niedrige Regionen der Höhle ermöglicht.
(© Stephanie Schwabe, Blue Holes Foundation)

STOP

PREVENT YOUR DEATH!
GO NO FARTHER.

FACT: More than 300 divers, including open water scuba instructors, have died in caves just like this one.

FACT: You needed training to dive. You need <u>cave training</u> and <u>cave equipment</u> to <u>cave dive.</u>

FACT: Without cave training and cave equipment, divers can die here.

FACT: It <u>CAN</u> happen to <u>YOU!</u>

THERE'S NOTHING IN THIS CAVE WORTH DYING FOR!
DO NOT GO BEYOND THIS POINT.

Schilder am Eingang zu Unterwasserhöhlen warnen nicht ausgebildete Taucher mit drastischen Worten davor, in den Tod zu schwimmen.
(National Speleological Society, Cave Diving Section)

Den Unterwasser-Scooter vor sich herschiebend, arbeitet sich Chris Rouse durch eine Engstelle im Devil's System von Ginnie Springs in Florida, die als »the lips« bekannt ist.
(Mit freundlicher Genehmigung von Sue Rouse)

Chris (links) und Sue Rouse posieren für ein Foto;
Devil's System in Ginnie Springs, Florida.
(Mit freundlicher Genehmigung von Sue Rouse)

Vor der Küste von New Jersey: Chrissy Rouse hält stolz seinen ersten Hummer
hoch. Im Nordosten der USA ist Tauchern der Hummerfang ausschließlich von
Hand gestattet.
(Mit freundlicher Genehmigung von Sue Rouse)

Ein Taucher untersucht den Heckladebaum der *Andrea Doria* an einem
außergewöhnlich klaren Tag. Das Seil im Hintergrund ist die Ankerleine der
Wahoo.
(© Bradley Sheard)

Das Charter-Tauchboot *Wahoo*, hier vor Anker über dem Wrack der *Andrea Doria* bei vollkommen ruhiger See.
(© Bradley Sheard)

Im Wrack der *Andrea Doria*. Zwischen Porzellanscherben und anderen Trümmern schwimmt ein Meeraal. Die weißen knollenartigen Gebilde oberhalb des Aals sind Seeanemonen.
(© Bradley Sheard)

Ein riesiger Haufen Geschirr der zweiten Klasse liegt neben einem Aufgang in der *Andrea Doria*. Dieses Porzellan, das eine überaus begehrte Tauchtrophäe darstellt, befindet sich inzwischen in den Wohnzimmern so mancher Taucher.
(© Bradley Sheard)

Taucher mit einem prall gefüllten Sammelnetz halten sich nach einem Tauchgang zur *Andrea Doria* während der Dekompression an der Ankerleine fest.
(© Bradley Sheard)

Wieder an Bord der *Wahoo*, zeigen Ed Sollner (links) und Pat Rooney stolz her, was sie von der *Andrea Doria* hochgeholt haben. Ein Jahr nach der Andrea-Doria-Expedition starb Ed Sollner beim Tauchgang zu einem Wrack.
(© Bradley Sheard)

Chrissy Rouse (rechts) scherzt unmittelbar vor einem Tauchgang mit seinem Vater. Chrissy nannte das Boot gerne *The Seeker of Death*, »Sucher des Todes«. Es ist eine tragische Ironie, dass Vater und Sohn hier an genau der Stelle sitzen, wo Chrissy bald um sein Leben kämpfen sollte. *(Mit freundlicher Genehmigung von Sue Rouse)*

Crewmitglied Steve Gatto macht sich bereit, die Ankerleine der *Seeker* am Wrack der *Andrea Doria* fest zu machen. Chrissy Rouse ist im Gespräch mit Steve Berman (mit Blick in die Kamera). Links im Bild: Sue Rouse. Typisch für Wracktauchunternehmungen in große Tiefen ist das mit allen möglichen Ausrüstungsgegenständen vollgestellte Bootsdeck.
(© John Harding)

Chrissy und Sue Rouse an Bord der *Seeker* über der *Andrea Doria*.
Die Mutter hilft dem Sohn dabei, seine Trophäen einzupacken.
(Mit freundlicher Genehmigung von Sue Rouse)

Steve Berman (links im Bild) und Bernie Chowdhury mit Porzellanfunden nach
ihrem zweitem Tauchgang zur *Andrea Doria*.
(© Hank Garvin)

September 1992. Chris Rouse steht über seinem Sohn, der scherzhaft vorführt,
wie anstrengend er den gemeinsamen Tauchgang fand. Mit ihrem Verhalten
sorgten Vater und Sohn stets für eine lebendige Atmosphäre auf den
Tauchbooten. Nur einen Monat später wurde Chris tragischerweise fast genau
an der Stelle, an der hier sein Sohn liegt, für tot erklärt.

(© Steve Gatto)

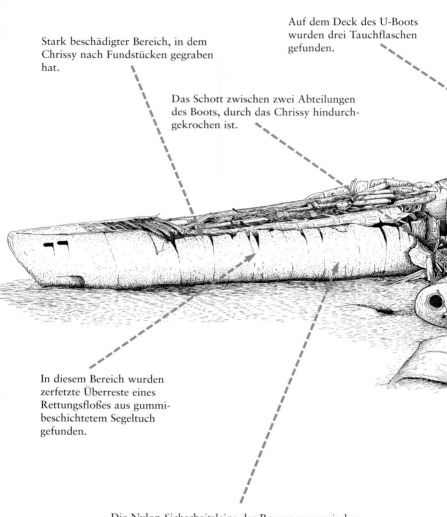

Auf dem Deck des U-Boots wurden drei Tauchflaschen gefunden.

Stark beschädigter Bereich, in dem Chrissy nach Fundstücken gegraben hat.

Das Schott zwischen zwei Abteilungen des Boots, durch das Chrissy hindurchgekrochen ist.

In diesem Bereich wurden zerfetzte Überreste eines Rettungsfloßes aus gummibeschichtetem Segeltuch gefunden.

Die Nylon-Sicherheitsleine der Rouses war zwischen den am Boden liegenden Trümmerteilen gespannt. Sie war doppelt ausgelegt, was darauf hindeutet, dass die Rouses auf ihrer Suche nach dem kleinen Schott, durch das sie das Wrack verlassen konnten, hin und her geschwommen sind.

MYSTERY U-BOAT

Das mysteriöse deutsche U-Boot, das am 2. September 1991 von Kapitän Bill Nagel und Kapitän John Chatterton vom Tauchboot *Seeker* entdeckt wurde.

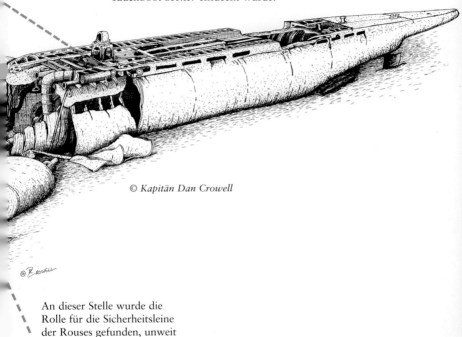

© *Kapitän Dan Crowell*

An dieser Stelle wurde die Rolle für die Sicherheitsleine der Rouses gefunden, unweit davon eine zurückgelassene Buddyleine.

Chris und Chrissy Rouse wollten das Kriegstagebuch des Kommandanten aus dem Wrack bergen, um so das Rätsel um die Identität des U-Boots zu lösen. Sie nahmen extrem hohe Risiken auf sich, für den Ruhm, dass vielleicht in den Geschichtsbüchern ein paar Sätze umgeschrieben werden mussten – und das, obwohl das Wrack weder für Archäologen noch für Schatzsucher von hohem Wert war.

Von den ungefähr 40 000 Seeleuten, die im Zweiten Weltkrieg auf deutschen U-Booten Dienst taten, verloren annähernd 30 000 ihr Leben. Das Foto zeigt *U-352* auf dem Meeresgrund in 35 Meter Tiefe vor der Küste von North Carolina.
(© H. Keatts)

John Chatterton ist der Entdecker des rätselhaften deutschen U-Boots aus dem
Zweiten Weltkrieg. In Ermangelung einer Bezeichnung für das Boot nannte er
es »*U-Who*«. Obwohl es nur ganze 110 Kilometer vor der Einfahrt zum
New Yorker Hafen lag, gab es weder in britischen, deutschen noch in
US-amerikanischen Marinearchiven Aufzeichnungen über sein Schicksal.
(© Thomas A. Easop)

Ein zentrales Beweisstück. John Chatterton barg aus *U-Who* dieses Messer, in
dessen hölzernen Griff der Namenszug »Horenburg« eingeritzt ist.
(© Thomas A. Easop)

Sharon Kissling hält das Kriegstagebuch von *U-853* in Händen. In dieses Buch trug der Kommandant alle Manöver und Vorkommnisse während der Fahrt seines Boots ein. Chris und Chrissy Rouse hatten gehofft, das Kriegstagebuch von *U-Who* zu entdecken, um das Wrack zu identifizieren. Schließlich war es John Chatterton, der das Rätsel von *U-Who* nach sechs Jahren besessener Forscherarbeit und vielen Tauchgängen löste.
(© Hank Garvin)

Der Kopf des Torpedos, der *U-Who* versenkt hat. Er wurde unweit des stark beschädigten U-Boots gefunden.
(© Thomas A. Easop)

Die Seriennummer des Torpedokopfes. Chatterton fand in akribischer Forschungsarbeit heraus, dass er zu einem deutschen Torpedo gehört hatte.
(© Thomas A. Easop)

doch hatte ich meinen Körper überanstrengt und sowohl das Meer als auch die Risiken eines Tauchgangs in große Wassertiefen unterschätzt. Nach meinen zahlreichen Tauchgängen in über 60 Meter Tiefe hatte ich die 45 Meter der *Northern Pacific* als flach angesehen und die Gefahr der Tiefe nicht für voll genommen. Jetzt war ich echt in Schwierigkeiten.

Ich schwamm weiter, immer noch auf der Suche nach der Ankerleine. Warum konnte ich sie nicht finden? Es war eigentlich einfach, sich an diesem Wrack zu orientieren, und auf den vorangegangenen Tauchgängen hatte ich keine Probleme gehabt. Hätte ich vielleicht doch mit Sicherungsleine tauchen sollen?

Die Zeit, die ich unter Wasser war, wurde langsam kritisch. Ich schwamm schneller, um die Ankerleine endlich zu finden. Ich hielt mich direkt neben dem Wrack, wo keine Teile lagen, an denen ich mich voranziehen konnte, und ich atmete wieder schwer. Ich schwamm an Gegenständen vorbei, die mir bekannt vorkamen, worüber ich mich aber nur wunderte, anstatt Schlüsse daraus zu ziehen. Als ich an einer riesigen Bruchstelle im Rumpf vorbeikam, dachte ich erstaunt, das Wrack habe also zwei solcher Stellen. Ich ging hoch auf 33 Meter und schwamm wieder oberhalb des Wracks, um hier auf die Ankerleine zu stoßen, von der ich ja wusste, dass sie in dieser Tiefe festgemacht war. Dann war ich mit einem Mal am Bug des Wracks – der spitz zulaufende Rumpf ließ keinen Zweifel zu.

Da erst begriff ich, was passiert war. Es ging mir wie einem Betrunkenen, der plötzlich wieder klar denken kann, weil man ihm einen Eimer kaltes Wasser ins Gesicht geschüttet hat. Ich war unter der Ankerleine durchgetaucht, hatte das Heck umrundet und war dann auf der gegenüberliegenden Seite des Wracks wieder bis zum Bug geschwommen! Ich hatte eine Strecke von 450 Metern zurückgelegt, den größten Teil davon in 45 Meter Tiefe.

Ich war jetzt nicht nur körperlich, sondern auch geistig am Ende meiner Kräfte. Ich konnte zu der zweiten Leine schwimmen, an der Ed und ich den Aufstieg schon begonnen hatten, als mir meine Sauerstoffflasche eingefallen war und ich zur Ankerleine aufgebrochen war. Aber wie weit war es bis dorthin? 25 Meter, oder vielleicht 50 Meter? Und wenn ich diese zweite Leine nun ebenso verfehlen würde wie die Ankerleine? Schon der Gedanke, wieder gegen die Strömung ankämpfen zu müssen, raubte mir Kraft. Ich hatte noch genug Luft in meinen Flaschen, um bis zur zweiten Leine zu gelangen, aber für die vorgeschriebene Dekompression würde es nicht mehr reichen. Obwohl die tatsächlich erforderliche Dekozeit inzwischen zwei Stunden betragen musste, zeigte mein Computer 99 Minuten an – das war die höchste Zahl, die das Display darstellen konnte.

Wenn ich auf der Suche nach einer Leine weiter unter Wasser herumschwimmen würde, dann würde ich ertrinken. Die Notleine, die Chris Rouse mir geschenkt hatte, war an meiner Flasche befestigt. Ich könnte die Notleine jetzt mit einem Auftriebskörper verbinden, ihn zur Oberfläche aufsteigen lassen, das andere Ende der Leine am Wrack fest zurren, an der Leine aufsteigen, wie ich es an der Ankerleine auch getan hätte, und meine Dekompression machen, ohne vom Wrack und vom Tauchboot wegzutreiben. Aber die dafür nötigen Handgriffe würden mehrere Minuten in Anspruch nehmen, und die Strömung drückte mich vom Wrack weg. Noch dazu würde ohne meine Sauerstoffflasche das Atemgas nicht für eine vollständige Dekompression ausreichen.

Schwer atmend hörte ich auf zu schwimmen und nahm einige tiefe Atemzüge, um wieder auf eine normale Atemfrequenz zu kommen. Ich schaute in Richtung Heck und sah, wie in zehn Meter Entfernung der grau-schwarze Kiel des Wracks und die Farbe des Wassers ineinander übergingen. Ich schaute nach oben und begann aufzutauchen. Dabei dienten mir meine Ausatemblasen als Richtschnur: Ich achtete darauf, langsamer aufzusteigen als die Luftblasen.

Ich atmete normal und hielt die Luft nicht an, um keine Gasembolie zu bekommen. Ich wusste natürlich, dass zu schnelles Auftauchen Bends verursacht, aber ich würde ohnehin Bends bekommen. Trotzdem wollte ich die Sache nicht noch zusätzlich verschlimmern. Ich hatte vor, zum Boot zurückzuschwimmen. Die Leute dort würden einen Hubschrauber der Küstenwache für mich anfordern, und wenn ich erst einmal in der Dekompressionskammer war, würde alles gut werden. Junge, Junge, diesmal hatte ich wirklich Scheiße gebaut. Aber wenigstens würde ich am Leben bleiben.

Beim Auftauchen erwartete ich den Schmerz, denn dass er kommen würde, war sicher. Wo würde es wohl anfangen? Ich zog noch nicht einmal in Erwägung, dass ich Lähmungserscheinungen bekommen und nicht zum Boot zurückschwimmen könnte. Ich wusste, dass alles gut enden würde. Es konnte nicht anders sein.

Als ich an die Oberfläche kam, stellte ich erleichtert fest, dass die See vollkommen ruhig war. Zu meiner Überraschung hatte ich keine Schmerzen. Ich drehte mich zur *Seeker* und gab mit dem Arm das Taucher-Notsignal.

Es war niemand an Deck, der mich sehen konnte. Ich schrie: »He! He! *Seeker*!« Kapitän Bill Nagel kam aus der Hauptkabine. Ich schrie noch einmal und signalisierte mit ausgestrecktem, auf und nieder fahrendem Arm. Nagel schaute sich auf Deck um und warf dann einen Blick in Richtung der gelben Taucherboje, die an der zweiten Leine befestigt war. Später erfuhr ich, dass er mein Rufen nicht gehört, aber meinen winkenden, in einem orange-roten Trockentauchanzug steckenden Arm wahrgenommen hatte.

Crewmitglied Dan Crowell war gerade dabei, nach seinem Tauchgang die Leiter der *Seeker* hochzuklettern. Ich sah, wie Bill etwas zu Dan sagte, als dieser am Heck des Bootes den Fuß aufs Deck setzte. Bill half Dan beim Ablegen der Flaschen, und dann kam Dan mit einer Leine auf mich zugeschwommen, mit der man mich zum Boot holen konnte. Ich angelte mir den Schnorchel aus meinem Sammelnetz, nahm ihn in den Mund und begann, langsam in Dans Richtung zu schwimmen. Der hielt an, als die Leine zu Ende war, und wartete, bis ich ihn erreicht hatte.

»Was ist passiert?«, fragte Crowell und griff in das Netzgewebe meiner Flaschenhalterung, damit ich nicht wegdriftete.

»Hab Scheiße gebaut. Bring mich rein.« Mein Brustkorb schmerzte jetzt, und ich wollte so schnell wie möglich zurück an Bord der *Seeker* und dann in eine Dekompressionskammer.

»Hast du deine Deko gemacht?«

»Nein.«

Crowells Augen wurden immer größer. »Waas? Du hast gar keine Deko gemacht?«

»Nein. Zieh mich doch rein.«

»Hast du Schmerzen?«

»Nein«, log ich. »Aber bitte bring mich aufs Boot.«

»Hast du noch Luft?«

»Ja, Luft hab ich noch.«

»Gut, dann halt dich jetzt an dieser Leine fest«, sagte Crowell und gab mir die Leine, die er vom Boot mitgebracht hatte, »und tauch wieder ab. Ich schwimm inzwischen zurück, und dann bringen wir dir mehr Flaschen und auch Sauerstoff, damit du deine Deko machen kannst.«

Ich ließ Luft aus meinem Trockentauchanzug ab und versuchte abzutauchen, aber es ging nicht. Die Schmerzen wurden jetzt richtig stark, und ich hatte Schwierigkeiten beim Atmen. Die Stickstoffbläschen hatten die Kontrolle über meinen Körper übernommen. Ich musste wieder auftauchen. »Dan! Lass es, es hat keinen Zweck. Zieht mich einfach rein. Und beeilt euch. Bitte!«

Crowell schwamm zu mir herüber. »Gut. Also dann halt dich fest.« Er drehte sich zur *Seeker* um und gab Nagel ein Zeichen, dass er mich an Bord ziehen sollte, während er selber zum Boot zurückschwamm und dabei die Leine straff hielt. Andere kamen Nagel zu Hilfe, und im Nu beteiligten sich alle an dem Tauziehen. Ich fühlte, wie ich immer schneller auf die *Seeker* zu durchs Wasser glitt.

Das Luftholen wurde mit jedem Atemzug beschwerlicher. Außerdem lief mir mehrmals Wasser in den Schnorchel, obwohl überhaupt kein Seegang war. Ich spuckte den Schnorchel aus, ließ ihn untergehen und nahm stattdessen einen der herumbaumelnden Atemregler in den Mund. Inzwischen brannte meine Lunge höllisch, und während ich hereingeholt wurde, stöhnte und schrie ich abwechselnd in meinen Atemregler.

Als Bill Nagel und meine Tauchpartner mich bis an die Leiter der *Seeker* gezogen hatten, schauten sie vom Heck aus zu mir hinunter. Dennis Anacker fragte mich: »Was ist passiert? Hattest du ein Problem mit der Ausrüstung?«

»Nee. Ich hab Scheiße gebaut«, quälte ich mir zwischen schmerzenden Atemzügen heraus.

»Dann kletter jetzt mal die Leiter hoch.«

Dafür fühlte ich mich viel zu schwach. Noch dazu bekam ich nun Probleme mit den Augen. Den Namen SEEKER, der am Heck des Bootes aufgemalt war, sah ich dreifach.

Ich sah alles dreifach – da wusste ich, dass ich an der neurologischen Form der Taucherkrankheit litt, der schlimmsten Art von Bends.

Ich fühlte Übelkeit aufsteigen. »Ich komm da nicht hoch«, hauchte ich. »Ich bin zu schwach.«

Meine Freunde starrten mich ungläubig an, während Dan Crowell, der sich beim Schwimmen sehr angestrengt hatte, neben mir schwer atmete. Als niemand Anstalten machte, mir zu helfen, keuchte ich mit schmerzverzerrter Stimme: »Das ist keine Übung hier! Holt mich hoch, Leute!«

Crowell machte sich sofort daran, meine Flaschenhalterung zu lösen, kannte sich aber mit meiner Höhlentaucher-Ausrüstung nicht aus. Er schob die Messgeräte und Schläuche mit einer Armbewegung beiseite und fluchte, weil er die Schnalle zum Abnehmen der Flaschen nicht fand. Er löste mein Sammelnetz vom Jackett, schaute es sich an und warf es von sich fort ins Wasser, wo es langsam unterging. Crowell schien nicht mehr zu wissen, was er tun sollte. Da halfen mir die Schmerzen für einen Moment, mich zu konzentrieren. Ich klopfte mir mit der linken Hand auf die rechte Schulter. »Ganz ruhig, Dan. Schau mal, hier ist die Schnalle.«

Nachdem Crowell mir die Geräte abgenommen hatte, stiegen mehrere Leute die Leiter herunter. Ich fühlte Anackers Hände in meinen Achselhöhlen, jemand anderes fasste meine Arme, und dann wurde ich hochgezogen auf das angenehm harte Bootsdeck. »Kannst du laufen?«, fragte Nagel.

»Ich glaube, ja.«

»Gut. Dann geh mal zu dem Tisch rüber und leg dich da drauf.« Nagel wies mich zu dem großen Mitteltisch, auf den die Taucher sich setzten, wenn sie sich für einen Tauchgang fertig machten.

Als ich mich ausgestreckt hatte, nahm Nagel mir meine beiden Tauchcomputer vom Handgelenk. Er starrte mit offenem Mund auf die Dekompressionsanzeige, die auf 99 Minuten stand. »Das gibt's doch nicht! Schaut euch das mal an, wie viel Deko der nicht gemacht hat!«, rief er aus. »Was ist passiert? Was hast du gemacht? Sag schon, *was zum Teufel hast du gemacht?*«

Ich schaute ihn einfach nur an. Ich litt viel zu große Qualen, um Schuldgefühle oder Wut zu entwickeln. Einer meiner Freunde reichte mir ein Glas Wasser, aber mir war zu übel, um überhaupt etwas zu trinken, und ich fürchtete, ich müsste mich dann gleich übergeben. Dave Dannenberg, Tauchlehrer und Inhaber eines Tauchladens, legte mir einen Schlauch in die Hand, an dessen Ende sich eine Halbmaske für Mund und Nase befand. Ich wusste, was er jetzt sagen würde, denn auch ich hatte den Lehrgang über die Verabreichung von Sauerstoff an Taucher absolviert. Er leierte eine Erklärung herunter, die ihn von jeder Schadensersatzpflicht entbinden sollte, falls etwas schief ging. »Diese Maske ist an eine Flasche mit reinem Sauerstoff angeschlossen. Es wird allgemein angenommen, dass Sauerstoff bei Tauchunfällen sehr hilfreich ist und die Heilungschancen verbessert«, zitierte Dave. »Ich rate dir dringend, diesen Sauerstoff zu atmen, aber du alleine musst entscheiden.« Aus juristischer Sicht war der entscheidende Schritt, dass ich die Maske aus freien Stücken nahm und mir über Nase und Mund legte, denn in den USA gilt Sauerstoff, wenn er durch einen Dritten verabreicht wird, als verschreibungspflichtiges Medikament. Obwohl er mir gerade das Leben retten wollte, musste Dave noch um seine juristische Absicherung besorgt sein. So etwas gibt es wohl nur in Amerika.

Noch bevor Dannenberg mit seiner Erklärung fertig war, griff ich nach der Maske und atmete den Sauerstoff. Jemand sagte, sie müssten mich aus meinem Tauchanzug holen, damit das Blut besser zirkulieren könne. »Schneidet mir bloß nicht meinen Trocki kaputt!«, keuchte ich. Das Ding hatte immerhin 1500 Dollar gekostet, und selbst in dieser schlimmen Lage war ich überzeugt davon, dass ich bald wieder tauchen und den Anzug benötigen würde. Ich schrie vor Schmerzen auf, als ich mich aus dem eng anliegenden Anzug drehte und wand. Durch die Anstrengung geriet ich ins Schwitzen und stöhnte laut auf vor Schmerzen. Inzwischen tat mir bei der kleinsten Bewegung alles weh. Mein Inneres fühlte sich an, als würde alles gewaltsam umgekrempelt. Mir fiel die Szene aus dem Film »Alien« ein, wo eine dieser Kreaturen sich durch den Magen seines menschlichen Wirts frisst und ihn von innen aufreißt.

Dave Dannenberg begann, mich neurologisch zu untersuchen. Ich wusste, was er da tat, denn auch ich hatte diesen Kurs schon besucht. Es war von größter Wichtigkeit, meinen Zustand genau zu beobachten. Meine medizinischen Werte wurden in regelmäßigen Abständen, mit exakter Uhrzeit versehen, auf einer Tafel festgehalten. Diese Tafel sollte der Rettungsmannschaft mitgegeben werden, damit das Krankenhauspersonal anhand der Daten eine optimale Therapie einleiten konnte.

Mein Allgemeinzustand verschlechterte sich langsam aber sicher, und in meinen Gliedmaßen hatte ich kein Gefühl mehr. Mein Puls wurde immer schwächer. Ich wurde auf beiden Ohren taub, was eigentlich eine Erleichterung war, weil ich mir nun Bill Nagels Geschimpfe über mein Versagen nicht länger anhören musste. Die Schmerzen erreichten einen neuerlichen Höhepunkt. Ich schloss die Augen und driftete davon.

Als ich unter Wasser die Entscheidung zum Auftauchen getroffen hatte, da hatte ich mich noch damit getröstet, dass alles gut gehen und ich schon wieder auf die Beine kommen würde, sobald ich in einer Druckkammer wäre. Jetzt aber waren die Schmerzen so stark und die Symptome derart heftig, dass mir der Ernst meiner Lage allmählich bewusst wurde. Es ging um Leben und Tod, nichts weniger. Doch ich wusste auch, dass ich nicht jetzt und nicht hier sterben wollte, nicht auf dem Tauchboot *Seeker*. So konnte mein Leben nicht zu Ende gehen! Oder etwa doch? Sollte das alles gewesen sein? Mir war inzwischen klar, dass ich wohl nie wieder tauchen würde und dass ich von Glück sagen könnte, wenn ich überhaupt wieder laufen konnte. Und irgendwie akzeptierte ich diese Vorstellung, wenn ich mich auch von einem alten Traum verabschieden musste. »Leb wohl, Lucy«, dachte ich.

»Lucy« war nicht etwa der Name meiner Frau. Es war die

Kurzform für die *Lusitania*, den britischen Luxus-Liner, der im Ersten Weltkrieg von einem Torpedo des deutschen U-Boots *U-20* versenkt worden war. Die Umstände der Versenkung des Schiffes sind umstritten, doch vieles deutet darauf hin, dass Winston Churchill, damals Oberbefehlshaber der britischen Kriegsmarine, die *Lusitania* wissentlich in das Seegebiet kommandiert hatte, in dem das deutsche U-Boot operierte. Churchill wollte nämlich unbedingt, dass die Vereinigten Staaten an der Seite der Briten in den Krieg eintraten, doch aufgrund starker pazifistischer und isolationistischer Strömungen in der amerikanischen Öffentlichkeit waren die USA lange Zeit neutral geblieben. Churchill konnte sich ausrechnen, dass die Versenkung eines Passagierdampfers und der damit verbundene Tod amerikanischer Staatsbürger die Stimmung in den Vereinigten Staaten aufheizen und deren Kriegseintritt beschleunigen würde. Die *Lusitania* sank vor der Südküste Irlands auf 100 Meter Tiefe. 116 Amerikaner fanden den Tod, und die Stimmung der amerikanischen Öffentlichkeit schlug in Zorn um. Die USA erklärten, wie Churchill es erhofft hatte, Deutschland den Krieg. Aufgrund der Wassertiefe ist die »Lucy« für Taucher eine noch größere Herausforderung als die *Andrea Doria*. Ich hatte vor gut einem Jahr damit begonnen, über Möglichkeiten nachzudenken, zu ihr hinabzutauchen. Selbst im Angesicht des Todes blieb ich Taucher.

Bill Nagel hatte bei der Küstenwache einen Rettungshubschrauber für mich angefordert, doch alle an Bord fragten sich, ob ich überhaupt noch so lange leben würde, um von den Rettern in ein mit Druckkammer ausgestattetes Krankenhaus geflogen zu werden. Nagel selbst war alles andere als zuversichtlich. Er hatte schon erlebt, dass Taucher, die nur ein paar Minuten zu wenig Dekompression durchgeführt hatten, bleibende Behinderungen davongetragen hatten. Wie ich später erfuhr, glaubte er nicht daran, dass jemand, der mehr als eineinhalb Stunden Dekompression ausgelassen hatte, eine Chance hatte. Er überwachte das Geschehen vom Steuerhaus aus und wartete am Funkgerät auf Instruktionen von der Küstenwache. Er fluchte bei dem Gedanken an den Papierkrieg und die Befragungen, die ihn im Falle meines Ablebens erwarteten.

Dave Dannenberg überwachte weiterhin Puls und Atmung und diktierte die Werte jemandem, der sie zusammen mit der jeweiligen Uhrzeit aufschrieb. Mein Puls war kaum noch tastbar und die Haut aschfahl, da das durch die Stickstoffbläschen eingedickte Blut sich aus der Peripherie zurückgezogen hatte und nur noch die lebenswichtigen Organe mit Sauerstoff versorgte. Meine Freunde, alles entweder langjährige Tauchpartner oder meine eigenen Schüler, standen hilflos und schockiert daneben.

Ich hatte die Augen zugemacht und verlor das Bewusstsein, so heftig waren die Schmerzen. Ich wollte sie nicht mehr ertragen. Mich überkam ein Gefühl des Glücks und des Wohlbefindens.

Vor meinen immer noch geschlossenen Augen erschien ein helles weißes Licht. Mein Körper stieg nach oben, und ich sah die *Seeker* aus der Vogelperspektive, alle waren an Deck, und ich selbst lag armselig auf der Mittelplattform. Ich betrat einen weißen Tunnel. Nie in meinem ganzen Leben hatte ich mich glücklicher gefühlt. Ich brauchte nur noch bis zum Ende des Tunnels zu schweben, und alle meine Sorgen, alle Schmerzen und alle Widrigkeiten wären ein für allemal vorbei. Auch das Tauchen wäre mir für immer egal.

Während ich mich dem Ende des Tunnels näherte und das Licht immer heller wurde, hörte ich plötzlich die vertrauten Klänge des Glockenspiels am Bett meines Sohnes. Ich erinnerte mich an meine Frau Diana und an unseren Sohn. Die beiden brauchten mich. Außerdem hatte ich Gil versprochen, ich würde zurückkommen.

Ich unterbrach meine schwebende Reise zum Ende des Tunnels und versuchte mit aller Kraft, mich umzuwenden. Ich *musste* umkehren. Das weiße Licht wurde schwächer, dann erlosch es gänzlich. Ich öffnete die Augen. Rasende Schmerzen schienen meinen Körper zu zerreißen. Ich biss die Zähne zusammen, denn ich wusste, ich musste diese Schmerzen aushalten und um mein Überleben kämpfen, wenn ich jemals zu meiner Familie zurückkehren wollte.

KAPITEL 8

Die Stimme aus der Tiefe

13. Oktober 1991 – an Bord der Seeker, *42 Kilometer vor der Küste von Delaware über dem Wrack der* Northern Pacific.

Ich lag auf der Bank der Plattform, wo wir alle zuvor unsere Ausrüstung angelegt hatten, kämpfte um mein Leben und betete, dass der Hubschrauber der Küstenwache bald kommen würde. Der Stützpunkt der Einheit, die für dieses Gebiet zuständig war, lag in Cape May in New Jersey. Sie empfing Bill Nagels Hilferuf nach meiner sofortigen Evakuierung über Seefunk, was bedeutete, dass die Nachricht von sämtlichen Schiffen gehört wurde und sich schnell unter den Kapitänen, der Crew und den Kunden der Tauchboote verbreiten würde – eine unangenehme Erinnerung daran, was sie jedes Mal riskierten, wenn sie ins Wasser sprangen. Ein Unfall wie meiner führte nicht nur dazu, dass die Taucher vorsichtiger wurden; er bedeutet auch, dass eine potentielle Druckkammer schon belegt war, falls es einen weiteren Unfall gab. Sollte einem Taucher im südlichen New Jersey oder in Delaware kurz nach meinem Unfall etwas zustoßen, so würde man ihn zu einer viel weiter entfernten Druckkammer transportieren müssen. Und die Chancen eines Tauchers, sich wieder vollständig zu erholen, sinken mit der Zeit, die es dauert, ihn in eine Dekompressionskammer zu bringen.

Ich hatte Glück. Wie ich später erfuhr, stand ein aufgetankter, warm gelaufener Helikopter bereit, dessen Besatzung gerade von einem Patrouillenflug zurückgekommen war, als Nagels Notruf über den Äther kam und den Einsatzkoordinator von der Küstenwache in Cape May erreichte. Obwohl es mir in meiner Angst so vorkam, als hätte es Stunden gedauert, bevor ich den Windstoß der Rotorblätter über mir spürte, waren es in Wirklichkeit nur 45 Minuten gewesen. Wenn der Hubschrauber und seine Besatzung nicht bereitgestanden hätten, als der Notruf hereinkam, dann hätte ich eine weitere halbe Stunde warten müssen, bevor er die *Seeker* erreicht hätte, was den Stickstoffbläschen mehr Zeit gelassen hätte, meine Organe zu malträtieren.

Ich schaute in den Orkan hinauf und sah den weißen Helikopter mit seinen blau-roten Streifen und den großen, schwarzen Buchstaben »USCG« für »United States Coast Guard«. Es war ein sehr willkommener, gleichwohl aber auch ein seltsamer Anblick, einen Helikopter knapp 10 Meter über dem Heck der *Seeker* schweben zu sehen. Das einzige, was wir Taucher normalerweise sehen, wenn wir so weit draußen auf dem Meer sind, ist ab und an mal ein anderes Schiff in der Entfernung; Flugzeuge und Helikopter erscheinen nur als kleine Punkte am Himmel, nicht als riesige Gebilde, die sich zu uns herabsenken. Meine Hoffnung erhielt neuen Auftrieb. Der Helikopter würde mich zur rettenden Druckkammer transportieren.

Bislang war es der Gedanke an den Hubschrauber gewesen, der mir geholfen hatte, durchzuhalten. Nun konzentrierte ich mich ganz auf die Vorstellung, im Krankenhaus anzukommen. So machte ich es auch immer, wenn ich tauchte: Wenn ich mir den Tauchgang in seiner ganzen Länge vorstellte, dann empfand ich die komplizierte und anstrengende Aufgabe regelrecht als erdrückend. Wenn ich mir die Sache dagegen in Abschnitte zerlegte – erst die Ausrüstung anlegen, dann ins Wasser springen, an der Ankerleine hinabtauchen und so weiter –, dann gab das dem ganzen Tauchgang, bei dem ich drei oder vier Stunden lang riskante Aktionen ausführen und folgenschwere Entscheidungen treffen musste, eine Struktur. Nun, da ich um mein Leben rang, verzweifelte ich beinahe, meine Energie und mein Lebenswille sanken rapide bei dem Gedanken daran, wie lange es dauern würde, bis ich endlich in der Druckkammer war. »Du brauchst nur noch ein wenig länger durchhalten«, begann ich mir selbst zuzureden. »Du bist schon unterwegs. Es tut ja gar nicht so weh. Du schaffst es!«

Die *Seeker* blieb vor Anker, trotz der Aufforderung der Küstenwache, sich in den Wind zu stellen. Für den Helikopter war es einfacher, sich exakt über einem Objekt zu halten, wenn ihm Wind über die Rotorblätter strich. Aber Bill Nagel hatte gute Gründe, dies zu verweigern. Mein Tauchpartner Ed Dady war noch im Wasser bei der Dekompression, und die Schrauben der *Seeker* hätten ihn in Lebensgefahr gebracht. Außerdem sei das Wetter so ruhig, meinte Nagel, dass der Helikopter über dem Heck schweben könne, ohne Gefahr zu laufen, durch eine plötzliche Windböe zum Absturz gebracht zu werden. Dadurch erleichterte Bill Nagel dem Piloten seine Aufgabe nicht gerade. Er musste nun bei hohem Spritverbrauch den Helikopter auf Hochtouren laufen lassen. Wenn aber ein Hubschrauber längere Zeit über einem Punkt schwebt, besteht immer die Gefahr, dass durch die Turbulenzen, die seine eigenen Rotorblätter verursachen, der Auftrieb abreißt und die Maschine wie ein Stein absackt. Wäre das passiert, dann wäre er auf die *Seeker* gestürzt, hätte wahrscheinlich alle an Bord getötet und wäre dann mit dem Boot untergegangen. Dadurch wäre ich allerdings von meinen Leiden erlöst worden.

Dennis Anacker und John Harding, meine Freunde vom Tauchclub »Sea Gypsies«, halfen mir beim Aufstehen, doch meine Beine fühlten sich an wie aus Gusseisen, und ich konnte nur gehen, indem ich meine Arme über ihre Schultern legte. So schlurfte ich mit ihrer Hilfe zu dem Drahtkorb, den der Helikopter für mich herabgelassen hatte. Verständnislos schaute ich auf dieses Ding, das einem oben offenen Käfig glich. Wie sollte ich da hineinkommen? Das erschien mir eine übermenschliche Aufgabe zu sein. Ich fühlte mich sehr müde, was ebenso wie mein benommener Zustand ein Symptom der Taucherkrankheit war. Anacker und Harding hoben mich hoch, so dass ich nur meine Beine über den Rand des Korbes zu heben brauchte. Das schaffte ich gerade noch. Dann sackte ich in sitzender Position auf dem Boden des Korbs zusammen.

Ich fühlte mich ganz steif, und der Luftwirbel der Rotoren zwang mich, die Augen zusammenzukneifen. Je näher ich dem Hubschrauber kam, desto schwerer fiel mir das Atmen. Es war, wie wenn man den Kopf aus einem schnell fahrenden Auto streckt: Die Turbulenzen waren so stark, dass ich mich nach unten ducken musste, um Luft zu bekommen. Als der Korb beim Hubschrauber angekommen war, zog mich ein Mann in einem Fliegeroverall und einem grünen Helm in die Maschine. Vor mir sah ich zwei Sitze, in denen ebenfalls Männer in Fliegeranzügen und mit Helmen saßen. Der Linke gab ein Daumensignal, das von dem, der mich reingezogen hatte, bestätigt wurde. Ich lag hinter den Sitzen, auf dem Metallfußboden des Helikopters. Ein heftiges Vibrieren ging durch die Maschine, die höher stieg und mich von dem Ort meiner Dummheit forttrug.

Nun war ich endlich unterwegs zum Krankenhaus. Ich konnte mich entspannen. Der Mann von der Küstenwache, der sich um mich kümmerte, schien mir etwas zuzurufen.

Ich schüttelte den Kopf, zeigte auf ein Ohr und sagte: »Kann nichts hören.«

»Was ist passiert?«, las ich ihm von den Lippen ab.

»Scheiße gebaut.«

Er sah mich an, runzelte die Stirn und nickte dann.

Vor Kälte schaudernd, schlug ich die Arme um mich und wiegte meinen Oberkörper hin und her. Man wickelte mich in eine Decke ein. Wärme. Das erste bisschen Erleichterung, das ich seit Ewigkeiten spürte.

Der Hubschrauber vibrierte heftig, und wir flogen endlos, wie mir schien. Wohin brachten sie mich? Mühsam versuchte ich mich zu erinnern, wo es im Umkreis Druckkammern gab. Duke University in North Carolina? New York? Oder woanders hin? Der Mann, der sich um mich kümmerte, sah mein bleiches Gesicht und meine Teilnahmslosigkeit, ein Anzeichen für einen schweren Schockzustand. Er versuchte, mir Adrenalin zu verabreichen. Es beruhigte mich, als er die Spritze aus seiner Arzttasche holte, ich hoffte, die Injektion würde mir Kraft geben und meinen Schmerz und die Übelkeit lindern. Doch als ich sah, wie er vergeblich an meinen Armen nach einer Vene suchte, verließ mich gleich wieder der Mut. Normalerweise hatten Ärzte keine Schwierigkeiten, meine Venen zu finden, aber der Schockzustand hatte sie anscheinend sehr stark verengt. Das Gesicht des Sanitäters verdüsterte sich. Schließlich schüttelte er den Kopf und ich las von seinen Lippen: »Geht nicht. Tut mir Leid.«

Nun begann ich die Hoffnung zu verlieren. Ich fühlte mich sehr schwach. Sehnsüchtig sah ich auf die Spritze in der Hand des Arztes. Wie viel Energie blieb mir noch? Ich zwang mich zum Ein- und Ausatmen, denn ich fürchtete, ohne diese bewusste Anstrengung könnte mein Körper einfach damit aufhören. Ich schaute den Sanitäter an und gab mit stummen Lippenbewegungen zurück: »Schon okay. Trotzdem danke.«

Diese Anstrengung ließ meinen Schmerz regelrecht auflodern. Ich griff heftig nach seiner Hand, als ob ich aus ihm frische Lebensenergie saugen könnte, wie eine verglimmende Taucherlampe aus einem Satz frischer Batterien. Es muss ausgesehen haben wie ein Händedruck auf Leben und Tod.

Schließlich, nach einer halben Ewigkeit, landete der Hubschrauber. Als der Sanitäter die Tür öffnete, schaute ich hinaus und versuchte festzustellen, wo ich war. Alles was ich sah, war ein Stück blauen Himmels und eine niedrige Backsteinmauer. Später erfuhr ich, dass wir auf dem Dach des Klinikums der University of Pennsylvania gelandet waren. Medizinisches Personal kam mit einer fahrbaren Krankenliege angerannt, auf die ich gehoben wurde. Der Sanitäter von der Küstenwache begleitete mich bis ins Gebäude und übergab einer Krankenschwester die Tafel, die die Leute von der *Seeker* für Aufzeichnungen über meinen Zustand benutzt hatten. Man rollte mich in den Notfallraum, in einen Bereich, der durch einen Vorhang abgetrennt war.

Ich lag in helles weißes Licht getaucht und wartete. Nichts schien zu passieren. Was jetzt, fragte ich mich. Warum schaffen sie mich nicht sofort in die Druckkammer? Angst stieg in mir auf. Vielleicht wussten sie gar nicht, wie dringend ich eine Rekompression brauchte?

Ich öffnete den Mund und gab Laute von mir, die ich selbst nicht hören konnte. Wie sollte ich ihnen erklären, wie lebenswichtig es war, dass die Stickstoffbläschen in meinem Körper reduziert wurden, damit ich das Gas auf normalem Wege ausatmen konnte? Sie mussten doch wissen, dass mir nur eine Druckkammer helfen konnte. Da durchfuhr mich ein gewaltiger Schreck. Was, wenn die Druckkammer bereits belegt war? Mein Gott, wie lange konnte ich das aushalten? Ich wollte noch nicht sterben! Während ich so auf dem Rücken lag und zur Decke starrte, begann ich zu sprechen, laut, wie ich nur hoffen konnte. Mühsam die Worte zusammensuchend, stammelte ich meinen Namen und meine Adresse hervor und sagte dann: »Ich hatte einen Tauchunfall! Ich leide unter schwerer Dekompressionskrankheit! Ich muss sofort in eine Druckkammer!«

Ein Wunder geschah. Eine Schwester kam mit einem Notizblock und schrieb auf, was ich sagte. Ich sah, wie sich ihre Lippen bewegten, aber ich konnte immer noch nichts hören, und ich versuchte ihr klarzumachen, dass ich taub war. Sie schaute mich überrascht an, und ich las von ihren Lippen: »Sie können nichts hören?« Ich sagte es ihr noch einmal. Dann schrieb sie die Frage auf ihren Block und reichte ihn mir. Glücklicherweise hatte der Sauerstoff, den man mir auf der *Seeker* und dann im Hubschrauber verabreicht hatte, mir wenigstens mein Sehvermögen wiedergegeben, so dass ich lesen konnte, was sie geschrieben hatte, auch wenn die Worte auf dem Blatt auf- und niedertanzten wie das Bild eines schlecht eingestellten Fernsehers. *Sind Sie taub?*, hatte sie geschrieben. Ich nickte. Jemand brachte eine Stimmgabel, die die Krankenschwester mir an die Stirn hielt. Ob ich das hören könne? Ich schüttelte den Kopf. Bringen Sie mich endlich in eine Druckkammer!, versuchte ich zu sagen, aber es war wie in einem Alptraum.

Nachdem ich unterschrieben hatte, dass ich sowohl das Krankenhaus als auch das Personal von jeder Schadensersatzpflicht entbinden würde, fand die Schwester eine Vene, und ich bekam eine Salzlösung gegen die Austrocknung, zusammen mit Adrenalin und Zucker zur Energieversorgung. Aber sie konnten mich nicht gleichzeitig retten und mir Schmerzmittel geben, denn sie mussten ja irgendwie feststellen, ob die Behandlung anschlug und ob mein Körper nach dem Aufenthalt in der Druckkammer weiterhin schmerzte, taub oder gelähmt war. Ich schaute auf die Kanüle in meinem Arm, die an einen Tropf angeschlossen war, und fragte mich, ob sich mein Zustand schon besserte. Der künstliche Adrenalinschub half mir jedenfalls, mich wieder ganz auf die Behandlung zu konzentrieren, die ich so dringend herbeisehnte, und pumpte mir Blut in die ausgelaugten Venen, die der Arzt von der Küstenwache mit seiner Spritze vergeblich gesucht hatte. Vielleicht war es aber auch nur die Todesangst.

Schließlich rollte man mich doch in die Druckkammer, eine Metallröhre von der Größe eines New Yorker U-Bahn-Waggons. Eine ganze Sitzreihe zeigte an, dass sie für mehrere Personen konzipiert war. Das System war nicht nur für die Behandlung von Taucherkrankheit, sondern auch für Brandverletzte oder Leute mit Stichwunden gedacht, denen man hier ebenfalls Sauerstoff unter erhöhtem Druck verabreichen konnte. Manchmal konnten in so einer Druckkammer mehrere Patienten gleichzeitig behandelt werden, was die Rentabilität des millionenteuren Geräts steigerte.

Doch ich war alleine mit einem Pfleger in der Kammer. Wir waren beide dem erhöhten Druck ausgesetzt, der draußen vom behandelnden Arzt geregelt wurde. Die Rekompressionstabelle 6A der U.S. Navy empfahl eine fünfeinhalbstündige Behandlung, also wurde ein Tiefendruck von 50 Metern eingestellt. Der Pfleger nahm dabei ein gewisses Risiko in Kauf, selbst Symptome der Dekompressionskrankheit zu entwickeln, was zwar nicht sehr wahrscheinlich war, immerhin aber schon vorgekommen war. Trotzdem musste ein Pfleger bei mir sein, der mich versorgte, mir beispielsweise zu trinken gab und meinen Zustand beobachtete. Für den Fall, dass ich Probleme mit dem Druckausgleich in meinen Gehörgängen hatte, musste mir der Pfleger das Trommelfell durchstechen. Speziell für diesen Zweck lag auf einem Tisch ein bedrohliches Instrument bereit.

Nachdem ich nun endlich die Druckkammer erreicht hatte, schöpfte ich neue Hoffnung, dass nun alles gut werden würde, wie ich es in dem Moment gehofft hatte, als ich mich zum Aufstieg entschieden hatte, obwohl ich ungefähr wusste, was mich erwartete. Ich hatte zwar schon von anderen Tauchern gehört, die eine Rekompressionsbehandlung mitgemacht hatten, trotzdem hatte ich keine klare Vorstellung, was da auf mich zukam. Ihre Erfahrungsberichte waren meist recht wortkarg ausgefallen. Höhlentaucher wie Marc Eyring in Ginnie Springs sprachen einfach nur von der »Röhre«, in einem Tonfall, als wollten sie sagen, da müsse man eben durch, das sei ein lästiges Übel, letztendlich unvermeidbar, wie Erfrierungen bei Bergsteigern. Für Berufstaucher wie Glenn Butler war die Druckkammer einfach nur ein Gerät, das sie regelmäßig nach dem Tauchen aufsuchten, um die langen Dekostopps bei drei und sechs Metern bequem an der warmen Luft anstatt im kalten Wasser hinter sich bringen zu können. Taucher wie Gary Gentile und John Moyer hatten schlicht gemeint, ja, sie hätten auch schon mal Bends gehabt, dann käme man eben in die Röhre, und alles sei wieder okay. Sie alle hatten darüber mit einer solchen Beiläufigkeit gesprochen, dass ich nun davon überzeugt war, das Schlimmste hinter mir zu haben. Das sollte sich als Irrtum herausstellen. Neue, vor allem psychische Qualen standen mir bevor.

Als der Arzt von außen die Behandlung begann, spürte ich wachsenden Druck auf meinen Ohren, genau wie beim Tauchen. Ich entlastete den Druck auf die Trommelfelle, wie ich es auch beim Tauchen tat. Doch als immer mehr Luft in die Kammer strömte, wurde es heiß und stickig wie in einem Backofen. Ich begann zu schwitzen. Allerdings ließ der Schmerz mit der Druckzunahme, die die Stickstoffbläschen in meinem Körper verkleinerte, tatsächlich nach. Ein Teil des Stickstoffs wurde wieder vom Körper gebunden.

Ich hatte nichts zu tun als einfach nur dazuliegen und abzuwarten. Der Pfleger beobachtete mich und überprüfte ab und zu meine Körperfunktionen. Als er sicher war, dass ich einen stabilen Zustand erreicht hatte, begann er einen Roman von Stephen King zu lesen, um sich die Zeit zu vertreiben.

Dann kühlte sich die komprimierte Luft in der Druckkammer ab, und ich fühlte mich plötzlich wie in einem Eisschrank. Ich bat den Pfleger um eine Decke. Der Druck wurde nun ganz allmählich auf Normalniveau gesenkt. Der Pfleger setzte mir eine Maske auf, über die ich reinen Sauerstoff atmete. Das entsprach dem Dekostopp bei 18 Metern. Der reine Sauerstoff half, den überschüssigen Stickstoff schneller abzubauen und kam auch den Geweberegionen zu Hilfe, die durch die Stickstoffbläschen von der Sauerstoffversorgung abgeschnitten worden waren. Ich hatte zwar schon auf der *Seeker* und im Hubschrauber eine Sauerstoffbehandlung bekommen, doch war die Transportkapazität meines Blutes durch die enorme Anzahl und die Größe der Stickstoffbläschen verringert. Außerdem beschränkten die Bläschen die Fähigkeit des Blutes, Sauerstoff aufzunehmen. Dr. Bill Hamilton und andere hatten außerdem festgestellt, dass die Stickstoffbläschen vom Immunsystem als Eindringlinge behandelt werden, was einen komplizierten und in seinen Details noch nicht verstandenen Abwehrprozess in Gang setzt. Ein Teil der Immunabwehr besteht in der Bildung von stickstoff- und heliumspezifischen Antigenen, Markerzellen, wie sie sich sonst an Viren und Bakterien anhängen, damit diese zielsicher zerstört werden können. Selbst wenn jemand sich schon längst wieder von den Bends erholt hat, lauern in seinem Körper immer noch diese Antigene der inerten Gase, um den Körper gegen eine mögliche Neuauflage einer solchen Bläschenattacke zu schützen.

Mein Pfleger beobachtete aufmerksam, ob ich nicht Anzeichen einer Sauerstoffvergiftung entwickelte. Falls ich irgendwelche Krämpfe zeigte, würde er mir sofort die Maske abnehmen, so dass ich wieder die Umgebungsluft atmen konnte, was die Krämpfe zum Verschwinden brächte. In der Dekompressionskammer bestand, anders als unter Wasser, die größte Gefahr beim Atmen von reinem Sauerstoff nicht in den möglichen Krämpfen selbst, sondern darin, dass man sich dabei die Zunge abbiss. Damit es nicht dazu kam, legte der Pfleger alle 20 Minuten seinen Horrorroman beiseite und nahm mir die Maske ab, so dass ich einen Moment lang wieder normale Luft atmen konnte. Mein Glück hielt an, ich bekam keine Krämpfe.

Allmählich dämmerte mir, wie knapp ich noch einmal davongekommen war. Ich hatte in meiner Gier nach Trophäen alles riskiert und hatte um ein Haar mit meinem Leben dafür bezahlt. Im Wasser hatte ich mich so wohl gefühlt, dass ich mir gar nicht vorstellen konnte, dass mir etwas dergleichen passieren konnte. Aber ich brauchte mich nur umzuschauen, um zu sehen, wie schnell so etwas doch Realität wird. Ob ich mich jemals wieder vollständig erholen würde? Ich hoffte immer noch auf das Beste. Ich hatte es zu weit getrieben, aber ich war immerhin noch am Leben. Bohrende Fragen schossen mir durch den Kopf: Wie hatte ich nur derart die Kontrolle über mich verlieren können, dass mir so etwas passieren konnte? Was hatte mich dazu verleitet, mein Leben aufs Spiel zu setzen?

Plötzlich hörte ich ein Klingeln in meinen Ohren. Dann andere Geräusche. Mein Gehör kehrte zurück! Ich teilte die gute Nachricht meinem Pfleger mit, der sie an den Arzt außerhalb der Kammer weitergab. Kurz darauf stand der Arzt neben meiner Liege, jetzt innerhalb der Kammer. Wir befanden uns zwar immer noch auf einer Druckstufe von neun Metern, doch konnte der Arzt die Kammer über eine Druckschleuse betreten. Das war eine kleinere Kammer, die mit der Hauptröhre über eine Zwischentür in Verbindung stand. Man wartete, bis sich der Druck angeglichen hatte und konnte dann einfach die Hauptkammer betreten.

»Können Sie mich hören?«, fragte der Arzt erstaunt.

»Ja«, antwortete ich. »Aber alles hört sich so komisch an, und es klingelt mir in den Ohren.« Empört sah er mich an. »Seien Sie froh, dass Sie überhaupt wieder hören können«, meinte er kopfschüttelnd. Als ob er es selbst kaum glaubte, sagte er: »Bald können Sie aufstehen.« Es hörte sich an, als ob er erwartet hätte, ich würde den Rest meines Lebens im Rollstuhl verbringen und sich jetzt enttäuscht fühlte. Rasch fügte er noch hinzu: »Aber Ihre Taucherkarriere, die ist beendet.«

Die Worte trafen mich wie ein Hammer. Obwohl es mir besser ging und ich auch wieder hören konnte, wünschte ich mir, ich hätte das nicht verstanden. Ich würde nicht mehr tauchen können! Das war ein echter Schock. Der Arzt erklärte mir, er werde die Behandlung auf neun Metern verlängern, in der Hoffnung, dass sich dadurch vielleicht mein Gehör noch weiter besserte. Die Vorstellung, eine weitere halbe Stunde in der Kammer eingesperrt zu sein, versetzte mich nicht in Begeisterung. Durch den vielen Stickstoff, durch den mein Körper völlig durcheinander geraten war, und jetzt auch noch durch den Sauerstoff, fühlte ich mich schlimmer ausgelaugt als in meiner

Collegezeit, wo ich manchmal zwei Rugbyspiele hintereinander bestritten hatte.

Konnte ich vielleicht einfach schlafen? Nein, das durfte ich mir nicht erlauben, denn Schlaf würde meine Atmung und meine Blutzirkulation herabsetzen, wodurch sich auch die Stickstoffausscheidung reduzieren würde. So müde ich war, ich musste mich damit abfinden, die zusätzliche Zeit im wachen Zustand durchzuhalten. Ich hoffte nur, dass es das tatsächlich wert war, aber mir war klar, dass nicht einmal der Arzt voraussagen konnte, ob mir das tatsächlich helfen würde. Doch da es mir auf keinen Fall schaden konnte, war die zusätzliche Zeit im Sinne der Behandlung jedenfalls eine sinnvolle Investition, trotz des zusätzlichen Risikos, das damit natürlich auch mein Pfleger auf sich nehmen musste.

Endlich war die Behandlung beendet und ich wurde in ein Krankenzimmer gerollt. Ich war völlig erschöpft, sowohl geistig als auch körperlich. Es war schon spät in der Nacht, alles ruhig, die Krankenhausflure waren in mattes elektrisches Licht getaucht. Es sah so aus, als wäre ich noch einmal davongekommen.

Während der sechs Stunden, die ich in der Druckkammer verbrachte, waren die Rouses in Dutch Springs getaucht und hatten bei der Organisation der Abschlussprüfungen geholfen. Tags zuvor waren sie von der *Dina Dee* aus getaucht. Einer der Eigner des Boots war Bob Burns, bei dem sie einen Tauchkurs für Fortgeschrittene absolviert hatten. Sie hatten dem Wrack der *Ayuruoca* vor New Jersey, 56 Kilometer nördlich der *Northern Pacific,* einen Besuch abgestattet. Das Wrack lag in einer Senke, die man allgemein als »das Schlammloch« bezeichnete. Chris und Sue tauchten zusammen auf 50 Meter hinab und drangen auch in das Wrack ein. Chris hatte zwei kleine Flaschen aus diesem bulligen Frachter hochgebracht, der kurz nach dem Zweiten Weltkrieg nach einer Kollision gesunken war. Ein anschließender Abstecher zum Steinbruch war ihre Methode, die Ausrüstung vom Salz zu befreien, das alle Teile mit Korrosion bedrohte. Als die Rouses am frühen Abend vom Steinbruch zurückkamen, erhielten sie einen Anruf von

Steve Berman aus Florida. Er erzählte ihnen, dass ich einen Tauchunfall gehabt hätte und dass es nicht sicher sei, ob ich durchkäme. Die Nachricht hatte sich unter Tauchern wie ein Lauffeuer verbreitet.

Berman wusste zu diesem Zeitpunkt auch nicht mehr, als dass ich zu früh aufgetaucht war und mir zwei Stunden Dekompressionszeit gefehlt hatten. Was genau dieses unkontrollierte Ereignis ausgelöst hatte, konnte auch er nicht sagen. Vielleicht hatte ich eine Serie von Ausrüstungsproblemen in Folge gehabt? Oder ich war im Wrack eingeschlossen gewesen und hatte meinen Luftvorrat bei meiner Befreiung verbraucht? Nur eines war klar: Was immer mir passiert war, es hätte auch ihnen passieren können. Mein Bericht über den Unfall würde ihnen ein weiteres Mosaiksteinchen an Wissen liefern, das half, ihr eigenes Überleben unter Wasser zu sichern. Steve Berman, die Rouses und ich hatten alle das Tauchen bei Marc Eyring gelernt, dem ehemaligen Kämpfer der Green Berets, der jetzt in Ginnie Springs unterrichtete, und wir hatten seinen Grundsatz verinnerlicht: Wer aufhört zu lernen, wird bequem und ist bald tot.

Den Rouses war natürlich bekannt, dass der Tauchsport nicht ungefährlich war, ebenso wenig wie andere Sportarten. Weniger als zwei Jahre zuvor war ihnen schmerzlich bewusst geworden, welche tödlichen Gefahren sie und ihre Freunde bei der Sportfliegerei auf sich nahmen, als Pete Miller, Chris' erster Fluglehrer, tödlich verunglückt war. Auch an diesem Abend im Juli 1989 waren sie gerade vom Tauchen zurückgekehrt, als Chris den Fernseher eingeschaltet hatte, wo vom Zusammenstoß zweier Privatflugzeuge über dem Flughafen von Quakertown berichtet wurde. Dort hatte Chris das Fliegen gelernt. Die Namen der Opfer wurden nicht genannt, doch Chris spürte sofort ein beklemmendes Gefühl in der Brust. Nach zwei, drei Telefonanrufen waren sie über die tragischen Details im Bilde. Während einer Flugvorführung hatte Pete Miller – der Chris und Sue Rouse einst für ihren ersten Trip nach Florida ein Flugzeug mit den Worten geliehen hatte: »Ein Absturz käme mir genauso gelegen wie ein Verkauf!« – eine Gruppe Fallschirmspringer zu ihrer Absprungzone gebracht. Nachdem alle gesprungen waren, wollte Pete wieder zum Flughafen zurück. Beim Landeanflug kollidierte er mit einer anderen Privatmaschine, die sechs Personen an Bord hatte. Beide Flugzeuge stürzten aus 400 Metern Höhe ab. Wer nicht gleich beim Zusammenstoß ums Leben gekommen war, starb beim Aufprall auf das Rollfeld. Chris war tief erschüttert: Es war das erste Mal, dass er einen so engen Freund verloren hatte.

Der rothaarige Pete Miller war ein Mann von massiger Gestalt gewesen. Er hatte Zahnlücken, und seine Lippen schienen mit einem erkalteten, beizenden Zigarrenstummel verwachsen. Mit seinem raubeinigen Humor war der Vietnamveteran ein Nachfahre jener wilden Piloten der zwanziger Jahre, die mit Flugshows durchs Land tingelten und einem verdutzten Landvolk das neue Wunderwerk der Technik vorführten: das Flugzeug.

Wenn ein Mann wie Pete Miller, der Vietnam überlebt hatte, bei etwas sterben konnte, das er so gut beherrschte wie das Fliegen, dann konnte das auch jedem anderen passieren, wurde Chris klar, auch ihm und seiner Familie beim Tauchen. Diese Erkenntnis dämpfte seinen Wagemut ein wenig; er wurde vorsichtiger. Doch Chrissy war noch zu jung für solche Einsichten. Und er war mit Pete Miller nicht so eng befreundet gewesen wie sein Vater. Für ihn war Millers Tod ein tragischer Unfall, den er letztlich mit einem Achselzucken abtat. Irgendwann hat eben jeder mal Pech.

Die Nachricht von meinem Unfall erinnerte Chris sofort an die Geschichte mit Pete Miller und führte ihm einmal mehr vor Augen, dass in der Luft wie im Wasser selbst dem Erfahrensten ein Fehler unterlaufen kann, der ihn das Leben kostet.

Die Liste mit Chrissys Autounfällen zeigte deutlich, wie wenig Eindruck der Tod von Pete Miller auf ihn gemacht hatte. Schnell, sorglos und äußerst leichtsinnig baute er nicht nur einen, sondern gleich zwei Unfälle hintereinander mit seinem Wagen. Zwischendurch fuhr er den Wagen seines Vaters zu Schrott, bevor er auch noch einen Firmenlastwagen ruinierte. Bei Chrissys drittem Unfall waren seine Eltern nicht nur wegen seiner offenbar mangelnden Fahrkünste beunruhigt, sie machten sich auch Sorgen, ob es ihm nicht einfach überhaupt an Reife mangelte. Ihr Sohn behandelte das Leben – zumindest an Land – mit geradezu selbstmörderischer Nachlässigkeit. Doch so viel sie auch schimpften, am Ende zeigten sie sich nachsichtig und halfen ihm immer wieder aus der Patsche. Aufgrund der Unfälle wuchsen Chrissys Schulden bei seinen Eltern, die ihm mehrfach Geld für ein neues Auto und die sprunghaft gestiegenen Versicherungsprämien liehen.

Ende 1991 war Chrissy 21 Jahre alt, und er war nach wie vor voll und ganz von seinen Eltern abhängig. In einem Alter, in dem er an den Aufbau seines eigenen Lebens hätte denken sollen, band er sich durch die Folgen seiner Unfallserie nur noch mehr an seine Eltern. Anscheinend brachte ihm das Vorteile – vermutlich gab es ihm ein Gefühl von Sicherheit, eng mit seinen Eltern verbunden zu sein. Im Alter von zehn Jahren, als er seinen Vater nach dem Unfall beim Schweißen pflegen musste, war sein Weltbild schwer erschüttert worden. Damals hatte er erfahren, wie zerbrechlich seine Welt war, und wie schnell sich alles von einem Augenblick auf den anderen verändern konnte. So wie sein Vater ihn einst gebraucht hatte, so schien er nun eine gewisse Abhängigkeit von seinem Vater zu bewahren und sich vor echter Selbstständigkeit zu scheuen. Vielleicht konnte er mit diesem Trauma besser fertig werden, indem er ständig neue Situationen inszenierte, in denen sein Vater sich um ihn kümmern musste. Unbewusst unterstützte sein Vater damit den Glauben des Sohns, er sei hinter dem Lenkrad unverwundbar. Da seine Eltern die Konsequenzen seines Verhaltens von ihm fern hielten, konnte Chrissy sich in dem Glauben wiegen, ihm selbst könne niemals ein schwerer Unfall passieren, weder über noch unter Wasser.

Als auf der *Seeker* über Funk die Nachricht von meiner erfolgreichen Behandlung in der Druckkammer eintraf, war an Bord die Erleichterung und Freude groß. Jemand schlug vor, mir ein T-Shirt des Bootes mit Genesungswünschen zu schicken. Die komplette Mannschaft verewigte sich darauf mit einem wasserfesten schwarzen Stift. John Harding steuerte eine Zeichnung bei, die er »Bernies Bullauge« nannte. Sie stellte eine Person dar, die aus dem runden, an ein Bullauge erinnernden Fenster einer

Druckkammer herausschaut. Die Botschaft war klar: Meine Besessenheit, ein Bullauge von der *Northern Pacific* zu ergattern, hatte mir lediglich den Blick durch das Bullauge einer Druckkammer verschafft.

Auf diese Weise drückten meine Freunde ihre Sorgen und Ängste, aber auch ihren Unmut über das aus, was mir geschehen war. Einige von ihnen waren meine Schüler gewesen, und viele hatten sich in puncto Wracktauchen von mir beraten lassen. Vor allem hatten sie von mir wissen wollen, wie man sicher zur *Andrea Doria* taucht. Noch dazu hatte ich vor kurzem einen Leitfaden über die Sicherheit beim Wracktauchen geschrieben und galt nicht zuletzt dadurch als besonnener, seriöser Taucher. Für viele meiner Freunde war mein Unfall eine herbe Enttäuschung, nicht anders, als wenn ihre Lieblingsmannschaft ein Qualifikationsspiel für die Meisterschaft verloren hätte. Andere fragten sich, ob ihr Zutrauen in ihre eigenen Fähigkeiten unter solchen Umständen gerechtfertigt war. Sie fühlten sich mit einem Mal verwundbar. Wenn sich jemand nach neun erfolgreichen Tauchgängen zum Mount Everest des Tauchsports – die Trophäen bewiesen es – aus eigener Schuld in eine tödliche Gefahr bringen konnte, wie stand es dann mit ihnen selbst? War die ganze Sache solche Risiken überhaupt wert?

Nachdem sie nun durch die Nachricht beruhigt waren, dass es mir besser ging, beschlossen meine Freunde an Bord der *Seeker,* wie vorgesehen am nächsten Tag wieder zu tauchen, allerdings zu einem anderen, weniger tief gelegenen Wrack. Statt lange über die Gefahren nachzugrübeln, was sie vielleicht nur dazu gebracht hätte, den geliebten Sport und die Kameradschaft aufzugeben, war es letztendlich besser, einfach ins Wasser zu springen. Ich hätte es vermutlich genauso getan.

Als ich am Morgen nach der Druckkammerbehandlung aufwachte, musste ich auf die Toilette. Ich schwang die Beine aus dem Bett und stand auf. Plötzlich begann sich alles um mich herum zu drehen, und ich musste mich am Bettpfosten festhalten, um nicht umzufallen. Was war mit mir los? Ich versuchte einen Schritt vorwärts und verlor sofort das Gleichgewicht. Ich fiel halb über das andere Bett und sackte in die Knie. Ich konnte nicht laufen! War ich zum Krüppel geworden? Was hatte ich bloß getan, als ich mich entschloss, ohne Dekompression aufzutauchen? Ich hatte geglaubt, es würde mich nicht mehr kosten als ein paar Stunden in der Druckkammer. Doch jetzt schien mich die Realität knallhart eines Besseren zu belehren.

Mein Gehör war zwar zurückgekehrt, doch die Stickstoffbläschen waren nicht spurlos aus meinem Gehirn verschwunden, sie hatten meinen Gleichgewichtssinn beeinträchtigt. Wenn ich versuchte zu laufen, geriet mein Sehvermögen völlig durcheinander. Es war, als hätte ich zu viel getrunken. Ich schwang meinen Oberkörper zu meinem Bett, ließ mich darauf fallen, ergriff den Bettrand und hievte mich hinein. Diese kleine Turnübung brachte mich heftig ins Schwitzen, und mein Magen begann zu rotieren. Da erinnerte ich mich an die Worte des Arztes beim Abschluss der Druckkammerbehandlung. Ich könne bald wieder aufstehen, hatte er gesagt. Sollte er sich geirrt haben?

Ich lag wieder in meinem Bett und malte mir mit Schrecken aus, dass ich nun vielleicht für immer gelähmt war. Da trat ein junger Mann von leicht untersetzter Gestalt und mit dunklen, mediterranen Gesichtszügen in mein Zimmer. Dr. Ignaccio Mendagurin, wie er sich mir gleich vorstellte, war ein hochgebildeter, im Ausland geborener Neurologe, der früher Taucher bei der Navy gewesen war. Er war also aus beruflichen wie aus persönlichen Gründen an meinem Fall interessiert. Ich hatte sofort Zutrauen zu seiner angenehm ruhigen und sanften Art zu sprechen, die so verständnisvoll klang. Und ich freute mich auch, einen Taucher vor mir zu haben, wie ich selbst einer war – oder vor einem Tag einer gewesen war.

Dr. Mendagurins Redeweise erinnerte mich an meinen Vater, der Doktor der Ingenieurswissenschaften und Diplomchemiker ist und ein glasklares, reines Englisch spricht, das seine britische Erziehung verrät. Mein Vater, der in Indien geboren ist, beherrscht mehrere Sprachen, darunter auch Deutsch, die Sprache meiner Mutter. Er hat eine etwas dunklere Gesichtsfarbe und dichteres, schwärzeres Haar gehabt als Dr. Mendagurin, trotzdem ähneln sich die beiden in vielerlei Hinsicht. Ich hatte gleich den Eindruck, dass Dr. Mendagurin über sehr viel mehr Einfühlungsvermögen verfügte als der Arzt, der mich in der Druckkammer behandelt und mir erklärt hatte, ich würde wieder laufen können – in einem Tonfall, der beinahe zu sagen schien, Spinnern wie mir geschähe es ganz recht, wenn sie für den Rest des Lebens im Rollstuhl säßen.

Dr. Mendagurin erklärte mir, von der Taubheit auf beiden Ohren, die davon herrührte, dass das Innenohr in Mitleidenschaft gezogen worden war, habe sich bisher noch niemand vollständig erholt. Er war sehr beeindruckt davon, dass ich mein Gehör nach der ersten Behandlung wiedererlangt hatte. Das war für ihn ein kleines medizinisches Wunder. Er fragte mich, ob er meine Genesungsfortschritte begleiten und dokumentieren dürfe. Trotz meiner Angst, von meinem Unfall Dauerschäden davonzutragen, fand ich es doch positiv, dass vielleicht wenigstens etwas Nützliches dabei herauskommen würde, und gab ihm gerne meine Zustimmung.

Dr. Mendagurin schien ein echtes wissenschaftliches Interesse an meinem Fall zu haben, die Art von Interesse, wie ich sie auch von meinem Vater kannte. Ich hatte immer die Unbeirrbarkeit bewundert, mit der mein Vater sich der Entwicklung einer Formel zur kostengünstigen Herstellung von Penicillin gewidmet hatte, das durch die Fermentierung einer Nährlösung entsteht, in der ein bestimmtes Bakterium unter optimierten Laborbedingungen eine Vorstufe von Penicillin erzeugt. Damals war ich elf Jahre alt, und ich sah ihn Tag und Nacht an diesem Problem arbeiten. Stets trug er einen Notizblock und einen Stift bei sich, auf den er ohne Unterlass chemische Formeln kritzelte, sogar beim Mittagessen. Schließlich hatte er es geschafft. Vermutlich wird noch heute die Formel meines Vaters von Bristol-Meyers in der Penicillinproduktion benutzt.

Als ich acht Jahre alt gewesen war, hatte es im Labor meines Vaters einen Unfall gegeben. Die Verbände, die er infolge von Verätzungen an den Armen, Händen und im Gesicht trug, hatten mich sehr erschreckt. Doch ich hatte meinen Vater auch dafür bewundert, wie wenig er sich von dem Unfall beeindruckt zeigte. Wenn jeder bei der ersten Schwierigkeit aufgebe, meinte er, würde nie etwas fertig werden. Diese Erinnerung trage ich stets in mir – ähnlich wie Chrissy die an den Unfall seines Vaters –, und sie beeinflusste mein Verhalten und meine Einstellung an Land wie unter Wasser.

Ich hoffte, mich in meinem Gefühl gegenüber Dr. Mendagurin nicht zu täuschen und dass er die gleiche Entschlossenheit an den Tag legen würde wie mein Vater. »Herr Doktor, ich freue mich riesig, dass mein Gehör wieder da ist, aber ich mache mir Sorgen, ob ich jemals wieder laufen kann«, sagte ich, immer noch ganz still im Bett liegend, damit die Welt nicht wieder anfing, sich zu drehen.

»Hören Sie mir gut zu«, sagte der Doktor in ernstem, aber mitfühlendem Tonfall. »Sie werden wieder laufen können, aber das wird seine Zeit brauchen und Sie werden sich ein bisschen anstrengen müssen. Ihr Gehirn wird durch Übung lernen, Ihrem Körper die Signale über andere Nervenbahnen zuzuleiten.«

Ich setzte mich auf. »Na, das hört sich ja prima an! Was muss ich tun? Und wie lange wird es dauern?«

»Sie müssen sich zum Laufen zwingen, und zwar gleich von heute an.«

»Aber alles dreht sich um mich, ich kann kaum stehen. Außerdem muss ich mich dann übergeben«, stöhnte ich.

»Ja, da müssen Sie durch. Fangen Sie ganz langsam an. Aber Sie *müssen* es üben, wenn Sie wieder laufen wollen. Sie werden anfangs nur ganz kleine Fortschritte machen, und es wird auch *lange* dauern. Seien Sie tapfer!«

Dr. Mendagurin untersuchte mich eingehend, machte sich Notizen und verließ mich dann. Da lag ich nun alleine und hatte den weiten Weg zur Toilette vor mir, fünfzehn Schritte von meinem Bett, aber es hätte auch der Gipfel des Mount Everest sein können. Entschlossen, den Rat des Arztes zu befolgen, erhob ich mich aus dem Bett, fiel aber gleich wieder halb hinein. Selbst das war schon eine ungeheure Anstrengung gewesen. Mein Herz begann zu rasen, mein Atem flog, und der Schweiß brach mir aus. Doch ich konnte mich nicht wieder ins Bett legen, denn ich musste wirklich dringend aufs Klo. Ich versuchte einen Schritt vorwärts, hangelte mich bis zum Ende des Betts und hielt mich dann an der Stange am Fußende fest. Das Karussell kam wieder in Fahrt, mein Magen stülpte sich um. Ich tastete mich einen weiteren Schritt voran, bis ich nach der rettenden Kommode greifen konnte, an der ich mich festklammerte wie ein schiffbrüchiger Seemann an einer vorbeitreibenden Kiste. Trotzdem ließ ich die Kommode los und schrammte die Wand entlang zur Badezimmertür. Die Kreiselbewegung des Zimmers ließ meine Bewegungen irreal erscheinen, es war, als würde ich schweben. Ich fasste nach dem Türrahmen, um Halt zu bekommen und Atem zu schöpfen. Inzwischen war ich klatschnass geschwitzt und begann zu frieren. Schlingernd schaffte ich das letzte Stückchen zur Toilette, ließ mich auf den Sitz fallen und dankte Gott.

Es dauerte ziemlich lange, bis ich wieder so viel Kraft und Willen gesammelt hatte, um mit taumelnden Schritten den Rückweg in Angriff zu nehmen. Keuchend und schweißgebadet fiel ich schließlich ins Bett. Jetzt konnte ich nur noch schlafen, um wieder zu Kräften zu kommen. Bevor mich der Schlaf übermannte, dachte ich darüber nach, was Dr. Mendagurin über die Arbeit meines Gehirns gesagt hatte. Ich hoffte inständig, es bastelte auch im Schlaf an diesen neuen Nervenbahnen, die ich so dringend benötigte, um wieder normal laufen zu können.

Nachdem ich tags darauf erneut wie ein betrunkener Seemann über den Linoleumboden gewankt war, wurde ich einer zweiten Behandlung in der Druckkammer unterzogen, obwohl Dr. Mendagurin Zweifel hatte, dass sich dadurch mein Zustand tatsächlich weiter verbessern ließe. Er setzte voll und ganz auf den Faktor Zeit und auf ausdauerndes Üben. Ich hatte immer noch Tinnitus in den Ohren – doch auch das würde sich mit der Zeit geben, meinte Dr. Mendagurin. Er war schon sehr zufrieden mit den Fortschritten, die ich am Tag zuvor gemacht hatte, als ich mich mehrmals dazu zwang, das Laufen zu üben.

Während meines Krankenhausaufenthalts hatte ich viel Zeit, über meinen Unfall nachzudenken. Wie hatte ich mich in solch eine Situation bringen können, die mich beinahe das

Leben gekostet hatte? Warum war ich getaucht, obwohl ich mich doch vorher so unwohl gefühlt hatte? Früher hatte ich immer Respekt vor der Tiefe und vor mir selbst gehabt, ich war nie ins Wasser gegangen, wenn ich mich nicht wohl gefühlt hatte; selbst wenn ich körperlich fit war, war ich nicht getaucht, wenn ich irgendeine unbestimmte Vorahnung gehabt hatte. So war ich einmal nicht zur *Andrea Doria* getaucht, obwohl ich mich körperlich absolut fit gefühlt hatte und das Wetter perfekt gewesen war. An jenem Tag schien mir die Jagd nach Trophäen das Risiko nicht wert. Gary Gentile hatte sich damals überrascht gezeigt. Vielleicht hatte mir die *Andrea Doria* einfach auch nur mehr Respekt eingeflößt. Die *Northern Pacific* lag bei weitem nicht so tief. Doch ich hatte irgendwie den Verdacht, dass die wahren Gründe für diese persönliche Katastrophe noch ganz woanders lagen. Selbst wenn ich schlicht zu weit gegangen und getaucht war, obwohl ich es besser nicht hätte tun sollen, hätte ich mich doch immer noch sicher und ohne Verzicht auf die Dekompression an die Oberfläche zurückbringen können und sollen. Unterwasserprobleme löst man unter Wasser. So hatte ich es immer meinen Schülern gepredigt, besonders jenen, die dazu neigten, sich an die Oberfläche zu flüchten, wenn es Schwierigkeiten gab. Ich spürte, dass es tiefer liegende Gründe für meinen Unfall geben musste, die sich mit einer normalen Unfallanalyse nicht erfassen ließen.

Die Erklärung von Unfällen wie dem meinen war mir nichts Neues. In meiner Freizeit hatte ich zusammen mit dem »National Underwater Accident Data Center« (NUADC) in Rhode Island an einer Analyse von Tauchunfällen amerikanischer Amateurtaucher gearbeitet. Bei meiner Höhlentaucherausbildung in den späten achtziger Jahren hatte ich erfahren, was Sheck Exley für diesen Sport geleistet hatte, und ich fragte mich, warum niemand eine ähnliche Analyse von Unfällen beim Wracktauchen gemacht hatte. Im Dezember 1990, als ich an Shecks Kurs im Mischgastauchen teilnahm, erzählte ich ihm von meiner Idee. Exley war äußerst hilfsbereit und bot mir zu meiner großen Freude seine Unterstützung an. Seine Kooperationsbereitschaft war von dem Grundsatz geprägt, dass alles, was wir dabei an Neuem erfahren würden, dem Sport als Ganzem zugute käme. Exleys Haltung unterschied sich völlig von der konkurrenzgeladenen Atmosphäre unter Wracktauchern und den Kapitänen von Wracktauchbooten, von der ich nicht nur gehört hatte, sondern die ich selbst erlebt hatte. Meine Untersuchung erschien schließlich im Jahresbericht der NUADC. Sie behandelte zwei große Gruppen von Wracktauchunfällen, solche die sich außerhalb des Wracks ereigneten, und solche, die innerhalb des Wracks passierten, und sie gab den Tauchern Ratschläge, wie man es vermied, ein Fall für derartig traurige Statistiken zu werden. So hatte es auch Exley in seinem Bericht gemacht.

Eines Tages rief mich Chris Rouse an, der Zitate aus meiner Studie in der amerikanischen Taucherzeitung *Underwater USA* gelesen hatte. »Mensch, Junge, jetzt bist du ja richtig berühmt«, sagte er. Ich hatte keine Ahnung, wovon er sprach, was ihn wunderte, denn der Artikel erweckte den Eindruck, als hätte der Reporter direkt mit mir gesprochen. Nein, versicherte ich ihm, sie hatten einfach aus meiner Studie zitiert. Aber das schien ihn kaum weniger zu beeindrucken. »Na, jedenfalls kennen die Leute jetzt deinen Namen. Ich dagegen bin immer noch ein Niemand«, sagte er.

Das ging mir jetzt in meinem Krankenhausbett durch den Kopf und löste einen beunruhigenden Gedanken aus: Lag die Ursache für meinen Unfall vielleicht in meiner Suche nach Anerkennung? Hatte ich es nach einem großartigen Tauchjahr, in dem ich auch einiges von der *Andrea Doria* hochgebracht hatte, nötig gehabt, noch einmal zu beweisen, was für ein herausragender Taucher ich war, indem ich ein Messingbullauge hochbrachte, was in meinen Augen den Höhepunkt des Wracktauchens schlechthin darstellte? War es mein Verlangen, mich hervorzutun, das mich fast ins Verderben geführt hatte, oder lag es bloß in meiner Natur, etwas bis zur letzten Konsequenz zu verfolgen? Aber war das nicht ein allgemein menschlicher Zug, alles bis an seine äußerste Grenze voranzutreiben, um das Geheimnis der Welt und unserer selbst zu ergründen? So hatten es doch auch Christoph Kolumbus und Vasco da Gama getan, als sie beide auf unterschiedliche Weise einen Seeweg von Europa nach Indien suchten. Und so war es den Menschen im Verlauf der Geschichte gelungen, die Welt unter Wasser immer besser zu erforschen. Auch Sheck Exley hatte sich bemüht, die Grenzen des Höhlentauchens weit voranzutreiben. Und mein Vater hatte rastlos an seinen Forschungen gearbeitet, trotz aller Rückschläge.

Da stand Diana, meine Frau, in der Tür. Sie sah besorgt und erschrocken aus. Kevin O'Brian begleitete sie, einer meiner Schüler, der mehrere Kurse bei mir gemacht hatte und mit dem zusammen ich oft getaucht war. Er war an Bord der *Seeker* gewesen und war Zeuge meines Unfalls geworden. Ich sah in ihr schönes, südamerikanisch geschnittenes Gesicht, das von langen, lockigen Haaren umrahmt war. Dankbar schlurfte ich ihr in meinem Krankenhausnachthemd entgegen. Sie war sichtlich irritiert darüber, dass ich von all den Infusionen so aufgedunsen war. Doch dann lächelte mich Diana erleichtert und glücklich an und nahm mich in ihre Arme. Ich drückte sie fest an mich. Diana war oft sauer gewesen, weil ich so viel Zeit mit Tauchen verbrachte. In meinem Selbstvertrauen, stets wohlbehalten zurückzukehren, hatte ich ihr gegenüber immer die Risiken heruntergespielt. Nun, als sie mit eigenen Augen sah, was die Bends mit mir anstellen konnten, würde sie nicht nur Grund haben, sich über meine Abwesenheit zu beschweren, sondern sich auch mehr Sorgen machen, dass ich eines Tages vielleicht gar nicht mehr zurückkehren könnte.

Ich sah meine Frau schuldbewusst an. Es war mir peinlich, dass ich mich selbst in eine solche Lage gebracht hatte. »Was hast du Gil erzählt?«

»Ich habe ihm gesagt, dass du krank bist und ins Krankenhaus musstest, aber dass du bald wieder gesund bist und nach Hause zurückkommst.«

Was sonst hätte sie unserem dreijährigen Sohn erzählen sollen? »Ich rufe Gil an und sage ihm, dass alles in Ordnung ist mit mir.«

Meine Frau nickte ernst.

«Es tut mir Leid«, war alles, was ich sagen konnte.

»Mir auch«, antwortete Diana.

Mir war ein wenig unbehaglich zumute. Es wollte mir nichts

einfallen, was ich sonst noch sagen sollte. Da wandte ich mich an Kevin und fragte ihn nach meiner Taucherausrüstung. Er sah mich überrascht an, dann grinste er. »Du hast dich kaum von deinem Unfall erholt, und schon machst du dir Sorgen um deine Ausrüstung? Mann, du bist ja wirklich hart drauf!« Wir mussten beide lachen. Diana lachte nicht mit.

»Also, ist noch was übrig oder ist in der Aufregung alles weggekommen?«

»Irgendjemand hat deine Flaschen an Bord geholt. Ich habe alles in deine Taschen gepackt und zu dir nach Hause gebracht.«

Ich war erleichtert – wenigstens war nicht die ganze teure Ausrüstung auf dem Grund des Meeres geblieben. Ich hatte das Gefühl, ich würde sie bald wieder brauchen – egal, was der Arzt mir gesagt hatte.

Die zweite Druckkammerbehandlung brachte keine weitere Besserung für mein Gehör, der Tinnitus blieb. Das Gehen bereitete mir große Mühe, aber ich zwang mir Schritt für Schritt ab, so wie Dr. Mendagurin es mir geraten hatte. Nach vier Tagen konnte ich immerhin schon laufen, ohne irgendwo anzustoßen, obwohl mir immer noch ganz schwindlig wurde, sobald ich beim Umherschlurfen den Kopf bewegte. Die Bilder in meinem Kopf wackelten wie ein aus der freien Hand im Laufen gedrehter Videofilm. Ich war zwar keineswegs wieder auf der Höhe, doch war ich schon ganz zufrieden damit, dass ich die Krankenhausflure entlanglaufen und wieder hören konnte.

Im Alter von zwölf Jahren hatte ich *Victory Over Myself* gelesen, die Autobiographie von Floyd Patterson. Der Boxer, der als erster zwei Mal den Weltmeistertitel im Superschwergewicht errang, war als Junge sehr scheu und in sich gekehrt gewesen. Ich war zwar eher ein draufgängerischer Junge, doch konnte ich mich mit seinem Bedürfnis, sich selbst zu überwinden, um seine eigenen Möglichkeiten zu entdecken, gut identifizieren. Jetzt, da ich im Krankenhaus meine Situation überdachte, spürte ich, wie sehr ich einen Sieg über mich nötig hatte, wenn ich jemals wieder sicher tauchen wollte. Mut und

Entschlossenheit, trotz des schrecklichen Schlages wieder zu tauchen, gab mir auch die Erinnerung an die Worte eines anderen Helden meiner Kindheit, Muhammad Ali: Nachdem er seinen Weltmeistertitel an den Underdog Leon Spinks verloren hatte, lachte er seine völlig erschütterten Ringhelfer einfach nur an und meinte: »Das war bloß ein Test.« In seinem nächsten Kampf besiegte Ali Spinks und wurde damit der bislang einzige Mann, der den Weltmeistertitel im Superschwergewicht drei Mal gewonnen hat.

Was ein Test im Boxring war, das wusste ich. In meiner eigenen Amateurboxkarriere hatte ich Siege und Niederlagen erlebt. Die größten Enttäuschungen waren meine beiden erfolglosen Versuche gewesen, die »Golden Gloves«-Meisterschaft in meinem Bundesstaat zu gewinnen. Das probierte ich einmal mit vierzehn Jahren und ein zweites Mal drei Jahre später. Ich wusste, was in einem geschlagenen Boxer vor sich ging, der ganz alleine kämpfte und sich nicht besiegen und von seinem geschundenen Körper den Siegeswillen nehmen lassen wollte. Auch dann nicht, wenn er einen Hirnschaden riskierte.

Als es an meine Entlassung ging, kam Dr. Mendagurin noch einmal zu mir ans Bett. Ich sah ihm an, dass es ihm nicht leicht fiel, mich ziehen zu lassen. »Ich kann mir vorstellen, dass es schwierig und vielleicht sogar unmöglich für jemanden wie Sie ist, der das Wasser so sehr liebt, das Tauchen aufzugeben. Aber Sie sollten immer daran denken, dass Sie nie mehr laufen werden, falls Ihnen so etwas noch einmal passiert. Sie haben Ihre Reserven an Nervenbahnen jetzt erschöpft. So eine Chance bekommen Sie kein zweites Mal.«

Diese Worte prägten sich mir fest ein. Sollte ich nicht nur mein Gehör und meine Gehfähigkeit wiedererlangen, sondern auch wieder tauchen können, dann konnte ich mir nichts mehr erlauben. Wollte ich mich noch ein Mal ins Wasser wagen, dann musste ich mir gut überlegen, was mich daran eigentlich so anzog.

Einen Menschen gab es vielleicht, der mir helfen konnte, das herauszufinden, und das war Dr. Jennifer Hunt. Sie hatte mich einen Monat vor meinem Unfall das erste Mal angerufen. Wie sie mir erklärte, war sie Soziologin an der Montclair State University in New Jersey. Sie hatte auch eine psychoanalytische Ausbildung und betrieb eine private Praxis. Ihr besonderes Interesse galt psychologischen und soziologischen Aspekten des Tauchens. Mir wurde im Verlaufe des Gesprächs nicht klar, was sie genau wollte, ich hatte den Eindruck, es handele sich um eine Studie vor dem Hintergrund von Geschlechterrollen. Außerdem kam es mir ein wenig so vor, als müsste sie die Fragen, die ihre Arbeit klären wollte, erst noch entwickeln. Ich war skeptisch und nicht über die Maßen daran interessiert, an einer Studie über Geschlechterfragen beim Tauchen mitzuarbeiten, wo es in diesem Bereich noch so viele andere drängende Fragen zu klären gab. Trotzdem stimmte ich einem Interview zu, und wir vereinbarten einen Termin. Dann war ich von der *Seeker* aus mit Grippesymptomen zur *Northern Pacific* getaucht.

Ich beschloss, mich mit Dr. Hunt zu treffen, sobald ich wieder zu Hause in New York war. Steve Bielenda und Hank Garvin von der *Wahoo,* dem Tauchboot, das ich für die Expedition des Teams Doria gechartert hatte, hatten mich beide voller Sorge im Krankenhaus angerufen. Hank und ich waren oft verschiedener Meinung, was bestimmte Techniken im Wracktauchen und Fragen der Ausrüstung betraf, aber wir respektierten einander und ich freute mich über sein Angebot, von New York herüberzukommen und mich nach Hause zu bringen, da meine Frau nicht fahren konnte. Sie war zu Hause und kümmerte sich um unseren Sohn. Ich wusste, dass es Hank ernst war und dass er nicht zögern würde, falls ich ihn brauchte, auch wenn er dafür drei Stunden Fahrt in jede Richtung in Kauf nahm. Steve Bielenda hatte mir ebenfalls angeboten, mich abzuholen, und er hätte von seinem Wohnort im östlichen Teil von Long Island sogar fünf Stunden gebraucht. Trotz der Missstimmung, die es mit sich gebracht hatte, dass Bielenda und Garvin bei der Expedition des Teams Doria nicht dort geankert hatten, wo wir es uns gewünscht hatten – vielleicht weil sie selbst dem Ozeanriesen lieber an einer anderen Stelle einen Besuch abstatten wollten –, war ich doch von dem freundschaftlichen Angebot der beiden tief gerührt. Wir hatten zwar hier und da kleine Differenzen, doch wir waren alle Taucher, und in der gemeinsamen

Leidenschaft für den Sport fühlten wir uns am Ende trotz allem einander verbunden und standen uns gegenseitig bei.

Meine Eltern wohnten nicht allzu weit entfernt vom Krankenhaus, aber sie kamen mich nicht besuchen, wir telefonierten lediglich miteinander. Mein Vater hatte so viel Erfahrung mit Verlust gemacht, dass er sich solche Situationen gerne vom Leibe hielt. Ich vermutete, er musste vor sich selbst die Schwere meines Unfalls leugnen, weil er es gar nicht ertragen hätte, sich dem zu stellen. Er hatte als Jugendlicher schlimme Erfahrungen gemacht, als sein Vater gestorben war, ein Arzt, der in Indien ein gut gehendes pharmazeutisches Unternehmen aufgebaut hatte. Mein Vater musste anschließend zusehen, wie seine Brüder die Firma herunterwirtschafteten und damit auch seine Zukunft ruinierten. Er verließ Indien schließlich im Alter von siebzehn Jahren, um sich in Europa und Nordamerika ein neues Leben aufzubauen. Schließlich gründete er sein eigenes Labor. Als er mich im Krankenhaus in Pennsylvania anrief, fragte mein Vater, ob mich ein Freund nach Hause fahren würde. Er wusste, dass meine Frau keinen Führerschein hatte. Es war schließlich Dave Dannenberg, der Tauchlehrer, der mich auf der *Seeker* begleitet hatte, der die vierstündige Fahrt von seinem Wohnort in Connecticut nach Philadelphia auf sich nahm, um mich anschließend nach Manhattan zu bringen. So konnte ich meinem Vater die Konfrontation mit meinem fast tödlichen Unfall ersparen.

Wie ich später herausfinden sollte, fiel es auch Diana schwer, die Tragweite meines Unfalls zu akzeptieren. Während ihres einzigen, kurzen Krankenhausbesuchs hatte sie nur mein aufgedunsenes Gesicht und mein unsicheres Gehen als Krankheitszeichen wahrgenommen. Sie wusste, die Schwellungen kamen von den Infusionen. Mit ein paar Entwässerungstabletten ließe sich das leicht in den Griff bekommen. Mein schwankender Gang kam ihrer Meinung nach von mehrtägiger Bettlägerigkeit und steifen Muskeln. Wäre mir eine Bowlingkugel auf den Fuß gefallen, Diana hätte sich besser in meine Situation hineindenken können. Das kam eben daher, dass sie die Risiken, denen ich mich beim Tauchen aussetzte, einfach verdrängte.

Fünf Wochen nach meinem Unfall besuchte mich Dr. Hunt in meiner Wohnung wegen des vereinbarten Interviews. Mein Sohn Gil begrüßte sie mit ungewöhnlicher Schüchternheit. Vielleicht hatte er ein übertriebenes Misstrauen gegen fremde Personen entwickelt, denn an dem Tag, an dem ich aus dem Krankenhaus zurückgekommen war, schien es zunächst als hätte ich einen Lungenkollaps, und Gil hatte beobachtet, wie die Sanitäter mich versorgten. Schließlich war er auch Zeuge geworden, wie mich die fremden Leute mit einem Krankenwagen weggeschafft hatten. Der Dreijährige hatte nun vermutlich Angst, dass wieder jemand gekommen war, der ihm seinen Vater wegnehmen könnte.

Dr. Hunt war eine große, schlanke Frau mit kurzen blonden Haaren, attraktiven Gesichtszügen und einem sehr professionellen Auftreten. Ich schätzte sie etwa fünf Jahre älter, erfuhr aber später, dass sie ganze zehn Jahre älter als ich war. Sie schenkte Gil ein warmes Lächeln und begrüßte ihn sehr freundlich. Gil sagte Hallo, dann drehte er sich um und ging zu Diana, dem Elternteil in seinem Leben, das nicht einfach krank wurde und verschwand.

»Ein hübscher Junge«, sagte Dr. Hunt und lächelte auch mich freundlich an. »Wahrscheinlich fragt er sich, was ich hier mache.« Sie zog einen kleinen Kassettenrekorder aus der Tasche und legte ihn zwischen uns auf die Couch. »Hat ihn Ihr Unfall sehr beunruhigt?«

Damit hatte das Interview bereits begonnen. Wir sprachen über Gil und seine Ängste. Kurz berichtete sie mir, was sie vorhatte und in welchem Rahmen sie mit mir zusammenarbeiten wollte. Sie war auf der Suche nach Informationen über die Welt des Tauchens, sie wollte wissen, wie Taucher sich und ihren Sport sahen. Menschen, die sich solchen riskanten Unternehmungen aussetzten, faszinierten sie. »In meiner letzten Untersuchung ging es um Gewalt, die von Polizisten ausgeht – welche Vorstellungen Polizisten darüber haben, was Gewalt ist, was sie für akzeptabel und für inakzeptabel halten, und warum«, erklärte sie mir.

Es schien, als gehe es für Dr. Hunt doch um mehr als Geschlechterrollen in einem Extremsport. Die Sache hörte sich spannend an. »Das ist interessant«, sagte ich. »Ich habe mal Strafrecht studiert. Unter anderem. Ich würde Ihre Polizeistudie gerne lesen.«

Jennifer – Dr. Hunt bestand darauf, dass ich sie beim Vornamen nannte – versprach, mir zu unserem nächsten Interview ein Exemplar ihrer Arbeit mitzubringen. Wir sprachen über das Tauchen, die sozialen und technischen Aspekte des Sports und besonders über den Widerstand, mit dem die Tauchergemeinde stets neuen Techniken und Technologien begegnet war. Ich erzählte ihr viel über die Geschichte des Sports, und wie mich die Faszination gepackt hatte und allmählich die Leidenschaft in mir gewachsen war. Das Interview dauerte bis in den späten Abend, und wir verabredeten ein weiteres drei Wochen später. Mein Interesse an ihrer Arbeit war keineswegs rein akademischer Natur. Ich dachte an meine Gesundheit und Sicherheit, als ich die Rolle des Versuchskaninchens übernahm.

Mein Arzt hatte mich krankgeschrieben, und so blieb ich noch eine ganze Weile zu Hause. Diana nörgelte dauernd herum, ich solle doch wieder arbeiten gehen, obwohl die Versicherung mir mein Gehalt in voller Höhe weiterzahlte. Sie konnte einfach nicht begreifen, dass mein Sehvermögen und meine Bewegungskoordination beim Gehen immer noch beeinträchtigt waren, und meinte, ich würde mich einfach hängen lassen. Ihre Meckereien machten mir das Leben zu Hause unerträglich, was vermutlich nicht zu meiner Besserung beitrug. Erst viele Jahre später wurde Diana klar, wie schlecht es mir eigentlich gegangen war, und sie entschuldigte sich dafür, wie sie mich behandelt hatte.

Als Jennifer zum zweiten Interview kam, brachte sie mir ihre Polizeistudien mit, die sie in den siebziger Jahren gemacht hatte. Nun verstand ich besser, wofür sie sich hauptsächlich interessierte: Wie Menschen, die hohe Risiken auf sich nahmen, dies in die Normalität ihres Alltags integrierten. Sie hatte dazu Feldbeobachtungen gemacht, die sie durch Gespräche mit Polizisten ergänzt hatte; mit der gleichen Methode ging sie nun bei Tauchern vor. Im Verlaufe ihrer Polizeistudie hatte sie auch die Philadelphia Police Academy besucht und sogar einen Abschluss gemacht, als eine der besten hundert Polizistinnen überhaupt. Sie hatte zwar auch gelernt, mit einer Waffe umzugehen, trug aber keine Dienstmarke, obwohl sie im Streifenwagen mitfuhr und an der Polizeiarbeit und am normalen Leben der Polizisten teilnahm. Aufmerksam beobachtete sie, wie Polizisten sich selbst und ihren Kollegen gegenüber den Einsatz von Gewaltmitteln rechtfertigten. Dr. Hunts Vorgehensweise war dabei ebenso neu wie umstritten. Sie wandte nicht nur traditionelle soziologische Theorien an, sondern erweiterte diese mit ihren psychoanalytischen Kenntnissen und ihren Erfahrungen aus der psychodynamischen Therapiearbeit mit Patienten.

In ihrer psychoanalytischen Ausbildung hatte sie gelernt, dass wir alle unbewussten Trieben folgen, die sich aus verdrängten Erlebnissen, Gedanken und Gefühlen früherer Lebensabschnitte speisen, aus unserer Kindheit, Jugend und dem frühen Erwachsenenalter. Diese unbewussten Erinnerungen, Vorstellungen und Emotionen beeinflussen, was wir denken, was wir sagen und was wir tun. Unbewältigte Konflikte aus früherer Zeit können also unser Verhalten beeinflussen, ohne dass wir uns darüber klar sind. Für Menschen wie Taucher, die hohe Risiken eingehen, ist das natürlich von besonderer Bedeutung.

Ohne dass ich mich von meiner Verantwortung für den Unfall freisprechen wollte, beschäftigte mich der Gedanke sehr, dass möglicherweise meine Sicherheit beim Tauchen – bzw. mein Mangel an Sicherheitsdenken – durch Dinge beeinflusst war, von denen ich gar nichts wusste. Sollte das tatsächlich der Fall sein, dann konnten das Tauchen und andere riskante Sportarten für jedermann sicherer gemacht werden, wenn man sich die Motive und die ungelösten inneren Konflikte der Beteiligten ansah. Damit begann für mich eine Reise, die bis heute andauert. Seitdem nämlich versuche ich, den Gesang jener Sirene besser zu verstehen, der mich, Chris und Chrissy Rouse sowie tausende andere Taucher dazu verleitet, koste es was es wolle, die mörderischen Tiefen des Wassers zu bezwingen.

Wenn man die Ebene der ganz bewussten Motive betrachtete, so hatte Chris Rouse begonnen, sich mit dem Tauchsport zu beschäftigen, als die Sportpiloten, mit denen er befreundet war, einen Flug auf die Bermudas zu einem Tauchurlaub planten.

Chris versprach sich davon nicht nur Spaß, sondern auch eine Vertiefung der freundschaftlichen Beziehungen, die er und Sue zu den Mitgliedern der Fliegertruppe hatten. Außerdem war das Tauchen etwas, an dem ebenfalls der achtzehnjährige Chrissy Spaß haben würde. Schließlich dachte Chris auch, es würde der Familie gut tun, wenn sie alle drei, Vater, Sohn und Mutter, gemeinsam ein Abenteuer erleben würden. Chris war schon als Teenager Vater geworden, das hatte ihn von manchen Jugendeskapaden abgehalten. Jetzt, mit 35, nahm er die Gelegenheit wahr, einen Teil von dem nachzuholen, worauf er einst hatte verzichten müssen.

Beim Tauchen verbanden sich für Chris die sozialen Aspekte und der Familiensinn mit seiner Freude am Kräftemessen mit anderen. Das war die Grundlage für die Intensität, mit der er den Sport betrieb. Chris suchte von Anfang an unter Wasser die Herausforderung. Früh begann er mit dem Höhlentauchen, das damals weit jenseits der Möglichkeiten und Ambitionen der allermeisten Taucher lag – er ließ sich auf einen geradezu persönlichen Kampf mit dem Wasser ein. In der Unterwasserwelt fühlte er sich frei, hier war er sein eigener Herr, genauso wie in seiner Firma. Die Erfahrung des Abenteuers gab seinem Leben eine neue Bedeutung, und indem er etwas Ungewöhnliches tat, fühlte er sich als jemand Besonderes.

Zwei Jahre vor meinem Unfall und nur elf Monate, nachdem Chris und Chrissy sich für ihren ersten Tauchkurs angemeldet hatten, nahm die Familie Rouse an einer abenteuerlichen und riskanten, ja geradezu tollkühnen Tauchübung teil. Sie hatten zu dritt einen Tauchkurs für Fortgeschrittene bei Bob Burns belegt. Ziel des Kurses war es, die Unterwassernavigation sowie das Auffinden und Bergen von Gegenständen zu üben. Die Aufgabe bestand darin, im kalten, trüben Wasser des Steinbruchs von Willows Springs einen versenkten VW-Käfer zu orten. Unter Verwendung einer Leine schwammen die Taucher Stück für Stück den See ab, bis sie den Wagen gefunden hatten. Doch das war erst der leichtere Teil der Aufgabe gewesen.

Burns hatte eine komplizierte Übung vorbereitet, und da sie nicht ganz ungefährlich war, blieb es jedem freigestellt, ob er daran teilnehmen wollte. Es ging darum, das Auto aus dem See zu heben, und zwar ohne dass jemand dabei zu Schaden kam. Die Trophäe, um die es dabei ging, war nichts, worum man hinterher beneidet würde, wie ein Bullauge oder ein Teller von der *Andrea Doria*. Es war bloß ein rostiger Käfer, und alles, womit man sich brüsten konnte, war, es geschafft zu haben.

Chris und Chrissy Rouse hatten sich mit Eifer an der Suche beteiligt. Bob Burns hatte Chris Rouse die Aufgabe zugeteilt, eine Taucherboje mit einem Seil am Käfer zu befestigen und sie nach oben steigen zu lassen. Die leuchtendgelbe Boje markierte deutlich die Stelle, an der das Auto lag und war vom Ufer aus deutlich zu erkennen, wo die Taucher sich eine Picknickpause gönnten. Da verkündete Burns, dass sie beim nächsten Tauchgang den Käfer heben würden. Chris und Chrissy wollten sofort wieder ins Wasser. Sue und einige andere fanden die Sache zu riskant und zögerten. Wozu sollte das gut sein? Aber Chris und Chrissy wollten unbedingt mitmachen, und sei es nur, weil es etwas Neues war und um hinterher davon erzählen zu können. Wenn sie es schafften, diese Rostlaube vom Grund des Sees zu holen, dann hatten sie etwas, womit sie angeben konnten.

Ein Auto aus einem Gewässer zu bergen, ist ein riskantes Unternehmen, auf das sich normalerweise nur Berufstaucher wie Glenn Butler einlassen. Gelegentlich sind es auch Polizei- oder Feuerwehrtaucher, die solche Fahrzeuge als Beweismittel sicherstellen oder nach Unfällen aus dem Wasser ziehen. Polizei und Feuerwehr benutzen dabei Unterwasserfunkgeräte, um ihre Aktionen zu koordinieren, damit das aufsteigende Auto nicht mit einem darüber schwimmenden Taucher kollidiert oder gar von den Hebeseilen abreißt und einen Helfer unter sich begräbt. Ohne Sprechkontakt lastete auf den Rouses und ihren Tauchkameraden noch mehr Druck, den Plan mit höchster Präzision auszuführen, damit niemand verletzt oder gar getötet wurde.

Chris hatte in seinem Leben bei allem fest zugepackt, ob es sich um seinen Pilotenschein, seine Baufirma oder den Bau seines Hauses gehandelt hatte. Chrissy hatte seinen Vater dafür immer bewundert. Für Chris war das Heben des Autos aus dem schlammigen Baggersee ein rein technisches Problem, etwas, worin er sich sicher fühlte. Zusammen mit der Begeisterung für die Aufgabe trägt das nicht unerheblich dazu bei, dass man sich keine klaren Vorstellungen von den Risiken einer derartigen Aktion macht.

Die gesamte Geschichte des Tauchens ist geprägt von der Unwissenheit über die Bedrohungen, die in der Tiefe lauern. Ihr stand immer die Entschlossenheit gegenüber, etwas an die Oberfläche zu bringen. Mancher mag sich vielleicht von der Faszination leiten lassen, die in der Überwindung von Gefahren liegt, viele Taucher jedoch nehmen die Risiken zweifellos aus Habgier auf sich. Über Jahrtausende tauchte man hauptsächlich, um die Ladung und eventuell sogar einen Schatz von einem gesunkenen Schiff zu heben oder natürliche Ressourcen auszubeuten.

Eines der bemerkenswertesten Beispiele, wie sich Unwissenheit und Gewinnsucht zu gefährlichen Unternehmungen verbinden, liefert der englische Geschäftsmann Ernest Cox, der im Jahre 1920 von der britischen Admiralität die gesamte versenkte deutsche Kriegsflotte kaufte, um sie als Alteisen zu verschrotten. Er sah in den deutschen Schiffen, die bei den schottischen Orkney-Inseln auf dem Grund der seegeschützten Bucht von Scapa Flow lagen, einen Schatz. Es schreckte ihn nicht, dass ein vorangegangener Bergungsversuch eines kommerziellen Unternehmens nur vier leichte Zerstörer in seichtes Wasser gezogen hatte, die anschließend von der britischen Marine an Land gebracht wurden. Bergungsexperten aus aller Herren Länder waren sich einig, dass das Heben von Schiffen, die bis zu 210 Meter lang und 30 Meter breit waren sowie bis zu 26 180 Tonnen wogen, ein völlig verrücktes Unterfangen war. Sie waren überzeugt, dass das niemandem gelingen würde, und schon gar nicht Ernest Cox, der keinerlei Erfahrung auf diesem Gebiet hatte. Niemand hatte zuvor eine Bergung dieser Größenordnung versucht.

Während der Friedensverhandlungen in Versailles war die deutsche Flotte unter den wachsamen Augen der Briten in Scapa Flow interniert worden. Die Sieger hatten durchgesetzt, dass die Verhandlungen nicht beginnen würden, bevor die

Deutschen nicht ihre Flotte entwaffnet und in einen alliierten Hafen überführt hatten. Sollte es nicht zu einem Friedensabschluss kommen, so konnten die Deutschen wenigstens nicht ihre Flotte einsetzen; das würde sie andererseits bereitwilliger machen, den Friedensvertrag zu unterzeichnen.

Am 21. Juni 1919, acht Monate nach dem Waffenstillstand, der den Ersten Weltkrieg beendete, schien es, als wollten die Deutschen die harten Bedingungen des Versailler Vertrags nicht akzeptieren und der Krieg könne wieder aufflackern. Admiral von Reuter, der Kommandant der in Scapa Flow internierten Flotte, gab Befehl, alle Schiffe zu versenken, damit sie von den Briten nicht beschlagnahmt und gegen die Deutschen eingesetzt werden konnten. Alle 74 deutschen Kriegsschiffe sanken auf den Grund. An jenem Morgen veranstaltete dort gerade ein Schlepper mit einer Gruppe schottischer Schulkinder eine Besichtigungstour. Einige der kleineren Kinder waren fasziniert von dem Schauspiel, die gewaltigen Schiffe versinken zu sehen und dachten, man hätte dieses Spektakel zu ihrem Vergnügen veranstaltet. Die älteren Kinder jedoch und die Erwachsenen wussten, welche Gefahr für ihren kleinen Schlepper von den sinkenden Riesen ausging und hatten verständlicherweise Angst. Glücklicherweise erreichte der Schlepper mit seinen Passagieren unbeschadet das Ufer. Die Kinder waren Zeugen der größten Selbstversenkung in der Geschichte der Seefahrt geworden.

Der unerwartete Untergang der deutschen Flotte brachte die Alliierten in eine große Verlegenheit: Sie hatten die Schiffe, darunter einige der mächtigsten Kriegsmaschinen der Welt, als Beute unter sich aufteilen wollen. Die britische Admiralität ließ Taucher und Bergungsexperten kommen, die zu dem Schluss kamen, es sei am einfachsten, die Schiffe einfach an Ort und Stelle als Schrott zu verkaufen.

Cox hätte sein gigantisches Alteisengeschäft beinahe mit seinem Leben bezahlt, als eine Hebekette unter einem der gesunkenen Schiffe riss und den hölzernen Ponton durchschlug, auf dem er stand. Nur durch viel Glück kam niemand zu Schaden. Aus dem Vorfall zogen Cox und seine Leute die Lehre, dass sie eine bessere Methode finden mussten, um die Schiffe zu heben.

Sie benutzten schließlich dicke Drahtseile und pumpten zusätzlich Luft in die Schiffe, die zuvor von Tauchern zugeschweißt worden waren.

Cox' unermüdlicher Einsatz und seine Weigerung, vor den Risiken der Tiefe zu kapitulieren, waren schließlich von Erfolg gekrönt. Die meisten Schiffe, darunter die 26 180 Tonnen schwere *Hindenburg,* das größte jemals intakt gehobene Wrack, kamen an die Oberfläche. Pech war nur, dass das Unternehmen wirtschaftlich gesehen ein Reinfall war. Cox verlor 10 000 Pfund Sterling. Die Gewinnsucht hatte die technische Entwicklung vorangetrieben, aber sie war nicht befriedigt worden.

In kleinerem Maßstab war das Vorhaben der Rouses, einen alten Käfer aus einem Baggersee zu heben, beinahe ebenso herausfordernd wie die Unternehmung von Cox in der Bucht von Scapa Flow, auch wenn hier weder Geld noch sonstiger Nutzen winkte. Im Unterschied zu Cox hatten die Rouses aber eine gewisse Erfahrung, und in Bob Burns einen Lehrmeister, der so etwas schon zuvor gemacht hatte. Burns erklärte ihnen den Plan: Zuerst mussten sie ein besonders reißfestes, verstärktes Nylonband unter dem Auto durchziehen. Die beiden Enden wurden dann an einem 500-kg-Hebesack befestigt. Anders als die kleine Boje, die an der Oberfläche die Lage des Autos markierte, war dieser Hebesack komplett versiegelt. Über ein Spezialventil konnte er mit Tauchflaschen aufgeblasen werden. Ein Überdruckventil sorgte dafür, dass er beim Aufstieg im nachlassenden Umgebungsdruck genug Luft abließ, um nicht zu zerplatzen. Der Auftrieb des Hebesacks würde ausreichen, um den Wagen vom Grund zu heben.

Die Rouses arbeiteten hart, um das Nylonband unter dem Auto hindurch zu bekommen. Sie gruben einen Tunnel, durch den sie das Band durchschlängeln konnten, so wie es auch die Taucher in Scapa Flow mit den deutschen Kriegsschiffen gemacht hatten. Chris und Chrissy Rouse hatten kein Problem damit, beim Graben durch den von ihnen selbst aufgewühlten Schlick ohne jede Sicht zu arbeiten. Schließlich brachten sie den Käfer erfolgreich an die Oberfläche, ohne dass jemand dabei zu Schaden kam. Eine so schwierige Aufgabe bewältigt zu haben, und das noch fast am Anfang ihrer Tauchkarriere, erfüllte sie mit großem Stolz. Sie nahmen es auch als Bestätigung, dass ihnen unter Wasser alles gelingen konnte, wenn sie es nur sorgfältig planten – ganz egal, wie gefährlich die Sache war und wie wenig ihnen als Belohnung winkte.

Während unseres zweiten Interviews wollte Dr. Hunt etwas über meine Kindheit erfahren, besonders über Dinge, die im Zusammenhang mit meiner Faszination für das Tauchen standen.

Anders als bei Chrissy Rouse, Billy Deans, Glenn Butler und so vielen anderen Tauchern, die sich in den riskanteren Bereichen des Sports tummelten, war mein Interesse für das Tauchen nicht von meinem Vater geweckt worden, sondern von meiner Großmutter, die wir in der Familie mit dem deutschen Kosewort »Omi« nannten. Im Alter von sieben Jahren – wir lebten damals in London, wo ich auch geboren bin – besuchte ich Omi im Sommer in Westberlin. Die meisten Menschen stellen sich Berlin als große, kosmopolitische Stadt vor. Das stimmt auch, und als solche hat sie immer eine wichtige Rolle im politischen Leben der Moderne gespielt und tut es heute noch. Doch hat Berlin auch viele Seen und Wälder, die der Stadt einen Charme verleihen, von dem New York nur träumen kann. Omi wohnte in Wannsee. Segel- und Motorboote fuhren dort über den Großen und den Kleinen Wannsee, Ausflugsboote luden zu einer Besichtigungstour quer durch die ganze Stadt ein, die von vielen Seen und Kanälen durchzogen ist. Von dem Anblick der hässlichen Mauer und den ostdeutschen Wachen, die mit umgehängtem Maschinengewehr aus ihren Türmen lugten, ließen Omi und ich uns nicht stören. Es war ein warmer Sommer, und wir gingen zum Baden an den nahen Stölpchensee, wo ich stundenlang im Wasser herumplanschte oder versuchte, ob ich auf einer Luftmatratze stehen konnte. Omi saß währenddessen am Ufer in einem Café und plauderte mit ihren Freundinnen.

Als Omi sah, wie viel Spaß ich im Wasser hatte, kaufte sie mir einen Schnorchel, eine Tauchermaske und Schwimmflossen. Gleich bei unserem nächsten Ausflug lernte ich ganz von alleine, wie man damit umging. Die Flossen gaben mir das Gefühl, schnell und dabei nahezu mühelos durchs Wasser zu gleiten. Das gab mir ein vertrautes Gefühl im Wasser, als würde ich dazugehören – etwas Besonderes für ein Kind, das sich von Herkunft und Erziehung in jeder Umgebung fremd gefühlt hatte, wie ein Kundschafter, der ausgeschickt wird, die Gebräuche und die Sprache eines fremden Stammes zu erforschen. Eigentlich gab es nicht viel zu sehen in dem trüben See, doch ich war schon begeistert, wenn ich einen Meter hinabtauchte und auf dem schlammigen Grund eine Pflanze sah. Auch in solch dunkler und unfreundlicher Umgebung konnte also das Leben gedeihen.

Das Tauchen, das mir erstmals meine Großmutter ermöglicht hat, stellt in gewisser Weise die Verbindung zu meiner Vergangenheit in Deutschland dar. Wenn ich als Kind meine Verwandten in Deutschland besuchte, dann erzählten sie mir nach dem Essen auch öfter von ihren Erlebnissen während des Krieges. Eine entfernte Verwandte, eine ältere Dame, hatte in ihrem Wohnzimmer ein Bild von ihrem im Ersten Weltkrieg gefallenen Mann in Uniform, dazu einen glänzenden Pickelhelm, wie er zur Parade getragen wurde. Andere Verwandte von mir hatten an beiden Fronten gekämpft, sowohl in der Luft als auch am Boden. Omi erzählte mir, dass mein Großvater, Alfred Krüger, Flugingenieur bei der Luftwaffe gewesen war. Schon lange vor dem Zweiten Weltkrieg hatte er Höhenflugexperimente durchgeführt. Die Sonderzulagen, die er für diese riskanten Flüge bekam, waren für die Familie während der Depressionszeit ein willkommenes Zubrot. Mein Großvater fiel 1944, und ich habe es immer als schmerzlichen Verlust empfunden, ihn nicht kennen gelernt zu haben.

Mein Onkel, der nach dem Tod seiner ersten Frau die Zwillingsschwester meiner Mutter geheiratet hatte, war Heckschütze in einem Stuka-Bomber gewesen. Seine Begeisterung für die Fliegerei hielt auch noch nach dem Krieg an. Wenn ich in Deutschland war, nahm er mich gerne mit in den Park, wo wir Modellflugzeuge aufsteigen ließen, wie zwei kleine Kinder. Mein Großonkel, der fünf Sprachen beherrschte, war ebenfalls Soldat gewesen, er hatte sowohl an der Ost- als auch an der

Westfront gekämpft und war zwei Mal verwundet worden. Als ich achtzehn Jahre alt war, erzählte er mir einmal bei einer Flasche Wein von seinen Kriegserfahrungen. Seine Beschreibungen von der bitteren Kälte an der russischen Front – er schmierte sich die Nase und die Ohren mit Motoröl ein, damit sie nicht erfroren – werde ich nie vergessen. Was ich hörte, hatte nichts mit dem mörderischen Dritten Reich, Kriegsverbrechen und Völkermord zu tun; es waren Erzählungen, die von den Leistungen Einzelner und vom Überleben handelten.

Ich hatte zwar nie einen unter meinen Verwandten kennen gelernt, der bei der Marine gewesen wäre, trotzdem war ich absolut begeistert, als ich, nachdem ich als Erwachsener richtig zu tauchen begonnen hatte, erfuhr, dass im Zweiten Weltkrieg vor der Küste von New York und New Jersey, also fast vor meiner Haustür, Frachter und Kriegsschiffe versenkt worden waren. Und ich hörte auch von den deutschen U-Booten, die dort vor der Küste lagen. Ich beschloss, mir die Fähigkeiten und die Ausrüstung zuzulegen, um sicher zu ihnen tauchen und mit eigenen Händen etwas berühren zu können, was zu meiner eigenen Geschichte gehörte, aber auch zur Weltgeschichte, und das dort seit vielen Jahren unverändert lag.

Dr. Hunt bemerkte, dass meine Erfahrungen in Deutschland mir noch am meisten das Gefühl gegeben hatten, irgendwo dazu zu gehören. Meine Großmutter brachte mir bedingungslose Liebe entgegen, und wahrscheinlich fühlte ich mich deshalb Deutschland mehr verbunden als allen anderen Ländern. Als junger Außenseiter mit bunt gemischtem familiären Hintergrund war Deutschland noch am ehesten das Land, das ich als meine Heimat bezeichnet hätte.

Kurz nachdem ich in Berlin das Schnorcheln gelernt hatte, zogen wir von England nach Kanada. Ich war damals acht Jahre alt. Die Lage der britischen Wirtschaft war schlecht und so meinte mein Vater, dass sich uns anderswo bessere Chancen böten. Im Dezember machten wir die Atlantikpassage nach New York auf der *Queen Elizabeth*, ein großes Abenteuer für mich. Kaum in Kanada angekommen, fiel ich durch meinen Londoner Akzent auf und war schon wieder Außenseiter. Nachdem ich es geschafft hatte, wie ein Kanadier zu sprechen, zogen wir in die Vereinigten Staaten um, und alles begann von vorne, wie Dr. Hunt feststellte. Erst viele Jahre später – unter Wasser, als ich mit dem Tauchen anfing – hatte ich das Gefühl, irgendwo hinzugehören, eine Erfahrung, die an das Kindheitserlebnis des Geborgenseins anknüpfte, als ich in Berlin durch den See schnorchelte und Omi auf mich aufpasste. Dr. Hunt hatte ein Stück des Rätsels meiner Person gelöst, aber ich wusste, da war sicher noch viel mehr, das mir helfen würde, noch so einen Unterwasserunfall zu vermeiden. Am Ende unserer zweiten Begegnung war mir klar, dass es noch viel für mich zu erforschen gab, wenn ich verstehen wollte, worin für mich und andere die magnetische Anziehungskraft der Unterwasserwelt bestand, und wie ich und andere Taucher am Leben bleiben konnten, um diese schöne Welt noch länger zu genießen.

Mein Interview mit Dr. Hunt wurde unterbrochen, als Diana rief: »Entschuldigung. Gil will dir gute Nacht sagen.«

Gil kam herein und lächelte Dr. Hunt an. Diese fremde Frau war vor einem Monat zum ersten Mal in unserer Wohnung aufgetaucht, aber sie hatte mich nicht auf einer Trage weggeschafft, wie es zuvor die Sanitäter gemacht hatten, und anscheinend hatte er ein wenig Vertrauen gewonnen. Auch ich strahlte vielleicht neue Zuversicht aus. Weder Gil noch ich konnten wissen, dass Dr. Hunts Interviews und ihre Arbeit unser Leben sehr stark verändern und Vater und Sohn viel näher zusammenbringen würden. Sie half mir, mein Leben zu retten – andere hatten dieses Glück nicht.

Gil lächelte Dr. Hunt an, dann wandte er sich mir zu, umarmte mich und gab mir einen Kuss. »Gute Nacht, Daddy. Bis morgen, ja?«

KAPITEL 9

Die eisernen Särge

Dezember 1991 – Wall Street, New York City.

Die Rouses waren tief betroffen von meinem Unfall, der sie sehr beschäftigte. Während der Monate, in denen ich mich abmühte, wieder normal laufen zu lernen, und an meinen Reflexen und meinem Gehör arbeitete, telefonierten wir oft miteinander. »Als ich unten bei der *Northern Pacific* in Schwierigkeiten war, sagte ich zu mir: ›Entweder suchst du jetzt nach der Ankerleine, bis du ertrinkst, oder du tauchst auf, kriegst Bends und wirst in eine Druckkammer geflogen.‹ Ich stellte mir vor, es würde alles wieder gut werden, wenn ich erstmal in der Kammer war«, erzählte ich Chris. Ich hatte nicht damit gerechnet, dass ich in Todesnähe kommen würde und aktiv die Entscheidung treffen musste, um mein Leben zu kämpfen.

Chris hörte mir gespannt zu. »Mann, was für eine Entscheidung! Aber ich sag dir eins, ich hätt's genauso gemacht wie du, ich hätte mich auch lieber auf das Risiko der Kammer eingelassen, als einfach so abzusaufen.«

Nur zu bald sollte das auf schreckliche Weise Wirklichkeit werden.

Chris und Chrissy fragten mich über jede Einzelheit des Unfalls und meiner Genesung aus, so als würde ich das Trauma schon überwinden, wenn ich nur oft genug darüber spräche. Gleichzeitig schienen sie zu meinen, sie selber bekämen eine Art Immunschutz gegen derartige Fehler, wenn sie mir nur aufmerksam zuhörten. »Du, Bernie, wenn du wieder so weit bist, dass du tauchen willst, dann kannst du zu uns kommen und auch hier wohnen«, bot mir Chris Rouse wiederholt an. »Dann fahren wir mit dir zum Steinbruch und tauchen zusam-

256

men. Wir lassen dich dann nicht aus den Augen.« Er versicherte mir, er könne sich sehr gut vorstellen, wie schwierig, psychologisch gesehen, der erste Tauchgang nach meinem Unfall sein müsste. Es wäre in gewisser Weise wie die Rückkehr eines Täters an den Ort des Verbrechens. Keiner von uns zweifelte daran, dass ich wieder tauchen würde. »Wir besorgen dir, was du brauchst, Atemgas, Ausrüstung, egal, du kannst echt auf uns zählen«, versicherte Chris mir. »Wir haben das Zeug ja hier.« Ich war gerührt von seinem Angebot.

Ich erzählte Chris auch von Dr. Hunts Theorie, dass ungelöste seelische Konflikte unter Wasser mit gravierenden Folgen hervorbrechen könnten. Ob an ihrem Ansatz etwas dran sei, wüsste ich noch nicht, sagte ich, aber nach den Treffen mit ihr fing ich an, in meiner Vergangenheit zu forschen. Ich wollte verstehen, was mich geritten hatte, wider besseres Wissen zu tauchen und den Tauchgang dann auch noch so lange auszudehnen.

»Alles ist gut, Bernie, was dir das Gefühl gibt, dich unter Wasser wieder sicherer zu fühlen«, antwortete er.

»Meinst du denn, da ist was dran an der Theorie?«

»Du, ich weiß nicht. Mir kommt's 'n bisschen weit hergeholt vor, aber ich hab ja von sowas keine Ahnung.«

Eine derart ausweichende Antwort überraschte mich bei Chris Rouse nicht. Für ihn zählten nun einmal die Taten, und nicht, was er über seine Taten dachte.

Sechs Wochen nach meinem Tauchunfall, im Dezember 1991, war ich so weit genesen, dass ich wieder arbeiten gehen konnte. Mein körperlich sehr wenig anstrengender, aber geistig anspruchsvoller Job an der Wall Street bestand darin, Personalanalysen für Betriebe durchzuführen. Meinen Lebensunterhalt verdiente ich also immer noch in der Finanzwelt, doch fühlte ich mich von den Tiefen des Wassers magnetisch angezogen, und das mehr und mehr. Bei der Arbeit vor dem Computer zu sitzen, ging schon ganz gut, allerdings musste ich des Öfteren eine Pause einlegen, denn bei längerer Beanspruchung sah ich verschwommen und hatte Konzentrationsprobleme. Meine Abteilungsleiterin zeigte viel Verständnis für meine Lage und gab mir relativ wenig Arbeit, was den Genesungsprozess unterstützte.

Doch das Erlebnis, einen schweren Tauchunfall überlebt zu haben, veränderte meine Einstellung zu meinem beruflichen Umfeld. Im Jahr davor hatte ich als Systemanalytiker im Auftrag von Börsenhändlern und Warenterminbrokern gearbeitet, und schon da hatte ich mich des Öfteren an dem allzu kriegerischen Vokabular gestört, das diese Leute benutzten. Sie gefielen sich darin, sich selbst als Teilnehmer einer Schlacht zu sehen, doch natürlich stand ihr Leben dabei zu keinem Zeitpunkt auf dem Spiel. Das Schlimmste, was ihnen überhaupt passieren konnte, wenn sie ein Geschäft vermasselt hatten, war, dass man sie auf die Straße setzte, und selbst das geschah nur in Extremfällen, beispielsweise wenn sie die firmeninternen Richtlinien für den Abschluss von Geschäften verletzt hatten. Ein Kursabsturz auf den Wertpapiermärkten hat zweifellos Auswirkungen auf die Menschen auf der ganzen Welt, doch den kann mit Sicherheit kein Börsenhändler allein verursachen. Und selbst wenn der Markt zusammenbricht, sterben direkt dadurch noch keine Menschen.

Als Tauchlehrer und Taucher in große Tiefen war ich mir im Klaren darüber, dass meine Schüler und ich uns jedes Mal, wenn wir ins Wasser sprangen, dem Risiko von Tod oder Lähmung aussetzten. Mein ganzer Stolz war es, meinen Schülern alles mit auf den Weg zu geben, damit sie in der fremden Unterwasserwelt mit Hilfe ihrer Ausrüstung überleben konnten. Viele Kursteilnehmer scherzten zwar, ich würde einen Drill veranstalten wie in einem Strafgefangenenlager, doch manche kamen lange nach ihrer Prüfung noch einmal vorbei, um mir von einem schrecklichen Unterwasser-Erlebnis zu erzählen. Bei solchen Gelegenheiten dankten sie mir nicht selten für die harte, fordernde Ausbildung, die ihnen geholfen habe, aus der Situation lebend herauszukommen. Im Vergleich dazu kam es mir so vor, als ob Finanzmakler Risiko nur spielten, denn ihr körperliches Wohlbefinden war im Grunde keiner größeren Gefahr ausgesetzt als bei einer verlorenen Partie Monopoly.

Nun aber, nachdem ich dem Tod durch die Taucherkrankheit nur mit knapper Not entgangen war, wirkte die gängige Gleichsetzung der Business-Welt mit dem Krieg noch viel kindischer. Ich ertrug es immer weniger, meine Zeit mit einem

Spielchen zu verbringen, bei dem es um so wenig ging. Außerdem wurde mir immer mehr bewusst, dass ich in meinem Beruf nur ein Rädchen im Getriebe war, das man einfach austauscht, wenn es nicht mehr funktioniert. Wenn ich mich so umsah, dann hatte ich den Eindruck, überhaupt nichts bewirken zu können. Jedenfalls trug ich zu keinerlei Vermehrung des Wissens der Menschen über sich selbst bei, wenn ich nichtssagende Berichte über die Höhe der Personalausgaben unserer Abteilung oder unseren Erfolg bei der Anwerbung von Hochschulabsolventen verfasste. Aber es gab eine Möglichkeit für mich, etwas zu verändern, und das war, anderen das Tauchen beizubringen und sie zu motivieren, die Unterwasserwelt zu erkunden. Außerdem hatte ich selber nach wie vor große Lust, die Tiefe zu erforschen. So wie die Rouses, träumte auch ich davon, unbekannte Lebewesen zu entdecken und an Erkundungen teilzunehmen, die das Wissen der Menschheit vermehren.

Während die Folgen meines Unfalls weiter abklangen, erlaubte ich es mir öfter, meine eintönige Arbeit liegen zu lassen und sieben Stockwerke tiefer das Treiben auf der Straße zu beobachten. Wenn ich so gut wie vor dem Unfall in der Lage war, im Labyrinth des New Yorker Verkehrs mitzuschwimmen, dann konnte ich doch auch wieder risikolos in die Tiefe tauchen, oder? Vorerst blieb mir nichts übrig, als sehnsüchtig von meinem Schreibtisch zum Hudson River hinunterzublicken, wenn dort die Ozeanriesen vorbeifuhren. Ich fragte mich, ob ich wohl noch einmal zu den Stellen im Ozean zurückkehren durfte, wo Schiffe wie diese auf dem Grund lagen.

Je mehr sich Chrissy Rouse um Unabhängigkeit von seinen Eltern bemühte, desto wilder wurde sein Lebenswandel. Er war seltener zu Hause, dafür immer öfter bei seinem Freund Tim Stumpf. Der wohnte unweit des Tauchladens Underwater World, wo beide arbeiteten. Bei Tim herrschte eigentlich immer Partystimmung, Leute kamen einfach vorbei und man feierte auch während der Woche, als gälte es, sich für die Endlos-Partys an den Wochenenden in Form zu halten. Chrissy übernachtete oft bei Tim, und im Frühjahr 1992, kurz nach seinem 22. Geburtstag, zog er bei ihm ein.

Die meisten jungen Leute, die sich regelmäßig bei Tim einfanden, waren wie Chrissy Taucher. Sie benahmen sich ungezügelt, und Chrissy gefiel das. Das Leben war doch ein Abenteuer – an Land, im Wasser, im Bett. Chrissy lernte leicht Frauen kennen. Sie interessierten sich für seine Tauchergeschichten, und so ging ihm nie der Gesprächsstoff aus. In Tims Haus war es leichter, eine intime Atmosphäre herzustellen als bei seinen Eltern, wo Mom oder Dad immer in der Nähe waren.

Doch blieb er auch nach seinem Auszug noch so sehr mit seinen Eltern verbunden, dass er seine Mutter täglich anrief. Jeder, der in Tims Haus verkehrte, wurde Zeuge der engen Mutter-Sohn-Beziehung zwischen Sue und Chrissy Rouse. Wenn Chrissy es einmal versäumt hatte, seine Mutter tagsüber anzurufen, dann zog er sich selbst in der wildesten Wochenendparty für eine Weile zum Telefonieren zurück. Tim hörte dann, wie Chrissy sagte: »Mir geht's gut, Mom. Deswegen ruf ich ja an, um dir zu sagen, dass hier alles okay ist. Sind ein paar Leute da, alles ganz zivil.« Beim Auf- und Abgehen mit dem Apparat verwickelte er sich in der Telefonschnur oder aber er saß zwischen Wäschestapeln und leeren Pizzapackungen und zwinkerte einer Frau zu. »Na ja, ein, zwei Biere hab ich schon getrunken. Nein, natürlich fahre ich nicht mehr. Echt, Mom, mach dir mal keine Sorgen.« Er stöhnte auf, aber scherzhaft. »Weiß ich doch alles, Mom, deswegen hab ich dich doch angerufen. Um mich brauchst du dir wirklich keine Sorgen zu machen. Ich lieb dich auch. Tschüss!«

Chrissy hatte sich mit Julia angefreundet, einem blonden, langbeinigen Mädchen, das gern flirtete und das er im Jahr zuvor bei einem Tauchkurs kennen gelernt hatte, als er dem Ausbilder beim Unterwassertraining geholfen hatte. Beide hatten damals eine feste Beziehung gehabt, und nachdem sie nun frei waren, hatten sie sich einige Male verabredet. Julias Arbeitsstelle lag ziemlich in der Nähe des Tauchshops, und so schaute sie öfter dort oder bei Tim vorbei, um Chrissy zu sehen. Mit ihm konnte sie sich entspannen und Spaß haben wie bisher noch in keiner Beziehung. Es war die gleiche Art von Abenteuerlust, die sie miteinander verband.

Unter Wasser führte sich Chrissy manchmal auf wie ein Gladiator. Er liebte es, mit anderen Tauchern ein Spiel zu spielen, das sie »Unterwasser-Scooter« nannten. Dabei versuchten zwei Taucher, sich wie Ritter im Turnier gegenseitig mit ihren Unterwasser-Transportgeräten zu rammen und den anderen zu zwingen, die Steuerung seines Scooters loszulassen, so dass er auf den Grund taumelte. John Reekie spielte regelmäßig mit Chrissy »Unterwasser-Scooter«, wenn er bei den Rouses am Steinbruch war. Selbst bei der Dekompression in einer Höhle vertrieben sie sich auf diese Weise manchmal die Zeit. Doch seinen Vater konnte Chrissy nie zu diesem Spiel überreden. Der bekam jedes Mal schlechte Laune und sandte wütende Blicke durch das Glas seiner Maske, wenn er es versuchte. Für den Älteren der beiden Rouses war das Tauchen eine zu ernste Angelegenheit, und er hielt solche Spielchen unter Wasser für zu gefährlich. Schließlich konnte jemand das Bewusstsein verlieren, wenn er bei einem Scooter-Zusammenstoß am Kopf getroffen wurde. Dann war er womöglich schon ertrunken, bevor der andere überhaupt bemerkte, was los war. Chrissy nahm die Warnungen seines Vaters nicht ernst, auch nicht, nachdem er einmal heftig gegen einen ausgedienten Eisenbahnwaggon geprallt war, der als Attraktion für Taucher im Steinbruch versenkt worden war. John Reekie hatte bei einer Partie »Unterwasser-Scooter« ein Manöver geschickt vorgetäuscht, und Chrissy hatte nicht mehr ausweichen können. Nach dem Auftauchen meinte Chrissy einfach, entweder er oder sein Vater würden den Scooter schon wieder in Ordnung bringen, und die Beule auf seiner Stirn würde von ganz allein verschwinden.

Am 25. Juni 1992 tauchten Tim Stumpf und sein Mitbewohner Chrissy Rouse zum Wrack der *Double East*. Für Chrissy waren die verstreuten Überreste in gut 18 Meter Tiefe nichts weiter als ein Schrotthaufen. In sein Tagebuch trug er ein: »Der größte Haufen Scheiße, der den Meeresboden verunstaltet. Gutes Wetter, ruhige See. Habe vor Langeweile versucht, Stumpf umzubringen.« Das Labyrinth aus Stahl auf dem Boden des Ozeans übte keinerlei Reiz auf Chrissy aus, und es gab auch nichts, was sich zu bergen lohnte. Um etwas Würze in diesen langweiligen Tauchgang, seinen 594., zu bringen, dachte er sich etwas anderes aus. Als er Tim irgendwo in den Wrackteilen herumwühlen sah, näherte er sich unbemerkt, fasste ihn am Bein und machte mit seinem Tauchermesser einen Schnitt in Tims Trockentauchanzug. Durch das Loch drang kaltes Wasser in den Anzug ein, doch in dieser Tiefe und bei einem Tauchgang, auf dem sie keine Dekompression machen würden, bestand keine Gefahr, sich zu unterkühlen, das wusste Chrissy natürlich. Andere Taucher wären wahrscheinlich in Wut geraten oder hätten sich gar ernsthaft bedroht gefühlt, doch weil Tim und Chrissy sich ständig solch grobe Streiche spielten, wusste Tim sofort, dass Chrissy nur Spaß machte. Tim wirbelte herum und erwischte Chrissys Maske, die im Nu mit Meerwasser gefüllt war. Chrissy konnte zeitweilig nichts sehen und führte seine Hände zum Gesicht, um die Maske auszublasen. Tim nutzte diesen Moment, um sein eigenes Messer zu ziehen, und in der Gegenoffensive gelang es ihm, Chrissys Anzug ebenfalls zu beschädigen. Als Chrissy wieder durch seine Maske sehen konnte, packte er Tim am Arm, damit dieser seinen Anzug nicht noch weiter zerschnitt. Die zwei lieferten sich einen Unterwasser-Ringkampf, keuchten und lachten mit ihren Messern in der Hand. Sie wirbelten durchs Wasser und schlugen Purzelbäume wie in einem James-Bond-Film. Nach einer Weile waren beide außer Atem. Sie lachten sich an und stiegen zur Oberfläche auf. Auf dem Tauchboot lief ihnen das Wasser nur so aus dem Trocki, und sie machten Scherze über ihr neuartiges Belüftungssystem. Die Anzüge ließen sich leicht flicken, danach waren sie wieder so gut wie neu. Sie hatten ihren Spaß gehabt, und besonders gefährlich war es nicht gewesen.

Doch nicht nur unter Wasser, auch beim Autofahren an Land nahm Chrissy die Dinge sehr locker. So schrammte er mal an einer Leitplanke entlang, mal schlitterte er in einen Baum – keine schweren Unfälle, aber die Schäden an den Fahrzeugen seiner Eltern mussten trotzdem behoben werden. So geriet Chrissy in finanzielle Probleme. Nach dem zweiten Blechschaden war sein Bankkonto leer, und es blieb ihm nichts anderes übrig, als nach nur zwei Monaten aus Tims Haus auszuziehen und zu seinen Eltern zurückzukehren. Die Unfallserie ihres

Sohnes und seine ungewisse Zukunft erfüllten Chris und Sue Rouse mit Sorge. Doch wie sollten sie sich gegenüber ihrem einzigen Kind verhalten? Sie streckten ihm das Geld für die Reparaturen vor und ließen ihn wieder bei sich einziehen, bis er finanziell auf eigenen Beinen stehen würde. So mussten gute Eltern doch handeln, dachten sie: den Sohn nach Kräften unterstützen und ihm den Weg ebnen.

Im Juli 1992 war es schließlich so weit: Ich wollte wieder tauchen. Neun Monate nach meinem Unfall nahm ich die Einladung von Chris an, ihn zu besuchen und mit den Rouses im Steinbruch zu tauchen. Mochte der Arzt bei der Behandlung in der Druckkammer doch gesagt haben, meine Taucherkarriere sei beendet. Ich hatte das zu keinem Zeitpunkt geglaubt. Wenn ich wieder normal laufen konnte, dann musste ich auch wieder tauchen. Nie mehr tauchen zu können – der Gedanke war einfach unerträglich. Ich gehörte doch zur Welt der Taucher dazu, zu Steve Berman und Marc Eyring in Ginnie Springs, zu den Rouses in Pennsylvania, zu Steve Bielenda, Hank Garvin und der Crew der *Wahoo,* zu meinem Tauchclub in Manhattan und zu all den Tauchern, die ich im Laufe der Jahre kennen gelernt hatte. Nichts an Land, mit Ausnahme meiner Frau und meines Sohnes, hatte mein Leben so bereichert wie die Unterwasserwelt. Nicht mehr Teil der Gemeinschaft der Taucher zu sein, war für mich wie eine erneute Entwurzelung, vergleichbar mit meinen Kindheitserlebnissen, als meine Eltern immer dann von einem Land ins andere gezogen waren, wenn ich gerade angefangen hatte, mit den Sitten und der Sprache vertraut zu werden. Das sollte mir nicht wieder passieren, ich war entschlossen, voll und ganz Mitglied der Tauchergemeinde zu bleiben. Ich war nicht dafür geschaffen, den Rest meines Lebens an der Oberfläche zu kleben.

Meine Frau sah, wie unruhig ich nach so vielen Monaten ohne Tauchen war. Als ich ihr ankündigte, ich würde wieder anfangen, da sagte sie nur: »Na, dann mach mal schöne Luftblasen und werde glücklich. Ich weiß ja, wie viel dir daran liegt. Du musst schließlich wissen, was du tust. Nur, sei vorsichtig, hörst du?«

»Tja, die Taucherei ist eine erbarmungslose Geliebte«, entgegnete ich scherzhaft. Diana lächelte nur halbherzig und machte: »Hmm«.

Ich hatte mich sorgfältig auf den Neuanfang vorbereitet. Ich war zuversichtlich, denn ich fand, ich hatte alles getan, damit mein Körper unter Wasser funktionierte. Nicht im Voraus abschätzen konnte ich allerdings, ob ich nach meiner Taucherkrankheit jetzt besonders leicht Bends bekommen konnte, auch wenn ich mich genau an die Regeln hielt. Ich war immer nach der Devise verfahren, dass der Körper gut dafür trainiert werden muss, den überschüssigen Stickstoff zunächst zu absorbieren und anschließend komplett wieder abzuatmen. Das schien mir die beste Versicherung gegen die Taucherkrankheit zu sein. Daher wollte ich meinem Körper viel Zeit geben, sich ganz allmählich wieder an das Tauchen zu gewöhnen. Mit dem Laufenlernen ist es doch ähnlich: Erst krabbelt das Kind, dann fängt es an zu laufen. Und da ich inzwischen an Land wieder laufen konnte, fühlte ich mich auch bereit, unter Wasser mit dem Krabbeln anzufangen.

So plante ich, auf meinem ersten Tauchgang im Süßwasser des ehemaligen Steinbruchs eine fünfzigprozentige Sauerstoffmischung zu atmen. Ich wollte mich 20 Minuten in maximal 10 Meter Tiefe aufhalten, das hieß, ich würde einem zusätzlichen Druck von höchstens einem Bar ausgesetzt sein. Beim Auftauchen wollte ich mindestens eine Viertelstunde in 4,5 Meter Wassertiefe Halt machen und dabei dieselbe hochprozentige Sauerstoffmischung atmen. So sollte sichergestellt sein, dass der überschüssige Stickstoff abgeatmet wurde. Wahrscheinlich war dieser Plan so übervorsichtig, dass das Risiko, Bends zu bekommen, schon so gut wie Null war. Doch aus psychologischer Sicht war es in meiner Situation genau das Richtige.

Wie Chris ganz richtig vermutet hatte, bestand für mich die größte Hürde darin, überhaupt wieder mit dem Tauchen anzufangen, nachdem ich um ein Haar an der Taucherkrankheit gestorben war. Schon bei einem Taucher, der noch nie Bends gehabt hat, gibt es eine Unmenge von Unsicherheitsfaktoren, doch in meinem Falle war die Gefahr eines neuerlichen Tauchunfalls ungleich größer. Ich brauchte die Unterstützung von

Freunden. Kevin O'Brien, der bei meinem Unfall an Bord der *Seeker* dabei gewesen war und alles miterlebt hatte, sagte zu, gemeinsam mit Chris und Chrissy Rouse auf mich aufzupassen; falls ich noch einmal Bends bekommen oder sonst irgendwie die Kontrolle verlieren sollte, würden sie zusammen dafür sorgen, dass ich schnellstens medizinisch versorgt würde. Und wenn meine Nervenbahnen dem Tiefendruck nicht standhielten und ich Lähmungserscheinungen bekäme, könnten meine Freunde mich an Land bringen und vor dem Ertrinken retten.

Am Steinbruch angekommen, breitete ich wie im Jahr zuvor meine gesamte Tauchausrüstung neben einem Picknicktisch aus. Kevin war gerade dabei, seine Ausrüstung anzuziehen, die Rouses hatten bereits ihre Trockentauchanzüge an. Nun begann auch ich mit dem Ritual des Anlegens meiner Ausrüstung. Ich hatte festgestellt, dass es mir half, nichts zu vergessen, wenn ich jedes einzelne Stück meiner Tauchausrüstung ganz in Ruhe und immer in der gleichen Reihenfolge anlegte – wie etwa die kleinen, aber unerlässlichen Fußgewichte. Sie dienen dazu, den Auftrieb zu neutralisieren, der entsteht, wenn sich das Gas, mit dem der Anzug gefüllt ist, im Fußbereich sammelt. Als Vorbereitung auf meinen ersten Tauchgang nach meinem Unfall kam mir das schrittweise Vorgehen wie eine Meditationsübung vor. Trotz der geringen Tauchtiefe schnallte ich mir die Doppelflaschen an, die ich während der vergangenen Jahre auf all meinen Tauchgängen getragen hatte. Ich wollte mir auf keinen Fall die Sache irgendwie leichter machen, nur weil ich einen Unfall gehabt hatte. Wenn ich nicht genug Kraft hatte, um die Doppelflaschen vom Picknicktisch zum Wasser und zurück zu tragen, oder wenn mir das Schwimmen mit den beiden Flaschen auf dem Rücken Schwierigkeiten bereitete, dann hieß das, dass ich meinen Körper nicht gut genug auf den Wiedereinstieg vorbereitet hatte.

Kevin war vor mir fertig, hatte sich neben mich gesetzt und schaute mir bei den letzten Handgriffen zu. Die Rouses waren schon bis zum Wasser gegangen und warteten dort auf uns. Ich stakste auf sie zu und hoffte, dass mir der Auftrieb bald die Last, die ich auf dem Rücken trug, abnehmen würde. Ich war aufgeregt, gleichzeitig aber fühlte ich mich etwas unsicher.

Kevin und ich zogen uns im seichten Wasser die Flossen an. Dann standen Chris und Chrissy Rouse, Kevin O'Brien und ich im Kreis im hüfthohen Wasser wie bei einer Taufzeremonie von Baptisten. Kevin schaute mich an. »Bist du soweit?«

Ich drückte mir die Maske ans Gesicht und atmete noch ein Mal tief ein. Dann steckte ich mir den Atemregler in den Mund und kniete mich auf den Boden des Sees. So verharrte ich eine Weile und genoss einfach nur das Gefühl, wieder unter Wasser zu atmen. Die Rouses und Kevin beobachteten mich. Chrissy fragte per Zeichen: »Okay?«, ich antwortete mit dem gleichen Zeichen. Er wies auf das trübe Wasser und zeigte die Richtung an, in die wir schwimmen wollten. Nach einem Blick auf meinen Kompass signalisierte ich ihm »okay«. Ich schwamm langsam und bedächtig. Meine Muskeln waren das Tauchen seit Monaten nicht mehr gewöhnt, und natürlich sahen meine Bewegungen nicht so elegant und flüssig aus wie die von Chrissy. Wie verschieden doch dieser Tauchgang von unserer letzten gemeinsamen Unternehmung war! Damals hatten Chrissy und ich verschiedene Tauchtechniken für unsere Expedition zur *Andrea Doria* eingeübt. Wir hatten uns von Scootern in einen fernen Winkel des Steinbruchs ziehen lassen. Dort gab es ein Gebäude, das einst als Pumpenhaus gedient hatte, als der Steinbruch noch in Betrieb gewesen war und man dort Material für Zement gewonnen hatte, und das nun unterhalb des Wasserspiegels lag. Auf keinen Fall aber würden wir uns jetzt dem überschwemmten Waldstück nähern. Damals waren Chrissy und ich mit unseren Scootern dort hindurchgesaust und immer blitzschnell ausgewichen, wenn uns plötzlich ein Ast im Weg war, was man wegen der Wassertrübung erst im letzten Moment sah. Heute dagegen war unser Ziel etwas viel Banaleres: die der Oberfläche am nächsten gelegene Plattform, die von den Tauchschulen für Unterwasserübungen benutzt wurde. Zwar konnte man mich nicht gerade mehr einen Tauchschüler nennen, doch meine drei Partner verhielten sich trotzdem wie gewissenhafte Tauchlehrer und ließen mich Routineübungen ausführen, um festzustellen, wie wendig und geschickt ich noch war.

Wir erreichten die Unterwasserplattform, und nachdem wir sie einige Male umkreist hatten, fragte mich Chrissy per Handzeichen, ob mit mir alles in Ordnung sei. Ja, mir gehe es gut, gab ich ihm zu verstehen. Chrissy zeigte auf sich selbst und seinen Vater, dann hinaus ins Wasser. Er machte erst ein Fragezeichen, dann das »Okay«-Zeichen. Das Ganze hieß so viel wie: Ist es in Ordnung, wenn Chris und ich jetzt ein bisschen alleine weiterschwimmen und Kevin bei dir bleibt? Ich signalisierte mein »Okay« und sah den beiden nach, wie sie scheinbar mühelos durchs Wasser davonglitten. Genauso hatte es ausgesehen, wenn sie auf einem unserer langen, gemeinsamen Tauchgänge in den Höhlen von Florida vor mir geschwommen waren.

Ich schaute auf meine Tauchcomputer. Wir waren schon 20 Minuten unter Wasser. Ich zeigte Kevin an, dass ich jetzt an der Leine auftauchen würde, die von der Plattform zu einer kleinen Boje gespannt war. Während wir uns der Oberfläche näherten, musste ich an meinen letzten Aufstieg denken. Die Schmerzen von der ausgelassenen Dekompression gingen mir im Kopf herum, während ich mich im trüben Wasser des Steinbruchs langsam dem Licht näherte. Obwohl nach unserer kurzen Verweildauer in geringer Tiefe eigentlich gar keine Dekompression erforderlich war, hielt ich in 4,5 Meter Tiefe an, um wie geplant meinen Körper von neuem daran zu gewöhnen, den zusätzlich aufgenommenen Stickstoff wieder abzuatmen. Die Minuten vergingen nur langsam, und ich lauschte in mich hinein, um nur ja einen erneuten Anfall von Bends rechtzeitig zu bemerken. Nichts. Ich hätte ebenso gut in einer Badewanne mit besonders dreckigem Wasser liegen können. Während unseres Aufenthalts in 4,5 Meter Tiefe tauschten Kevin und ich mehrmals das »Okay«-Zeichen aus. Ich wusste, diese ganze Vorsicht war übertrieben, aber ich erinnerte mich nur zu gut an das, was mir Dr. Mendagurin gesagt hatte: dass in meinem Körper keine weiteren Ersatznervenbahnen mehr zur Verfügung standen und dass ich bei einem erneuten Tauchunfall mit bleibenden Behinderungen zu rechnen hätte.

Als ich an die Oberfläche kam, fühlte ich mich prima. Ich schwamm ans Ufer, stapfte wie ein betrunkener Bär zu dem Picknicktisch zurück und legte meine Ausrüstung ab. Mit der kühlen Sommerluft, die über mich strich, spürte ich auch die

Erleichterung. Als ich die Halterung meiner Doppelflaschen öffnete, da fiel mir eine weit größere Last vom Rücken und von den Schultern als nur das reine Gewicht.

Nachdem auch Chris und Chrissy zurück waren, saßen wir am Picknicktisch zusammen, aßen, scherzten, ließen uns von der warmen Sonne dieses Sommertags aufwärmen und erzählten uns dabei Tauchergeschichten. Ich hatte meine Ängste vor dem Tauchen und vor meiner nun viel größeren Gefährdung durch Bends teilweise überwunden. Der nächste Schritt würde eine etwas größere Tauchtiefe sein. Ich glaube, auch Kevin und die Rouses waren in gewisser Weise erleichtert, denn wenn ich nach einer so schweren Attacke wieder tauchen konnte, dann würden sie es ebenfalls können, falls sie einmal von der Taucherkrankheit heimgesucht würden. Taucher und andere Sportler, die sich einem erhöhten Verletzungsrisiko aussetzen, reden sich stets ein, dass ihnen schon nichts passieren wird. Psychotherapeuten wie Dr. Hunt bezeichnen diesen Mechanismus als Abwehr. Sie hilft dem Aktiven, seinen Sport zu betreiben, ohne sich jedes Mal vor Angst zu verzehren, doch die Kehrseite der Abwehr ist, dass man durch sie dazu verleitet werden kann, zu hohe Risiken einzugehen. In der Praxis bedeutet das: Wer einen Risikosport ausübt, muss sich über mögliche unerfreuliche Folgen im Klaren sein, muss alles tun, um sie zu verhindern, aber auch auf einen Unfall eingestellt sein, wenn er denn passiert.

Nach dem Tauchen gingen wir zu den Rouses, und Chris zeigte Kevin und mir die neuen Ausrüstungsgegenstände, die er in seinem Keller herstellte. Seine Firma »Black Cloud Scuba« lief gut. Aber trotz steigender Verkaufszahlen musste er einen großen Teil der Einnahmen gleich wieder für Werkzeuge und spezielle Maschinen investieren. Es würde noch eine Weile dauern, bis er und seine Familie gut von »Black Cloud Scuba« leben konnten. Im Moment verkaufte er Stück für Stück seinen Baumaschinenpark – hier einen Lastwagen, dort einen Bulldozer –, um weiter den Kredit für das Haus abzahlen zu können und genug Geld für den Lebensunterhalt zu haben.

Chris besaß eine gigantische Comicsammlung, die er fein säuberlich in Schubern auf langen Tischen im Untergeschoss aufbewahrte. Als Kevin bei unserem ersten Besuch vor gut einem Jahr das erste Mal bei den Rouses zu Besuch gewesen war, hatte er sie dort gesehen. Nun sprach er Chris auf die Comics an, und der meinte: »Ja, diese Superhelden sind schon Klasse. Aber was im Comicbereich echt noch fehlt, ist ein Taucher-Superheld, also ein Comic, das nur unter Wasser spielt, nicht so wie diese Typen, die nur mal tauchen, wenn sie gerade mal wieder die Welt retten müssen.« Ich sah förmlich, wie in Chris' Kopf die Idee für ein neues Projekt keimte. Schon möglich, dass ihm kein Verlag jemals etwas für die »Rouses Story« bieten würde, aber mit solchen Kämpfern für die gute Sache hätten sie dann Vorbilder für sich selbst – so etwas wie einen Batman und einen Robin der Tiefe.

Chris, der Kevins lebhaftes Interesse an seinen Comics bemerkte, sagte zu ihm: »Kannst du ruhig alles lesen. Aber bitte behandle sie vorsichtig und sortier sie wieder *genau* da ein, wo du sie rausgenommen hast.«

»Danke. Aber weißt du, ich will deine Ordnung nicht durcheinanderbringen«, antwortete Kevin, als er sah, dass die weit über tausend nach Serien geordneten Comicbücher und -hefte in perfektem Zustand waren. Jeder einzelne Band war in eine Schutzhülle aus festem Plastik eingeschlagen.

Zur Zeit wohnte Chrissy »Robin« wieder in der elterlichen Bathöhle. Als wir uns zum Essen an den Tisch setzten, zeigte Chris mit der Gabel auf seinen Sohn und grummelte in freundlichem Ton: »Und ich hab gedacht, den wär ich endlich los, als er ausgezogen ist. Aber jetzt ist er wieder da, wie Herpes. Diesen Schmarotzer werde ich wohl nie los!« Dabei lächelte er, aber er meinte es schon auch ernst.

Chrissy stöhnte auf und ging zum Gegenangriff über. »Ach so? Aber wenn ich Hummer mitbringe, beschwerst du dich komischerweise nie!«

»Mensch, die meisten davon esst ihr doch sowieso bei Tim. Wenn du damit deine Miete hier zahlen willst, dann musst du aber 'ne ganze Menge mehr mitbringen!«

»Ich hab doch grad neulich erst wieder welche mitgebracht!«

Chris wollte etwas entgegnen, hielt aber plötzlich inne. Chrissy sah verlegen drein.

Nachdem das Vater-Sohn-Gezänk beendet war, verfinsterten sich die Mienen von allen drei Rouses schlagartig. Ich fand das sehr merkwürdig. Etwas später dann verstand ich, was in den Dreien vor sich gegangen war, als Chrissy angefangen hatte, von seinem jüngsten Hummerfang zu sprechen. Offenbar hatte Chris mich mit Schreckensmeldungen vom Tauchen verschonen wollen, bis ich mich wieder sicherer fühlte. Doch nun war es zu spät, die schlechten Nachrichten hatten schon die Oberfläche durchbrochen.

Eine Woche vor meinem und Kevins Besuch bei den Rouses waren die drei gemeinsam zum Wrack der *Arundo* getaucht. Das niederländische Frachtschiff von 125,5 Meter Länge war im Zweiten Weltkrieg von dem deutschen U-Boot *U-136* torpediert worden und liegt jetzt 40 Kilometer vor der Küste von New Jersey in 40 Meter Tiefe auf dem Meeresgrund. Nach dem Untergang des Frachters war das Wrack von der Küstenwache durch Übergrundschleppen zerstört worden. Mit diesem Verfahren, bei dem ein schweres, zwischen zwei Schiffen gespanntes Stahlseil über das Wrack gezogen wird, wurden früher Hindernisse beseitigt, damit sie für andere Schiffe keine Gefahr darstellten. Daher ist das Wrack der *Arundo* heute eigentlich eher eine große Ansammlung von Stahlplatten und Trümmerteilen. Zwei Lokomotiven allerdings, die für Ägypten bestimmt waren, sind intakt erhalten geblieben. Das Wirrwarr von Stahlplatten auf dem Boden des Ozeans bietet Hummern einen idealen Lebensraum, und Chrissy fing auf dem gemeinsamen Tauchgang der Rouses drei dieser Tiere.

Zu den Teilnehmern an der Tauchfahrt zur *Arundo* gehörte auch Ed Sollner, der oft mit Chrissy Rouse bei Tim Stumpf gewesen war. Die drei jungen Männer hatten eine Vorliebe für extreme Herausforderungen, was die Grundlage für ihre Freundschaft bildete. Das Trio unterschied sich sehr stark von den anderen Tauchern von Underwater World, die das Tauchen weit amateurhafter betrieben als Chrissy, Ed und Tim. Unternehmungen wie das Eindringen in Unterwasserhöhlen oder Tauchgänge in Tiefen, die andere Atemgase als Luft erfordern, kamen für sie gar nicht erst in Betracht. Zwar bewunderten sie die Eleganz, mit der Chrissy sich durchs Wasser bewegte, doch andererseits befürchteten sie auch, dass die Drei sich mit ihrem Draufgängertum, ihren lang ausgedehnten Tauchgängen in große Tiefen und mit ihren exotischen Atemgasmischungen einmal in ernste Schwierigkeiten bringen könnten.

Die Befürchtungen der anderen Taucher wurden noch dadurch verstärkt, dass Ed stets über die Empfehlungen der U.S. Navy zum sicheren Tauchen wetterte. Das sei etwas für Memmen, tönte er. Obwohl er nie an einem Mischgaskurs teilgenommen hatte, war Ed mit der Theorie bestens vertraut. Die Marine der Vereinigten Staaten hatte ihre Grenzwertempfehlungen für die Toxizität von Sauerstoff ständig nach unten korrigiert, aber was wussten die schon? Sollner hatte schon oft die Tauchtabellen der U.S. Navy ignoriert und vorgeschriebene Dekompressionsstopps nicht eingehalten, aber noch nie war ihm etwas passiert. Was waren dann die Sauerstoffgrenzwerte der Marine wert, wenn nicht einmal ihre Tauchtabellen verlässlich waren? Die Navy sei in jüngster Zeit einfach übervorsichtig, erzählte er jedem, ob er es wissen wollte oder nicht. Viele Taucher meinten daher, Ed spiele russisches Roulett. Eines schönen Tages würde er Krämpfe bekommen und nicht mehr hochkommen. Chrissy, obwohl sonst im Leben – und beim Tauchen – so locker, hielt nichts von Eds Theorien. Er hatte in seinen Flaschen exakt den Sauerstoffgehalt, den die Navy-Richtlinien vorgaben.

Chrissy tauchte allein zur *Arundo* hinab, um Hummer zu fangen. Zwischendurch irgendwann traf er zufällig Ed. Beide Taucher leuchteten mit ihren Lampen unter alle herumliegenden Stahlplatten, um die begehrten Krustentiere aufzuspüren, bevor sie sich davonmachen konnten. Chrissy und Ed trennten sich gleich wieder, um jeder für sich weiter zu jagen. Als Chrissy an die Oberfläche kam, teilte man ihm mit, Ed Sollner sei tot.

Einer der Taucher war unter Wasser auf den leblosen Körper von Ed gestoßen, der mit dem Gesicht nach unten unmittelbar über dem Grund schwebte. Sein Mund stand offen, der Atemregler hing in den Sand. Es gab keine Spuren eines Kampfes. Als man die Leiche an Bord hievte, standen die Rouses schockiert daneben. Gerade eben noch hatten Chrissy und Ed sich unter Wasser getroffen, und mit Ed war alles in Ordnung gewesen.

Was war geschehen? Man vermutete sofort, der hohe Sauerstoffgehalt in Eds selbst gemischtem Atemgas sei schuld an seinem Tod; der Sauerstoff habe vermutlich Krämpfe verursacht, und er sei ertrunken.

Das Tauchboot tuckerte in den Hafen zurück. Die Stimmung war gedrückt. Eds lebloser Körper lag auf Deck, man hatte eine Plane über ihn gebreitet, und er war festgebunden, damit die Bootsbewegungen ihn nicht hin und her warfen. Man hatte den Kopf so gedreht, dass die Rouses und die anderen Taucher sein Gesicht nicht sehen konnten. Betroffen und fassungslos hielten alle Abstand. An der Pier stand ein Krankenwagen bereit. Die Rouses folgten ihm ins Krankenhaus, wo Eds Tod offiziell festgestellt wurde. Chris rief Cathie Cush an und berichtete ihr von dem Unglücksfall. Cathie und Ed hatten früher zusammengelebt, aber sie hatte sich schon vor längerer Zeit von ihm getrennt. Sie war ausgezogen, als ihr klar wurde, dass Ed die Gefahr geradezu herausforderte. Sie wollte nicht leiden, wenn er eines Tages unter Wasser sterben würde – denn *dass* er sterben würde, war in ihren Augen unvermeidlich. Nun, da es tatsächlich passiert war, traf sie der Verlust trotzdem schwer.

Cathie bat Chris, die Zusammensetzung von Eds Gasgemisch zu analysieren, um den Grund für seinen Tod festzustellen. Die Untersuchung ergab, dass das Gas in seiner Flasche einen Sauerstoffgehalt von 39 Prozent hatte, eine Konzentration, die die Navy nur bis zu einer Tauchtiefe von maximal 24 Metern empfahl. Ed aber war in 41 Meter Tiefe aufgefunden worden. Seine selbst gebastelte Theorie hatte sich als falsch erwiesen.

Chris wusste, dass es Wahnsinn war, die Grenzen des Tauchsports so weit zu überdehnen, wie Ed das getan hatte. Es hatte ja noch nicht einmal eine Veranlassung bestanden, das Schicksal derart herauszufordern: Das Wrack lag in eher geringer Tiefe, und wenn das Tauchen dort auch Spaß machte, so war es doch kein prestigeträchtiger Tauchplatz.

In den Augen der Rouses und vieler anderer unterstrich Ed Sollners Tod nur noch einmal die Notwendigkeit einer Tauchausbildung durch Fachleute und klarer Standards für die Verwendung anderer Gasgemische als Luft. Marine- und Berufstaucher führten Sollners Tod als einen schlagenden Beweis dafür an, dass Sporttaucher schlicht zu undiszipliniert seien, um die besonderen Anforderungen der Verwendung von Mischgas zu meistern. Der reine Sporttaucher, der ausschließlich Luft atmete, der sich nicht tiefer als 40 Meter hinabwagte, der nur so lange unter Wasser blieb, dass er keine Dekostopps in verschiedenen Wassertiefen zu machen brauchte, diese Art von Taucher fragte sich sowieso, wozu man all die Vorsichtsmaßnahmen für Tauchgänge mit Mischgas auf sich nehmen sollte, wo doch Tauchen eigentlich zur Erholung da ist und Spaß machen soll. Er hatte kein Verständnis für jemanden wie Ed Sollner, für den der Spaß erst begann, wenn er andere Gase als Luft benutzte.

Beiden Lagern diente der Tod von Ed Sollner als Beweis für die Richtigkeit ihres Standpunkts. Denjenigen, die für die Verwendung von speziellen Gasgemischen auch durch Amateure waren, zeigte der Unfall, wie dringend erforderlich eine fundierte und von qualifizierten Lehrern durchgeführte Ausbildung war. Wer dagegen an der alten Trennung zwischen Profis und Amateuren festhielt, der argumentierte, Sporttaucher seien mit der Aufgabe überfordert, unter Wasser etwas anderes als Luft zu atmen. Ein zusätzlicher Aspekt, der Taucher wie Chris und Chrissy Rouse, Steve Berman und mich beschäftigte, war die Sorge, die US-Regierung könnte sich durch Ed Sollners Tod veranlasst sehen, ein Gesetz zur Reglementierung des Tauchsports zu erlassen, das dann mit Sicherheit auch das Sporttauchen auf die Verwendung von Pressluft beschränken würde. In diesem Fall wären unsere Unterwasseraktivitäten plötzlich illegal, und daran konnte uns natürlich nicht gelegen sein.

Etwa um die Zeit von Sollners Tod änderte die DEMA*, die das Establishment des Sporttauchens vertritt, ihren Kurs. Hatte man dem Tauchen mit Mischgas schon vorher skeptisch gegenübergestanden, so versuchte man es nun aktiv zu verhin-

---

* DEMA stand damals, 1992, für »Diving Equipment and Manufacturing Association«, also »Vereinigung der Tauchsportartikelhersteller«; inzwischen hat sich die Bedeutung der Abkürzung leicht verändert: »Diving Equipment and Marketing Association«, also »Vereinigung der Tauchsportartikelhersteller und -anbieter«.

dern. Die DEMA veranstaltet die größte Fachausstellung der Tauchindustrie der USA. Zur Vermeidung von Markteinbußen und Imageverlust versuchte die DEMA auf ihrer Messe im Januar 1992, Firmen auszuschließen, deren Produkte irgendetwas mit der Verwendung von Mischgasen wie Nitrox, Sauerstoff-angereicherter Luft und Safe Air zu tun hatten.

Rechtzeitig zur DEMA-Messe, auf der das Mischgas-Tauchen geächtet werden sollte, erschien im Januar 1992 die vierte Ausgabe von *AquaCorps* mit dem Titelthema »Mix«, in der Nitrox- und Heliumgemische behandelt wurden. Um Vertreter der Tauchindustrie mit Nitrox vertraut zu machen, organisierte Menduno 1992 eine Tagung, die zeitgleich mit der Messe stattfand. Man sah Besucher zwischen beiden Veranstaltungen hin und her pendeln. Doch wer von Mendunos Konferenz zur Messe zurückging, der fühlte sich enttäuscht, wie jemand, der in der Prohibitionszeit aus einer illegalen Kneipe in ein offizielles Etablissement wechselte, wo es langweilig war, weil man keinen Alkohol ausschenkte. Wer etwas über Nitrox und andere Mischgase wissen wollte, umging den Bann der DEMA, besuchte Mendunos Tagung und erfuhr alles Wissenswerte. Und nicht anders als die Prohibition in den zwanziger Jahren, erzielte auch der Bann der DEMA das genaue Gegenteil der beabsichtigten Wirkung: Er brachte Nitrox erst richtig ins Gespräch, alle wollten plötzlich mehr darüber wissen und es ausprobieren. Im Juni 1992, nur einen Monat vor Ed Sollners Tod, erschienen die Beiträge von Mendunos Tagung in Buchform.

Clevere Taucher wie die Rouses hielten sich aus solchen Auseinandersetzungen heraus und mischten sich ihr Gas einfach selbst, anstatt darauf zu warten, dass der kommerzielle Einsatz offiziell genehmigt wurde. Chris, Chrissy und Sue hielten Nitrox- und Heliumgemische für durchaus sinnvolle Hilfsmittel. Die Rouses ließen sich nicht davon abhalten, dass diese Gase am Markt nicht erhältlich waren, sie kauften sich einfach die entsprechenden Geräte und mischten selber. Sie hielten sich an die Vorgaben der U.S. Navy – allerdings nur, wenn ihr Bauunternehmen so gut lief, dass sie sich die kostspieligen Gase leisten konnten.

Auch nach Eds Tod gingen die Rouses weiterhin jedes Wochenende tauchen, schließlich mussten sie sich auf die für August angesetzte Expedition zur *Andrea Doria* vorbereiten, mit deren Organisation sie einen Großteil des vergangenen Jahres verbracht hatten. In ihren Augen hatte Ed Sollner die Regeln nicht bloß aufgeweicht, sondern in eklatanter Weise gegen sie verstoßen. Seine übermäßige Risikobereitschaft und ihr eigenes Verhalten, das sie für vernünftig hielten, waren für sie zwei völlig verschiedene Dinge. Wie durch die Untersuchungen von Dr. Jennifer Hunt belegt ist, handelt es sich dabei um eine weit verbreitete Strategie, mit der Menschen, die sich erhöhter Gefahr aussetzen – seien es nun Bergsteiger oder Fallschirmspringer –, ihre eigenen Ängste verdrängen, um ihre Aufgabe bewältigen zu können. Chrissy tauchte inzwischen jedes Wochenende zu irgendwelchen Wracks, allerdings im Zuge seiner teilweisen Abnabelung von der Familie meist nicht mehr in Begleitung seines Vaters, sondern mit Freunden. Regelmäßig brachte er von seinen Tauchgängen auch Hummer sowie alle möglichen Artefakte mit. Manchmal tauchte er allein, dann wieder mit einem Partner.

Nur zwei Wochen nach Sollners Tod hielt sich Chrissy auf einem Solo-Tauchgang bei einem Wrack in 52 Meter Tiefe auf, als er im Sand neben dem Wrack einen fremden Taucher bemerkte, der ihm Zeichen gab. Chrissy schwamm zu ihm hin und erschrak, als er sein Finimeter ablas: Die Flaschen enthielten nur noch bedenklich wenig Luft. Chrissy sah gleich, dass der Taucher die Orientierung verloren hatte und in Not war. Da er selbst noch reichlich Luftvorrat hatte, machte er sofort seinen Ersatzatemregler einsatzbereit, der in Höhlentauchermanier an einem 1,80 Meter langen Schlauch befestigt war, und reichte ihn dem Mann. Als Nächstes löste er die hinten an seinen Flaschen befestigte große Rolle mit der Notleine, die sein Vater angefertigt hatte, nahm seinen Atemregler aus dem Mund, hielt ihn unter den Auftriebskörper und betätigte den Knopf für die Luftdusche. Der Auftriebskörper, an dem die Notleine befestigt war, füllte sich mit Luft und schoss zur Oberfläche. Chrissy nahm seinen Lungenautomaten wieder in den Mund und band das andere Ende der Leine an einem Wrackteil fest. Er gab dem anderen Taucher zu verstehen, er solle mit ihm zusammen aufsteigen, und so schwammen sie langsam als Paar zur Oberfläche. Die Dekompression, bei der beide von Chrissys Luftvorrat atmeten, verlief ohne Probleme, und der Mann bekam allmählich wieder einen klaren Blick und schaute Chrissy voll Dankbarkeit an.

Obwohl Chrissy den Taucher gar nicht gekannt hatte, war er ihm instinktiv und ohne zu zögern zu Hilfe geeilt. Dabei hatte Chrissy sein Leben riskiert, denn mehr als einmal schon haben in Panik geratene Taucher ihre herbeigeeilten Retter in einen Kampf um den lebenserhaltenden Atemregler verwickelt, der dann für beide tödlich endete. Chrissy hielt den Vorfall in seinem Logbuch kurz fest: »19 min solo getaucht Taucher auf Grund gefunden der Zeichen gibt, fast keine Luft mehr & ohne Orientierung. Notleine klargemacht und Deko mit ihm zusammen.« Dabei hatte er sich noch nicht einmal die Mühe gemacht, den Namen des Tauchers aufzuschreiben, dem er doch das Leben gerettet und für den er sein eigenes riskiert hatte. Es war für ihn eine Selbstverständlichkeit, anderen Tauchern in Gefahr zu Hilfe zu kommen, und er war sicher, jeder würde für ihn ebenso handeln. Allerdings stand für ihn ohnehin fest, dass er selbst niemals in solch eine Lage kommen würde. Und wäre er nur dabei gewesen, als Ed Sollner in Not geriet, dann hätte er ihm ebenfalls das Leben gerettet.

Chrissy tauchte mit seinem Vater von verschiedenen Booten aus, darunter auch von der *Wahoo,* dem Boot, auf dem wir 1991 unsere Expedition mit Mischgas zur *Andrea Doria* gemacht hatten. Er wählte die Boote nach den Wracks aus, zu denen sie gerade fuhren, und er plante seine Tauchgänge sehr sorgfältig. Sie führten ihn in immer größere Tiefen und zu immer anspruchsvolleren Tauchplätzen, die ihm als Vorbereitung auf seine Rückkehr zur *Doria* dienten. Bei der Crew der *Wahoo* war Chrissy wegen seiner freundlichen, hilfsbereiten Art ein geschätzter Kunde. Steve Bielenda, der Bootseigner, hatte im Laufe seiner langen Taucherkarriere, die 1959 begonnen hatte, unzählige Taucher kennen gelernt. Seit 1962 war er Tauchlehrer, und er hatte ein Gespür dafür entwickelt, wie sicher sich jemand beim Tauchen fühlte, eine wichtige Fähigkeit in diesem Beruf. So bemerkte Bielenda, dass Chrissy sich viel entspannter und unbefangener verhielt, wenn sein Vater nicht dabei war.

Er lebte dann richtig auf: Er wurde ein Mann, der sich seiner Fähigkeiten bewusst war und sich rundherum wohl fühlte. Noch dazu gab es nun keine Zwischenfälle wie bei den zwei Tauchgängen, die Vater und Sohn im Sommer 1991 gemeinsam zur *Andrea Doria* unternommen hatten, kein Gezänk, keine Vorwürfe und keine Beleidigungen, die die Stimmung an Bord trüben konnten.

Chrissy war der Sohn von Chris, im Guten wie im Schlechten. Die perfektionistische, prahlerische Seite hatte er ebenso von seinem Vater übernommen wie dessen Mut und Großzügigkeit. Durch meine regelmäßigen Gespräche mit Dr. Hunt erhielt ich nicht nur Einblicke in meine eigene Kindheit – auch mein Vater hatte sich mir gegenüber oft zu kritisch verhalten –, sondern ich lernte auch die Rouses besser verstehen: Chris, weil ich mit meinem Sohn Gil eigene Erfahrungen als Vater sammelte, und Chrissy, weil ich von meinem Vater ähnlich behandelt worden war. Bei gemeinsamen Höhlen- und Wrackerkundungen hatte Chrissy von seinem Vater aber auch Offenheit für die Schönheiten der Welt und eine große Neugier vermittelt bekommen. Ähnliches hatte ich von meinem Vater gelernt, sei es durch zahlreiche Urlaubsreisen ins Ausland, sei es durch das Leben auf verschiedenen Kontinenten. Je mehr ich über meine eigene Vergangenheit nachdachte, desto mehr begann ich, meine Gefühle zu überdenken. Ich nahm mir für die Erziehung meines Sohnes vor, ihn mehr zu bestärken und zu unterstützen. Wenn der Apfel etwas weiter vom Stamm fiele, dann würde das junge Bäumchen etwas außerhalb des väterlichen Schattens vielleicht höher wachsen und besser gedeihen.

Im August 1992 war es dann so weit: Die drei Rouses gingen für ihre Expedition zur *Andrea Doria* an Bord der *Seeker*. Chrissy nannte das Tauchboot gern *The Seeker of Death,* »Sucher des Todes«. Das war seine Art, damit umzugehen, dass das Tauchen in große Tiefen gefährlich, sogar lebensgefährlich ist. Im

Grunde diente Chrissys schwarzer Humor nur dazu, seine Ängste vor den Gefahren des Tauchens zu überspielen. Direkt vor einem Tauchgang verhalten sich Leute ganz unterschiedlich: Die einen werden mürrisch und wortkarg, die anderen sind nicht ansprechbar, weil sie sich konzentrieren, und wieder andere tendieren zu verstärkter Gesprächigkeit. Chris und Chrissy nun stellten innerhalb der letzten Gruppe einen Extremfall dar. Zank und Streit waren ihr Rezept, um Angst bei bevorstehender Gefahr abzureagieren. Doch was andere als Wortgefechte erlebten, war in Sues Augen immer nur eine besondere Art der »Kommunikation«. Wie verschieden man doch die Dinge wahrnehmen kann! Verschloss Sue die Augen vor dem Gezänk? Oder kommunizierten die beiden wirklich nur auf besonders streitbare Weise miteinander?

Sue Rouse hatte einen Großteil der Organisation für die Expedition erledigt: Buchungsbestätigungen versenden, wenn Teilnehmer ihre Anzahlung geleistet hatten, sicherstellen, dass alle ihren Verzicht auf eventuelle Haftungsansprüche erklärten, darauf achten, dass alle Formulare vollständig ausgefüllt und unterschrieben waren, überprüfen, ob alle Teilnehmer die Gebühr vollständig bezahlt hatten, und schließlich das Geld für die *Seeker* überweisen, so dass die Unternehmung wie geplant starten konnte. Sue war nicht nur Erster Maat, sondern auch Schiffsköchin und Mädchen für alles. Sie kümmerte sich um das Essen, während Chris und Chrissy für die Tauchausrüstung der ganzen Familie zuständig waren. Sie wusste allerdings noch nicht, ob sie auch mittauchen wollte. Sie sagte, sie wolle erst einmal sehen, wie die Wetterverhältnisse auf See waren und wie sie sich fühlte. Sie mochte ruhige, gleichmäßige Tauchgänge – auf Abenteuer war sie nicht aus.

Chris und Chrissy hatten natürlich ihre Freunde angesprochen und gefragt, ob sie an der Exkursion teilnehmen wollten, dazu noch einige andere, die ihnen in Taucherkreisen empfohlen worden waren, insbesondere Leute, die wie die Rouses und ich Techniken des Höhlentauchens auf die Erkundung von Wracks im offenen Meer übertrugen. In mancher Hinsicht war der Trip der Rouses zur *Andrea Doria* eine Fortsetzung der im Jahr zuvor von mir organisierten Fahrt, denn einige der damals angewandten Techniken sollten wieder eingesetzt werden, wenn auch diesmal ohne wissenschaftliche Begleitung, dafür aber unter besseren Wetterverhältnissen und ohne Seekrankheit. Außer Steve Berman und John Reekie waren meine Tauchclubfreunde John Harding und Dennis Anacker von den »Sea Gypsies« mit von der Partie. Die Crewmitglieder Steve Gatto und Tom Packer hatten sich schon auf diese Expedition gefreut, denn sie kannten die Rouses von früheren Tauchfahrten und wussten, dass sie Leben auf das Boot bringen und eine interessante Gruppe von Tauchern zusammenstellen würden.

Die Rouses hatten zwar auch mich eingeladen, doch ich musste absagen, weil ich meinem Körper – oder vielleicht auch meinem Kopf – noch nicht zutraute, eine Herausforderung wie die *Doria* zu meistern. Ich beneidete die Rouses und fand es jammerschade, dass ich nicht mitkonnte. Als Trostpflaster verblieben mir die Artefakte, die Steve Berman und ich zwei Jahre zuvor von der *Doria* geborgen hatten, dazu noch einige der Teller, Tassen und handbemalten Vasen, die John Griffith und ich im Sommer 1991 heraufgeholt hatten.

Anders als im Jahr zuvor spielte das Wetter diesmal mit. Chris und Chrissy tauchten insgesamt vier Mal und brachten aus demselben Bereich des Wracks, in dem John Griffith und ich unsere Sammelnetze gefüllt hatten, Geschirr aus Glas mit an die Oberfläche. Die Leute daheim im Tauchshop, deren ganzer Nervenkitzel darin bestand, an den tieferen Stellen des Steinbruchs mit seinem kalten, trüben Wasser zu tauchen, würden vor Neid über ihren Schatz bestimmt grün werden wie Meerwasser! Chris und Chrissy würden mit so vielen Andenken heimkehren, dass sie den anderen großzügig etwas abgeben konnten.

Trotz spiegelglatter See herrschte eine so starke Strömung, dass selbst die kräftigsten und erfahrensten Taucher wie John Reekie und Steve Berman Probleme bekamen. Nach ihrem dritten Tauchgang hatten Chris und Chrissy eine ganz neue Idee. »Los, Mom, bitte«, bettelte Chrissy, »tauch mit uns. Dann wären wir das erste Vater-Mutter-Sohn-Team, das jemals zur *Doria* getaucht ist!«

Sue hatte das unter dem Tauchboot schnell hindurchströmende Wasser schon über einen längeren Zeitraum beobachtet. »Du, mir ist diese Strömung einfach zu stark, Chrissy. Ich hab kein gutes Gefühl dabei, unter diesen Bedingungen zu tauchen.«

»Das schaffst du schon!«, drängte Chris. »Das sagst du mir doch auch immer!«

Chrissy nickte wild mit dem Kopf. »Ja, genau, Mom! Wir tauchen einfach runter, schwimmen kurz in der Nähe der Ankerleine unten rum, und dann kannst du wieder aufsteigen. Muss doch kein langer Tauchgang werden, nur 'n paar Minuten.«

»Ja, und wir wollen uns sowieso nicht so lange außerhalb des Wracks aufhalten«, ergänzte Chris. Er zeigte auf Chrissy und sich selbst: »Das würde uns nämlich den Tauchgang verderben.«

Sue dachte laut nach: »Damit ich das jetzt richtig verstehe: Ich wollt also, dass ich mit euch beiden tauche, obwohl mir die Sache nicht geheuer ist, und dabei soll ich euch nicht euren Tauchgang verderben? Nein danke, dann taucht mal ohne mich.«

Wie sie es auch versuchten, Sue ließ sich nicht umstimmen. Chris und Chrissy waren enttäuscht, dass sie nun nicht die erste Familie sein würden, die zusammen zur *Andrea Doria* getaucht ist.

Sue hatte zwar sehr viel Zeit und Mühe in die Organisation der Fahrt investiert, doch ihre Gesundheit und ihr Leben hatten für sie absoluten Vorrang. Zwei erfahrene Taucher waren auch schon in eine Notsituation gekommen. Der eine litt schwer an Taucherkrankheit, und Sue war dabei gewesen, als der Rettungshubschrauber ihn in eine Druckkammer flog. Der zweite hatte einige Minuten Dekompression zu wenig gemacht und nur deshalb keine Symptome entwickelt, weil eine ausgebildete Krankenschwester, die sich an Bord befand, ihm sofort intravenös eine Salzlösung verabreicht hatte. Dadurch wurde dem Körper wieder Flüssigkeit zugeführt, und das Blut konnte nicht nur alle Organe mit Sauerstoff versorgen, sondern auch den überschüssigen Stickstoff zur Lunge transportieren. Außerdem bekam der Taucher reinen Sauerstoff zum

Atmen, was das Abatmen des Stickstoffs zusätzlich beschleunigte.

Chris und Chrissy Rouse kehrten im Triumph von ihrer *Andrea-Doria*-Expedition nach Hause zurück, und diesmal konnten sie mit handfesten Beweisen belegen, dass sie den Mount Everest des Tauchsports bezwungen hatten. Mit stolzgeschwellter Brust zeigten sie ihre Trophäen bei Underwater World herum und berichteten von ihren Abenteuern. Manche hatten geunkt, auf den ausgedehnten Tauchgängen mit Mischgas in große Tiefen würde ihnen sicher etwas zustoßen, doch nun hatten die Rouses bewiesen, was für hervorragende Taucher sie waren und dass sie zur Elite gehörten.

Für die meisten Taucher wäre es der Höhepunkt ihrer Karriere, etwas von der *Andrea Doria* an die Oberfläche zu bringen. Sie würden sich zurücklehnen und in aller Ruhe den Triumph genießen. Nicht so Chrissy Rouse. Für ihn war die *Andrea Doria* nur eine von vielen großartigen Taten, die ihn zum Superhelden des Tauchsports machen würden.

Nur einen Monat nach ihren erfolggekrönten Tauchgängen zur *Andrea Doria* machten sich die Rouses auf den Weg in die kanadische Provinz Québec, um zur *Empress of Ireland* zu tauchen. Viele Taucher halten das Wrack dieses Luxusliners für tückischer als das der *Doria,* obwohl es in geringerer Wassertiefe liegt. So wie die Bergsteigerelite den K2 als weitaus schwieriger einschätzt als den höheren und berühmteren Everest, so steht auch die *Empress of Ireland* im Ruf eines unberechenbaren, gefährlichen Schiffswracks.

Die Expedition zur *Empress* war wieder von der sprichwörtlichen schwarzen Wolke der Rouses begleitet. Das Innere des Wracks war stark im Zerfall begriffen, und alles war mit einer extrem locker haftenden Sedimentschicht überzogen. Als die beiden nun hineinschwammen, wirbelten ihre Ausatemblasen im Nu diesen zarten Überzug aus Rost und Schlick auf, und sie hatten nur noch ungefähr einen Meter Sicht. Und dann erhöhte Chrissy den Schwierigkeitsgrad ihres Tauchgangs auch noch durch unvorsichtiges Verhalten. Die Rouses waren diesmal nicht wie sonst von Anfang an mit Sicherungsleine getaucht.

Stattdessen hatten sie vor, sich nur ein Stück weit ins Wrack vorzuwagen, in der Hoffnung, sie könnten einen weiterführenden Gang entdecken. Gleich beim Hineinschwimmen sah Chrissy tatsächlich einen frei zugänglichen Seitengang. Er war aufgeregt. Aber anstatt Chris seine Absichten durch Zeichen mitzuteilen oder zu warten, bis sie wieder auf dem Tauchboot waren, um einen aufwändigeren Tauchgang zu planen, nahm Chrissy die Rolle mit seiner Sicherungsleine und warf einfach seinem Vater das Leinenende mit dem schweren Messinghaken daran zu. Er wartete nicht einmal ab, um sich zu vergewissern, ob Chris die Leine aufgefangen hatte, sondern verschwand in der Tiefe des Wracks. Er ging wie selbstverständlich davon aus, dass sein Vater die Sicherungsleine schon irgendwo befestigen würde, damit sie ihnen trotz der dichten Sedimentwolke sicher den Weg aus dem Wrack weisen würde.

Chris wurde von dieser Aktion völlig überrumpelt. Er konnte aufgrund der Rostpartikel und des Schlicks einfach nicht genug sehen, um die Leine zu fassen zu bekommen, und so zog Chrissy sie noch ein Stück hinter sich her. Plötzlich entdeckte Chris doch noch den über den Boden schliddernden blanken Messinghaken und schwamm ihm nach, wie ein großer Fisch hinter einem Blinker. Schließlich konnte er ihn erhaschen und hakte ihn an einem herumliegenden Wrackteil fest. Inzwischen aber war die Sicht wirklich fast Null, und der Ort, an dem die Sicherungsleine befestigt war, lag ein gutes Stück innerhalb des Wracks. Es war klar, dass sie aus dem unbekannten Wrack praktisch blind herausfinden mussten, denn für die letzten zehn Meter hatten sie keine Sicherungsleine mehr. Nur einmal falsch abbiegen, und sie säßen in der Falle.

Als Chrissy zurückkam, gelang es Chris, tastend den Weg aus dem Wrack zu finden. Sein unvorsichtiger Sohn schwamm ihm hinterher. Als sie nach über einstündiger Dekompression in drei Grad Celsius kaltem Wasser an Bord des Tauchboots geklettert waren, das Reekie für diese Expedition gechartert hatte, spuckte Chris seinen Atemregler aus, und dann ging es auch schon los: »Mann, du Arschloch, wo hast du denn tauchen gelernt? Wir hätten beide *draufgehen* können!«

Chrissy warf den Kopf zurück und verdrehte die Augen. »Was hast du denn jetzt schon wieder, du alter Meckerpott?«

Hastig setzte Chris seine Flaschen ab und baute sich vor Chrissy auf, der seelenruhig die vielen Schnallen und Bänder seiner Ausrüstung löste. Chris' Gesicht war rot vor Wut. »Jetzt hör mir mal zu! Man schmeißt nicht einfach so die Sicherungsleine hinter sich, ohne zu gucken, was der andere macht. Das ist gegen alle Regeln. Das hat dir auch niemand so beigebracht! Ich hab alles getan, dass du die beste Ausbildung der Welt bekommst, und was machst du? Du bringst uns beide unnötig in Gefahr!«

»Was soll'n das? Ich wusste doch, dass du hinter mir warst und dass du die Leine fangen und anbinden würdest«, verteidigte sich Chrissy verlegen.

»Was? Ich hab die Leine gerade noch so zu fassen gekriegt, weil ich hinter dir hergeschwommen bin wie ein Blöder, nachdem du in dem Gang verschwunden warst. Und was wär passiert, wenn ich's nicht geschafft hätte? Häh?« Chris schnaubte genervt, schüttelte den Kopf und ließ die Schultern hängen. Der Gedanke an das, was hätte passieren können, ließ ihn in sich zusammensinken.

Doch Chrissy hatte sich schnell wieder gesammelt und ging zum Gegenangriff über. »Kannst du mir mal sagen, wovon du überhaupt redest? Das ist doch *deine* Aufgabe, die Leine anzunehmen und sie zu befestigen! *Du* hast Scheiße gebaut! Versuch bloß jetzt nicht, *mir* alles in die Schuhe zu schieben!«

»Wie bitte? Vielleicht sollte ich dich mal durchprügeln! Mensch, denk doch mal nach, dann merkst du, dass ich Recht habe! Und so was will mein Sohn sein!«

So ging es noch eine ganze Weile hin und her. John Reekie und Steve Berman standen dabei. Sie kannten die Streitereien der beiden ja schon zur Genüge, aber dieser Vorfall hatte nichts mit dem sonstigen Gemecker zu tun, das immer auch ein bisschen komisch war. Reekie und Berman wussten genau, wie gefährlich Chrissys Verhalten gewesen war. Der Gedanke, dass sie beinahe die Leichen ihrer beiden Freunde hätten bergen müssen, versetzte ihnen noch im Nachhinein einen Schrecken. Warum verhielt sich Chrissy unter Wasser so verantwortungslos?

Auch andere Taucher waren über die Rouses verwundert. Für Evie Dudas, eine weithin bekannte Taucherin, war es zwar die erste gemeinsame Tauchfahrt mit den beiden, doch sie hatte schon viel von ihrer Begeisterung, ihren Fähigkeiten und ihrem ständigen Gezänk gehört. Evie war Inhaberin eines Tauchshops im Bundesstaat Pennsylvania, der nur ein paar Stunden Fahrzeit von Revere, dem Wohnort der Rouses, entfernt lag. Evie wurde allseits für ihr Können unter Wasser bewundert. Sie hatte 1963 mit der Taucherei angefangen, war seit 1970 Tauchlehrerin und 1967 als erste Frau zum Wrack der *Andrea Doria* getaucht. Doch in ihrem Leben hatte es auch Tragödien gegeben. 1968 hatte sie einen schweren Dekounfall, durch den sie zunächst völlig erblindete und starke Schwindelanfälle hatte. Eine Druckkammerbehandlung gab ihr nach kurzer Zeit das Augenlicht wieder, doch die Gleichgewichtsstörungen hielten noch zwei Monate an. 14 Jahre später, 1982, verlor sie ihren Ehemann durch einen Tauchunfall. Vielen galt John Dudas als der weltbeste Wracktaucher. Er starb bei der Solo-Erkundung eines Wracks vor der Küste von New Jersey, der eigentlich ein Routinetauchgang für ihn war. Niemand konnte sich seinen Tod erklären. John Dudas hinterließ nicht nur die in der siebten Woche schwangere Evie, sondern noch drei weitere Kinder.

Die Streitereien der Rouses beunruhigten Evie, aber was sie noch mehr störte, war die in ihren Augen überzogene Kritik von Chris an seinem Sohn. Als die Rouses sie nach der Expedition in ihrem Van zum Motel mitnahmen, musste sie ihren mütterlichen Beschützerinstinkt zügeln, denn bei jedem Brems-, Beschleunigungs- oder Abbiegemanöver krittelte Chris an seinem Sohn herum. Niemals würde Evie ihre eigenen Kinder so behandeln, und sie fand, diese Art öffentlicher Kritik habe etwas Verletzendes für Chrissy. Wie einige Monate zuvor schon Steve Bielenda, so bemerkte auch Evie Dudas, wie nervös und unausgeglichen Chrissy in Gegenwart seines Vaters war. Evie machte sich Sorgen um die Rouses, denn sie selbst hatte schmerzhaft erfahren, wie brutal und gnadenlos die Unterwasserwelt sein kann.

Was aber Evie und die anderen Taucher nicht wussten, war, dass Chrissy in seiner Kindheit eine Lernschwäche gehabt hatte und auch als Erwachsener manchmal an Konzentrationsstörungen litt. Sie wussten auch nicht, dass Chris seinem Sohn verboten hatte, schon mit 16 Jahren den Führerschein zu machen, weil er der Ansicht war, Chrissy sei dafür noch nicht reif genug. Wenn Chrissy als Teenager mit seinem Vater arbeitete, war der immer schockiert, wo Chrissy überall sein Werkzeug liegen ließ. Da landete ein Schraubenschlüssel einfach auf dem Boden oder wurde irgendwo abgelegt und vergessen. Ein liegen gelassenes Werkzeug als solches war natürlich nichts Schlimmes, wenn es aber in einem Dieselmotor vergessen wurde und dann in die rotierenden Teile geriet, war das schon etwas anderes. Egal wie oft Chris seinem Sohn erklärte, warum es wichtig war, sein Werkzeug wieder dorthin zu legen, wo man es hergeholt hatte, er lernte es nicht. Chris kam es oft vor, als verbrächte Chrissy die Hälfte seiner Arbeitszeit mit dem Suchen nach verlegtem Werkzeug.

Anfangs hatte Sue gemeint, es sei übertrieben streng, Chrissy den Führerschein vorzuenthalten, doch nachdem Chris ihr noch einmal alles erklärt und sie selbst beobachtet hatte, wie unachtsam Chrissy manchmal im Haus war, hatte sie es eingesehen. Mit 16 war Chrissy einfach noch nicht reif genug fürs Autofahren. Ein Jahr später dann durfte er den Führerschein endlich machen. Seine Eltern konnten ihm das Autofahren nicht mehr länger vorenthalten, denn sonst hätte er als Außenseiter dagestanden, wie damals, als er Förderunterricht bekam und die Mitschüler ihn deswegen aufzogen. Nachdem er endlich Auto fahren durfte, konnte er seine Freunde leichter treffen und, was natürlich wichtiger war, sich besser mit Mädchen verabreden. Inzwischen war Chrissy 22 Jahre alt, doch manchmal hatte er noch immer Konzentrationsstörungen beim Fahren.

War nun Chrissys erhöhte Risikobereitschaft bei ihrem Tauchgang zur *Empress* eine Folge seiner Konzentrationsschwäche? Es gibt viele, die dem widersprechen würden, denn wer Schwierigkeiten mit abstraktem Lernen hat, der besitzt dafür oft besondere körperliche Fähigkeiten, so wie Chrissy beim Tauchen. Doch wenn Chrissy jetzt – aus welchem Grund auch immer – unter Wasser tatsächlich Konzentrationsstörungen hatte, sollte sich Chris mit seinem Sohn dann noch auf gefährliche Tauchgänge in große Tiefen wagen? Machte er sich als Vater Hoffnungen, sein Sohn würde das Defizit schon überwinden und in irgendetwas der Beste werden? Verdrängte er das Problem?

Trotz allem Gezänk, trotz Chris' unablässigem Genörgel an Chrissy und trotz der Tücken der *Empress of Ireland* hatten die Rouses unter Wasser keine Probleme, mit denen sie nicht fertig wurden. Sie absolvierten acht erfolgreiche Tauchgänge zur *Empress*. Nun, da sie glücklich die *Andrea Doria* und die *Empress of Ireland* hinter sich gebracht hatten, waren Chris und Chrissy reif für eine neue Herausforderung. Das U-Boot, das Bill Nagel und John Chatterton im Herbst zuvor entdeckt hatten, war immer noch nicht identifiziert. Es rief geradezu nach Tauchern, sein Geheimnis zu lüften. Das war eine Aufgabe für Taucher vom Kaliber der Rouses.

U-Who war erst vor einem Jahr, im September 1991 am amerikanischen Labor Day, von einer Gruppe von Sporttauchern entdeckt worden. Der Wrackfund war allerdings mehr dem Zufall als einer gezielten Suche zu verdanken gewesen.

Man könnte meinen, Kapitän Bill Nagel sei aufgrund seiner eigenen Alkoholproblematik für diesen Fund prädestiniert gewesen, denn man erzählte sich von U-Bootbesatzungen, sie hätten die Schrecken des Krieges mit maßlosen Saufgelagen betäubt, wie das in dem bekannten Film »Das Boot« gezeigt wird. Dieser exzessive Alkoholkonsum war aber auch verständlich. Auf den langen Fahrten lebten 48 bis 57 Männer auf engstem Raum zusammengepfercht, mit einer einzigen Toilette. Rasieren und Duschen waren absoluter Luxus. Während der ersten zwei Kriegsjahre war es deutschen U-Booten noch möglich, einigermaßen sicher aufzutauchen, und wenn sie in warmen Gewässern operierten, konnten die Besatzungen sich ablösen und schichtweise im Meer baden und sogar angeln. Meist jedoch jagten sie feindliche Schiffe und mussten den Gestank der Maschinen und ihrer ungewaschenen Leiber ertragen. An Land hatten sie dann Gelegenheit, ihre Ängste und ihre Sinne zu betäuben.

U-Boote machten in der Hauptsache Jagd auf Frachter, die Öl, Flugbenzin, Munition, Flugzeuge, Panzer, Feuerwaffen, Nahrung, Kleidung und anderes für die Kriegsführung unerlässliche Gerät zu den Briten transportierten. Bis zum Kriegseintritt der USA im Jahre 1941 als Reaktion auf die Bombardierung von Pearl Harbor durch die Japaner waren diese Schiffe eine leichte Beute für die deutschen U-Boote. Handelsschiffe fuhren nämlich noch einzeln an der Küste entlang und waren gegen das hell erleuchtete Ufer leicht zu erkennen. Zum damaligen Zeitpunkt gab es noch keine nächtliche Verdunkelung: Küstenorte standen in voller Beleuchtung, weil sie sich erfolgreich mit dem Argument, dadurch würden ihnen die Einnahmen aus dem Tourismus verloren gehen, gegen die Verdunkelung gewehrt hatten. Hinzu kam, dass die Auslaufzeiten, Ladungen und Bestimmungsorte immer noch unchiffriert über Funk gesendet wurden. Die U-Bootkommandanten brauchten nur noch zu entscheiden, welches Schiff das lohnendste Ziel abgeben würde, sich in Position zu manövrieren und auf ihr Opfer zu warten. Die Deutschen hatten leichtes Spiel.

So versenkten sie in der ersten Jahreshälfte 1941 gleich 495 Schiffe. Insgesamt waren deutsche U-Boote im Zweiten Weltkrieg für den Untergang von 2 603 Handelsschiffen im Atlantik verantwortlich. 13,5 Millionen Tonnen Frachtgut gingen verloren; 30 248 Seeleute fanden den Tod. Auch 175 Kriegsschiffe der Alliierten fielen der lauernden Gefahr zum Opfer.

Doch selbst in ihrer besten Zeit waren die deutschen U-Boote bedroht. Sie konnten jederzeit von patrouillierenden Kriegsschiffen oder Flugzeugen entdeckt werden, und dann wurden die Jäger zu Gejagten. Getaucht waren sie dem Terror oft stundenlanger Wasserbombenangriffe ausgesetzt. Ein Volltreffer einer Wasserbombe oder mehrere Detonationen in nächster Nähe zerfetzten die Stahlhaut des Boots, und das Boot wurde für seine Besatzung zum Grab. Nur mit viel Glück, allem Können und aller List seines Kommandanten konnte ein U-Boot einem solchen Angriff entkommen.

Ein gewitzter Kommandant, dessen Boot schon über Stunden erbarmungslos gejagt worden war, schaffte es einmal mit einem ganz neuen Trick. Er ließ eins seiner Torpedorohre mit

Dieselöl, der Leiche eines an Bord verstorbenen Besatzungsmitglieds, Seemannskleidung und zu guter Letzt mit seiner eigenen, weißen Kommandantenmütze bestücken und abfeuern. Die Ladung des Rohres trieb bald an die Oberfläche, und als die Verfolger die Überreste dieser vermeintlichen Versenkung sahen, zogen sie ab. Dieses U-Boot konnte seine Jagd fortsetzen. Andere hatten nicht so viel Glück.

Im Verlauf des Krieges machten die Alliierten den technischen Vorsprung der deutschen U-Boote bald durch eigene Entwicklungen wett. Zum einen konnten Kriegsschiffe nun mit Hilfe von Unterwasser-Sonar die U-Boote praktisch »sehen«, wenn sie sich im Schutz der Tiefe einem Handelsschiff zu nähern versuchten oder nach einem Angriff entkommen wollten. Zum anderen wurden Flugzeuge mit äußerst leistungsfähigen Suchscheinwerfern ausgestattet, die den Nachthimmel und die Meeresoberfläche taghell ausleuchten konnten. Da nun aber U-Boote manchmal auftauchen und über Wasser fahren mussten, um ihre Akkumulatoren aufzuladen und die verbrauchte Luft auszutauschen, wurden viele bei Nacht an der Oberfläche, wo sie am meisten verwundbar waren, erwischt und in Stücke gebombt.

Ein weiteres Mittel im Kampf gegen U-Boote waren die so genannten »Hedgehogs« oder Igel. Es handelte sich um Waffen, die in weitem Kreisbogen Mörsergranaten abfeuerten, wenn man irgendwo ein U-Boot vermutete. Im Gegensatz zu Wasserbomben, bei denen die Detonationstiefe jeweils vorher eingestellt werden musste, explodierten diese Granaten nur bei Berührung. Die Verluste an deutschen U-Booten stiegen dramatisch an, je länger der Krieg dauerte. Von den 1 162 U-Booten, die Deutschland während des Zweiten Weltkriegs baute, wurden 784 versenkt, in der Mehrzahl der Fälle ohne Überlebende. Die U-Bootwaffe verlor 28 000 ihrer insgesamt 40 900 Seeleute, weitere 5 000 gerieten in Gefangenschaft. Einer der wenigen, die fast während des gesamten U-Bootkrieges im Einsatz waren und überlebten, war Herbert A. Werner. Er stieg bis zum Kapitän auf und war schließlich U-Bootkommandant. Seine Autobiographie trägt den treffenden Titel *Die eisernen Särge*.

In trübem, grünlich-braunem Wasser also liegt vor der Küste von New Jersey unweit des so genannten »Canyon« das Boot, dessen Identifikation sich die Rouses zum Ziel gesetzt hatten. Wahrscheinlich würden sie schon mehrere Tauchgänge dafür verwenden müssen, ohne Risiko das 76,5 Meter lange *U-Who* einmal von allen Seiten abzuschwimmen. Doch wenn Chris und Chrissy erst einmal in das Innere eingedrungen wären und sich zwischen Scherben, Knochen und Rost ihren Weg bahnen würden, dann könnte es ihnen womöglich gelingen, das mysteriöse U-Boot zu identifizieren. Damit würden sie nicht bloß zu Helden des Tauchsports werden, sondern in die Geschichte eingehen.

Der Zustand von *U-Who* erzählt die Geschichte der Seeschlacht im Atlantik.

U-Boote, die in relativ seichtem Wasser auf Grund liegen, sind von einst gefürchteten Beutejägern zu Beutestücken geworden, zu Relikten des Krieges und Unterwasser-Friedhöfen, die darauf warten, von Tauchern erkundet und geplündert zu werden. Doch diese Praxis ist durchaus umstritten. Zu Beginn einer jeden Tauchsaison verschickt der Marineattaché der deutschen Botschaft in Washington einen nachdrücklich formulierten Brief an die Kapitäne von Chartertauchbooten, in dem diese aufgefordert werden, Tauchfahrten zu deutschen U-Bootwracks zu unterlassen, da es sich um Kriegsgräber handele. Die Rouses – und mit ihnen viele Amerikaner – waren jedoch der Meinung, dies sei ein Höhepunkt deutscher Dreistigkeit: Die U-Boote hatten in feindlicher Absicht die Weltmeere befahren, viele Schiffe versenkt und den Tod vieler Menschen verschuldet. Warum sollten dann die einstigen Jagdboote nicht selbst gejagt und friedlich erkundet werden?

Doch bei *U-Who* ging es nicht nur um eine moralische Frage. Dieses Wrack war in keinem Marinearchiv verzeichnet, weder in einem deutschen noch sonst irgendwo auf der Welt. Hatte *U-Who* einen Geheimauftrag gehabt? Hatte es womöglich gar einige Nazigrößen an Bord gehabt, die sich absetzen wollten? Befanden sich ihre Leichen immer noch in dem von Chatterton entdeckten, geheimnisvollen Wrack? Es gab hartnäckige Gerüchte, wonach Hitlers Stellvertreter Martin Bormann sich mit einem U-Boot der Kapitulation und seiner sicheren Hinrichtung entzogen haben soll. Zwar glaubten die Alliierten, sie seien in den Ruinen Berlins auf die sterblichen Überreste Bormanns gestoßen, doch gab es viele, die davon nicht überzeugt waren.

Die Fluchttheorie war gar nicht so abwegig, denn anderen führenden Nazis war es gelungen, sich einer drohenden Bestrafung zu entziehen. Dazu gehörte auch Adolf Eichmann, der als Leiter des Judenreferats im Reichssicherheitshauptamt für den Transport von Juden in die Vernichtungslager verantwortlich gewesen war. Der israelische Geheimdienst entführte Eichmann 1960 aus Argentinien, er wurde in Israel zum Tode verurteilt und 1962 hingerichtet.

Möglicherweise hatte *U-Who* auch Spione an Bord gehabt. Das war ebenfalls eine durchaus plausible Theorie. Im Juni 1942 setzten zwei deutsche U-Boote erfolgreich Agenten auf US-amerikanischem Boden ab. Die eine Gruppe landete auf Long Island im Bundesstaat New York, die andere in Florida. In beiden Fällen gelang die Enttarnung relativ schnell. Sechs der Agenten wurden hingerichtet, zwei weitere, Ernst Burger und Georg Dasch, die sich kooperationsbereit zeigten, erhielten lange Freiheitsstrafen. 1948 wurden Burger und Dasch von Präsident Truman begnadigt und in die Bundesrepublik abgeschoben. Vielleicht hatte ja auch *U-Who* versucht, Spione abzusetzen, und die Papiere, die es einmal über den Auftrag gegeben hatte, waren entweder durch einen Bombenangriff verloren gegangen oder wie unzählige andere Dokumente kurz vor Kriegsende noch von den Deutschen vernichtet worden.

Eine weitere Möglichkeit war, dass das Boot eine wertvolle Fracht transportiert hatte. Im Laufe des Krieges waren etliche U-Boote von Deutschland nach Japan und wieder zurück gefahren, um dringend benötigte Rohstoffe auszutauschen. Konnte *U-Who* mit kostbarer Fracht an Bord auf dem Weg nach Südamerika gewesen sein? In diesem Falle jedoch müsste die Frage geklärt werden, warum das Boot der nordamerikanischen Küste so nahe gekommen war.

Letztlich gab es nur einen Weg, sich Gewissheit über *U-Who* zu verschaffen: die Bergung eines Gegenstandes, der die eindeutige Identifizierung des Wracks ermöglichte, und anschließend eine Recherche über den Auftrag dieses Bootes in den erhaltenen deutschen U-Boot-Registern. Chris und Chrissy Rouse war klar, wer immer dieses Geheimnis lüften würde, der würde sich nicht nur unter Tauchern, sondern vor der Weltöffentlichkeit einen Namen machen. *U-Who* zu erkunden, das hieß für diese beiden, um des Ruhmes willen zu tauchen.

KAPITEL 10

Der letzte Tauchgang

Läutet die Glocke, beschwört die Geister,
ruft die Retter
und die Piraten.
Still liegt die Untiefe,
laut heult der Wind,
krachend brechen sich die Wellen.
In der Kälte der Nacht
wird jemand einen Fehler begehen.
Die See
wird ihm keine Gnade schenken.

JOHN T. CUNNINGHAM

*12. Oktober 1992 – Nordatlantik, ungefähr 100 Kilometer
vor der Küste, etwa gleich weit entfernt von den US-Bundesstaaten New York und New Jersey.*

Chris Rouse brauchte nicht hinzusehen, um genau zu wissen, was sein Sohn tat, als er vor ihm an der Ankerleine der *Seeker* hinabtauchte. In den vier Jahren, in denen sie nun schon gemeinsam ihrer Leidenschaft für das Tauchen nachgingen, waren Vater und Sohn so oft zusammen unter Wasser gewesen, dass sie eine Art sechsten Sinn füreinander entwickelt hatten. Ganz gleich, wie sie sich an Land verstanden, egal, wie schwer es ihnen oft fiel, miteinander auszukommen, in der Unterwasserwelt, die sie beide so liebten, und die keinen Fehler verzeiht, konnten sie sich bedingungslos aufeinander verlassen. Und das war gerade an diesem Tag besonders wichtig. Die unruhige See machte ihre Unternehmung noch um einiges gefährlicher als sie es ohnehin war. Chris konnte schon auf über 700 Tauchgänge zurückblicken, Chrissy auf über 600, ein Erfahrungsschatz, der ihnen vielleicht helfen würde, das Logbuch des geheimnisvollen U-Boots zu finden, das in 70 Metern Tiefe unter der *Seeker* ruhte.

Damit ließe sich das U-Boot, von dem weder amerikanische,

noch britische, noch deutsche Archive etwas wussten, eindeutig identifizieren. Sie könnten die Frage lösen, ob das U-Boot vielleicht im Spezialauftrag unterwegs gewesen war, ob es Nazigrößen oder auch wertvolle Kunstschätze an Bord gehabt hatte. Das würde den Rouses einen Platz in der Ruhmeshalle des Wracktauchens sichern – als Erforscher eines Stücks Kriegsgeschichte und als Detektive, die mithalfen, ein Geheimnis zu lösen.

Es war nicht das erste Mal, dass die Rouses zu diesem Wrack tauchten; sie hatten also schon eine Vorstellung davon, was sie da unten erwartete und wo sie hinschwimmen mussten. Es ist nicht so schwierig, sich an einem gesunkenen U-Boot zu orientieren, wenn es einigermaßen intakt geblieben ist. Selbst mit seiner völlig zerstörten Zentrale und dem abgerissenen Turm stellte *U-Who* in dieser Hinsicht keine große Herausforderung dar.

Allenfalls das Wetter konnte sie noch aufhalten. Die 18 Meter lange *Seeker* schlingerte unangenehm in den ein bis zwei Meter hohen Wellen. Es waren Tauchgänge wie dieser, nach denen Chris seinen Freunden schon einmal anvertraute, dass ihn das Tauchen im offenen Meer jedes seiner 39 Jahre spüren lasse. Die beiden Kapitäne der *Seeker*, John Chatterton und Dan Crowell, hatten sie und alle anderen gewarnt, dass sich das Wetter noch verschlechtern werde. Das bedeutete, dass sie nach diesem Tauchgang sofort zurückfahren würden und in diesem Jahr wahrscheinlich keine weitere Chance bekommen würden, das Rätsel des U-Boots zu lösen. Doch sie hatten sich so lange auf diesen Tauchgang vorbereitet, dass sie fest entschlossen waren, es zu wagen, schlechtes Wetter hin oder her.

Schon als sie an diesem wolkenverhangenen Morgen aufgewacht waren, hatten sie sich gegenseitig angestachelt. Erst hatte Chrissy zu seinem Vater gesagt, er wolle bei diesem Wetter nicht tauchen. Da hatte sein Vater ihn heruntergeputzt, sein Können als Taucher und seinen Mut in Frage gestellt. Als Chrissy schließlich bereit war, die Herausforderung anzunehmen, wollte Chris plötzlich einen Rückzieher machen. Nun ging das gleiche Spiel mit vertauschten Rollen von vorne los: Chrissy zog seinen Vater auf, gab ihm die beleidigenden Bemerkungen zurück, die er gerade hatte einstecken müssen, ja, er stellte sogar die Männlichkeit seines Vaters in Frage. Schließlich blieb beiden nichts anderes übrig, als ins Wasser zu springen, um sich gegenseitig zu beweisen, dass sie *richtige* Taucher waren. Stundenlang hatten sie sich auf dem schaukelnden Boot herumgezankt. Die Rouses passten sich gut ein in diese Welt voller Exzentriker und Egozentriker, und sie machten ihrem Ruf als Streithähne alle Ehre.

Nur zwei Wochen vorher hatte Chris zu mir gesagt: »Bernie, mach dir keine Sorgen, es wird schon klappen. Wir sind schon tiefer getaucht mit Pressluft, das schaffen wir locker.« Als erfahrener Wracktaucher hatte ich mir so meine Gedanken gemacht, als sie mir von ihren Plänen erzählten, denn in meinen Augen war Pressluft nicht das optimale Atemgas für einen Tauchgang auf 70 Meter Tiefe, und angesichts der engen, schwer zugänglichen Räume des U-Boots fand ich es sogar ziemlich riskant. An diesem Tag kam noch erschwerend hinzu, dass Chris und Chrissy in der rauen See heftiger atmen würden, da die Ankerleine sich stark bewegte und sie sich gut würden festhalten müssen, um auf ihrem Weg nach unten nicht von der Leine und damit vom Wrack abgetrieben zu werden. Es war zu erwarten, dass diese zusätzliche körperliche Anstrengung sich schnell bemerkbar machen würde: Die betäubende Wirkung des Stickstoffs würde noch ansteigen. Ich hatte das am eigenen Leib erfahren, bei meinem unglücklichen Tauchgang ein Jahr zuvor, der mir einen Krankenhausaufenthalt und zeitweilige Ausfallerscheinungen gebracht hatte. Kein Taucher bleibt von dem Rausch verschont, den Pressluft mit zunehmender Tiefe verursacht. Mit einem Heliumgemisch fällt die Betäubungswirkung weit geringer aus, auch wenn der Abstieg bei starkem Wellengang mehr Energie kostet. Aber Helium ist teuer. Chris konnte es sich damals gerade nicht leisten.

Die Narkosewirkung würde sich zuerst in einer Benommenheit bemerkbar machen, dann, je näher sie dem Wrack kämen, in einer Verengung des Wahrnehmungsfelds. Chrissy hatte einmal von einem Tauchgang mit Pressluft auf 90 Meter Tiefe erzählt, wie seltsam verzerrt und in verschiedenen Tonlagen vibrierend sich die Geräusche auf einmal angehört hätten. Der damals Einundzwanzigjährige hatte gelacht wie ein kleiner Junge, der etwas Verbotenes, aber Aufregendes für sich entdeckt hat. »Ich habe echt angefangen zu halluzinieren. Das ist schon lustig, wenn man sich unter Wasser so total breit fühlt.«

Solche Erfahrungen wiegten die Rouses in dem Glauben, sie könnten auch mit dem Rausch von viereinhalb Martinis klarkommen, der bei diesem Tauchgang zu erwarten war. Dabei ließen sie jedoch außer Acht, dass sich die Stickstoffnarkose bei dem schlechten Wetter infolge ihrer vermehrten körperlichen Anstrengung stärker bemerkbar machen und dadurch ihre Reaktionen bei unvorhergesehenen Problemen beeinträchtigen würde. Sie hatten zu wenig Respekt vor der Unterwasserwelt und glaubten, als gute Taucher in jeder Lage zurechtzukommen. Genauso war es auch mir ein Jahr zuvor ergangen. Marc Eyring, bei dem wir alle in die Schule gegangen waren, hatte uns immer gewarnt, dass Selbstüberschätzung das Unglück geradezu unausweichlich nach sich ziehe. Ich hatte nur zu schmerzlich erfahren müssen, wie Recht er damit hatte, und nun sollte es Chris und Chrissy noch viel härter treffen.

Die Stickstoffnarkose sollte auch Chrissy Rouses Erinnerungen an die Ereignisse des Tauchgangs beeinträchtigen. Aus dem unzusammenhängenden Bericht, den er später abgab, den Videoaufnahmen, die John Chatterton gemacht hatte, und der Tatsache, dass wir die Rouses und die Unterwasserwelt gut kannten, sowie nicht zuletzt auch aus der Untersuchung ihrer Ausrüstung, konnten sich seine Freunde später Stück für Stück ein Bild von den Ereignissen des Tauchgangs ins Innere von *U-Who* zusammensetzen. Die Vielzahl der Probleme, mit denen sie zu kämpfen hatten, ist wirklich erschreckend. Es war das, wovor sich jeder Taucher am meisten fürchtet: der letzte Tauchgang.

Steve McDougall, ein Polizist aus New Jersey, hatte seinen Tauchgang beendet und war bei der Dekompression an der Ankerleine der *Seeker,* als Chris und Chrissy Rouse ins Wasser sprangen und an ihm vorbei das dicke Seil entlang in die Tiefe tauchten. McDougall tauchte schon seit 18 Jahren und war selbst Tauchlehrer. So entging ihm natürlich nicht, mit welcher Leichtigkeit und Schnelligkeit die Rouses als erfahrene und auf ihre Kräfte vertrauende Taucher in der Tiefe verschwanden. Die Ankerleine, die direkt am U-Boot festgemacht war, schlängelte sich 70 Meter in die Dunkelheit. Sie bewegte sich heftig mit den Wellen, die an der *Seeker* zerrten. Das Wasser, das knapp unter der Oberfläche noch grün gewesen war, erschien bald schwärzlich, klar und kalt wie der Himmel in einer mondlosen Herbstnacht.

Die Rouses hinterließen silbrige, abgeflachte Luftblasen, die wie fliegende Untertassen aussahen. McDougall hatte noch eine gute Stunde Dekompression vor sich, er konnte also erwarten, die Rouses wiederzusehen, wenn sie beim Wiederaufstieg mit ihrer Dekompression beginnen würden.

Oben wandte sich Kapitän Dan Crowell an den zweiten Kapitän John Chatterton: »Habe gerade die Wettervorhersage gehört. Sieht gar nicht gut aus.«

Chatterton nickte, schaute kurz aufs Meer und meinte dann: »Ich schau mal, ob alles ordentlich festgemacht ist.« Rasch schritt er das Boot ab, prüfte die Ausrüstung, zurrte alles fest, was lose schien, damit das Boot nicht durch umherwirbelnde Gegenstände beschädigt oder die Taucher verletzt würden. Chatterton sah Steve Gatto und Tom Packer, die beide an Deck knieten und sich gegenseitig stützten. Sie waren kurz vor den Rouses getaucht, und sie beeilten sich nun, ihre Sachen zu verstauen. »Macht alles gut fest«, mahnte sie Chatterton. »Sobald die Rouses wieder oben sind, geht's nach Hause, und das wird keine Spazierfahrt.« Gatto und Packer nickten.

Barb Lander, die einzige Frau an Bord, griff sich aus der großen Kühlbox des Bootes, die vor der Hauptkabine stand, eine Dose Cola Light heraus. Es war ihre fünfte, seit sie vor vier Stunden aufgestanden war. »Mir reicht's. Alles eingepackt und bereit zur Abreise!«

»Dann hoffen wir mal, dass unsere Streithähne es kurz machen«, murmelte Chatterton.

In der Tiefe schwebte Chrissy über dem U-Boot und versuchte sich darauf zu konzentrieren, was er als Nächstes tun musste: die beiden Reserveflaschen, die er links und rechts eingeklinkt hatte, losmachen und sie auf dem Deck des U-Boots verstauen, und zwar so, dass sie von der Strömung nicht weggetragen werden konnten.

Chrissy war schon immer schneller geschwommen als sein Vater, und da er schon beim Abstieg entlang der Ankerleine geführt hatte, so war der Abstand sicher noch größer geworden, als er das U-Boot verheißungsvoll vor sich sah. Genau so hatte er es auch einen Monat zuvor gemacht, als er seinen Vater gefährlich weit zurückgelassen hatte, um Trophäen aus der *Empress of Ireland* zu bergen, einem für seine Tücken bekannten Wrack. Bestimmt hatte Chris nicht gewartet, bis auch sein Vater den Grund erreicht hatte, sondern war ein Stück an dem zigarrenförmigen Rumpf entlanggeschwommen, wobei der kräftige Schein seiner Taucherlampe die Dunkelheit zerteilte und spielerisch über die gewölbte Außenhaut hinwegglitt. Von Steve McDougalls vorangegangenem Raubzug in das Boot hingen noch Schwebeteilchen und Sand im Wasser. Chrissy achtete kaum auf die Fische, Quallen und anderen urweltlichen Erscheinungen, die aus dem U-Boot ihr Heim gemacht hatten. Sein bereits vom Stickstoff berauschtes Gehirn wird wohl kaum wahrgenommen haben, was da im Schein seiner Taucherlampe auf- und abtanzte. Die Unterwasserwelt war ihm so vertraut, dass er auch die atmenden Organismen nicht beachtete, die wie Pflanzen an der Seite des Wracks klebten. Weiß, braun und rot überwucherten sie das gesamte U-Boot wie einen Fels mit dichtem Blattwerk, ließen dabei aber dessen Konturen gut erkennen. Mit der Erfahrung seiner über 600 Tauchgänge schwamm Chrissy rasch, kraftvoll und beinahe mühelos voran. Er wusste, dass er mit seinen Kräften haushalten und präzise vorgehen musste, wenn er innerhalb der 20 Minuten, die er und sein Vater sich für den Tauchgang gegeben hatten, das Logbuch oder etwas anderes finden wollte, anhand dessen sich das Boot identifizieren ließ.

Zunächst lief wohl alles glatt, und sicher hatten sie vier Minuten nach Beginn ihres Abstiegs das Herz des U-Bootes, die Zentrale, erreicht. Dort sah es ziemlich wüst aus, scharfkantige Teile der Hülle ragten kreuz und quer ins Innere. Bei der Versenkung war hier ein klaffendes Loch gerissen worden, ein gezacktes Metallmaul, das dem U-Boot das Aussehen eines grotesken Tiefseefischs gab, der darauf lauert, alles zu verschlingen, was unvorsichtig genug ist, sich ihm zu nähern. Auch wenn er nicht zum ersten Mal bei dem Boot war, hat sich Chrissy sicher zur Orientierung nach links zu der großen, ovalen Metallröhre gewandt, die im Sand neben dem Loch vor der Zentrale lag. Das war der abgesprengte Turm des Bootes, knapp zwei Meter im Durchmesser, durch den einst die Besatzung ein- und ausgestiegen war. Nun diente er ihm als Wegmarke, er zeigte ihm an, dass die Öffnung zu seiner Rechten diejenige war, durch die er eindringen wollte.

Chris atmete schwer, als er am Boot entlang schwamm und zu seinem Sohn aufzuschließen versuchte. Trotz der Benommenheit durch den Stickstoff konzentrierte er sich darauf, seine Position außerhalb des U-Boots einzunehmen. Es war abgesprochen, dass Chrissy drinnen nach dem Logbuch suchen sollte, während Chris draußen wartete, für den Fall, dass sein Sohn Hilfe brauchen sollte.

Chrissy schwamm in das Wrack. Mochten andere Wracktaucher noch so sehr die Nase über die Höhlentauchertechnik rümpfen, eine Sicherungsleine auszulegen, die Rouses ließen sich darin nach den Erfahrungen, die sie an einigen der schwierigsten Wracks der Welt gemacht hatten, nicht beirren. Chrissy hatte seinem Vater wahrscheinlich nachlässig den Messingklipp zugeworfen, der an seiner Sicherungsleine befestigt war, genau wie einen Monat zuvor, als sie sich so erbittert über den richtigen Umgang mit der Leine gestritten hatten. Diese Leine war im Innern des U-Boots Chrissys wichtigstes Sicherheitselement. Sie würde ihm den Rückweg weisen, auch wenn durch den aufgewirbelten Schlick und Sand die Sicht auf Null sinken würde, was zu erwarten war, wenn er nach Artefakten suchte.

Chrissy machte sich wahrscheinlich nicht die Mühe, seine Leine irgendwo am Wrack festzumachen, das hätte ihn nur wertvolle Zeit gekostet, die er auf die Suche des Logbuchs verwenden wollte. Der junge Taucher wusste, dass sein Vater sich darum kümmern würde, daher erlaubte er sich in der Hast der Trophäenjagd, die Sache abzukürzen, was seinen Vater immer ziemlich sauer machte. Noch kurz zuvor hatte John Chatterton, der Entdecker des Wracks, Chrissy gewarnt, sich nicht allzu sehr in die Suche nach dem Logbuch zu versteigen. Chatterton hatte versucht, Chrissy von dem ehrgeizigen Tauchversuch abzubringen, denn er hatte bei dem jungen Mann eine Beutebesessenheit gespürt, die ein Unglück geradezu heraufbeschwor. Nicht wenige Taucher hatten dafür schon teuer bezahlen müssen.

Doch Chrissy ließ sich nicht von seinem Vorhaben abbringen, und er ließ auch nicht mit sich reden, was seine Tauchtechnik und seinen laxen Umgang mit den Regeln betraf. Er war ganz von dem Gedanken besessen, in das Wrack zu kommen und mit der Suche zu beginnen. Und so wird sein Vater wohl den Klipp gefasst haben, den Chrissy ihm zuwarf, die Leine mehrmals irgendwo herumgewickelt und sie dann gesichert haben.

Ins Wrack konnte Chrissy nur kriechend hineinkommen. Überall hingen Kabel herunter, eine Folge der Explosion, die auch den Turm abgerissen hatte. Scharfkantiges Metall, zerschmetterte Instrumententafeln und verrostete Apparaturen gähnten im Maul des U-Boots. Chrissy fantasierte später, dass er in den Schlund eines Monsters geschwommen sei, hinab in seinen Magen – ein sicheres Anzeichen für Tiefenrausch. Schon gleich nach dem Eintritt ins Wrack lösten die aufsteigenden Luftblasen feine Schlickpartikel von der Decke. Rostige Schuppen senkten sich langsam herab. Anders als ein Schneesturm, der den Himmel und die Landschaft in helles Licht taucht, bringt solch ein »Roststurm« Dunkelheit, die sich noch verstärkt, wenn die dunkelroten Flocken in den Schlick fallen, der sich dann in kleinen Wölkchen wie Rauch aus glühender Asche im Wasser verteilt.

Chrissy klagte später unter anderem darüber, er sei dauernd irgendwo angestoßen, egal, wie vorsichtig er sich zu bewegen versuchte. Beim geringsten Beinschlag berührte er etwas mit der Flosse, ein Kabel, das herabbaumelte, oder ein Stück Metall, er konnte nicht einmal feststellen, was es war. Wenn er sich umdrehte, schrammte er mit der Schulter oder dem Luftschlauch gegen irgendein Trümmerstück. Jede noch so kleine

Bewegung, jedes Ausatmen wirbelte Ablagerungen vom Boden auf und ließ Rostpartikel von oben herabregnen.

Schließlich wird Chrissy gar nicht mehr die Beine bewegt haben, sondern sich stattdessen nur noch mit den Händen vorwärts gezogen haben. Manche der nicht zu identifizierenden Gegenstände, nach denen er griff, gaben nach oder zerbröselten zu rostrotem Staub, der sich mit den Schlickwolken vermischte.

Der Adrenalinschub des Entdeckers, den jeder Taucher fühlt, wird Chrissys Herzschlag und Atmung verstärkt haben. Wenn seine Flaschen irgendwo auf seinem Weg zum Kapitänsschapp anschlugen, ergab das ein dumpfes, metallisches Klingen, das in seinem Kopf ein vielfältig gebrochenes Echo bildete. Der helle Schein der Taucherlampe war fast nutzlos, er zeichnete lediglich einen verschwommenen Lichtkreis in die braunrote Brühe. Er tastete sich weiter, hinaus aus der aufgewirbelten Wolke, um wieder etwas Sicht zu gewinnen, und wenn es nur ein Meter war.

Um in den Teil des Bootes zu gelangen, wo er nach Fundstücken suchen wollte, musste sich Chrissy durch ein Kugelschott hindurchwinden, das die Zentrale mit dem Bereich verband, wo das Kapitänsschapp war. Um auch seine Flaschen durch die enge Öffnung zu bekommen, musste er wieder kriechen. Irgendetwas von seiner Ausrüstung blieb wahrscheinlich trotzdem am Schott hängen, doch er war nicht das erste Mal hier und wusste, dass er hindurchkommen konnte. Die Anstrengung, sich mit all seinen Sachen durch das Schott zu quetschen, wird seine Ungeduld und seine Stickstoffnarkose verstärkt haben.

War er erst einmal drüben, konnte er nachschauen, ob dort im Schlick etwas verborgen lag, was vielleicht eine Identifizierung des U-Boots ermöglichte. Er hoffte unter einem bestimmten Regal fündig zu werden. Mit etwas Glück würde er etwas entdecken, das Aufschluss über die Geschichte von *U-Who* geben und ein für allemal die ungelösten Fragen um das Wrack klären würde. Mit einem solchen Fund, so stellte er sich vor, würde er in die Liga der von ihm verehrten Helden wie Sheck Exley, dem Michael Jordan des Höhlentauchens, aufsteigen.

Mit der rechten Hand begann Chrissy im Schlick zu wühlen, während die Linke die Sicherungsleine festhielt, die nach draußen und zu seinem Vater führte.

Die Sedimentschicht im Innern des U-Boots war so mächtig, dass Chrissy ellbogentief graben musste, um irgendetwas greifen zu können, das am Boden des Wracks lag. Weder er noch sonst jemand zuvor hatte bemerkt, dass das Regal keine Verbindung mit der Bootswand mehr hatte und nur noch durch den Schlick und einige Metallstücke an seiner Basis aufrecht gehalten wurde. Da ihm die Zeit knapp wurde, wird Chrissy wahrscheinlich fieberhaft gegraben und alles, was zum Vorschein kam, unbesehen in sein Netz gestopft haben, um es später zu prüfen. Immer mehr Schlick wurde aufgewühlt, zusätzlich lösten die aufsteigenden Luftblasen einen wahren Regen an Rostpartikeln aus. Beim Graben wird Chrissy heftiger geatmet haben, was zu noch mehr Luftblasen und noch mehr aufgewirbeltem Schlick geführt haben muss, der ihn wie ein Tornado umwirbelte. In kürzester Zeit sank die Sicht auf Null, und er musste sich einzig auf seinen Tastsinn verlassen.

Zu diesem Zeitpunkt waren vielleicht elf Minuten vergangen, seit er mit seinem Vater die Oberfläche verlassen hatte. Es herrschten lediglich 5 Grad Celsius Wassertemperatur, und da kühlt ein Taucher trotz Trockentauchanzug und Thermowäsche rasch aus. Doch Chrissy war völlig auf seinen erhofften Fund fixiert, und auch der Adrenalinschub, den das Eindringen in das schwer zugängliche U-Boot mit sich brachte, half ihm wohl, seine Tätigkeit trotz aller Benommenheit zielstrebig fortzusetzen. Da er ohnehin nichts mehr sah, wird er auch nicht mehr bemerkt haben, wie der Tunnelblick der Stickstoffnarkose das Gesichtsfeld einengte.

Später erzählte Chrissy, er sei bei seiner Suche auf ein größeres Objekt gestoßen. Sein Herz begann noch heftiger zu schlagen, denn er stellte sich vor, dass das die Kiste sein könnte, in der der Kapitän das Logbuch aufgehoben habe. Mit beiden Händen zerrte er wild an dem Gegenstand.

Als er es geschafft hatte, das schwere Objekt aus seinem Schlammbett zu befreien, fing das Regal zu seiner Linken an langsam umzusinken. Das konnte Chrissy natürlich nicht sehen,

er berichtete, er habe plötzlich gespürt, wie ihn etwas nieder-
drückte und gegen den Boden presste. Unter Wasser eingeklemmt zu werden, ist eine furchtbare Situation, und der plötzliche Schreck wird die Bewusstseinstrübung noch einmal verstärkt haben, so als hätte er in einem Zug einen doppelten
Whisky hinuntergestürzt. Möglicherweise halluzinierte Chrissy sogar schon. Das war etwas ganz anderes als der 90-Meter-
Tauchgang, den er einmal mit seinem Vater im warmen, klaren
Wasser einer Höhle gemacht hatte. Zwar hatte sich auch dort
die Stickstoffnarkose sehr stark bemerkbar gemacht und ihm
wirre Dinge vorgegaukelt, aber Chrissy hatte nicht mit so vielen Problemen zu tun gehabt wie jetzt im Innern des U-Boots.
Alleine hätte er nicht die geringste Chance gehabt, jemals wieder aus dem Wrack herauszukommen.

Chris hielt unterdessen wie verabredet außerhalb des
Wracks Wache. Als Chrissy anfing zu graben, kam wie erwartet eine Wolke von aufgewirbeltem Sediment aus dem Wrack
heraus. Doch schon nach wenigen Atemzügen muss Chris klar
geworden sein, dass etwas nicht in Ordnung war; der aufgewirbelte Schlick wurde von einem hämmernden Geräusch begleitet. Geräusche klingen unter Wasser stärker und dumpfer, da
Wasser Schwingungen besonders gut überträgt. Chris hielt seinen Atem an, um beim Horchen nicht durch das Geräusch seiner Luftblasen gestört zu werden.

Ganz sicher wird er gehört haben, wie Chrissy schrie, aber
bestimmt hat er sich zunächst gefragt, ob es nicht sein Tiefenrausch war, der ihm einen Streich spielte. Sein Herz fing heftig
an zu schlagen, als ihm klar wurde, dass Chrissy *tatsächlich*
schrie.

Drinnen im Wrack war Chrissy in einer echten Notlage.
Panik gewann die Oberhand über seine Vernunft, die er gerade
jetzt, in dieser kritischen Lage, so dringend gebraucht hätte.
Später sollte Chrissy sagen, er habe versucht, die Ruhe zu bewahren, sich zu konzentrieren. Er wollte sich aufstützen, sich
vom Boden erheben und die unbekannte Last abschütteln, die
ihn gefangen hielt. Diese Anstrengungen ließen ihn schnell und
heftig atmen, wodurch der wertvolle Vorrat an Pressluft in seinen Flaschen rasch abnahm. Bestimmt hörte er etwas, was wie

Hämmern klang, und vielleicht ist ihm irgendwann klar geworden, dass es sein eigenes Herz war. Aber möglicherweise dachte er auch, das sei der Herzschlag des Monsters, von dem er nach dem Auftauchen unter Schmerzen fantasierte. Chrissy war zu diesem Zeitpunkt wohl kaum noch in der Lage, seine Halluzinationen zu unterdrücken.

Instinktiv schlug er mit der linken Hand die metallene Rolle der Führungsleine gegen die Stahlwand, um seinem Vater zu signalisieren, dass er in Gefahr geraten war.

Draußen hörten sich die Schläge immer lauter und hektischer an, sie verstärkten sich in dem Maße, in dem Chrissys Panik stieg. Chris schwamm in das Wrack. Er griff nach der Leine und folgte ihr, er sah, wie sie zuckte, viel zu heftig. Vielleicht dachte er, dass Chrissy sich in der Leine verheddert hatte. Das wäre nicht das erste Mal, und wenn es so war, würde er ihn sicher befreien können. Der unübersichtliche Innenraum war nur knapp zwei Meter hoch und aufgrund der vielen in den Raum ragenden Apparaturen weniger als drei Meter breit. Chris hätte die Leine eigentlich gar nicht gebraucht, um den Weg zu seinem Sohn zu finden: Es genügte vollauf, dem ohrenbetäubenden Lärm zu folgen. Er hörte, wie Chrissy in seinen Atemregler schrie und gegen die Wand hämmerte. Aber bestimmt hat er die Leine trotzdem nicht losgelassen, sondern ist ihr Stück für Stück mit der Hand gefolgt, denn so konnte er sicher sein, an ihrem Ende auch wirklich seinen Jungen zu finden. Rötlich-brauner Schlick sprudelte ohne Unterlass aus dem Schott, als würde dahinter ein Feuer wüten. Als Chris durch das Schott schwamm, wäre er beinahe mit Chrissy zusammengestoßen, der heftig um sich schlug und schrie. Obwohl er seinen Sohn nicht sehen konnte, bekam Chris ihn doch zu fassen.

Man kann sich vorstellen, wie Chrissy die Hand auf seiner Schulter spürte, den festen Griff seines Vaters fühlte und seine Augen schloss. Er versuchte, sich zu beruhigen. Zwischen zwei Atemzügen schrie er durch seinen Atemregler: »Dad, ich bin eingeklemmt! Hol mich hier raus, Dad!«

Sein Vater hat sich ihm wahrscheinlich genähert und ihm durch seinen Atemregler geantwortet: »Bleib ruhig! Ich hole dich raus. Reiß dich zusammen.«

Obwohl auch Chris unter dem Einfluss des Tiefenrauschs stand, war sein Kopf doch um einiges klarer als der seines Sohns, und er wird sich langsamer bewegt haben, denn um herauszufinden, was Chrissy eingeklemmt hatte, konnte er sich nur auf seinen Tastsinn verlassen. Er wird nach Chrissy gegriffen und an ihm gezogen haben, wie ein Rettungsschwimmer, der einen in Panik geratenen Badenden energisch in Sicherheit zieht. Chrissy hat wahrscheinlich weiter gestrampelt, um sich zu befreien, und voller Angst in sein Mundstück geschrien, sein Vater solle ihm helfen. Chris war klar, dass er seinen Sohn unbedingt beruhigen musste, wenn sie beide lebend aus dem Wrack herauskommen wollten, also wird er versucht haben, durch seinen Atemregler auf ihn einzureden. Chrissy wird wahrscheinlich einen Moment stillgehalten haben, bis ihn die Halluzinationen von neuem überwältigten und alles wieder von vorne anfing. Chris musste hinter seinen Sohn schwimmen, um das Regal zu finden, das auf ihn gefallen war. Mit grimmiger Entschlossenheit packte er das Regal und hob es hoch, wobei er sich fest am Boden abstützte.

Eine Woche nach dem Tauchgang der Rouses untersuchten John Chatterton, Steve Gatto und andere Taucher den Teil des Wracks, in dem Vater und Sohn gewesen waren. Sie berichteten, sie hätten überall Fetzen gummierter Leinwand gesehen, die von einem Rettungsfloß des U-Bootes stammen mussten. Niemand hatte bei vorangegangenen Tauchgängen etwas Derartiges in diesem Bereich des Wracks bemerkt. Möglicherweise hatte sich das Rettungsfloß von selbst aufgeblasen und Chrissy mitsamt dem Regal fest an den Boden gepresst. Das ist gar nicht so unwahrscheinlich, wie es sich anhört. Es ist ein Fall bekannt, in dem das automatische System eines Rettungsfloßes von *U-853*, das ebenfalls in amerikanischen Gewässern ruht, nach mehr als vierzig Jahren unter Wasser an der Oberfläche einwandfrei funktionierte. Auch Chrissy erzählte später irgendetwas Unzusammenhängendes über ein Rettungsfloß. Möglich ist, dass Chris das Rettungsfloß dann mit seinem Messer zerstochen hat. Denkbar ist auch, dass die beiden es zusammen zerdrückt haben, nachdem Chris das Regal hochgewuchtet hatte – zwei Ritter in voller Rüstung, die gemeinsam den Drachen besiegen.

Als ob die beiden Taucher nicht schon genug Schwierigkeiten gehabt hätten, ergab eine Untersuchung ihrer Ausrüstung auch, dass sich in Chrissys Atemregler Rostpartikel festgesetzt hatten, wodurch er mit jedem Atemzug auch Wasser ansaugte. Chrissy musste den defekten Lungenautomaten ausspucken und ihn durch seinen zweiten Atemregler ersetzen. Trotz seines Tiefenrausches schaffte er es, diesen überlebenswichtigen Austausch vorzunehmen.

Als Chrissy endlich befreit war, standen die beiden Taucher vor einem neuen Problem: Sie mussten den Bereich verlassen, in dem sie nun beide gefangen waren, und dann aus dem Wrack hinausschwimmen. Chrissy versuchte allem Anschein nach, getreu seinem Höhlentauchertraining der Sicherungsleine zu folgen, die ihn auf direktem Wege aus dem Wrack herausführen sollte. Doch das gelang offenbar nicht, wie die Sicherungsleine zeigte, die man später kreuz und quer durch das U-Boot gespannt fand. Sie führte schließlich aus einer anderen Öffnung aus dem Wrack als der, durch die sie eingedrungen waren. Ein weiterer Hinweis darauf, dass sie Schwierigkeiten gehabt hatten, den stählernen Sarg zu verlassen, der bereits den deutschen Seeleuten zum Verhängnis geworden war.

Nachdem sie es schließlich doch geschafft hatten, aus dem Wrack herauszukommen, und ihrem Aufstieg zur Oberfläche kein Hindernis mehr im Wege stand, müssen beide sehr erleichtert gewesen sein. Die unmittelbare Gefahr schien gebannt. Doch ihr Tauchgang, der auf 20 Minuten geplant war, dauerte nun schon über 30 Minuten, und die Zeit flog dahin.

Chrissy sah wohl keinen Sinn darin, ins Wrack zurückzutauchen, um die Leine einzuholen, deren metallene Rolle er immer noch in der Hand hielt. Er ließ sie einfach fallen. Sein Vater sah die Rolle wegtrudeln, sie landete zwischen den Trümmern der Zentrale, wo sie Chatterton später fand. Diesmal unternahm Chris Rouse nichts, um die Leine zu bergen, wie damals auf der *Andrea Doria*. Es gab ein drängenderes Problem: Sie mussten die Flaschen finden, die sie auf dem Deck des U-Boots deponiert hatten, und die sie für einen sicheren Aufstieg unbedingt benötigten. Ohne diese Zusatzflaschen würde ihnen die nötige Atemluft für die Dekompressionszeit fehlen.

Chrissy Rouse erzählte später, er habe zusammen mit seinem Vater elf Minuten lang verzweifelt das Deck des U-Boots nach den Flaschen abgesucht. In ihrem Rauschzustand müssen die beiden Taucher die Orientierung auf dem an sich sehr übersichtlichen Boot verloren haben, da sie das U-Boot durch eine andere Öffnung verließen und plötzlich auf der anderen Seite des Wracks waren. Als Chris schließlich die eine Flasche fand, die er selbst abgelegt hatte, bevor er seinem Sohn zu Hilfe geeilt war, befestigte er sie an Chrissys Gurten und bedeutete ihm, er solle aufsteigen. Chris wusste, dass für beide die Luft zur Dekompression nicht genügen würde, und so verzichtete er zugunsten seines Sohnes darauf. Wahrscheinlich hoffte er, Chrissy würde zur Oberfläche aufsteigen und die Mannschaft der *Seeker* alarmieren, die ihm dann mit Luftflaschen zu Hilfe kommen würde.

Irgendwo 70 Meter über ihnen schwamm das Tauchboot, das die Erlösung aus dieser verzweifelten Lage versprach.

Zunächst konnten sie die Ankerleine nicht finden, aber es blieb ihnen keine Zeit mehr, sich lange umzuschauen. Sie benötigten bereits eine Dekompressionszeit von über drei Stunden, was einen sehr langsamen Aufstieg mit mehreren Zwischenstopps bedeutete. Falls sie jedoch die Ankerleine nicht fanden, würden sie während der Dekompression von der Strömung fortgetrieben werden. Selbst bei ruhigem Wetter war es nicht einfach, einen Taucher auszumachen, der auf der Wasseroberfläche trieb. Doch mit dem auffrischenden Wind und Wellen von anderthalb bis zwei Metern Höhe – so wenigstens hatte es dort oben vor Ewigkeiten ausgesehen, als Vater und Sohn noch an Bord der *Seeker* waren – würden Chatterton und Crowell sie nur mit großem Glück aus dem Meer fischen können.

Als sich die Zeiger ihrer Druckanzeigen rapide der Null zu nähern begannen, entschlossen sich die Rouses zum Aufstieg. Sie werden nach oben geschaut haben, um sich nicht den Kopf an irgendwelchen herumtreibenden Trümmerstücken zu stoßen und dabei in allen Richtungen nach der Ankerleine Ausschau gehalten haben, die nicht weit weg sein konnte. Es ist nicht klar, ob die Rouses die Ankerleine schließlich fanden oder nicht. Falls ja, so war es das erste Mal bei diesem Tauchgang, dass sie ein wenig Glück hatten, denn mit der Ankerleine konnten sie sicher sein, direkt am Boot aufzutauchen.

Während sie langsam aufstiegen, kontrollierten sie ständig die Druck- und Tiefenanzeigen und die Tauchcomputer, die sie am Unterarm trugen. Chrissy sagte später, die Computer hätten eine Tauchzeit von 40 Minuten angezeigt. In dem Feld für die Dekompressionszeit erschien die Zahl 99, doch intern hatte der Computer eine längere Zeit berechnet – sie wussten also gar nicht, wie lang ihre Dekompressionszeit eigentlich sein sollte.

Steve McDougall war an der Ankerleine mittlerweile bis auf 4,5 Meter aufgetaucht. Seine Dekozeit war noch nicht zu Ende. Er fragte sich, wo die Rouses blieben, die er mittlerweile bereits hätte sehen müssen. Sie hingen vermutlich unter ihm an der Ankerleine, bloß konnte er sie in dem grünlich trüben Wasser nicht sehen, andernfalls hätten sie ihm Zeichen geben können, und er hätte ihnen mit seinem Luftvorrat ausgeholfen. Sporttaucher benutzen normalerweise keine Unterwasserfunkgeräte und so konnten die Rouses niemandem mitteilen, in welcher verzweifelten Lage sie waren – auch nicht McDougall, der ganz in ihrer Nähe war und ihnen unmittelbar hätte beistehen können.

Chrissy wechselte nun zu der Flasche, die sein Vater ihm angeklippst hatte, nachdem sie es geschafft hatten, aus dem Wrack herauszukommen. Doch anstatt Luft kam nur Wasser aus dem Mundstück. Wie die Untersuchung der Ausrüstung später ergab, war das Mundstück defekt.

Was als Nächstes geschah, darüber kann man nur Vermutungen anstellen. Zwei Szenarien sind möglich. Einige der Taucher vor Ort waren später der Ansicht, Chrissy müsse wiederholt versucht haben, den Atemregler zu reinigen. Bei jedem Druck auf den Knopf der Luftdusche verlor er eine Menge Luft aus der Flasche. In der knapp halbvollen Flasche fand sich später ein Gemisch mit 60 Prozent Sauerstoffgehalt. Nachdem er schließlich mehrfach vergeblich versucht hatte, den Atemregler in Betrieb zu nehmen, stieg er zur Oberfläche auf, und sein Vater folgte ihm.

Andere wiederum glauben eher, dass Chris Rouse keine Luft mehr übrig hatte und sich daher zum Auftauchen entschied, um Luft für sich und seinen Sohn zu besorgen, damit sie ihre Dekompression beenden konnten. Die spätere Untersuchung ergab, dass seine Flaschen so gut wie leer waren, es hätte vielleicht noch für ein oder zwei Atemzüge in 20 Meter Tiefe gereicht. Allerdings muss man auch berücksichtigen, dass er noch Luft verbrauchte, als er auf das Tauchboot zuschwamm und später, als er im Wasser wartete. Falls es sich so zugetragen hat, dann war Chrissy seinem Vater gefolgt, um ihm beizustehen. Es bleibt im Grunde nur die Frage, ob der Vater bis zuletzt versuchte, den Sohn zu retten oder ob der Sohn seine Dekompression abbrach, um seinem Vater zu Hilfe zu eilen. Wer auch immer dem anderen zur Oberfläche folgte, wusste, dass er das Risiko einging, zum Krüppel zu werden.

In keinem anderen Tauchteam, selbst unter sehr engen Freunden nicht, wäre der zweite Taucher seinem Kameraden unter Vernachlässigung seiner eigenen Dekompression nachgeschwommen. Jemanden in 70 Metern Tiefe unter Aufbietung aller Kräfte aus einem Wrack zu befreien, und das mit Pressluft, das war mehr, als bloß seine Pflicht zu tun. Vernünftigerweise konnte man von niemandem erwarten, Lähmungen oder gar den Tod durch einen überhasteten Aufstieg zu riskieren. Aber die Rouses waren kein gewöhnliches Tauchteam.

Doch welches der beiden möglichen Szenarien man auch für das wahrscheinlichere hält, fest steht, die Rouses verließen die Ankerleine und stiegen zur Oberfläche auf. Steve McDougall, der sich immer noch in 4,5 Metern Tiefe zur Dekompression aufhielt, begegneten sie dabei nicht.

Auf der *Seeker* bereitete man sich darauf vor, sofort nach dem Auftauchen der Rouses zurückzufahren. Die beiden Kapitäne hatten aufmerksam und besorgt den Wetterbericht gehört. Die Wellen, die am Tag zuvor noch halbwegs erträgliche 0,5 bis 1 Meter Höhe gehabt hatten, schlugen nun 2 Meter hoch gegen das Boot, gelegentlich auch höher. Kaum ein Taucher will bei einem solchen Seegang noch ins Wasser. Schon beim Aufwachen hatte Chatterton entschieden, dass er an diesem Tag nicht zum eigenen Vergnügen tauchen würde, sondern nur später, wenn der letzte Taucher oben war, die Ankerleine vom Wrack losmachen würde.

Während die beiden Kapitäne am Bug standen und die sich verschlechternde Wetterfront beobachteten, sah Chatterton plötzlich die Rouses 30 Meter vor dem Boot aus dem Wasser schießen. Ihre Gesichter waren von der Angst gezeichnet. »Da ist was passiert«, dachte er sofort.

Den Rouses drohte ein schlimmer, vielleicht sogar tödlicher Anfall von Bends. Als erfahrenen Wracktauchern war den Kapitänen natürlich klar, dass die beiden noch bei der Dekompression sein sollten. Sie waren nur etwas über 40 Minuten unter Wasser gewesen. Selbst wenn sie rechtzeitig in eine Druckkammer gebracht würden, konnten sie sterben, wenn das auch selten vorkam. Chatterton legte die Hände vor den Mund und rief den Tauchern zu: »Geht wieder runter! Wir bringen euch Flaschen und schicken einen Sicherungstaucher!«

Doch die Rouses machten keine Anstalten, wieder abzutauchen. Sie ließen Pressluft in ihre Auftriebshilfen, um mit ihrer ganzen Ausrüstung an der Oberfläche treiben zu können.

Chrissy tanzte wie ein Korken in den Wellen auf und ab und wurde von der Strömung in Richtung der *Seeker* getrieben. Er war am Ende seiner Kräfte: Alles war schief gelaufen bei diesem Tauchgang, es war ein solches Chaos gewesen, er konnte einfach nicht mehr. Er rief zu Chatterton: »Meine Atemregler funktioniert nicht. Ich komme an Bord.«

»Habt ihr eure Deko gemacht?«, fragte Chatterton.

»Nein!«, antwortete Chrissy.

Bevor Chatterton etwas sagen konnte, begann Chrissy auf das Heck der *Seeker* zuzuschwimmen, von dem er etwa 50 Meter entfernt war. Chris folgte seinem Beispiel. Chatterton hatte den Eindruck, dass Chris das Schwimmen schwer fiel. Als Chris näher kam, glaubte Chatterton zu bemerken, dass seine Augen schon ein wenig glasig aussahen, was ein alarmierendes Zeichen war.

Chatterton stellte den Zeiteinstellring seiner Uhr auf Null, um später genau zu wissen, wie lange die Rouses schon aufgetauch waren und lief zum Heck, so schnell es das heftig schlingernde Boot erlaubte.

Steve Gatto stand auf dem Steuerhaus, über Chatterton und Crowell, und konnte von dort aus die Rouses gut sehen. Er hob seinen gebeugten Arm und legte sich die Hand auf den Kopf, womit er ein großes »O« formte, ein allen Tauchern bekanntes Zeichen für »Alles in Ordnung?«.

Normalerweise bejaht ein Taucher die Anfrage, indem er das Zeichen wiederholt. Ist das Gegenteil der Fall, so zeigt der Taucher durch weit ausholendes Winken mit ausgestrecktem Arm an, dass er dringend Hilfe benötigt.

Die Rouses reagierten überhaupt nicht, was Gatto zunächst auf den hohen Seegang zurückführte und darauf, dass die beiden unbedingt zurück aufs Boot wollten. Er wusste aus Erfahrung, dass gerade bei rauen Wetterbedingungen Taucher nicht selten so darauf brennen, aus dem Wasser zu kommen, dass sie Handzeichen einfach ignorieren. Doch beim Näherkommen fiel Gatto auf, dass die Rouses nicht normal schwammen, selbst wenn man den hohen Seegang berücksichtigte. Da wurde ihm klar, dass etwas nicht in Ordnung war.

Gatto griff hastig nach einer Wurfleine, um Chris und Chrissy ans Boot heranzuziehen. »Hier«, rief er gegen den Wind, »haltet euch gut fest. Wir ziehen euch ran!«

In der Hauptkabine der *Seeker*, ein Deck tiefer als Gatto, sah Barb Lander durch die Fenster, wie die Leine in Richtung der Rouses geworfen wurde. Sie stürzte nach draußen, um zu helfen. Nun ging alles sehr schnell.

Chris und Chrissy kämpften heftig gegen die Wellen, aber schließlich gelang es ihnen, die Leine zu fassen. Der untersetzte, muskulöse Gatto legte sich ins Zeug, um die beiden Männer heranzuziehen. Dann kletterte er die Leiter vom Steuerhaus zum Hauptdeck hinab, wo inzwischen Chatterton, Packer, Barb Lander, Yurga und Kohler halfen, das Seil einzuholen.

Als Chris sich dem Heck der *Seeker* genähert hatte, ließ er das Seil los und schwamm um das unruhig schaukelnde Boot herum zur Leiter. Er atmete schwer, als er seinen Fuß auf die heftig auf- und niedertanzende Leiter setzte. Er hielt sich fest, wie ein Cowboy, der versucht, einen wilden Stier zu reiten.

Chatterton beugte sich über die Reling, um Chris in Empfang zu nehmen. »Komm hoch!«, rief er.

Doch Chris antwortete, zwar schwach, doch ohne zu zögern: »Nein. Chrissy zuerst.«

Der Stickstoff, der durch die ausgelassene Dekompression nicht ausgeschieden worden war, machte sich bereits in Chris' Blut bemerkbar. Rasende Schmerzen müssen von seinem Körper Besitz ergriffen haben, so als wäre in ihm eine andere Person gefangen, die ihn zu zerreißen versuchte, um ins Freie zu gelangen. Doch trotz dieser Qualen dachte Chris zuallererst an die Rettung seines Sohnes.

Endlich wurde auch Chrissy, der sich an der Wurfleine festhielt, um das Heck der *Seeker* herumgezogen. Eine besonders hohe Welle und die Oberflächenströmung trieben ihn gefährlich nahe an das Heck heran, das jetzt gut einen Meter über seinem Kopf drohte.

Inzwischen hatte Chris Rouse die Leiter losgelassen und befand sich wieder im Wasser. Er griff nach der Schleppleine, die mit einem Ende am Heck und mit dem anderen an einem orangefarbenen Markierungsballon befestigt war. Er hielt sich daran fest, um seinem Sohn den Platz an der Leiter zu überlassen.

Als Chrissy noch näher an das Boot herangetrieben wurde, traf ihn das Heck mit voller Wucht, wobei es seinen Kopf nur um Zentimeter verfehlte. Dafür wurden die Anschlüsse seiner Flaschen getroffen, die durch den Schlag abbrachen. Mit lautem Zischen entwich die Luft, was zwar jetzt nichts mehr ausmachte, trotzdem jedoch die Bedrohlichkeit der Situation steigerte.

Die *Seeker* war nicht mit einer Schwimmplattform ausgerüstet, von der aus die Retter Chrissy hätten helfen können. So konnten sich Gatto, Chatterton, Packer, Lander, Yurga und Kohler nur über die Reling beugen und versuchen, Chrissy zu packen, um ihn ein Stück vom Boot abzuhalten, damit er bei der nächsten Welle nicht noch einen Schlag von dem Heck abbekam.

Irgendwie schafften sie es schließlich, Chrissy zur Leiter zu bugsieren. Er versuchte, die Sprossen hinaufzusteigen, doch die mehr als 50 Kilo schwere Ausrüstung, das wild schlingernde Boot und die einsetzende Dekompressionskrankheit raubten ihm die letzten Kräfte. »Komm rauf, Chrissy!«, rief Chatterton.

»Ich kann meine Beine nicht mehr bewegen«, antwortete Chrissy schwach.

Die Bends hatten ihn bereits voll in ihrer Gewalt. Chrissy war von der Hüfte abwärts gelähmt.

Die Rouses erlitten nun eine schlagartige Dekompression, so wie ich ein Jahr zuvor. Vater und Sohn hatten zwar theoretisch noch die Möglichkeit, sofort wieder abzutauchen und ihre abgebrochene Dekompression unter Wasser fortzusetzen, die nun allerdings noch um einiges länger dauern würde, da sich bei ihrem schnellen Auftauchen bereits große Gasbläschen in ihrem Körper gebildet hatten. Allerdings nahte ein Sturm, und Chatterton war klar, dass er das Boot und alle Leute an Bord in höchste Gefahr bringen würde, wenn er noch lange hier vor Anker blieb. Die einzige realistische Chance war, die beiden in eine Druckkammer zu schaffen. Es ist unmöglich, mit Gewissheit vorauszusagen, ob jemand einen Anfall überstehen wird oder nicht. Chatterton, der den Ernst der Lage nicht wahrhaben wollte, versuchte Chrissy anzufeuern, indem er ihn anschnauzte: »Jetzt ist keine Zeit für dumme Witze. Heb deinen Hintern aus dem Wasser.«

»Ich mache keine Witze«, jammerte Chrissy.

Jetzt war allen klar, wie schlimm es stand. Der Atlantik ließ das 18-Meter-Boot tanzen wie Kinderspielzeug. Die Leute an Bord mussten nun eine der gefährlichsten Operationen durchführen, die es bei einem Tauchunfall auf hoher See gibt: Einen bereits von den Bends erfassten Taucher bei schwerem Seegang sicher an Deck zu ziehen. Chatterton, Gatto, Packer, Lander, Yurga und Kohler beugten sich tief über die Reling, um Chrissy an Bord zu helfen.

Sechs Paar Hände versuchten, ihn zu packen und über die Leiter hochzuziehen und endlich rutschte Chrissy kraftlos und mit dem Kopf voran an Deck. Chatterton musste an Fischer denken, die einen Thunfisch an Bord hieven.

Der harte Sturz ließ Chrissy aufschrecken. »Ich muss sofort wieder runter, zur Deko, sonst sterbe ich«, stieß er hervor. Doch dafür war es bereits zu spät. Lander, Yurga, Kohler und Packer befreiten Chrissy hektisch von der Reserveflasche, die sein Vater ihm unter Wasser angeklippst hatte, seinem Sammelnetz und den Lampen und nahmen ihm dann die Tarierweste ab, die die Zwillingsflaschen hielt. Dann hoben sie den gelähmten Taucher auf und trugen ihn zu der großen hölzernen Plattform in der Mitte des Achterdecks. Hier hatten die Rouses vor dem Tauchgang ihre Ausrüstung angelegt. Nun wurde an derselben Stelle, an der ich ein Jahr zuvor mit dem Tode gerungen hatte, Chrissys Notfallversorgung durchgeführt.

Barb Lander schob Chrissy einen Atemregler in den Mund. »Hier – Sauerstoff«, sagte sie.

Chrissy spuckte das Mundstück aus. »Ich habe solche Schmerzen.«

»Kein Wunder! Du hast Bends«, sagte Barb Lander und schob ihm den Regler wieder zwischen die Zähne. »Der Sauerstoff wird dir gegen die Schmerzen helfen. Wird schon wieder. Einfach nur atmen!«

Als examinierte Krankenschwester hatte Barb Lander das Recht, Sauerstoff zu verabreichen. Sie musste nicht erst eine Erklärung über den möglichen Nutzen einer solchen Behandlung verlesen oder sicherstellen, dass er den Atemregler von selbst in den Mund nahm. Doch Chrissy wusste selbst, dass ihm der Sauerstoff helfen würde, und er begann schließlich folgsam zu atmen.

Chris, der sich an der Schleppleine festhielt, um nicht vom Boot weggetrieben zu werden, hatte zugesehen, wie seinem Sohn die Leiter hinaufgeholfen worden war. Als er oben war, schwamm er zur Leiter der *Seeker* und stellte sich auf die unterste Sprosse.

Chatterton und Gatto wandten ihre Aufmerksamkeit nun Chris zu. Sie hörten Chrissy schreien, doch sie wussten, dass er versorgt wurde und konzentrierten sich ganz darauf, Chris an Bord zu holen.

Chrissy lag auf der Plattform und versuchte Barb Lander, die neben ihm kniete, stammelnd etwas zu sagen.

»Keine . . . Luft . . . keine . . . Luft. Nur Wasser . . . nur Wasser. Atemreg . . . kaputt . . . brauchte Luft . . . musste . . . rauf.«

Barb Lander konnte ihn kaum verstehen, obwohl sie unmittelbar neben ihm war. Sie beugte sich zu ihm hinunter und hielt ihr Ohr an seine Lippen. Der Dieselmotor der *Seeker* und das Zischen der Luft, die immer noch aus Chrissys Flaschen entwich, machten es ihr zusätzlich schwer.

Barb Lander versuchte, ihn zu beruhigen. »Okay, Chrissy, wir können dich hören. Du bist wieder auf der *Seeker*. Was ist passiert?«

Tom Packer reichte Barb einen großen Plastikbecher mit Wasser. Sie stützte Chrissys Kopf, wobei sie auf seine Atmung achtete, die schwerfällig ging und flacher zu werden schien. Langsam schien sich Chrissy zu beruhigen. Er brauchte jetzt nicht nur Sauerstoff, sondern auch Wasser, damit sein Körper genügend Flüssigkeit zur Verfügung hatte und das Blut die Stickstoffbläschen zur Lunge transportieren konnte, wo sie abgeatmet werden konnten. »Hier, das ist Wasser«, sagte sie und hielt ihm den Becher an die Lippen. Chrissy trank begierig.

Kaum hatte er den Becher geleert, fing er wieder an zu schreien. Offenbar wollte er etwas sagen. Sein Gesicht war kreidebleich, und er stieß gurgelnde Laute hervor.

Lander versuchte zu verstehen, was Chrissy sagte, um herauszubekommen, was unter Wasser passiert war. Packer beugte sich vor, einen Notizblock und einen Bleistift in der Hand, um festzuhalten, was Chrissy sagte.

Vor dem Bug der *Seeker* tauchte nun Steve McDougall auf, der seine Dekompressionszeit beendet hatte. Er schwamm zum Heck, um über die Leiter an Bord zu klettern.

Chatterton beugte sich über die Heckreling und rief Chris zu: »Okay, Chrissy ist an Bord. Jetzt du!« Chris hatte seine Arme um den rechten Handlauf der Treppe geschlungen. Chatterton hatte den Eindruck, dass er seine Hände nicht benutzen konnte.

Trotzdem versuchte Chatterton Chris anzutreiben, so schnell wie möglich an Bord zu kommen. Chris reagierte nur schwach. Jetzt, da er wusste, dass Chrissy die Sicherheit des Bootes erreicht hatte, verließen ihn vollends die Kräfte.

Chris schaute Chatterton mit glasigen Augen an. »Ich schaffe es nicht«, sagte er kaum hörbar, wobei er bei jedem Wellenschlag kraftlos an der Leiter hinauf- und hinabscheuerte.

Gatto, der sich neben Chatterton über die Reling beugte, dachte, Chris wolle sagen, er könne nicht aus eigener Kraft die Leiter hinaufsteigen. Er hängte sich tief aus dem Boot und knotete ein Seil an das Ventil von Chris' Tauchflaschen. »Klar schaffst du das. Ich hab dich. Wir kriegen deinen Arsch da schon raus.«

Chris Rouse verlor die Kraft in den Gliedern und fiel ins Wasser zurück, doch Gatto hielt ihn an dem Seil, das er an seinen Flaschen befestigt hatte, und verhinderte so, dass er abgetrieben wurde.

In diesem Moment kam McDougall um das Heck geschwommen. Er sah, wie die anderen sich bemühten, Chris aus dem Wasser zu holen und griff nach der Schleppleine. Es gilt die Regel, dass man immer Abstand hält, wenn jemand an der Leiter ist, damit es nicht zu Verletzungen kommt, falls er herunterfällt. McDougall schwamm wie ein Korken auf dem Wasser, wobei ihm das Heck der *Seeker* außer Sicht geriet, wenn er in einem Wellental verschwand. Dass der Taucher an der Leiter Chris Rouse war, hatte er an seinem Helm mit dem aufmontierten Kranz von Taucherlampen erkannt. Es war nicht zu übersehen, dass er in Schwierigkeiten war. Doch wo war Chrissy? Er konnte nicht wissen, dass er schon an Bord war. McDougalls Herz begann zu schlagen, denn er schloss, dass Chrissy wahrscheinlich noch unten war, tot, dass es einen schlimmen Unfall gegeben haben musste, der Chris Rouse zum frühen Auftauchen gezwungen hatte.

Als Chatterton sah, dass Chris völlig kraftlos in den Wellen dümpelte, sprang er sofort ins Wasser, gefolgt von Richie Kohler. Beide trugen nur normale Kleidung, und das kalte Wasser wirkte wie ein Schock auf sie, doch das Adrenalin, das in ihre Adern schoss, half ihnen, die Kälte zu ignorieren und beflügelte ihre Hilfsaktion. Chatterton hob sofort Chris' Kopf aus dem Wasser.

»Ich sterbe«, sagte Chris ganz ruhig mit schwacher Stimme. »Sagt Sue, dass es mir Leid tut und dass ich sie liebe.« Sein Kopf sank zur Seite, sein Körper wurde völlig schlaff. Das Leben wich aus ihm, während er hilflos in den Wellen dümpelte und die Stickstoffbläschen seinen Körper zerstörten.

Chatterton und Kohler mussten Chris schnellstens von seiner Tauchausrüstung befreien, den Schläuchen, Lampen, Akkus, den Höhlentauchergurten und Spulen, Flaschen und all dem Zubehör, das mit dem Taucher in den Wellen schwappte. Chatterton löste das Tauchermesser, das an Chris' Oberarm befestigt war. Die Wellen trieben die beiden Männer gefährlich auf das Heck des Bootes zu. Kohler zog Chris an den Flaschen ein Stück aus der Gefahrenzone heraus, doch die stählerne Leiter tanzte immer noch bedrohlich nahe neben den drei Männern auf und ab.

Gatto stieg auf die Leiter, um als menschlicher Puffer zu verhindern, dass Chris und seine beiden Helfer vom Boot getroffen wurden. »Okay, schneidet Chris das Zeug vom Leib«, rief er. Dann beugte er sich hinunter und stieß Chatterton ein Stück vom Boot weg. »Ich passe auf, dass euch das Boot nicht zu nahe kommt!«

Chatterton schnitt Chris' Schulterriemen durch. Das scharfe Messer fuhr mühelos durch die Nylongurte. Dann tauchte Chatterton kurz unter, griff den Hüftgürtel und öffnete mit einer geübten Bewegung den Schnellverschluss. Nach kurzer Zeit hatte er es auch geschafft, ihn von den Beckengurten zu befreien. Dann zog er Chris' linken Arm aus dem Schultergurt heraus und zog das komplette Geschirr mit den Flaschen ein Stück nach hinten, so dass die Wellen es nicht gegen Chris' Kopf stoßen konnte. Die Tarierweste verhinderte, dass die Flaschen im Meer versanken. Gatto band sie mit einem Seil an der Leiter fest, damit sie nicht weggetrieben wurden.

Chatterton nahm wie ein Feuerwehrmann Chris Rouses leblosen Körper über die Schulter und kämpfte sich die Leiter hinauf. Kohler stieg auf die unterste Sprosse, die im Wasser war, hielt sich mit einem Arm fest und schob Chatterton von unten hinauf, während Gatto gleichzeitig von oben zog. Als Chatterton hoch genug aus dem Wasser gekommen war, ergriff er die Reling und ließ Chris auf die Plattform gleiten, wo er dumpf aufkam. Ohne die Augen von Chris zu lassen, kletterte Chatterton selbst an Bord. Nachdem auch Kohler die Leiter hinaufgestiegen war, ließ McDougall die Schleppleine los und stieg ebenfalls an Bord.

Chrissy Rouse lag immer noch auf der hölzernen Plattform, sein Kopf ruhte in Barb Landers linkem Arm. Er begann wieder zu schreien, die Stimme halb erstickt von dem Atemregler, den er im Mund hatte. Als er ihn ausspuckte, verstand man: »Da ... da ist was ... auf mich raufgefallen ... im ... im ... Wrack. Ich war ... eingeklemmt! Hilfe! ... Hilfe!«

Barb Lander sah Chrissy in die geweiteten Augen. Er war nur ein paar Jahre älter als ihr eigener Sohn. Sie versuchte, Blickkontakt mit ihm zu bekommen, um ihn zu beruhigen. Beschwichtigend sprach sie auf ihn ein: »Chrissy, Chrissy! Du bist auf der *Seeker*. Auf der *Seeker*! Wir helfen dir. Bleib ganz ruhig!«

Chatterton beugte sich über Chris Rouse. Einen Moment lang fühlte er sich nach Vietnam zurückversetzt, wo er Sanitäter bei einer Infanterieeinheit gewesen war. Bei Kampfeinsätzen hatte er manchmal mehrere Verwundete gleichzeitig versorgen müssen, und diese Erfahrung kam ihm jetzt zunutze. Ganz bewusst ignorierte er die Schreie von Chrissy, der nur einen Meter entfernt auf dem Boden lag.

Chatterton brachte Chris Rouse in eine stabile Lage und prüfte dann Atmung und Puls. »Puls schwach, keine Atmung«, schrie er laut. »Ich mache eine Wiederbelebung. Ruft die Küstenwache, wir brauchen sofort einen Hubschrauber!«

Steve Gatto kniete sich ebenfalls neben Chris, um Chatterton bei der Wiederbelebung zu helfen, falls Chris' Herz aussetzen sollte.

Kapitän Dan Crowell war schon auf dem Steuerhausdeck und beobachtete von dort, was sich am Heck der *Seeker* abspielte. Er wartete darauf, dass ihm Barb Lander, Gatto, Yurga, Packer oder Chatterton über den Zustand der Rouses informierten. Als er hörte, was Chatterton rief, lief er sofort ins Steuerhaus zum Funkgerät. »Mayday. Mayday. Hier ist die *Seeker,* ich rufe die Küstenwache. Zwei Taucher in unmittelbarer Lebensgefahr. Haben mit Wiederbelebung begonnen. Erbitten dringend einen Hubschrauber. Ich wiederhole: Mayday. Hier ist die *Seeker,* ich rufe die Küstenwache. Erbitten dringend Hubschrauber für zwei Personen, Tauchunfall. Bitte bestätigen.«

Während Crowell am Funkgerät war, stellte Chatterton fest, dass Chris keinen Puls mehr hatte. Er rief es John Yurga zu, der Notizen machte. Chatterton begann mit der Herzmassage, während Gatto die Mund-zu-Nase-Beatmung durchführte. In einem verzweifelten Wettlauf mit dem Tod drückte Chatterton ihm je fünf Mal aufs Herz. Dann hielt er inne, und Gatto blies ihm ein Mal Luft in die Lungen. Dies wiederholten sie immer wieder. Chatterton, der nach seinem Abschied von der Armee als Anästhesist gearbeitet hatte, bemerkte, wie sich Chris' Körper durch die Gasbläschen in seinem Blut zu verändern begann. Wenn er ihm auf den Brustkorb drückte, spürte er von Mal zu Mal mehr Widerstand – sein Blut wurde zähflüssiger. Auch Gatto merkte, wie er mehr und mehr Kraft brauchte, um Chris zu beatmen, obwohl er ihm den Kopf in den Nacken gelegt hatte, damit die Zunge nicht die Atemwege versperren konnte. Chatterton dachte einen Moment lang daran, Chris zu intubieren, doch er wusste, dass das nicht helfen würde, denn die Atemwege waren frei – das Problem waren Chris' Lungen. Der Stickstoff, der sich beim Tauchen in seinem Gewebe angesammelt hatte, war über die Blutbahnen in Bläschenform bis zu den Lungen vorgedrungen, wo er abgeatmet werden sollte. Doch es war einfach zu viel Stickstoff, seine Lungen schafften es nicht. Außerdem machten die Bläschen das Blut so zähflüssig, dass es trotz Herzmassage nicht mehr durch die Adern floss und keinen Sauerstoff mehr aufnehmen konnte, auch wenn die Lungen mit Luft gefüllt waren.

Nach einer Weile kniete sich Kohler neben Gatto und Chatterton, um ihnen zu helfen. Chatterton fragte: »Wann hast du deinen Wiederbelebungskurs gemacht?«

Das war schon über ein Jahr her, damit war die Gültigkeit seines Zertifikats abgelaufen. Als Chatterton das hörte, sagte er sofort: »Lass uns das machen. Dein Zertifikat gilt nicht mehr. Versuch mal, ob dir Chrissy erzählen kann, was passiert ist. Schreib es auf!«

Kohler ging zu Chrissy und ließ sich von Packer den Notizblock und den Stift geben, der Gatto bei der Beatmung ablöste.

Inzwischen war auch McDougall aus dem Wasser gekommen. Rechts sah er Chatterton bei Chris Rouse. Chrissys Schreie waren jetzt durch den Atemregler gedämpft, doch McDougall zweifelte keinen Augenblick daran, dass die Lage sehr ernst war. Er kletterte ins Boot und legte am Fuß der Leiter seine Flaschen ab. Rasch warf er seine Maske und seine Flossen in eine offene Box. Dann plazierte er seine Flaschen so, dass sich Chatterton, Packer und Chris Rouse nicht daran stoßen konnten und kniete sich hin, um ihnen zu helfen. Chatterton wusste, dass der Polizist ein gültiges Wiederbelebungs-Zertifikat hatte und wies ihn an, Packer bei der Beatmung abzulösen.

Chrissy kämpfte immer noch um sein Leben. Er wusste offenbar nicht, wo er war und redete wirres Zeug. »Mein Dad ... mein Dad ... ist gekommen ... hat mich ... rausgeholt. Eingeklemmt ... jemand ... wollte mich auffressen. Es war ein Monster! Ein Monster! Es hat mich gepackt. Mein Dad ... hat mich ... gerettet. Wir konnten ... das Monster ... wir konnten ... die Flaschen nicht finden. Hilfe! Hilfe! Das Monster!«

Zwischen den wirren Schreien fragte Chrissy einmal: »Wie geht es meinem Vater?«

Barb Lander schaute zu Chatterton hinüber, der sich immer noch mit Herzmassage um Chris bemühte. Chatterton gab ihr den Blick mit düsterer Miene zurück. Dann schüttelte er den Kopf. Trotz aller Anstrengungen war Chris in dem Moment gestorben, als er gesagt hatte: »Ich sterbe. Sagt Sue, dass es mir Leid tut und dass ich sie liebe.«

Chatterton fühlte sich mit einem Mal völlig zerschlagen. Er sah Steve McDougall an, der immer noch in seinem roten Trockentauchanzug über Chris' Kopf gebeugt war und ihn zu beatmen versuchte. Chatterton war zwar überzeugt, dass Chris bereits tot war, doch es war ihre Pflicht, alles zu versuchen, bis sie entweder von einer höheren medizinischen Autorität abgelöst wurden oder ein Arzt offiziell seinen Tod feststellte. Bis dahin würden sie ihren Tauchkameraden nicht aufgeben.

»Deinem Daddy geht es gut«, beruhigte Barb Lander Chrissy. Was hätte es genutzt, dem Jungen zu erzählen, dass sein Vater tot war? Wozu ihn damit belasten, dass er vermutlich sein Leben für ihn geopfert, seine Tauchzeit überschritten hatte, um seinen Sohn zu retten – jetzt, wo Chrissy selbst mit dem Tode rang?

Chrissy hatte einen Moment still gelegen, doch dann fing er wieder an zu klagen. Ein brennender Schmerz peinigte ihn, dann fühlte er gar nichts, gleich darauf hatte er wieder Schmerzen im ganzen Körper. Es gab in diesem Moment nichts, was Barb Lander, Kohler, Gatto oder sonst jemand an Bord für ihn hätte tun können. Da warf Chrissy heftig den Kopf vor und zurück und schrie: »Es tut so weh! BITTE ERSCHIESST MICH!«

Vom Steuerhaus rief Kapitän Dan Crowell nach unten: »Die Küstenwache ist unterwegs. Sichert alles an Deck und macht euch bereit zur Abfahrt. Ihr wisst, was zu tun ist!«

Kohler, völlig benommen von allem, was um ihn vorging und von dem, was Chrissy gerade gerufen hatte, stand auf und begann zu überprüfen, ob alles richtig festgezurrt war.

An Bord des Rettungshubschraubers der Küstenwache hatte der Pilot die *Seeker* bereits ausgemacht und gab dem Rettungsschwimmer Anweisungen. Der nickte ernst. Er musste nicht ins Wasser springen, also traf er Vorbereitungen, um an der Winde auf das Boot herabgelassen zu werden.

Dan Crowell setzte die Schrauben der *Seeker* in Bewegung und ließ das Boot Richtung Nordosten laufen, gegen den Wind, der ihnen mit 20 Knoten entgegenblies. Aufgrund des Seegangs steuerte Crowell einen Kompasskurs von 320 Grad. Der Helikopter folgte der *Seeker* über dem Heck schwebend und ließ den Rettungstaucher hinab.

Als er auf dem Deck der *Seeker* stand, machte sich der Rettungsschwimmer rasch ein Bild von der Lage. Er warf Chatterton einen Blick zu und schaute sich dann Chris Rouses aschgraues Gesicht und seine leblosen Augen an. Dann zeigte er mit dem Finger auf Chris Rouse und meinte knapp: »Er ist tot«, worauf er an Chrissy herantrat, der den Kopf bewegte.

Chatterton war von der Endgültigkeit dieser Feststellung wie vor den Kopf geschlagen. Es war nicht das erste Mal, dass er dem Tod begegnete: Er war im Krieg gewesen, und auch beim Tauchen hatte er schon tödliche Unfälle erlebt. Trotzdem hatte er gehofft, der Retter von der Küstenwache könnte

320

irgendetwas für Chris tun. Er ist alleine, und er hat nur begrenzte Hilfsmöglichkeiten zur Verfügung, dachte Chatterton. Was er da machte, nannten Mediziner »Triage«, ein Entscheidungsverfahren, das während des Ersten Weltkriegs entwickelt worden war, um mit Massen von Verwundeten fertig zu werden: Zuerst werden diejenigen versorgt, die noch eindeutige Lebenszeichen von sich geben – in diese Kategorie fiel Chrissy Rouse – während die Behandlung von Personen, die wahrscheinlich ohnehin nicht zu retten sind, selbst wenn man sich sofort um sie kümmert, zurückgestellt wird.

Der Rettungsschwimmer zog ein wasserdichtes Funkgerät hervor. Damit wies er die Besatzung des Hubschraubers an, einen Korb herunterzulassen, mit dem Chrissy hochgezogen werden sollte. »Ziehen Sie Ihre Rettungswesten an!«, befahl er den Leuten auf der *Seeker*. »Nehmen Sie den Korb in Empfang!« Alle beeilten sich, seinen Anordnungen zu folgen.

Der Helikopter senkte sich etwas tiefer herab und ließ einen Metallkorb an der Winde herunter. Getränkedosen, Verpackungspapier, Tüten, Seile und Deckel von Kühlboxen begannen auf dem vollgestopften Deck herumzuwirbeln, obwohl Chatterton und Kohler noch kurz zuvor versucht hatten, alle losen Objekte zu sichern. Wohin die Leute an Bord sich auch wandten, überall spritzte ihnen Gischt ins Gesicht.

Als der Korb herunterkam, wurde sicher gestellt, dass er als Erstes die Reling berührte, damit die statische Aufladung abgeleitet wurde und niemand einen Schlag bekam.

Chrissy Rouse war vom Brustkorb abwärts gelähmt und musste in das Tragegestell gehoben werden. Als Chrissy nach oben schwebte, beugte sich Chatterton zu dem Rettungsschwimmer, damit er ihn trotz des Motorengeräuschs der *Seeker* und des Helikopters hören konnte, und zeigte auf Chris Rouse. »Ihn müssen Sie auch mitnehmen.«

»Zu gefährlich, einen zweiten Korb herunterzulassen, er ist tot.«

»Sind Sie Arzt?«

»Nein.«

»Dann können Sie auch nicht mit Sicherheit feststellen, ob er tot ist! Sie müssen ihn mitnehmen!«

»NEIN!«

»Hören Sie, der Junge denkt, sein Vater sei noch am Leben. Das haben wir ihm gesagt, damit er nicht den Mut verliert. Wenn er jetzt merkt, dass er nicht im Hubschrauber ist, dann weiß er, dass er tot ist!«

Der Rettungsschwimmer starrte ihn verständnislos an. »Haben Sie eigentlich eine Ahnung, wie gefährlich so ein Korbliftmanöver ist? Das können wir für einen Toten nicht riskieren!«

»Ich war Sanitäter in Vietnam. Ich weiß, was eine Hubschrauberevakuierung ist! Und hier wird nicht geschossen! Also stellen Sie sich gefälligst nicht so an! Bringen Sie den Mann vom Boot! SOFORT!«

Der Rettungsschwimmer hatte keinen Zweifel daran, dass sie nur wertvolle Zeit verschwendeten, die man besser dafür nutzen würde, den gelähmten Taucher in ein Krankenhaus zu schaffen. Er wandte sich von Chatterton ab und rief in sein Funkgerät: »Lasst einen zweiten Korb runter.«

Als beide Rouses im Helikopter waren, wurde ein letztes Mal ein Seil herabgelassen. Statt des Korbs baumelte diesmal eine dick gepolsterte Schlinge an seinem Ende, die sich der Rettungsschwimmer umlegte. Dann stieg er auf den hölzernen Heckbalken des Bootes, schaute nach oben zu dem Mann an der Winde, hob den rechten Zeigefinger in die Luft und ließ ihn kreisen. Der Helikopter schwebte davon. Für Kohler, Chatterton, Yurga, McDougall, Gatto und Packer sah es so aus, als würde der Rettungsschwimmer davonfliegen. Er baumelte noch eine Weile in der Luft, bis ihn die Winde hochgezogen hatte. Die Zurückgebliebenen an Bord der *Seeker* waren körperlich und seelisch mit ihren Kräften am Ende. Einer ihrer Freunde war tot, ein anderer kämpfte mit ungewissem Ausgang um sein Leben. Für jeden Taucher ist es der Alptraum, eines Tages einmal durch ein unvorhergesehenes Ereignis oder eine unglückliche Verkettung von Umständen die Begeisterung für den Sport mit dem Leben bezahlen zu müssen. In der rauen, mitleidlosen See machte sich die *Seeker* auf ihren langen Heimweg.

KAPITEL 11

Nachruf

12. Oktober 1992 – An Bord eines Hubschraubers der
Küstenwache, etwa 100 Kilometer vor der Küste von New
Jersey, Flug in nordwestlicher Richtung vom Tauchboot
Seeker *nach New York City.*

Als der Rettungshubschrauber der Küstenwache Chrissy Rouse in die Druckkammer flog, kämpfte er immer noch um sein Leben. Er ahnte nicht, dass direkt neben ihm sein toter Vater unter einer Decke lag. Laut John Chattertons Stoppuhr waren zwischen dem Auftauchen der beiden und dem Eintreffen des Hubschraubers eine Stunde und siebenundzwanzig Minuten vergangen. Während diese kostbare Zeit verstrichen war, hatten sich die Stickstoffbläschen im Körper der Rouses immer weiter ausdehnen können. Jetzt holte der Pilot alles aus seinem Hubschrauber heraus, doch insgesamt würden mehrere Stunden seit dem Ende des Tauchgangs vergangen sein, bis Chrissy endlich in einer Rekompressionskammer einem künstlichen Überdruck ausgesetzt werden konnte.

Der Hubschrauber steuerte das städtische Krankenhaus der Bronx an, auch Jacobi Medical Center genannt. Der für Sicherheitsfragen zuständige Leiter der dortigen Druckkammerabteilung war der ehemalige Berufstaucher Glenn Butler. Von unterwegs gab die Küstenwache Butler per Funk durch, dass in Kürze zwei verletzte Taucher auf seiner Station eintreffen würden. Butler erhielt eine ungefähre Beschreibung ihrer Symptome. Wenige Details genügten ihm, um zu wissen, dass hier schwere Fälle vorlagen, verursacht durch zu wenig Dekompression. Er trommelte seine Leute zusammen, teilte sie für den bevorstehenden Einsatz ein und machte sich selbst auf eine lange, Kräfte zehrende Behandlung gefasst. Während er auf den Hubschrauber wartete, rief er bei Dr. Bill Hamilton an, seinem ehemaligen Chef bei Ocean Systems, wo Glenn Butler und andere Taucher einst in Druckkammern als »menschliche Versuchskaninchen« neue Dekompressionsmodelle erprobt hatten. Hamilton sagte ihm zu, er könne ihn jederzeit anrufen, wenn er bei der Behandlung der beiden hereinkommenden Fälle seinen Rat bräuchte.

Als der Hubschrauber auf dem Landeplatz des Jacobi Medical Center aufsetzte, wurden Chris und Chrissy sofort in die Notaufnahme gebracht, wo Butler und seine Leute schon warteten. Chris' Gesicht sah wächsern aus, die Leichenstarre hatte bereits eingesetzt. Für ihn kam jede Hilfe zu spät. Um 13 Uhr 48 wurde von einem Arzt offiziell der Tod festgestellt – nur sechs Stunden nachdem er mit Barb Lander und den anderen Tauchern an Bord der *Seeker* noch gescherzt hatte und Barb mit dem Geschirr aufgezogen hatte, das sich im Waschbecken stapelte. Nun war er tot.

Chrissy hatte immer noch nicht mitbekommen, dass sein Vater nicht mehr lebte. Die Trage mit seiner Leiche wurde diskret in die Leichenhalle des Krankenhauses geschoben. Während die Krankenschwestern Chrissy auf die Druckkammer vorbereiteten, seine Körperfunktionen überprüften und ihn an einen Venentropf anschlossen, stellte Butler ihm einige Fragen. Er musste sich ein Bild von dem Geschehen machen, um entscheiden zu können, mit welcher Behandlung Chrissy die besten Überlebenschancen hatte. »Sind Sie mit Mix getaucht?«, fragte er. Damit meinte er heliumhaltiges Mischgas.

»Nein, konnten wir uns nicht leisten«, antwortete Chrissy. »Wir haben's mit Pressluft gemacht. Das war Wahnsinn.«

Chrissy war von der Brust abwärts gelähmt. Er hatte jetzt kaum Schmerzen. Aus der Art und Weise, wie Chrissy redete, schloss Butler, dass es ihm den Umständen entsprechend einigermaßen gut ging, denn er war noch in der Lage, klar zu denken und Zusammenhänge zwischen Ursache und Wirkung herzustellen. Das war eine sehr wichtige Information für Butler, da es darauf hindeutete, dass Chrissys Gehirn noch nicht von Stickstoffbläschen geschädigt war. Doch was Butler sonst noch

zu hören bekam, klang gar nicht gut: Während eines Tauchgangs mit Luft waren die beiden Taucher in einem U-Boot eingeschlossen worden, hatten sich aus dem Wrack befreien können, mussten dann aber, da sie kein Atemgas mehr hatten,
direkt zur Oberfläche aufsteigen. Butler glaubte, nicht richtig
zu hören. Keine Dekompression! Solch einen Fall hätte man
vielleicht erfolgreich behandeln können, wenn das Tauchboot
mit einer Druckkammer ausgestattet gewesen wäre und Chrissy unmittelbar nach seinem Auftauchen dorthinein geschafft
worden wäre. In der jetzigen Situation konnte niemand für den
Erfolg der Behandlung garantieren.

Butler musste sich Klarheit über die Beschaffenheit von
Chrissys Blut verschaffen und ließ ihm etwas abnehmen. Das
Ergebnis sah gar nicht gut aus. Anstelle von Blut füllte sich die
Spritze mit Schaum. Es waren einfach zu viele Stickstoffbläschen in Chrissys Körper, als dass es seinem Organismus möglich gewesen wäre, das Inertgas über die Lunge auszuscheiden.
Der in Chrissys Körper eingeschlossene Stickstoff hatte gar
keine andere Möglichkeit, als in seinem Blut auszuperlen.
Dadurch aber war der Kreislauf nicht mehr in der Lage, die
Muskeln ausreichend mit Sauerstoff zu versorgen, und es war
nur noch eine Frage der Zeit, dass die Unterversorgung auch
sein Gehirn in Mitleidenschaft ziehen würde. Während Chrissy langsam an den Folgen seines Tauchgangs in große Tiefe
zugrunde ging, war es paradoxerweise diese Tiefe, die ihn jetzt
noch am Leben hielt. Denn der unter Wasser mit hohem Druck
eingeatmete Sauerstoff aus seinen pressluftgefüllten Flaschen
und der reine Sauerstoff, der ihm nach dem Auftauchen verabreicht worden war, hatten zu einer Übersättigung seines Körpers mit Sauerstoff geführt. Dies war der Sauerstoff, den sein
Organismus jetzt gerade verbrauchte.

»Wir haben es nicht geschafft, das Zeug da drin aus dem
Weg zu räumen, und durch den aufgewirbelten Schlick war die
Sicht gleich Null«, erzählte Chrissy Butler. Er rang immer mehr
nach Atem. »Ab und zu sahen wir dann aber einen Lichtschim-
mer von draußen. Alles war so furchtbar durcheinander, wie in
einem Traum, wie wenn man halluziniert. Ich hatte das Gefühl,
das Wrack wollte mich packen und wieder hineinziehen. Wir

waren echt bescheuert, mit Luft zu dem Ding zu tauchen. Es war die Scheißpressluft, es war die Scheißpressluft.«

»War die Luft denn nicht in Ordnung?«, fragte Butler. Möglicherweise war die Luft in Chrissys Tauchflaschen mit Kohlenmonoxid verunreinigt gewesen. Dazu kann es kommen, wenn der Kompressor, mit dem die Flasche befüllt wird, nicht mit dem richtigen Filter ausgestattet ist oder wenn durch falsche Platzierung des Luftansaugstutzens die Abgase des Kompressors oder eines anderen Verbrennungsmotors in die Flasche gelangen. Schon eine geringe Dosis Kohlenmonoxid kann für einen Taucher fatale Folgen haben.

»Nein. Nein. Die Luft war okay. Es war einfach Wahnsinn, zu diesem Wrack mit Luft zu tauchen. Wahnsinn!«

Unterdessen beeilten sich die Krankenschwestern, Chrissy von seiner Tauchbekleidung zu befreien. In einer Druckkammer darf nur Baumwolle getragen werden, denn bei Kleidung aus synthetischem Material besteht die Gefahr von elektrostatischer Aufladung. Das kann in einer Umgebung, in der der Sauerstoff unter erhöhtem Druck steht, leicht ein Feuer oder eine Explosion verursachen. Laut Butler befand sich Chrissy eine Viertelstunde nach seiner Einlieferung ins Krankenhaus in der Druckkammer. Butler selbst überwachte die Kammer von außen, ein Arzt und eine Schwester versorgten Chrissy drinnen. Er ließ Chrissy reinen Sauerstoff atmen und brachte ihn künstlich auf eine Tiefe von 18 Metern. Die weitere Behandlung machte er davon abhängig, wie der Patient reagieren würde. Durch den erhöhten Druck würden jetzt die Stickstoffbläschen verkleinert und sogar ein Teil des Stickstoffs wieder im Blut, den Muskeln und dem übrigen Gewebe gebunden. Gleichzeitig würde auch der Sauerstoff in den Blutkreislauf und anschließend in die Zellen gelangen. Als die eingestellte Tiefe erreicht war, schrie Chrissy vor Schmerzen laut auf. Das ist ein bekanntes Phänomen zu diesem Zeitpunkt der Behandlung, weil durch die Verkleinerung der Stickstoffbläschen die Blutzirkulation nun wieder in Gang kommt. Es fühlt sich an wie das Kribbeln und Stechen in einem eingeschlafenen Arm oder Bein, es ist nur um ein Vielfaches schmerzhafter.

Die höllischen Schmerzen, die ein dekompressionserkrankter Taucher erleiden kann, geben dem medizinischen Personal aber auch einen Hinweis darauf, dass die Behandlung anschlägt. Und so schöpfte Butler zum ersten Mal ein wenig Hoffnung, dass wenigstens Chrissy überleben würde. Er entschloss sich, Chrissy einem Druck auszusetzen, der 50 Meter Wassertiefe entspricht. Gemäß der Theorie über das Verhalten von Gasbläschen müssten die Stickstoffbläschen dadurch auf die Hälfte ihrer ursprünglichen Größe schrumpfen. Er betätigte die Regler, die zusätzliche Pressluft in die Kammer strömen ließen, und beobachtete, wie die Druckanzeigen sich rasch auf die 50-Meter-Marke bewegten.

Was sich in den folgenden Stunden abspielte, hat Butler wieder und wieder mit anderen Überdruck-Spezialisten besprochen. Von allen erhielt er die gleiche Antwort: Weil Chrissy auf 70 Meter Tiefe getaucht war, der Druck in der Kammer aber nur 50 Metern entsprach, wurden die Gasbläschen nur geringfügig vermindert. Nur durch eine Rekompression auf extreme Tiefen, also 90 bis 120 Meter, eine langwierige, sich über mehrere Tage hinziehende Sättigungsbehandlung sowie einen kompletten Blutaustausch hätte eine Chance bestanden, die Stickstoffbläschen wirkungsvoll aus Chrissys Organismus zu eliminieren.

Doch es gibt Grenzen der Medizintechnik, und eine davon ist die Druckfestigkeit von Überdruckkammern. Wenn der Druck in der Kammer zu groß wird, bersten die Dichtungen. Für Chrissy und das medizinische Personal in der Kammer wäre solch ein schlagartiger Druckabfall tödlich gewesen. Auf der ganzen Welt gab es damals nur sehr wenige Überdruckkammern, die für einen Druck von mehr als 50 Metern ausgelegt waren, und das Gerät im Jacobi Medical Center gehörte nicht dazu. Und selbst wenn man ihn dort einem höheren Druck hätte aussetzen können, wäre es ein reines Experiment gewesen. Butler hielt sich genau an die veröffentlichten Anweisungen zur Behandlung verunglückter Taucher. Die Marine, Tauchbergungsfirmen sowie Forschungseinrichtungen besaßen Kammern, die Taucher in noch größere Tiefen versetzen konnten, doch diese standen Sporttauchern, die an Bends litten, im Allgemeinen nicht zur Verfügung. Die stärkste Druckkammer der USA gehörte der in Panama City in Florida stationierten Experimentaltaucheinheit der U.S. Navy, doch Butler wusste, dass man selbst dort die allergrößten Probleme hätte, mit einem so schweren Fall zu Rande zu kommen. Hinzu kam, dass Chrissy einen Lufttransport nach Florida ohnehin nicht überlebt hätte. Chrissys Schicksal musste sich also in Butlers Druckkammer entscheiden – so oder so.

Um halb drei Uhr nachmittags kam wieder Gefühl in seine Beine, er konnte sie wieder bewegen. »Wo ist eigentlich mein Vater?«, fragte er mit schmerzverzerrtem Gesicht.

»Der wird in einer anderen Druckkammer behandelt«, log der Arzt. Sein Patient brauchte jetzt all seine Kräfte im Kampf gegen die Taucherkrankheit. Die Nachricht vom Tod seines Vaters würde ihn wahrscheinlich so sehr mitnehmen, dass er nicht mehr die Energie aufbringen könnte, um sein eigenes Überleben zu kämpfen.

Chrissy litt unsägliche Schmerzen. Er brüllte. Noch lauter aber brüllte er, als sein Blut langsam wieder zu fließen begann und er spüren musste, was er seinem Körper angetan hatte. Für Butler und sein Team waren Chrissys furchtbare Schreie eine schwere Belastung. Es war, als hätte sich ihre Druckkammer, die doch therapeutischen Zwecken dienen sollte, in eine mittelalterliche Folterkammer verwandelt. Butler ordnete an, die Sprechverbindung zwischen der Kammer und der Außenwelt abzuschalten, und das medizinische Personal in der Kammer hielt über Kopfhörer untereinander Kontakt. Anders wäre es für sie nicht auszuhalten gewesen.

Sue Rouse war von der Küstenwache benachrichtigt worden, dass ihr Ehemann und ihr Sohn einen Tauchunfall gehabt hatten und nun im Krankenhaus waren. Über ihren Zustand allerdings war ihr nichts gesagt worden. Während der drei Stunden, in denen sie mit Denny und Eleanor Willis durch Pennsylvania und den nördlichen Teil von New Jersey zum Krankenhaus fuhr, dachte sie, sie würde ihre geliebten Männer wiedersehen – verletzt vielleicht, doch lebendig. Sie hatte immer befürchtet, dass es einmal so kommen würde. Doch die beiden waren zähe Burschen, gesund und kräftig. Sie würden mit einem Dekompressionsunfall, oder was es sonst war, schon fertig werden. Sie mussten einfach am Leben bleiben.

Während Sue Rouse dem Krankenhaus entgegeneilte, wurde der Druck auf Chrissys Körper langsam reduziert, wie es die Behandlungstabelle 6-A der U.S. Navy vorschrieb – die gleiche Tabelle, nach der auch ich nur ein Jahr zuvor erfolgreich behandelt worden war. Chrissy war inzwischen fünfeinhalb Stunden in der Druckkammer, er war von 50 Meter Wassertiefe auf 18 Meter gebracht worden und atmete reinen Sauerstoff. Der Druck wurde nun allmählich weiter bis auf die Entsprechung von 9 Meter Wassertiefe abgesenkt. Butler stellte fest, dass Chrissy nicht gut auf den verringerten Druck ansprach. Er stieß jetzt keine Schreie mehr aus und lag nur ruhig auf dem Rollbett. Daher beschloss Butler, den Druck erneut auf 18 Meter zu erhöhen. Doch bevor er dies noch in die Tat umsetzen konnte, versagte Chrissys junges, starkes Herz. Auch eine sofort eingeleitete Wiederbelebung konnte ihn nicht retten. Um neunzehn Uhr fünfzig wurde er für tot erklärt.

Nur einige Augenblicke nachdem Chrissy gestorben war, erreichte Sue das Krankenhaus. In der Notaufnahme teilte man ihr mit, dass ihr Mann und ihr Sohn tot seien. Damit hatte sie nun am wenigsten gerechnet. Sie war tief erschüttert.

Während Sue von Denny und Eleanor getröstet wurde, trat ein Arzt an sie heran und meinte, jemand müsse die Toten identifizieren. Unter Tränen stieß Sue hervor: »Ich mach das. Ich möchte sie sehen.«

»Bitte, tu dir das nicht an, Sue«, schaltete sich Denny ein. »Lass mich das für dich machen.« Er wusste, wie schwer es schon ihm fallen würde, die leblosen Körper seiner Freunde anschauen zu müssen, doch noch viel schwerer würde es für Sue sein. Denny war Tauchlehrer, und sein Interesse für das Höhlentauchen war erwacht, als die Rouses ihm davon vorgeschwärmt und ihn gedrängt hatten, doch einmal nach Ginnie Springs mitzukommen und einen Höhlentauchkurs zu besuchen. Nach dieser Fahrt war Denny völlig begeistert gewesen – nicht nur vom Höhlentauchen, sondern auch von der lebenslustigen und humorvollen, wenn auch manchmal etwas derben Art der Rouses.

»Nein, Denny, ich muss sie einfach nochmal sehen.«
Chrissy war inzwischen aus der Druckkammer hinausgerollt

worden und lag im Notfallraum hinter einem Vorhang. Als sie auf ihren Sohn zuging, schien es Sue, als schlafe er bloß. Vorsichtig berührte sie seine Hand. Sie war noch warm. Obwohl sie vor Trauer wie gelähmt war, verspürte sie den Drang, Chrissy zu packen, ihn zu schütteln und ihm zuzurufen: »Ich bin's, Chrissy. Ich bin hier. Alles wird gut. Wach doch auf!«

Sie erinnerte sich an die Zeit kurz nach der Hochzeit, als sie mit Chrissy schwanger gewesen war. Sie hatte mit Chris im Fernsehen den Film »Angel in my Pocket« gesehen. Chris hatte ihr sanft über den Bauch gestreichelt und gesagt: »Unser Engel ist hier.« Jetzt war ihr Engel tot.

Die sterblichen Überreste ihres Mannes waren bereits in das Leichenschauhaus der Bronx überführt worden. Denny bot Sue erneut an, ihr die Qual der Identifikation des Toten abzunehmen, doch sie lehnte wiederum ab. Da aber das Leichenschauhaus inzwischen geschlossen war, würden sie am folgenden Tag noch einmal nach New York kommen müssen, um diese furchtbare Pflicht zu erledigen.

Mit ihrem Mann hatte Sue ihren besten Freund verloren, jemand, mit dem sie im Wortsinn erwachsen geworden war, denn sie hatten sich auf der High School kennen gelernt. Wenn auch viele Außenstehende die Rouses als streitsüchtig erlebt hatten, so war das für Sue doch immer nur eine besondere Art von Kommuniktion gewesen. Das war eben der Umgangston, der sich im Laufe ihrer unerschütterlichen, langjährigen Beziehung zwischen ihnen entwickelt hatte. Sie konnte sich auf seine Liebe verlassen und wusste, dass er alles für sie tun würde. So hatte er für sie mit seinen eigenen Händen ein Haus gebaut und seinen Wunsch nach einem Flugzeug zurückgestellt. Er hatte stets hart gearbeitet und war seiner Familie ein guter Ernährer gewesen. Oft war Chris tauchen gegangen, aber wann immer es möglich gewesen war, hatte er seine Familie mitgenommen. Für Sue war Chris ein viel besserer Ehemann und Vater gewesen als all die Männer, die immer alleine ausgehen und mit ihren Kumpeln in Bars rumhängen. Ihre große Aufgabe war es gewesen, Chrissy eine gute Mutter zu sein. Sie hatte das zu diesem frühen Zeitpunkt in ihrem Leben zwar nicht geplant, aber sie hatte die Herausforderung mit Freuden angenommen.

Eine der Fragen, die sich Taucher im Zusammenhang mit dem Tod der Rouses immer noch stellen, ist, ob die beiden hätten überleben können, wenn sie Mischgas geatmet hätten? Dadurch hätten sie einen klareren Kopf behalten. Aus dem, was Butler von Chrissy über den Tauchgang erfahren hat, geht hervor, dass er im Wrack des U-Boots eingeschlossen war und infolge seiner verzweifelten Befreiungsversuche angefangen hatte zu halluzinieren. Wie Butler es damals verstand, war Chrissys Problem gewesen, dass er um sein Leben kämpfen musste, sich dabei aber in großer Tiefe befand und Luft atmete. Manche Taucher meinen, mit einem heliumhaltigen Mischgas hätten Vater und Sohn überleben können. Ihr Argument lautet, dass Chrissys Gehirn mit Mischgas, womit er ja Erfahrung hatte, im Wrack weniger benebelt gewesen wäre. Möglicherweise wäre es ihm dann sogar gelungen, sich selbst zu befreien und aus dem Wrack zu schwimmen, ohne dass sein Vater hineinkommen und ihn herausholen musste. Anschließend wären die beiden auch in der Lage gewesen, ihre Reserveflaschen auf dem Deck des U-Boots wiederzufinden und damit ihre Dekompression vollständig auszuführen. Vermutlich wären sie etwas durcheinander gewesen und hätten einen Schreck bekommen, aber sie hätten unverletzt überlebt.

Andere Taucher verneinen dies. Sie verweisen darauf, dass Chrissy mit Mischgas zwar einen viel klareren Kopf gehabt hätte, aber eine Garantie, dass er sich aus eigener Kraft hätte befreien können, war das noch lange nicht. Bei der Befreiungsaktion im Inneren des U-Boots hätten Chris und Chrissy viel mehr kostbares Atemgas verbraucht als bei Verwendung von Pressluft, denn Mischgas ist leichter und hat einen geringeren Atemwiderstand. Möglicherweise hätten sie aufgrund der Anstrengung ihren ganzen Luftvorrat noch im Wrack verbraucht und wären dort erstickt. Wenn sie aber nach dem Atmen von Mischgas aus einer Tiefe von 70 Metern ohne Dekompression aufgestiegen wären, dann wäre das Helium mit seinem geringeren Molekulargewicht in ihren Körpern noch schneller ausgeperlt als der Stickstoff, und beide wären wahrscheinlich sogar früher gestorben.

Immerhin hatte Chrissy drei Stunden bei Oberflächendruck

überlebt und es so bis in die Druckkammer geschafft. Dort hatten sich seine Symptome über einen Zeitraum von mehr als fünf Stunden sogar abgeschwächt: Er hatte seine Beine wieder gespürt, und die Lähmung von der Brust abwärts schien zunächst nachzulassen, so dass er Beine und Hüfte wieder bewegen konnte. Aber warum war er in der Druckkammer gestorben? Gab es eine Behandlung oder ein Medikament, das ihm besser hätte helfen können? Die Autopsie sollte die traurige Antwort auf diese Fragen geben. Als man das Herz aus Chrissys Körper entnommen und es in einem Wasserbad eröffnet hatte, trat Schaum statt Blut aus den Herzkammern. Es waren einfach zu viele Stickstoffbläschen in Chrissys Organismus gewesen, und der Körper hatte sie nicht ausscheiden können, bevor sie das Herz erreichten.

Was mit Chrissys Herz geschehen ist, bezeichnet Dr. Bill Hamilton als Luftembolie und erklärt den Vorgang folgendermaßen: »Das Herz ist eine Pumpe, die dafür gebaut ist, Flüssigkeit zu befördern. Wenn nun Luft in das System gelangt, passiert im Herzen das Gleiche wie in jeder anderen Pumpe auch: Das Herz komprimiert das Gas immer wieder, aber es pumpt nicht mehr; es hat einfach keinen Durchsatz mehr. Das genau ist mit Chrissys Herz passiert.« Aber hätte es denn irgendeine andere Behandlungsmöglichkeit für Chrissy gegeben? Hamilton denkt kurz nach, dann antwortet er: »Über diese Frage hab ich viel nachgedacht. Theoretisch hätte man ihn in eine viel größere Tiefe versetzen können, eventuell sogar mit einem Heliumanteil im Rekompressionsgas. Aber es gibt nur eine Hand voll geeigneter Kammern auf der ganzen Welt und wenige Techniker und Ärzte, die sich so gut mit Überdruckmedizin auskennen, dass sie eine Rekompressionsbehandlung in großer Tiefe mit Helium wagen würden – und ich rede von heute, nicht von 1992. Deswegen glaube ich, es wäre überhaupt nicht möglich gewesen, ihn zu retten. Es sei denn, alles wäre im Voraus schon durchgeplant gewesen. Nein, aber unter den gegebenen Umständen gab es nichts, was man realistischerweise hätte tun können. Sowohl Chrissy als auch sein Vater waren praktisch todgeweiht, als sie an der Wasseroberfläche ankamen. Das Einzige, was mich überrascht hat, war, wie schnell Chris gestorben ist und wie lange Chrissy noch gelebt hat.«

Was den Rouses passiert ist, sollte den vielen Tauchern eine Lehre sein, die heutzutage tiefer tauchen, als die Rouses dies je getan haben, und die noch größere Risiken eingehen. Immer noch kommen Taucher zu Tode – die einen haben Mischgas geatmet, die anderen Luft; die einen sind tief getaucht, die anderen eher flach. Wasser ist und bleibt eine fremde, gnadenlose Umgebung, das hat sich auch in den tausenden von Jahren nicht geändert, in denen sich der Mensch nun schon in die Tiefe wagt, sei es aus Neugier, sei es aus Gewinnsucht.

Was die Rouses vielleicht hätte retten können – auch nach all ihren Problemen im Wrack –, das wäre Unterwassersprechfunk gewesen. Das hätte ihnen ermöglicht, Verbindung mit der Oberfläche aufzunehmen und beim Aufstieg Steve McDougall zu verständigen, der in allernächster Nähe seine Dekompression machte. Hätten die Rouses die Crew und ihre Tauchgefährten darüber informieren können, wie es um sie stand, dann hätte man ihnen Flaschen hinunterlassen können. Und mit diesen hätten sie dann, egal was vorher im U-Boot passiert war, im Wasser an den vorgeschriebenen Stopps ihre Dekompression machen können. Es wäre nicht zu der Bläschenbildung gekommen, die sie beide das Leben gekostet hat. Unter den gegebenen Umständen allerdings, ganz auf sich allein gestellt, konnten sie dem Tod, dem sie in der Tiefe begegnet waren, nicht mehr entrinnen.

Noch bevor Chris und Chrissy überhaupt für tot erklärt worden waren, verbreitete sich die Nachricht von ihrem Unfall wie ein Lauffeuer in der Tauchergemeinde. Der Notruf, den Dan Crowell, der Kapitän der *Seeker,* über Funk abgesetzt hatte, sowie auch die Funksprüche zwischen dem Rettungshubschrauber und der *Seeker* waren von den Kapitänen anderer Boote, die sich in der Nähe aufhielten, mitgehört worden. Als die *Seeker* in den Hafen einlief, standen schon Taucher von anderen Tauchbooten, die früher zurückgekommen waren, an der Mole, sprachen ihr Beileid aus und boten den Leuten von der *Seeker* ihre Hilfe an.

Nachdem die *Seeker* im Hafen festgemacht hatte, blieben Barb Lander, John Chatterton, Steve McDougall, John Yurga, Steve Gatto, Tom Packer, Richie Kohler und Dan Crowell einfach wie unter Schock an Deck sitzen. Statt der sonst üblichen, ausgelassenen Atmosphäre nach einer erfolgreichen Tauchfahrt herrschte eine gedrückte Stimmung, keiner sagte etwas, alle hingen ihren trüben Gedanken nach. Obwohl einige unter ihnen bereits früher mit dem Tod konfrontiert worden waren, sei es auf einem Tauchboot, im Krieg oder bei der Polizeiarbeit, konnten sie es kaum fassen, dass womöglich gleich zwei ihrer Tauchfreunde einer solchen Katastrophe zum Opfer gefallen sein sollten.

Bei Tim Stumpf in Horsham, wo Chrissy ab und zu gewohnt hatte, wenn er genug Geld gehabt hatte, um nicht bei seinen Eltern leben zu müssen, versammelte sich auf dem Rasen eine kleine Schar von Freunden, um sich gegenseitig Trost zu spenden. Als die Nachricht eintraf, dass auch Chrissy gestorben war, waren alle wie gelähmt. Zusammen mit Ed Sollner, der auch ein Stammgast bei Tim gewesen war, waren jetzt innerhalb von vier Monaten drei der besten Taucher umgekommen. Alle, die an jenem Abend in Tims Garten versammelt waren, dachten ernsthaft über ihre eigene Taucherei nach. Viele unter ihnen beschlossen, in Zukunft auf den Traum zu verzichten, wertvolle Gegenstände aus großer Tiefe heraufzuholen, unbekannte Lebewesen zu entdecken oder einfach nur den Nervenkitzel der Tiefe zu spüren.

Auch Chrissys Freundin Julia nahm an dieser spontanen Totenehrung teil. Ihre Beziehung mit Chrissy war sehr intensiv gewesen. Beide hatten sich zunächst vor einer engen Bindung gescheut, doch dann war die Anziehung, die sie füreinander empfanden, stärker gewesen, und sie hatten sich regelmäßig gesehen. So war eine harmonische und ausfüllende Beziehung entstanden, die ihnen das Gefühl gegeben hatte, schon seit Ewigkeiten zusammen zu sein, so wie Chrissys Eltern. Julia konnte an nichts anderes denken als daran, wie gefühlvoll und selbstlos Chrissy ihr gegenüber immer gewesen war. Nie hatte er versucht, etwas zu überstürzen oder sie zu bedrängen, wie es ihre früheren Freunde oft getan hatten. Chrissy hatte eine Art, sie mit kleinen Aufmerksamkeiten zu erfreuen, die so direkt und erfrischend war wie ein Passatwind, der über eine grüne Insel streicht. Warum hatte ihre wunderbare Beziehung auf diese Weise enden müssen? Insgeheim hoffte sie, Chrissys Tod sei nur ein Alptraum, und nach dem Aufwachen könnte sie ihm davon erzählen. Aber der Alptraum hörte einfach nicht auf, und sie erwachte auch nicht. Sie tröstete sich damit, dass sie ihre Beziehung zu Chrissy nie als etwas Selbstverständliches angesehen hatte; sie war immer etwas ganz Besonderes gewesen. Aber nie hatte sie sich wirklich klargemacht, dass die Tiefe ihr Chrissy eines Tages wegnehmen könnte. Sie war stets überzeugt gewesen, dass er ein viel zu guter Taucher war, als dass ihm unter Wasser etwas zustoßen könnte.

In Tims Einfahrt stand immer noch Chrissys altes, zerbeultes Auto. Irgendjemand musste es zurück zum Haus von Sue Rouse fahren. Julia tat es selbst, als könnte sie ihm damit noch ein Mal nahe sein. Unterwegs spielte sie Chrissys Lieblingssong »Even Flow« von Pearl Jam. Sie hatte Mühe, die Fahrbahn wahrzunehmen, es war, als schwebe eine schwarze Wolke über dem Wagen, die Tränen auf die Windschutzscheibe regnen ließ. Als sie bei Sue Rouse amkam, wunderte sie sich selber, dass sie nicht von der Straße abgekommen war und das Auto kaputt gefahren hatte, wie es Chrissy mehrmals mit den Autos seiner Eltern passiert war.

Der Tod der Rouses fiel auf das Wochenende des Columbus Day. Es war das gleiche Feiertagswochenende, an dem ich ein Jahr zuvor beinahe zu Tode gekommen wäre. Mich erreichte die Nachricht vom Tod der Rouses an meinem Arbeitsplatz. Ich nahm gerade an einem Kurs über Computernetzwerke teil, um meine Kenntnisse auf den neuesten Stand zu bringen. Während einer Pause hatte ich bei Steve Berman in Ginnie Springs angerufen, um ihn zu bitten, mir ein Ausrüstungsteil zu reparieren. Die Frau am anderen Ende der Leitung hörte sich verstört an. Als ich fragte, was denn los sei, sagte sie unter Tränen: »Du weißt es noch gar nicht? Chris und Chrissy sind von uns gegangen.« Erst als sie mir eine ungefähre Schilderung des

Unfalls der Rouses gegeben hatte, verstand ich, was sie mir da gesagt hatte.

Wieso habe ich meinen Unfall überlebt und sie nicht? Sie waren zwar etwa 25 Meter tiefer gewesen als ich, aber dafür war ich länger unter Wasser geblieben. Hatten sie an unsere vielen Gespräche über die Entscheidung gedacht, die ich treffen musste, entweder ohne Dekompression zur Oberfläche aufzusteigen oder zu ertrinken, als ich damals in unverantwortlicher Weise meinen Tauchgang über meine körperlichen und geistigen Fähigkeiten hinaus ausgedehnt hatte? Ich erinnerte mich an Chris' Antwort, als ich ihm gesagt hatte, was mir damals unter Wasser durch den Kopf gegangen war: Ich würde aufsteigen, in die Druckkammer kommen, und dann würde schon alles wieder gut werden. Chris hatte darauf erwidert: »Ich hätte mich auch lieber auf das Risiko der Kammer eingelassen, als einfach so abzusaufen.« Seine Worte klangen mir noch in den Ohren. Es erschien mir völlig willkürlich, dass ich überlebt hatte und die beiden nicht, es gab keinen vernünftigen Grund. Einer kommt durch, zwei andere nicht. Es war ein schmerzliches Beispiel für die Ungerechtigkeit in der Welt.

Der Parkplatz des Beerdigungsinstituts Shelly in Warrington, Pennsylvania, war überfüllt, so dass die Autos auch entlang der Landstraße standen. Kevin O'Brien parkte seinen Wagen, kam zu mir herüber und fragte: »Bist du bereit? Hast du ein paar Notizen gemacht?«

»Bereit? Ich wüsste nicht, wie man für sowas überhaupt bereit sein kann«, gab ich zurück. »Da liest man immer über Leute, die auf einem Tauchgang umkommen, oder man hört davon, aber nie ist es jemand, den man gut kannte, oder? Es sind doch immer die anderen, irgendwer, dem man mal begegnet ist, oder jemand, mit dem man ein paar Mal getaucht ist, ohne richtig befreundet gewesen zu sein. An die eigenen Freunde denkt man doch nie, wenn's ums Sterben geht«, sagte ich, während sich in meiner Kehle ein Kloß bildete und ich mich fragte, wie ich es schaffen sollte, meine Trauerrede für die Rouses zu halten.

»Brauchst du noch ein bisschen mehr Zeit zur Vorbereitung?«

»Nein. Dadurch wird's nur noch schlimmer. Ich weiß ja, was ich sagen will. Na, dann wollen wir es hinter uns bringen.«

Als Kevin, Diana und ich die Kapelle des Beerdigungsinstituts betraten, kam ich mir vor wie in einem Traum, als schwämme ich in ein Wrack, auf das ich aus purem Zufall gestoßen war. Diese zwei Urnen dort auf dem Tisch neben den Fotos sollten also die Überreste meiner beiden Freunde enthalten? Daneben lagen noch einige der Artefakte, die sie aus Schiffswracks geborgen hatten, ihre Ausbildungsnachweise und ihre Taucherpässe. Es sah aus wie Ausstellungsstücke in einem Museum. Die Kapelle war völlig überfüllt, wer nicht rechtzeitig gekommen war, stand ziemlich beengt.

Cathie Cush hatte Sue bei der Vorbereitung der Trauerfeier geholfen und einige Freunde gebeten, eine Trauerrede zu halten. Neben vielen Tauchern aus der Umgebung waren Marc Eyring aus Florida und John Reekie aus Kanada gekommen, um den beiden die letzte Ehre zu erweisen. Was jedoch auffiel, war die Abwesenheit von Steve Berman. Ich fragte mich, warum. Ich wusste von Bermans Abneigung gegen große Menschenansammlungen, aber das sollte ihn doch nicht davon abhalten, zwei Menschen, mit denen er so gut befreundet gewesen war, auf ihrem letzten Weg zu begleiten. Sein Fernbleiben enttäuschte mich. Erst viele Jahre später verstand ich, warum Steve nicht gekommen war. Sein Schmerz über den Verlust von Chris und Chrissy war so groß gewesen, dass es über seine Kräfte gegangen wäre, an ihrer Beisetzung teilzunehmen. Am Tag der Trauerfeier war Steve zu nichts anderem fähig, als zurückgezogen bei sich zu Hause zu sitzen und sich düster an die vielen Aufenthalte der Rouses in Ginnie Springs und an ihre Eigenheiten zu erinnern. Unter Tränen der Trauer über den Verlust der Freunde, aber auch mit stillem Gelächter beim Andenken an ihre Marotten trauerte Berman ganz für sich, aber nicht minder intensiv.

Er hatte noch gut das Bild vor Augen, wie die drei Rouses eines Abends nach einem ausgedehnten Nachmittagstauchgang in den Tauchshop von Ginnie Springs hineinstürzten kamen. Nach einer Woche Camping in Ginnie Springs waren Chris' Haare völlig zerzaust, er hatte sich die ganze Zeit nicht rasiert und scherte sich nicht im mindesten um seine Erscheinung über Wasser. Er trug ausgelatschte Turnschuhe und die ungewaschene, an einen Skianzug erinnernde Unterwäsche, die er sonst unter seinem Trocki anhatte. Wie immer war ihm nicht bewusst, welch einen Geruch diese Tauchunterwäsche nach einer Woche fast ununterbrochenen Gebrauchs verbreitete. Chrissy sah seinem Vater gefährlich ähnlich, auch er war nicht rasiert und nur mit dem Unterzieher für seinen Trockentauchanzug bekleidet – die rechte Hand des Superhelden, und beide ungepflegt in ihrem Superheldendress. Chrissy ging im Laden auf und ab wie ein junger Löwe in Gefangenschaft und drängte seinen Vater zur Eile, damit sie noch einen Tauchgang machen konnten. Steve hatte den Eindruck, Sue sei so müde, dass sie im Stehen einschlafen könnte. Von einem weiteren Tauchgang schien sie absolut nichts zu halten.

Chris wandte sich zu seiner erschöpften Frau und kündigte an: »Heute Abend lad ich euch zum Essen ein.« Der Gedanke an ein ordentliches Abendessen weckte Sues Lebensgeister. Wenn sie in Ginnie waren, kochte sie normalerweise nicht. Es seien schließlich auch ihre Ferien, sagte sie ihren beiden Männern. Doch das machte ihnen gar nichts aus, denn sie mochten die fertigen, abgepackten Sandwiches, die es in Ginnie Springs gab, sehr gerne. Chris wiederholte: »Ich geb einen aus, egal, was es kostet.« Darauf ging er hinüber zu dem großen Kühlregal, schob eine Glastür auf, holte eine Sandwichpackung heraus und warf sie Chrissy zu. »Hier, Chrissy, fang auf. Ich lad dich zu einem Schinken-Käse-Sandwich ein. Ich hab doch gesagt, es werden keine Kosten gescheut! Schreib's bitte mit auf meine Rechnung, Steve!«

Steve Berman und die anderen Angestellten im Laden lachten. Es war klar, dass Chris und Chrissy das Essen so schnell wie möglich hinter sich bringen wollten, um gleich wieder ins Wasser zu kommen. Der späte Tauchgang, den sie noch vorhatten, würde wahrscheinlich erst um Mitternacht zu Ende sein. Sue dagegen konnte nur aufstöhnen.

Chris wandte sich an Sue: »Und was möchtest du gerne, Sue?«

»Kalbsschnitzel Parmigiana.«

Das war ihre Art, Chris zu ärgern und ihm die Enttäuschung heimzuzahlen, die er ihr bereitet hatte. Als die beiden sich kennen gelernt hatten, in ihrer High-School-Zeit, hatten sie in einem Restaurant gejobbt, sie als Kellnerin, er als Hilfskoch. Jeden Tag nach der Schule bekam Chris dort Essen, das war Teil seiner Bezahlung. Doch seine Wahlmöglichkeit war auf einen bestimmten Teil der Speisekarte begrenzt, und das Einzige, was er davon mochte, war Kalbsschnitzel Parmigiana. Das aß er dann jeden Tag. Bald hatte er sich an dem Gericht übergessen, und in späteren Jahren rührte er es nie wieder an. Immer wenn er sich über Sues Essen beschwerte oder sie nicht wie versprochen zum Essen ausführte, dann brauchte sie nur zu sagen, sie würde Kalbsschnitzel Parmigiana machen.

In der Trauerkapelle wurde Denny McLaughlin ganz flau in der Magengegend. Er fand es furchtbar, mit Sue reden zu müssen. McLaughlin war Chris' und Chrissys erster Tauchlehrer gewesen, und irgendwie fühlte er sich für ihren Tod verantwortlich, auch wenn sie eindeutig und in vollem Bewusstsein die Regeln für Freizeittaucher missachtet hatten, die er allen seinen Schülern beibringt: nicht tiefer als 40 Meter tauchen, kein Eindringen in Unterwasserhöhlen oder Wracks und keine Tauchgänge, die Dekompression erfordern. Die Rouses hatten sich viel größeren Risiken ausgesetzt, und von ihnen selbst wusste er aus zahlreichen Gesprächen, dass sie während der vergangenen vier Jahre in Bereichen getaucht waren, die von allen Freizeittaucherorganisationen als nicht sicher angesehen werden. Weil er sie aber oft im Steinbruch gesehen hatte, wusste er allerdings auch, dass sie überdurchschnittliche Fähigkeiten hatten. Er war stolz darauf, durch solide Ausbildung den Grundstein dafür gelegt zu haben, dass sie sich so weit entwickeln konnten, und ihn, was das Tauchen betraf, schließlich bei weitem überflügelt hatten. Doch all dies machte jetzt ein Gespräch mit Sue auch nicht einfacher.

McLaughlin fragte sich schon die ganze Zeit, ob er als Tauchlehrer und guter Freund wohl etwas hätte tun können, um die Tragödie zu verhindern. Zwar gab es nichts, womit er die Rouses direkt hätte retten können, doch trotzdem hatte er das Gefühl, nicht alles für seine ehemaligen Schüler getan zu haben. Mit gesenktem Kopf trat er an Sue heran und schaute auf ihre Füße, während er ihr sein Beileid aussprach. Er schaffte es nicht, ihr in die Augen sehen.

Sue sah, wie niedergeschmettert ihr Freund war, und klopfte ihm sanft auf die Schulter. »Kopf hoch, Denny«, sagte sie aufmunternd.

Denny hob den Blick, schaute der Frau in die Augen, die ihren Mann und ihren Sohn verloren hatte. Anstelle der wütenden oder anklagenden Miene, die er erwartet hatte, sah er eine gefasste Freundin. Sie schien ihm zu sagen: »Es ist doch nicht deine Schuld. Mach dir keine Vorwürfe.« Ihm fiel ein Stein vom Herzen.

Man bat alle herein, und die Trauerfeier begann. Ein Geistlicher sprach ein Gebet für die Rouses, dann stand Cathie Cush auf, um ihre Rede zu halten.

»Es ist jetzt schon einige Jahre her, da haben mich Leute angesprochen und gefragt: ›Kennst du die Rouses? Die musst du kennen lernen. Die sind auch Taucher, genau wie du. Die Rouses werden dir gefallen.‹ Dann habe ich sie kennen gelernt«, fuhr Cathie fort, »und sie waren keine Taucher wie ich. Alle drei konnten unter Wasser mit zusammengebundenen Flossen im Kreis um mich herumschwimmen, so gut waren sie. Und im Gedenken an das schreckliche Unglück vom Montag sollte niemand überheblich werden, denn die meisten von uns besitzen weder das Können, die Disziplin noch die Umsicht, die Chris und Chris Junior auszeichneten.

Diejenigen, die mir vorausgesagt hatten, ich würde die Rouses mögen, hatten vollkommen Recht, und zwar nicht, weil sie so gut tauchen konnten, sondern weil sie zu den liebenswürdigsten und großzügigsten Leuten zählten, die mir je begegnet sind. Egal ob du einen O-Ring oder eine Schulter zum Ausweinen brauchtest, die Rouses waren immer für dich da. Ich selber habe von ihnen viel Unterstützung bekommen, gerade in den letzten Monaten. Nun ist es an uns, Sue etwas davon zurückzugeben, denn sie braucht jetzt von uns allen Beistand.

Ohne die beiden ist unsere Welt heute ein wenig zu still«, sagte Cathie, »und das ist tragisch. Aber noch viel tragischer wäre es, wenn wir all die Geschichten und Theorien nie gehört hätten, wenn wir nie etwas von der wundervollen Energie erfahren und abbekommen hätten, die Chris und sein Sohn ausstrahlten. Ich werde sie alle beide mehr vermissen, als ich das mit Worten ausdrücken kann, aber sie gekannt zu haben, hat mein Leben bereichert.«

Cathie verließ das Rednerpult. Hinten im Saal stand Steve Gatto, der bei ihrem letzten Tauchgang mit auf dem Tauchboot gewesen war, und dachte an die gewaltige Zahl von Tauchgängen, die die Rouses in nur vier Jahren absolviert hatten, und an den Grad von Perfektion, den sie in so kurzer Zeit erreicht hatten. Während viele andere, Nicht-Taucher wie Taucher, der Meinung waren, die Rouses hätten sich zu schnell zu weit vorgewagt, war Gatto überzeugt, dass sie mit vollem Recht an den hochkarätigen Expeditionen teilgenommen hatten. Er wusste aus eigener Erfahrung, dass nicht die Zahl der Jahre zählte, die jemand schon tauchte, sondern das, was er tat, *wenn* er tauchte. Und dann überlief ihn ein kalter Schauer bei dem Gedanken daran, was die Leute wohl gesagt hätten, wenn er damals, in seiner dritten Tauchsaison, bei seinem ersten Tauchgang zur *Andrea Doria* umgekommen wäre. In seinen Augen war das ein unvorhersehbarer Unfall gewesen, und als solchen stufte er auch den Unfall der Rouses ein. Aber wenn er nun seinerzeit nicht überlebt hätte, dann hätten doch dieselben Leute, die jetzt über die Rouses tuschelten, in ihrer selbstherrlichen Art auch gesagt, dass es mit ihm so hatte kommen müssen, oder? Gatto versuchte, den Gedanken zu verscheuchen, aber wie eine lästige Fliege kam er immer wieder.

Mitten unter den Trauergästen saß John Reekie. Sein Gesichtsausdruck war noch mürrischer, der finstere Blick, hinter dem er sich versteckte, noch auffälliger als sonst. Reekie wünschte sich, er und Chris könnten wieder zusammen in Ginnie Springs sein, wie damals, als Chris schwungvoll das Tauchzeug in seinen Van geschmissen und ihn mit scherzhaften Beleidigungen zur Eile angetrieben hatte, damit sie schneller zum Tauchen kämen. Manchmal war Reekie die reizbare, großspurige Art von Chris auf die Nerven gegangen, so wie Brüder sich gegenseitig auf die Nerven gehen, sich aber trotzdem lieben. Für Reekie waren Chris und Chrissy Rouse immer wie Brüder gewesen. Sie waren erst so kurze Zeit tot, doch schon jetzt fehlten ihm ihre Ausgelassenheit, ihre Scherze, ihre »Unterwasser-Scooter«-Spiele und die ausgedehnten gemeinsamen Tauchgänge.

Nun, da Chris und Chrissy Rouse tot waren, gab es unter den ganz wenigen Menschen, denen Reekie unter Wasser und besonders in Höhlen sein Leben anvertraute, zwei weniger.

Hinten im Saal, unweit von John Reekie und Steve Gatto, stand John Chatterton. Auch er sah finster drein, und seine Gefühle schwankten zwischen Trauer und Frustration. Chatterton war der Meinung, die Rouses hätten mit Trimix überlebt. Auf all ihren anderen Tauchgängen in größere Tiefen hatten Chris und Chrissy Trimix vorgezogen. Sie hatten sogar zu den Ersten gehört, die mit Mischgas tauchten und für die Dekompression reinen Sauerstoff benutzten. Nur zwei Wochen vor dem tödlichen Unfall hatten sie noch im Steinbruch mit einer Atemgasmischung aus Argon und Sauerstoff experimentiert, um herauszufinden, ob sie dieses Gas irgendwann während ihres Tauchgangs zu *U-Who* sinnvoll einsetzen könnten. Was für eine Ironie, dachte Chatterton, dass die Rouses, die zur Elite des Tauchsports gehört hatten, sterben mussten, weil sie auf dieser einen Tauchfahrt einmal nicht auf Technik gesetzt hatten. Was hätte deutlicher zeigen können, dass man nicht einen einzigen Moment nachlässig werden darf!

Chatterton ließ den Unfall noch einmal Revue passieren. Er sah Chris Rouse nach dem Tauchgang auf der Leiter der *Seeker* stehen. Er war zwar vor seinem Sohn an der Leiter angelangt, doch bestand er trotz seiner höllischen Schmerzen darauf, dass Chrissy zuerst an Bord geholt wurde. Chatterton, der kampferprobte Vietnamveteran, war damals so beeindruckt von Chris' selbstlosem, ja noblem Verhalten gewesen, dass ihm nun für alle Zeiten dieses Bild vor Augen stand, wenn er an die Rouses dachte.

Unter den Trauergästen, die keinen Sitzplatz mehr gefunden hatten, befand sich auch Barb Lander. Als Chrissy mit dem Hubschrauber abtransportiert worden war, hatte sie noch geglaubt, er würde überleben. Die Nachricht von seinem Tod in der Druckkammer hatte auch sie tief erschüttert. Die eine

Frage ließ sie nicht ruhen: Gab es etwas, das sie als Krankenschwester zu seiner Rettung noch hätte unternehmen können? Barb Lander konnte mit noch so vielen Experten reden, von allen erhielt sie die gleiche Antwort: Sie hatte alles in ihrer Macht Stehende getan. Schließlich machte sie sogar eine Fortbildung als Überdrucktechnikerin, um die Qualifikation für die Bedienung einer Druckkammer zu erlangen. Sie ging davon aus, dass es noch drei Jahre dauern konnte, bis sie das Trauma, einen Tauchfreund verloren zu haben, an dessen Überleben sie geglaubt hatte, einigermaßen verarbeitet hatte.

Nun war die Reihe an mir, meine Trauerrede zu halten. Wie betäubt ging ich ans Rednerpult. Mit keinem anderen der verunglückten Taucher, die ich gekannt hatte, war ich so eng befreundet gewesen. Außerdem hatte ich auch noch nie eine Trauerrede gehalten. Wie kann man ihrem Leben gerecht werden, wenn man sich auf tausend Wörter beschränken muss? In Pennsylvania, im gesamten Nordosten der USA, aber auch im Höhlenrevier von Florida, besonders natürlich in Ginnie Springs, hatte der Tod der Rouses in der Tauchergemeinde eine schmerzliche Lücke hinterlassen. Wenn es daran einen Zweifel gegeben hätte, ein Blick in den überfüllten Saal hätte mich eines anderen belehrt.

Der Schriftsteller und Gesellschaftskritiker Jack London hatte zu Beginn des Jahrhunderts etwas geschrieben, das mich so beeindruckte, dass ich es mir abgeschrieben und im Büro an mein Pinboard geheftet hatte. Die Rouses, fing ich an, seien nicht nur zu jedermann freundlich und großzügig gewesen, sondern hätten auch ein helles Bild in unser aller Lebenshimmel eingebrannt. Wie Jack London es ausgedrückt hatte: »Ich ziehe es vor, eine Sternschnuppe zu sein statt eines müden, ewig kreisenden Planeten. Denn die wahre Aufgabe des Menschen im Leben ist es doch zu leben, und seine Zeit nicht damit zu vergeuden, lediglich für seine Selbsterhaltung zu sorgen.« Obwohl die Rouses jung gestorben waren, hatten sie das getan, was sie liebten, und das hatte ihnen mehr bedeutet, als so lange zu leben wie möglich.

Ganz hinten im Saal stand auch Chris' ehemaliger Fluglehrer Ken Reinhardt. Er war es ja gewesen, der Chris erst davon überzeugt hatte, dass Tauchen Spaß macht und ungefährlich ist, und auf Reinhardt wie auf Millionen anderer Taucher traf das auch zu. Aber Chris wollte schon immer über alle Grenzen hinausgehen. Als Reinhardt und Chris das erste Mal in Ginnie Springs gewesen waren, hatte Chris sich sofort für das Höhlentauchen begeistert, während auf Reinhardt die in der Nähe der Höhlen über Wasser aufgestellten Warnschilder eher abschreckend gewirkt hatten.

Reinhardt schaute sich um. Die meisten Anwesenden waren Taucher, er kannte die wenigsten. Er tauchte zwar auch, doch in erster Linie war er Pilot, dementsprechend bestand sein Freundeskreis größtenteils aus Fliegern. Nachdem ich geendet hatte und nun ein Taucher nach dem anderen seine Rede hielt, fiel Reinhardt auf, dass er die Rouses viel länger als die meisten anderen gekannt hatte. Trotzdem schien sich alles nur um ihre Tauchaktivitäten zu drehen. Dabei war Chris nur die letzten vier seiner 39 Lebensjahre getaucht. Chris' Leben hatte doch nicht nur aus Tauchen bestanden, dachte Reinhardt. Er kam sich auf der Totenfeier seines Freundes wie ein Fremder vor. Reinhardt hatte Chris als jemanden gekannt, der mit fast kindlicher Neugier auf die Welt zuging. Diese Neugier hatte ihn erst zum Fliegen, dann zum Tauchen geleitet. Mit seiner im Überfluss vorhandenen Energie und Großzügigkeit hatte Chris nicht nur sein eigenes Haus erbaut, sondern gleichzeitig auch Reinhardt beim Bauen geholfen. Wie konnten andere die wahren Werte von Chris Rouse nur nach den paar Jahren beurteilen, in denen er getaucht war? Er war einigermaßen verwundert.

Sue saß vorn in der ersten Reihe. Wenn es einen Gott gibt, dachte sie, warum hat Er es dann zugelassen, dass ihren beiden Männern etwas so Schreckliches zustößt? Sie glaubte nicht daran, dass alles schon seinen Grund hat oder dass das menschliche Schicksal von göttlicher Hand gelenkt wird. Der abgrundtiefe Schmerz, den sie fühlte, verstärkte noch ihre Zweifel an der Existenz Gottes. Sie dachte an Chris' Unfall beim Schweißen in seiner Werkstatt und an seine schlimmen Brandverletzungen. Später hatte er ihr erzählt, er habe gehört, wie der Pfarrer gesagt habe, der Unfall wäre nicht geschehen, wenn er regelmäßig in die Kirche gegangen wäre. Chris hatte sich darüber so empört, dass er außer zu Hochzeiten und Begräbnissen nie mehr einen Fuß in eine Kirche gesetzt hatte. Von diesem Augenblick an hatte es für Chris keinen Gott mehr gegeben. Jetzt schloss sich Sue dieser Meinung an.

Marc Eyring trat ans Rednerpult. Außerhalb des Wassers hatte er schon immer etwas unbeholfen gewirkt. Der traurige Anlass der Beisetzung seiner Freunde machte das nicht besser. Eyring gab sich einen Ruck. Er versuchte, seine 1,93 Meter in Position zu bringen. Aber als er erst einmal angefangen hatte zu reden, kam er so in Schwung, dass er hinter dem Rednerpult auf und ab lief. »Vor einigen Jahren habe ich Chris und Chrissy das Höhlentauchen beigebracht, später auch noch Sue«, begann Eyring. »Sie fielen mir von Anfang an auf. Vater und Sohn brannten darauf, Neues zu lernen, und sie kamen nicht mit der Einstellung an, wie ich sie von vielen Wracktauchern aus dem Nordosten kenne. Die Rouses passten ihre Ausrüstung bereitwillig an das Höhlentauchen an und machten kein Theater dabei. Das war für mich schon der erste Hinweis, dass sie anders als die meisten Leute waren. Die zweite Sache, die mir auffiel, war, dass sie immer alles zusammen als Familie machten, zumindest sind sie immer gemeinsam getaucht, und das war schon etwas Besonderes, weil es sehr selten vorkommt, dass eine ganze Familie zum Höhlentauchen kommt.

In Ginnie Springs freuten wir uns immer schon darauf, wenn die Rouses kamen. Das war wie ein Familienbesuch, aber einer von der netten Sorte. Und ihre Art, das Lager einzurichten, die war wirklich einmalig: Wer sie kannte und wissen wollte, ob sie in Ginnie waren, brauchte bloß nachzusehen, ob die großen, grünen Sauerstoffflaschen da waren, die sie immer um ihr Lager herum zwischen den Bäumen fest banden. Ich erinnere mich noch an das eine Mal – es war Weihnachten, und wir freuten uns alle, dass die Rouses runterkamen und wir mit ihnen ein großes Festessen machen würden. Was soll ich euch sagen, es schneite in Florida, das war so ein verirrter Schneesturm, und alle Fernstraßen waren gesperrt. Wir waren alle ziemlich fertig, denn erstens erwartet niemand, der in Florida lebt, dass er eingeschneit wird, und zweitens dachten wir, jetzt würden die Rouses bestimmt nicht mehr kommen. Aber da plötzlich taucht mitten im Schneesturm Chris Rouse auf, am Steuer seines Van, daneben Sue. Sie hatten auch ihren Camper hinten dran und pflügten sich durch den Schnee. Mann, ich glaube, die hätten nicht mal anhalten können, selbst wenn sie gewollt hätten, Chris ist wahrscheinlich ohne Halt von Pennsylvania durchgefahren. Das war so seine Einstellung: ›Ich lass mich doch von so 'n bisschen Schnee am Straßenrand nicht davon abhalten, meine Freunde in Ginnie Springs zu besuchen und zum Höhlentauchen zu fahren!‹ Wahrscheinlich war die Polizei von Florida derart überrascht, dass überhaupt jemand fuhr, dass sie sie durchgelassen hat, obwohl die Straßen offiziell gesperrt waren. Und als sie dann in Ginnie ankamen, herrschte bei allen große Freude. Wir hatten ein super Essen und eine tolle Party. So waren die Rouses. Die verbreiteten einfach durch ihre Anwesenheit Fröhlichkeit. Ja, und nun vermisse ich sie.«

Es verging noch eine ganze Weile, bis die Asche von Chris und Chrissy schließlich verstreut wurde. Sue wollte gerne im Dezember noch eine Gedenkfeier in Florida abhalten, bei dem jährlich stattfindenden Workshop für Höhlentaucher, an dem die Rouses in den vergangenen Jahren immer teilgenommen hatten. Und dann sollte es eine Woche darauf noch eine Totenfeier in Ginnie Springs geben, bei der die Asche der beiden im Devil's System unter Wasser ausgebracht werden sollte. Marc Eyring hatte den Vorschlag gemacht, dass eine Engstelle, die sich 975 Meter weit im Devil's System befindet, von »Hinkel« in »Rouse« umbenannt werden sollte, obwohl der Name offiziell nie geändert wurde. Außerdem sollte innerhalb der Höhle eine Gedenktafel zu Ehren der Rouses angebracht werden. Der Entdecker der Hinkel-Engstelle gab dazu freundlicherweise seine Zustimmung.

So verstrichen zwischen dem Tod der Rouses und dem Ausbringen ihrer Asche drei Monate. Auch wenn Sue darüber nicht sprach, so schien es doch verständlich, dass sie noch nicht bereit war, sich für immer von ihrem Mann und ihrem Sohn zu trennen.

John Reekie sollte die Asche von Chris Rouse in die Tiefe der Höhle bringen, Marc Eyring die von Chrissy. Außerdem nahmen noch einige andere Taucher an der Zeremonie teil, darunter Tim Stumpf und Evie Dudas, deren Mann vor vielen Jahren ebenfalls durch einen Tauchunfall ums Leben gekommen war. Zwei andere Taucher fühlten sich von der Situation emotional überfordert und kamen nicht mit. Einer davon war Denny Willis, ein Tauchlehrer und guter Freund der Rouses, den die beiden zum Höhlentauchen gebracht hatten und der später sogar noch Leiter der Ausbildungsabteilung der NSS-CDS wurde, einer der beiden Höhlentauchorganisationen, die ihren Sitz in Florida haben. Er stand schon in voller Montur unweit des Eingangs zum Devil's System im Wasser, da überkam ihn ein so schlechtes Gefühl, dass er den Tauchgang abbrach, noch bevor er richtig ins Wasser eingestiegen war. Das war zweifellos eine kluge Entscheidung, denn wer sich körperlich oder seelisch nicht gut fühlt, der hat stets ein erhöhtes Unfallrisiko. So ereignete sich beispielsweise einige Jahre später bei den Dreharbeiten für eine Unterwasserdokumentation zu Ehren eines verstorbenen Tauchers ein Unglück in einem tiefen Höhlensystem, bei dem der beste Freund des Toten auf seltsame Weise ums Leben kam, weil sich die Gummiriemen seiner Flossen gelöst hatten. Bei seinem Versuch, aus der Höhle hinauszuschwimmen, überanstrengte er sich, verlor das Bewusstsein und ertrank. Sue wollte an dem Tauchgang nicht teilnehmen. Sie wartete am Flussufer, während unten die Asche ausgebracht wurde.

Um zu der Engstelle zu gelangen, benutzte der Trauerzug Scooter, jene Unterwasser-Transportgeräte, die Chris Rouse so erfolgreich repariert und aufgerüstet hatte, dass er sich mit seiner Firma Black Cloud Scuba innerhalb der zahlenmäßig kleinen, über ganz Nordamerika verteilten Gemeinde der engagierten Taucher bereits einen Namen gemacht hatte. Nachdem sich alle durch die Engstelle gezwängt hatten, entließen sie die sterblichen Überreste ihrer Freunde in den zeitlosen Fluss des Höhlenwassers.

So waren Vater und Sohn Teil des Höhlensystems geworden, in dem sie immer so gerne getaucht waren. Zumindest symbolisch würden sie nun für immer in einer Höhle tauchen.

Am Flussufer sah Sue auf das Wasser, das aus dem System der Devil's Cave kristallklar herausgesprudelt kam und sich in einer sanften, stetigen Fließbewegung in den Santa Fé River ergoss. So war es schon vor zehntausend Jahren gewesen, und so wird es wahrscheinlich auch noch unzählige Jahre bleiben.

KAPITEL 12

In immer größere Tiefen

27. Juni 1999 – Beim Wrack der Andrea Doria.

Schon als ich an der Ankerleine hinabtauchte, sah ich unter mir in der grünlichen Tiefe die *Andrea Doria* liegen. Es war mein vierzehnter Besuch bei dem berühmten Ozeanriesen. Direkt über mir schwamm Wolfgang Kanig, ein Freund aus Deutschland, der das Wrack zum zweiten Mal besichtigte. Wir hatten uns zehn Jahre zuvor in Ginnie Springs kennen gelernt, wo er zusammen mit deutschen Taucherfreunden, Steve Berman, Chrissy Rouse und mir einen Kurs besucht hatte. Wolfgang und ich hatten zusammen schon Tauchexpeditionen in Mexiko und Schottland unternommen.

Am Vortag hatten wir bei den Vorbereitungen zu unserem Abstieg eine ganze Reihe Probleme gehabt. Wir mussten Wolfgangs Flaschen noch einmal auswechseln, nachdem aufgrund einer defekten O-Ringdichtung das teure Heliumgemisch in die Seeluft entwichen war. Da es sehr warm gewesen war, hatten wir noch einmal unsere Trockentauchanzüge ablegen müssen. Als wir dann die Tauchanzüge wieder anzogen, bemerkte ich, dass in meiner Vollgesichtsmaske die Halbmaske für Mund und Nase nicht richtig saß. Ich fürchtete, dass sich dadurch bei jedem Atemzug die gesamte Maske mit Luft füllen könnte, was zu einem erhöhten Luftverbrauch führen würde.

Endlich stand ich in voller Ausrüstung da und musste nur noch meine Maske aufsetzen. Doch waren nicht all diese Probleme ein schlechtes Vorzeichen? Der Gedanke an mein Abenteuer von 1991, das beinahe tödlich verlaufen wäre, weil ich die Grippesymptome übergangen hatte, schoss mir wie ein Alptraum durch den Kopf. Auch an den unglücklichen Tauchgang der Rouses zu *U-Who* sieben Jahre zuvor bei tosender See, von dem beide als Todgeweihte zur Oberfläche zurückgekehrt waren, musste ich denken. Lass es lieber, sagte ich mir. Morgen ist auch noch ein Tag, du hast noch viel Zeit. Ich brach den Tauchgang ab, bevor ich überhaupt nass geworden war.

Doch Wolfgang ließ sich nicht beirren und sprang ins Wasser. Er war von weit her zur *Andrea Doria* gekommen, und er wollte sich nicht von ein paar kleinen Ausrüstungsproblemen um das Vergnügen bringen lassen. Es überraschte mich, dass er alleine tauchen wollte, denn ich kannte ihn als vorsichtigen Taucher. Vor Schottland hatte er einmal wegen Ausrüstungsproblemen darauf verzichtet, zur *HMS Hampshire* zu tauchen. Um dieses äußerst interessante Schiff ranken sich viele politische Legenden, man spricht von Mord und Sabotage, denn es riss bei seinem Untergang auf dem Höhepunkt des Ersten Weltkriegs den britischen Kriegsminister Lord Kitchener in den Tod. Ich tauchte damals alleine die etwas über 60 Meter zum Wrack der *Hampshire* hinab, die zuvor nur von zehn oder elf Sporttauchern besucht worden war.

Als Wolfgang nach seinem Solobesuch bei der *Andrea Doria* wieder an Bord war, meinte er, ich hätte Recht gehabt, er hätte auch nicht tauchen sollen. »Es gab ein Problem nach dem anderen.« Aus einem seiner Atemregler entwich Luft, dann spielte eine Druckanzeige verrückt, und schließlich verklemmte sich ein Schlauch zwischen Teilen seiner Ausrüstung. Der Tauchgang war wahrlich kein Vergnügen gewesen, doch glücklicherweise war nichts passiert.

Auch am nächsten Tag gab es wieder Schwierigkeiten mit der Ausrüstung. Ich konnte das Ventil nicht finden, um auf die zweite Hälfte meines Luftvorrats umzuschalten, weil eine meiner Reserveflaschen mir im Weg war. Ich hatte in letzter Minute ein Leck entdeckt, als ich die Einheit in einem Wassereimer überprüfte, und sie kurzerhand ausgetauscht, so dass ein Ventil nun in eine andere Richtung zeigte als sonst. Ich konnte mich noch so sehr anstrengen, mit den dicken Gummihandschuhen, die meine Hände gegen Auskühlung schützen sollten, schaffte ich es nicht, das Ventil zu greifen. Nachdem ich es eine Weile versucht hatte, wandte ich mich zu Wolfgang, der mich fragend anschaute, und wies mit dem Daumen zur Oberfläche. Wären wir mit Unterwassersprechfunk ausgerüstet gewesen, hätte ich ihm genau erklären können, was für ein Problem ich hatte. Doch auch knapp ein Jahrzehnt nach dem Tod der Rouses galten unter Sporttauchern solche Geräte noch immer als umständliches und fehleranfälliges Zubehör. Meine Vollgesichtsmaske und das Ventil für die zweite Flasche gehörten nicht zur Standardausrüstung, deshalb verzichtete ich lieber darauf, Wolfgang zu signalisieren, es umzuschalten. Falls er das Ventil in die falsche Richtung drehte, wäre die Luftzufuhr völlig abgestellt. Deshalb ging ich lieber auf Nummer sicher und brach den Tauchgang ab. Das war zwar ärgerlich, aber ich hatte schon genug schlechte Erfahrungen gesammelt, um zu wissen, was es für Konsequenzen haben kann, sich anders zu entscheiden. So gerne ich mit Wolfgang ins Wrack geschwommen wäre und ihm bei der Suche nach Souvenirs geholfen hätte, war es nicht wert, unser beider Leben dadurch zu riskieren, dass ich nur den halben Luftvorrat zur Verfügung hatte.

Auch beim Aufstieg versuchte ich noch mehrmals, das Ventil zu öffnen. Es ging nicht. Ich schaltete von Trimix auf Pressluft um und kontrollierte die Druckanzeige. Sie zeigte nicht das an, was ich erwartete. Später erzählten mir andere Taucher, sie hätten gesehen, wie beim Abtauchen viel Luft aus meiner Maske geströmt sei. In meinem System war irgendein Leck. Nun hatte ich nur noch sehr wenig Luft, zu wenig für die Dekompression, die auf 33 Metern begann.

Ich dachte an die Warnung von Dr. Mendagurin und schaltete wieder auf Trimix um, das ich unter normalen Umständen nur am Wrack geatmet hätte. Das bedeutete, dass sich meine Dekompressionszeit noch verlängerte, da mein Körper weiterhin Helium aufnahm, das er zu diesem Zeitpunkt mit Hilfe der Pressluft eigentlich schon abbauen sollte. Ich achtete genau auf die Uhr und stieg langsam bis auf 20 Meter auf, wo ich wieder auf Luft umstellte. Als ich beim Atmen mehr und mehr Widerstand spürte, wusste ich, dass die Flasche langsam leer wurde. Ich hatte keine Wahl, ich musste wohl oder übel an die Notreserven.

Dazu musste ich aber meine Vollgesichtsmaske abnehmen, die zwei integrierte Atemregler besaß – einen als Ersatz – und aus meinen dritten, mit einem Schlauch verbundenen Lungenautomaten atmen. Danach musste ich aus meinem Sammelnetz meine Halbmaske heraussuchen, die nur die Augen und die Nase bedeckt. Allerdings würde Wasser durch meine speziell angefertigte Taucherhaube bis zu meinen Ohren vordringen, wenn ich die Vollgesichtsmaske abnahm. Für die meisten Taucher stellt das kein Problem dar. Doch ein Jahr zuvor hatte ich mehrere Mittelohrentzündungen gehabt, die mir vierzig Prozent des rechten Trommelfells zerstört hatten. Eine besondere Schutzausrüstung, bestehend aus einem Ohrstöpsel, einer speziellen Haube und eben der Vollgesichtsmaske sollte verhindern, dass kaltes Wasser bis zu diesem Ohr vordrang, was unweigerlich Schwindel, Desorientierung und Brechreiz auslösen würde. Doch mir blieb nichts anderes übrig.

Ich nahm also die Vollgesichtsmaske ab, wobei ich mich auf die plötzliche Kälte in meinem Gesicht gefasst machte, um nicht im Reflex durch die Nase einzuatmen. Dann nahm ich den dritten Atemregler in den Mund. Doch die Heliumflasche, zu der er gehörte, war beinahe leer. Da hing ich nun in 20 Meter Tiefe an der Ankerleine und wartete darauf, dass mir schwindlig wurde. Was nun?

Tauchte ich auf, um an der Oberfläche Hilfe zu bekommen, so drohte mir als Folge meines Unfalls von 1991 lebenslange Lähmung. Das war also keine gute Lösung. Blieb ich an der Ankerleine, so würde ich ertrinken. Das Boot war mit Sauerstoffschläuchen ausgerüstet, an denen man in sechs Meter Tiefe während der Dekompression atmen konnte. War Wolfgang über mir oder unter mir? Ohne Maske konnte ich nichts sehen. Vielleicht konnte ich ein Stück nach oben schwimmen, und wenn ich auf Wolfgang oder einen anderen Taucher traf, konnte er mir von seiner Luft abgeben. Falls nicht, blieb mir immer noch die Möglichkeit, bis zu den Sauerstoffschläuchen zu schwimmen. Dann hätte ich zwar den Dekostopp auf 20 Metern nicht beendet, aber ich wäre wenigstens noch im Wasser und könnte die Dekompression mit reinem Sauerstoff auf sechs Metern fortsetzen. Das war keine optimale Lösung, aber es würde wahrscheinlich nicht zu einer Lähmung führen. Ich musste rasch reagieren, bevor das kalte Wasser sich durch die eng anliegende Haube und am Ohrstöpsel vorbei gearbeitet hatte. Auch dass ich zunehmenden Widerstand am Atemregler spürte, trieb mich zur Eile an.

Über mir nahm ich verschwommen die Umrisse eines Tauchers wahr. Ich spuckte meinen Atemregler aus und fuhr mir mit der Handkante über die Kehle, was das Taucherzeichen für »Ich habe keine Luft mehr« ist. Ohne Maske konnte ich nur schemenhaft sehen. Wolfgang tastete auf seiner Brust nach einem Atemregler, doch dank des pinkfarbenen Sicherheitsschlauches erkannte ich, dass er über seiner Schulter hing. Manche Taucher bevorzugen pinkfarbene Ausrüstungsgegenstände. Wenn sich jemand einen Witz darüber erlaubt, verweisen sie sehr ungehalten darauf, dass man diese Farbe eben von weitem sehen könne. Ich war in diesem Moment sehr dankbar, dass Wolfgang sich nicht von anderen beeinflussen ließ und ihm Sicherheit über Eitelkeit ging.

Sorgfältig tastete ich den Schlauch entlang und stellte fest, dass er zu einer der Flaschen führte, die Wolfgang auf dem Rücken trug. Das bedeutete, dass der Atemregler an einer Trimixflasche angeschlossen war, die für das Tauchen beim Wrack vorgesehen war, nicht für die Dekompression. Das war zwar auch nicht ideal, doch es würde mein Überleben sichern und mir Zeit geben, meine Maske aus dem Sammelnetz zu holen und aufzusetzen. Dann würde ich auch wieder sehen können.

Ich brauchte dringend Luft, also griff ich nach dem Atemregler am pinkfarbenen Schlauch. Dann holte ich die Maske aus dem Sammelnetz und setzte sie auf, wobei ich durch die Nase ausatmete, um das Wasser auszublasen. Ich sah auf meine Taucheruhr, die mit einem Tiefenmesser kombiniert war. Wir befanden uns in 18 Meter Tiefe. Wolfgang signalisierte mir, dass wir bis zum nächsten Dekostopp aufsteigen sollten. Als wir bei 12 Metern angekommen waren, begann sich alles um mich zu drehen. Ich hielt mich an Wolfgangs Schulterriemen fest, um nicht von ihm und der lebenswichtigen Luft abgetrieben zu werden. Ich hatte den Eindruck, dass das Karussell schneller und schneller wurde, und konnte nur hoffen, dass mein Körper das ins Ohr eingedrungene Wasser rasch erwärmen würde, damit das Drehen aufhörte, und tatsächlich wurde es allmählich langsamer und hörte schließlich ganz auf. Ich war 12 Meter unter der Oberfläche, ich hatte Luft, und ich lebte noch.

Wolfgang befestigte die kleine Dekosauerstoffflasche an meinen Gurten. Dankbar atmete ich den Sauerstoff und hoffte, dass sich meine Dekompression etwas beschleunigte und das im Übermaß eingeatmete Helium keine Bläschen bilden würde, wenn ich auftauchte. Ich machte Wolfgang durch Zeichen deutlich, dass ich weiter auftauchen wollte – in 12 Meter Tiefe von seinem Gemisch zu atmen, das nur 17 Prozent Sauerstoff und 35 Prozent Helium enthielt, würde meine Dekompression nicht befördern. Andererseits wollte ich in dieser Tiefe aber auch keinen reinen Sauerstoff atmen, denn dadurch riskierte ich, Krämpfe zu bekommen und zu ertrinken. Ich musste an das Gesicht des toten Ed Sollner denken. Mit Wolfgangs Sauerstoffflasche schwamm ich bis zu den Sauerstoffschläuchen des Bootes. Den Rest der Flasche hob ich mir auf, um später damit zur Bootsleiter zu schwimmen. Sicher versorgt durch die Schläuche, konnte ich erst einmal in aller Ruhe und so lange es nötig war meine Dekompression fortsetzen.

Als Wolfgang seine Dekompression beendet hatte, schwamm er zu mir herüber und fragte mich durch Zeichen, ob bei mir alles in Ordnung sei. Er zeigte auf sich selbst und dann zur glitzernden Oberfläche. Ob er auftauchen könne? Ich machte das »OK«-Zeichen. Wolfgang verschwand im gleißenden Sonnenlicht. Kurz darauf wurde an einem Seil ein Set Zwillingsflaschen mit Pressluft herabgelassen, die gegen die Flaschen stießen, die ich auf dem Rücken trug. Die Jungs oben wollten offenbar ganz sicher gehen, dass ich die Flaschen auch bemerkte. Ich wechselte von Zeit zu Zeit zu diesen Flaschen, um zu verhindern, dass ich durch das Überangebot an Sauerstoff Schaden nahm.

Der Zeitplan für meine Dekompression hatte durch den unvorhergesehenen Einsatz von Mischgasen bei allen Stopps von zwanzig bis zu zwölf Metern und durch das Trimix, das ich am Meeresgrund geatmet hatte, schon längst keine Gültigkeit mehr; auch die Stopps bei zwölf und neun Metern hatte ich abgebrochen, um direkt zum Sauerstoff bei sechs Metern aufzutauchen. Wenn man als Taucher zu ungeplanten Wechseln des Atemgemischs gezwungen ist, dann bleibt einem nur noch, irgendwie Ordnung im Chaos zu improvisieren. Man hielt sich bei jedem Stopp so lange auf, bis man das Gefühl hatte, es sei genug, und stieg dann höher; fühlte man irgendwelche Schmerzen, tauchte man einen oder zwei Stopps tiefer und setzte dort die Dekompression fort. Ich achtete auf die Signale meines Körpers, aber Schmerzen, wie ich sie damals bei meinem Tauchunfall gehabt hatte, stellten sich diesmal nicht ein. Nachdem ich die Dekompression so um mehrere Stunden ausgedehnt hatte, tauchte ich auf und kletterte ins Boot. Meine Freunde machten besorgte Gesichter, doch bald begannen sie zu lächeln. Ich war erleichtert, dass sich keine Symptome von Bends einstellten.

Als ich um drei Uhr nachts endlich nach Hause kam und in mein Bett kroch, erzählte mir meine Frau schlaftrunken, sie habe am Abend erfahren, dass mein Freund Tony Smith bei einem Tauchunfall gestorben sei, als ich bei der *Andrea Doria* war. Er tauchte in warmem, klarem Wasser vor der Küste von North Carolina zu einem Wrack in 40 Metern Tiefe. Das war keine große Herausforderung für den erfahrenen Taucher, der gerade erst von der Truk Lagoon im Pazifik zurückgekehrt war, dem Mekka des Wracktauchens. Wahrscheinlich aus Bequemlichkeit und aus dem Drang, möglichst schnell ins Wasser zu kommen und nach Artefakten zu suchen, vergaß er, die Ventile seiner Flaschen zu öffnen. Er vernachlässigte auch die üblichen Sicherheitschecks vor dem Tauchen, die ihn auf die drohende Gefahr aufmerksam gemacht hätten. Er sprang ins Wasser, sank wie ein Stein zum Grund und ertrank.

So erschöpft und ausgelaugt ich auch war, ich schlief nicht viel in dieser Nacht, genauso wenig in der folgenden. Ich musste dauernd an den tödlichen Unfall meines Freundes und an meine Schwierigkeiten beim Auftauchen von der *Andrea Doria* denken. Was, wenn es mir nicht gelungen wäre, die Situation zu meistern und ich ertrunken wäre? Was wäre dann aus meiner Familie geworden? Gil war nun beinahe elf und kam in ein Alter, wo es wichtiger als je zuvor für ihn war, einen Vater zu haben. Mein Tod würde ihn aus der Bahn werfen, er würde ihm das Gefühl geben, verlassen worden zu sein. Meine Karriere und die finanzielle Absicherung meiner Familie machten gerade große Fortschritte. Hatte ich überhaupt das Recht, mein Leben beim Tauchen zu riskieren, bei all den Verpflichtungen gegenüber den Menschen, die ich liebte? Als an diesem Morgen die Sonne aufging, verabschiedete ich mich nicht nur von der *Andrea Doria,* sondern vom Tauchsport überhaupt – zumindest für eine Zeit lang. Ich beschloss, mich nicht mehr in die Tiefe zu begeben, ehe ich nicht für die Sicherheit meiner Familie gesorgt hatte.

Die Zeit, in der die Rouses zu den aktivsten Tauchern gehört hatten, war von einschneidenden Veränderungen und heftigen Kontroversen in der Welt des Sporttauchens geprägt gewesen. Ungeachtet ihres Todes ging die Entwicklung weiter, und nicht wenige waren der Meinung, dass sie eine gefährliche Wendung nahm. Der Einsatz von Mischgasen, das Vordringen in Schiffswracks und Höhlen und der vermehrte Gebrauch von Geräten, mit denen man die bisherigen Grenzen überschreiten und den Gefahren der Tiefe zu trotzen versuchte, hatten einen Namen bekommen – Technisches Tauchen.

Der Tod der Rouses und ihres Freundes Ed Sollner wurde ein vielzitiertes Beispiel für die angeblich gefährliche Tollkühnheit des Technischen Tauchens. Trotz aller Proteste von Tauchern und Tauchorganisationen, ja sogar der Selbstkritik von Technischen Tauchern, entwickelten sich die neuen Techniken zu Standards einer Sportart, deren Risiken durch das aufgewogen wurde, was sie zu bieten hatte.

Letztendlich waren es aber auch kommerzielle Interessen, die die Entwicklung vorantrieben, wie so oft in der Geschichte des Tauchens, in der Menschen immer wieder alles riskiert hatten, um verlorene Schätze aus dem Wasser zu bergen, ungeachtet derer, die erklärten, die Unterwasserwelt sei ein verbotenes Reich. Im Winter 1991 veröffentlichte *AquaCorps* einfache, aber überzeugende Grafiken, die zeigten, wie viel Geld Technische Taucher im Vergleich zu Sporttauchern für Ausbildung, Ausrüstung und Expeditionen ausgaben.

Bei den Technischen Tauchern saß das Geld ziemlich locker, wenn es um Kurse, Tauchfahrten und Equipment ging: Obwohl sie nur acht bis zehn Prozent unter den aktiven Amateurtauchern ausmachten, stammte doch ein Drittel des Geldes, das überhaupt für das Tauchen ausgegeben wurde, von ihnen, im Bereich Ausrüstung waren es sogar 40 Prozent.

Trotz aller Ermahnungen von Verbänden gegen die Verwendung von Mischgas durch Sporttaucher wollten viele Ladenbesitzer und Tauchschulen den Boom nicht verpassen. Sie investierten in Zusatzausbildung, um selbst Mischgase herstellen zu können, und kauften die teuren Geräte, die man benötigt, um sicher Atemgase mischen und analysieren zu können. All dies trieb die Entwicklung des Technischen Tauchens weiter voran. Bald hatte man eine große Auswahl an Taucherläden, wo man den Nachweis für die Ausbildung im Mischgastauchen auf die Theke legen konnte, um seine leere Flaschen mit der Mischung gefüllt zu bekommen, die man verlangte. Das war viel einfacher, als das Gemisch selbst herzustellen, wozu man sich große Vorratsflaschen mieten musste, die man in der Garage, der Werkstatt oder gar in der Wohnung unterbrachte, wie das Chris und Chrissy Rouse getan hatten, als sie noch das Geld dafür hatten.

Neben der *Seeker* und der *Wahoo,* die schon zu Zeiten, als der Ausdruck noch nicht so populär war, Technische Taucher zu ihren Zielen gebracht hatten, richteten sich nun mehr und mehr Tauchboote auf diese Kundschaft ein. Nun warf einen kein Kapitän mehr vom Boot, wenn man mit einer Flasche an Bord kam, auf der klar und deutlich »Sauerstoff« stand, und keiner der alten Hasen stichelte, da käme schon wieder so ein Unfall auf Abruf. Während Abenteurer Schlange standen, um den Mount Everest zu besteigen, drangen Legionen von Tauchern in die Tiefen vor, die ihnen die neuen, exotischen Atemgasgemische eröffneten. Alles, was man brauchte, war Geld, Abenteuerlust und Zielstrebigkeit.

Als immer mehr Taucher zum Tauchen mit Mischgas übergingen, bekamen die traditionellen Sporttaucherorganisationen Angst um ihre Einkünfte. 1995 entschlossen sich die größte von ihnen, die Professional Association of Diving Instructors (PADI) in Kalifornien, und die bedeutendste englische Organisation, der Britisch Sub-Aqua Club, kurz BS-AC, nun ebenfalls

Tauchkurse mit Nitrox anzubieten, mit denen Tauchgänge bis maximal 40 Metern möglich waren. Dies setzte sich in den folgenden Jahren als Standard in allen Tauchschulen der Welt durch. Kleinere Organisationen, die Taucher auch im Umgang mit Trimix ausbildeten, das zusätzlich Helium enthält und Tauchtiefen weit jenseits von 40 Metern ermöglicht, gewannen langsam das Vertrauen und den Respekt, der ihnen zuvor verweigert worden war.

Die Taucher drangen nun in immer größere Tiefen vor. Zuvor unerreichbare Ziele rückten in realistische Nähe. Die *Andrea Doria,* die 1956 in 73 Metern Tiefe gesunken war, galt lange Zeit als das Äußerste, was ein Sporttaucher noch sicher erreichen konnte.

Im Jahre 1994 waren John Chatterton, John Yurga, Barb Lander und Gary Gentile als amerikanische Mitglieder eingeladen worden, an der Expedition der britischen Taucherin Polly Tapson zur *Lusitania* teilzunehmen, die in 100 Metern Tiefe vor der Südküste Irlands liegt. Es war die erste Expedition von Sporttauchern zu dem berühmt-berüchtigten Schiff, die durch die Verwendung von Mischgas möglich wurde. Das Unternehmen war eine Pionierleistung, wenn auch nicht unumstritten, und Chris Rouse und sein Sohn hätten sicher eine zweite Hypothek auf ihr Haus aufgenommen, um daran teilnehmen zu können – sie hätten auch nicht die Ausgaben für das Trimix gescheut, das man dafür brauchte.

Polly Tapson führte ihre Expedition unbeeindruckt von der gerichtlichen Auseinandersetzung mit Greg Bemis durch, einem Amerikaner, der behauptete, ihm gehöre die *Lusitania,* und der das Tauchen zum Wrack verbieten wollte. Die Expedition war ein Erfolg, denn das Team konnte das Wrack untersuchen und stellte unter Beweis, dass auch Sporttaucher ohne Sicherheitsprobleme in über 90 Meter Tiefe vordringen können. Keiner der Taucher kam durch die schwierigen Bedingungen in der offenen See zu Schaden. Dieser Erfolg war um so bemerkenswerter, als Tapson nur eine Woche zuvor einen schweren Anfall von Bends gehabt hatte. Die Ärzte hatten sie eindringlich davor gewarnt, so kurz nach dem Unfall wieder zu tauchen, aber sie hatte nicht darauf gehört. Als Menduno sie für *AquaCorps* interviewte, wollte sie sich dazu nicht äußern. »...ich möchte nicht... als Beispiel für jemand dastehen, der unverantwortlich gehandelt hat und damit durchgekommen ist. Und dass dann jemand dasselbe tut und im Rollstuhl landet.« Für Psychotherapeuten wie Dr. Jennifer Hunt ist Polly Tapsons Verhalten ein klarer Fall von Risikoverdrängung: Sie wollte unbedingt an der historischen Tauchexpedition teilnehmen, die sie so lange vorbereitet hatte, weshalb sie die Möglichkeit, durch einen neuerlichen Anfall von Bends zum Krüppel zu werden, einfach ignorierte. Polly Tapson hatte keine Beschwerden, und sie tauchte, ohne dass es zu einem Unfall kam. Das zeigt, wie wenig wir letztendlich über die Taucherkrankheit und die Auswirkungen von starkem Wasserdruck auf den menschlichen Organismus wissen.

Auch über eventuelle Langzeiteffekte des Tauchens in große Tiefen sind die Erkenntnisse nach wie vor dürftig. Taucher wie ich, die noch auf mindestens einem Ohr hören können und deren Gehirn über alternative Nervenbahnen arbeitet, sind die inoffiziellen Studienobjekte für die Physiologie von Extremsportarten. Forschern wie Emmerman und Huggins, die bei der Expedition des Teams Doria so stark mit der Seekrankheit zu kämpfen hatten, versuchen, die Auswirkungen der Dekompression auf den Körper der Taucher zu erforschen, doch welche Folgen sich über die Jahrzehnte einstellen, das weiß bislang niemand zu sagen. Manche, die lange Jahre getaucht sind, leiden unter seltsamen, unerklärlichen Symptomen, die möglicherweise mit dem Sport im Zusammenhang stehen und den Medizinern große Rätsel aufgeben. Schäden am Innenohr und neurologische Ausfälle beeinträchtigen manchmal über Wochen ihren Gleichgewichtssinn.

Das passiert Evie Dudas beispielsweise trotz aller Vorsichtsmaßnahmen alle drei oder vier Jahre. Sie leidet auch an Hautsymptomen, die durch Dekompressionskrankheit verursacht sind, den so genannten »Taucherflöhen« – Rötungen, Jucken, Taubheit –, wenn sie nicht nach jedem Tauchgang zur Dekompression hoch konzentrierten oder reinen Sauerstoff atmet, gleichgültig, ob die Tauchtabellen Dekompression verlangen oder nicht. Doch manchmal helfen ihr auch solche Vorsichtsmaßnahmen nichts. All das hat dazu geführt, dass ihr Körper sich eigentlich im Dauerstress der Dekompression befindet, vermutlich der Grund für die zahlreichen Probleme, die sie mit ihren Knochen hat. Die Ärzte haben ihr sogar schon vorgeschlagen, sich das Fußgelenk operativ versteifen zu lassen. Sie lehnte ab, weil es sie beim Schwimmen unter Wasser behindert hätte. Infolge von Dekompressionsproblemen hat Evie in der rechten Körperhälfte kein Gefühl mehr. Sie ist also praktisch dauernd krank, und kein Arzt kann ihr helfen.

Und trotz allem taucht sie noch. Wenn man sie darauf anspricht, dann erklärt sie, sie werde erst damit aufhören, wenn sie nicht mehr schwimmen oder atmen könne.

Auch ich litt noch Jahre nach meinem Unfall an den neurologischen Folgen der Dekompressionskrankheit: plötzlich auftretenden Stimmungsschwankungen und einem Abbau meiner intellektuellen Fähigkeiten. Ich hatte Gedächtnisprobleme, und meine Konzentrationsfähigkeit ließ nach. Manchmal hatte ich Wortfindungsstörungen und konnte keine richtigen Sätze bilden. Ich hatte das Gefühl, mit einem Mal sehr alt geworden zu sein.

Auch John Reekie, der kanadische Taucher, der 1991 dem Team Doria angehört hatte, leidet heute unter den Folgen des Tauchens. 1993 nahm Reekie an John Moyers ehrgeiziger Expedition zur *Andrea Doria* teil, bei der sie den wertvollen Wandfries von Guido Gambone und die zweite Schiffsglocke ans Tageslicht bringen wollten. Die Bergung des 500 Kilo schweren Keramikfrieses gelang und wurde weltweit in den Medien gefeiert. Die zweite Glocke der *Doria* blieb jedoch unauffindbar.

Reekie hatte bei der Expedition die Aufgabe übernommen, in einem Lagerraum für Farben nach der Glocke zu suchen. Ausgerüstet mit einem Unterwassersauger schwamm er mehrmals durch ein Loch in 67 Meter Tiefe in das Wrack, um in 64 Meter Tiefe in den hüfthohen Schlamm- und Schlickablagerungen nach der Glocke zu graben, immer mit dem Kopf voran. Schon beim ersten Mal bekam er furchtbare Kopfschmerzen, doch glaubte er, sie würden verschwinden, wenn er diesen Bereich verließ. Stattdessen verstärkten sie sich noch beim Aufstieg. Reekie gab den hochgiftigen Rückständen der bleihaltigen Lacke und Verdünner die Schuld, die er mit dem Schlick aufgewirbelt hatte. Noch heute leidet er unter Atembeschwerden und Hautproblemen, die seiner Ansicht nach von dieser Expedition herrühren.

Moyer dagegen bezweifelt, dass Reekies Beschwerden ihre Ursache in den Tauchgängen zum Farbenlager der *Doria* haben. Auch andere Taucher meinen, er habe eben die Gesundheitsprobleme eines übergewichtigen Kettenrauchers. Das Wahrscheinlichste ist, dass seine Beschwerden sowohl mit seinem Gewicht und seinem Tabakkonsum als auch mit dem Tauchen zusammenhängen. In seiner Tauchkarriere war sein Körper nicht nur den giftigen Chemikalien bei Moyers Expedition zur *Andrea Doria* ausgesetzt gewesen, sondern immer wieder auch dem extremen Stress, den eine mehrstündige Dekompression bedeutet.

Bei keinem der Gesundheitsprobleme, unter denen Evie, Glenn, John und ich leiden, lässt sich eindeutig sagen, ob sie durch Dekompressionskrankheit ausgelöst oder mitverursacht wurden. Trotz aller Fortschritte der Medizin tappen die Ärzte auf diesem Gebiet noch weitgehend im Dunkeln, ein Zustand, den nicht wenige als frustrierend empfinden.

Bis auf den heutigen Tag leidet Glenn Butler darunter, dass er Chrissy nicht retten konnte, auch wenn er als erfahrener Taucher und Spezialist für die Auswirkungen von Druck auf den menschlichen Organismus ganz genau weiß, dass niemand dem jungen Mann unter den gegebenen Umständen hätte helfen können. Ärzte und medizinisches Personal haben die gleichen Emotionen wie wir alle. Ein schlimmer Fall von Dekompressionskrankheit kann auch sie sehr mitnehmen, während sie es bei anderer Gelegenheit schaffen, ihre Betroffenheit hinter einer unbeteiligten Maske zu verbergen und ihre Arbeit rein »professionell« zu sehen.

Auch viele Taucher ziehen eine scharfe Trennungslinie zwischen sich und anderen, die es »verdientermaßen« getroffen hat. Hat ein Taucher etwas Unvernünftiges getan, von dem man glaubt, dass es einem selbst nie passieren könnte, dann bietet das natürlich Gelegenheit, sich selbst von derart törichten Fehlern abzugrenzen – und die Überzeugung zu stärken, dass einem selbst nichts passieren kann. Dr. Hunt stellte fest, dass Tauchern, die »unverdient« einen Unfall erlitten haben, viel mehr Mitgefühl entgegengebracht wird, weil jeder weiß, dass dies auch ihm bei Einhaltung aller Vorsichtsmaßregeln in einer tückischen Höhle oder im unberechenbaren Meer passieren kann.

Als Dr. Hunt 1993 in *AquaCorps* einen Artikel über die Reaktion der Gesellschaft auf Taucher mit Dekompressionskrankheit und deren Stigmatisierung veröffentlichte*, reagierten Ärzte, die mit Tauchunfällen zu tun hatten, teils ungläubig, teils mit Verärgerung. Es folgten weitere Veröffentlichungen in anderen Zeitschriften. Therapeuten, Soziologen, Psychologen und Tauchforscher begannen nun, sich auf Tauchkongressen auch mit den vielfältigen psychologischen Aspekten des Sports zu befassen. Damit hatten Menduno, *AquaCorps* und Dr. Hunt einen wichtigen Dialog in Gang gesetzt, der Taucher dazu ermutigte, ihre Neigung zur Unterwasserwelt *bewusster* und unter neuen Sicherheitsaspekten zu sehen. Die größere Sensibilisierung dafür, was in ihrer Psyche und Lebensgeschichte sie zum Tauchen antrieb, ermöglichte es ihnen, Gefahren besser abzuschätzen und das Wagnis, das sie eingingen, an ihre tatsächlichen Fähigkeiten anzupassen. Wer es zu vermeiden wusste, mit seinen Tauchpartnern ungelöste Beziehungskonflikte zu wiederholen, dem blieb manches unnötige Risiko erspart. Und wer über die psychologischen Hintergründe besser Bescheid wusste, der war auch nicht mehr so leicht bereit, einen Taucher, der einen Unfall erlitten hatte, zu stigmatisieren.

Dr. Hunt erhielt Dankesbriefe aus aller Welt. Ihre Artikel hatten vielen geholfen, ihren eigenen Fall von Bends mit neuen Augen zu sehen oder Bends zu vermeiden, indem sie über ihre seelischen Konflikte und ihre Motive nachzudenken begannen. Auch Dr. Peter Bennett, der Leiter von Divers Alert Netwerk, schickte Dr. Hunt einen begeisterten Brief, in dem er die Bedeutung ihrer Arbeit für die Welt des Tauchens wie für die Medizin

---

* Der Titel des Aufsatzes lautete: *Straightening out the Bends: ongoing research on the social reaction and stigma surrounding decompression illnes.*

hervorhob. Dr. Hunts Arbeit in diesem Bereich ist mittlerweile abgeschlossen und sie hat sich neuen Aufgaben zugewandt, doch der Einfluss, den sie auf Taucher und Ärzte ausgeübt hat, ist von Dauer. Jeder Taucher profitiert davon, wenn wir alle nicht bloß wissen, wie, sondern auch, warum man taucht.

Würden Chris und Chrissy Rouse heute mit Bends an die Oberfläche kommen, dann könnten sie möglicherweise sofort in einer Druckkammer behandelt werden. Bei Expeditionen Technischer Taucher ist heutzutage oft auch eine mobile Druckkammer mit Bord, was es im Jahre 1992 noch gar nicht gab. Sie ermöglichen, einen Taucher bei Symptomen von Dekompressionskrankheit unmittelbar künstlich auf eine Tiefe von zehn oder zwanzig Metern zu schicken – was ein beziehungsweise zwei Bar zusätzlichen Druck bedeutet – und ihn so lange unter diesem Druck zu lassen, bis man ihn in eine größere Druckkammer geschafft hat. Doch zur Standardausrüstung von Sporttauchbooten gehört dies noch nicht, auch nicht von solchen, die regelmäßig Technische Taucher zu ihren Zielen bringen. Der simple Grund ist, dass solche mobilen Druckkammern sehr teuer sind. Sie kosten zwischen 30 000 und 50 000 Dollar, je nach Ausstattung und Höhe des Maximaldrucks.

Die meisten Taucher behaupten, teure Ausrüstungsgegenstände wie Unterwasserfunkgeräte oder mobile Druckkammern seien überflüssig, weil sie sich immer an die Vorschriften halten würden und ihnen also nichts passieren könne. Doch Tauchen ist ein Sport, bei dem man voll und ganz von einer lebenserhaltenden Ausrüstung in einer feindlichen Umgebung abhängig ist. Und alles, was schief gehen kann, das geht auch irgendwann schief. Bill Hamilton meint dazu: »Die beste Methode, einem Unfall vorzubeugen, besteht darin, auf ihn vorbereitet zu sein, also die Ausbildung, die Ausrüstung und die Leute zu haben, die man braucht, um mit der Situation klarzukommen.« Hamilton wird nicht müde, andere Taucher daran zu erinnern, dass Bends kein »Unfall« sind, sondern ein statistisches Ereignis, das jeden treffen kann, egal, wie gut man ist oder welche Vorsichtsmaßnahmen man getroffen hat. Auf

Tauchertagungen trägt er gewöhnlich ein Button, das seine Sicht der Dinge drastisch zum Ausdruck bringt: »Shit happens«.

Technische Taucher kennen und akzeptieren die Risiken des Tauchens ohne Druckkammer, aber sie tun das nur, weil sie verdrängen, dass auch ihnen ein Unfall passieren kann. Ich habe das jedenfalls getan, und ich bin sicher, es gilt auch für Chris und Chrissy, obwohl wir oft über meinen Unfall gesprochen haben. Je mehr Erfahrung ein Taucher hat, für desto unverwundbarer hält er sich, eine Selbstüberschätzung, die zu höherer Risikobereitschaft führt. Solange nicht überall eine Druckkammer dabei ist, werden immer wieder Taucher sterben, wie Chris und Chrissy Rouse, während andere wie ich oder Evie Dudas Glück haben und noch einmal davonkommen. Und auch der Verzicht auf Unterwassersprechfunk wird jedes Jahr neue Opfer unter Tauchern fordern, die wie die Rouses nicht rechtzeitig Hilfe von der Oberfläche anfordern können. Trotz all der künstlichen Hilfsmittel, die es erfordert, sich mehr als drei Meter unter Wasser zu begeben und dort eine gewisse Zeit aufzuhalten, gelten Sprechfunkgeräte bei vielen Tauchern als unsportlich, beinahe so, als könnte dadurch irgendwie die Stille der Tiefe gestört werden. Doch ohne solche Hilfsmittel bleibt der Taucher unter Wasser allein gestellt; stößt er auf irgendwelche Schwierigkeiten, dann gerät die Situation allzu leicht außer Kontrolle, und er schafft es nur noch mit viel Glück zurück an die Oberfläche. Menschen, die stolz auf ihre technologischen Leistungen und ihre körperlichen Fähigkeiten sind, sollten sich letztendlich nicht vom Glück abhängig machen. Taucher können ihre Überlebenschancen bei einem Unfall deutlich erhöhen, wenn sie sich wirklich alles zunutze machen, was ihnen die Technik bietet, und nicht nur einen Teil.

Der Tauchsport findet nicht in einem kulturellen Vakuum statt. Risikobereitschaft ist ein Kennzeichen unserer Gesellschaft geworden: Wir alle nehmen enorme Risiken beim Sport, bei Finanzspekulationen und beim Sex in Kauf. Es ist wie ein Rausch, der durch das Erlebnis der Gefahr noch verstärkt wird. So kommt es, dass viele Taucher unter Wasser das Risiko geradezu suchen. Viele, die Chris und Chrissy und auch mir begegnet sind, kennen diese Sucht nach dem Adrenalinstoß und führen oder führten ein Leben der Extreme.

Bill Nagel, der Eigner der *Seeker,* war ein exzellenter Wracktaucher und ein wichtiger Lehrer für viele herausragende Taucher, beispielsweise für John Chatterton. Bill Nagel tauchte sehr tief und er tat dies oft. Während einige ihm Leidenschaft für den Sport attestierten, waren andere eher geneigt, ihm ein zwanghaftes Verhalten nachzusagen. Auch an Land konnte er sich nicht beherrschen; er war häufig betrunken. Im Jahre 1994 ertrank Bill Nagel regelrecht in seinem eigenen Blut, als ihm infolge des Genusses harter Alkoholika eine Ader in der Kehle platzte. »Bill Nagel gehört zu den Entdeckern von *U-Who,* doch er konnte wegen seiner Gesundheitsprobleme nie zu diesem Wrack tauchen«, sagt Chatterton. »Bill war mein Mentor beim Tauchen – er war beinahe ein Vater für mich –, und ich hoffte, die Entdeckung des U-Boots würde ihn motivieren, mit seinen inneren Dämonen fertig zu werden und ein besseres Leben zu beginnen. Doch der Alkohol war stärker als Bill, und am Schluss war er wohl frustriert, dass er es nicht geschafft hat.«

Sheck Exley, der von Chrissy so sehr bewunderte Michael Jordan des Höhlentauchens, arbeitete unentwegt daran, mit einer ganz normalen Ausrüstung und verschiedenen Atemgasmischungen bis auf 300 Meter Tiefe zu tauchen. 1994 kam er in 275 Meter Tiefe im Mante-Höhlensystem in Mexiko ums Leben, wo er einst mit 264 Metern einen Weltrekord aufgestellt hatte. Exleys Leiche konnte nur gefunden werden, weil er sich selbst in die schwere Bleileine gewickelt hatte, die ihm den Weg nach unten wies. Es ist anzunehmen, dass Exley die Leine um seinen Körper band, als er feststellte, dass er den Tauchgang falsch berechnet hatte und ihm nicht genug Luft zum Aufstieg blieb.

Rob Palmer erforschte die Höhlen auf den Bahamas, wo er Lebewesen fand, die die Wissenschaft für ausgestorben gehalten hatte. Die Entdeckung begeisterte und motivierte viele Taucher, so auch die Rouses und mich. Wiederholt tauchte er mit Pressluft über 120 Meter tief im Roten Meer, ein Wagnis, das er selbst mehrfach öffentlich verurteilt hatte. Er war sich voll darüber im Klaren, dass das eine Art Russisches Roulette war. Palmer wurde zuletzt gesehen, als er die Marke von 120 Metern überschritt. Seine Leiche wurde nie gefunden.

Palmers Tod traf viele wie ein Schock. Der britische Taucher mit der Gewandtheit und dem Charme eines Gentleman war nicht nur sehr beliebt, sondern war aufgrund seiner vielen Fernsehdokumentarfilme, Bücher und Artikel auch eine anerkannte Autorität. Nur seine Frau, die Taucherin und Makrobiologin Dr. Stephanie Schwabe, war nicht sehr überrascht davon, dass er beim Tauchen ums Leben kam. »Ich habe mich in Rob verliebt und habe ihn geheiratet, obwohl ich spürte, dass ich nicht den Rest meines Lebens mit ihm verbringen würde«, erzählte sie mir. »Ich wusste, dass er zu viel riskierte und dass er unter Wasser sterben würde. Sein Fehler war, dass er sich für unsterblich hielt, weil ihm schon so viel passiert war und er es jedes Mal geschafft hatte.«

Die erstaunlichste Entwicklung nahm Marc Eyring. Der hochgewachsene, raue Mann war früher bei den Green Berets gewesen, bevor er Steve Bermans Lehrer wurde und später dann auch Chris, Chrissy, Sue und mich unterrichtete. Zwischen zwei Saufgelagen unternahm er Tauchausflüge in beachtliche Tiefen. Darin war er wie Bill Nagel. Nach dem Tod der Rouses heiratete Eyring und zog in den Norden der USA. Es schien so, als hätte er den Kontakt zur Tauchergemeinde abgebrochen. Nach einigen Jahren mysteriösen Schweigens erhielt Berman einen Brief von Eyring, in dem er berichtete, er sei mittlerweile geschieden, habe sich einer Geschlechtsumwandlung unterzogen und trage den Vornamen Karen. Berman konnte über Jahre mit niemandem über Eyrings Offenbarung sprechen. Vor kurzem erklärte er mir: »Er war mein Mentor, für mich war er der Gott des Höhlentauchens. Im Wasser war er einfach *perfekt,* er war ein *begnadeter* Lehrer. Ich wollte immer so sein wie er.« Ich nahm mit Karen Kontakt auf, um sie für das Buch zu interviewen. Am Telefon hörte ich die gleiche starke

Persönlichkeit, die ich bisher gekannt hatte, vielleicht mit einer etwas geschmeidigeren Stimme, doch ebenso entschieden wie immer. Sie besuchte mich zu Hause. Obwohl ich mich innerlich vorbereitet hatte, war ich doch ein wenig verlegen, als mir mein früherer Freund gegenüberstand. Sie trug Blue Jeans und eine Bluse, die dank Operation und Hormonbehandlung recht gut gefüllt war, und das Haar reichte ihr über die Schultern. Ein kunstvolles Make-up ließ ihre Züge weicher erscheinen, konnte aber nicht ganz das markante Gesicht verbergen, das ich ein Jahrzehnt zuvor kennen gelernt hatte. Karen hatte Karriere im Bankengeschäft gemacht und dann ihr eigenes Vermögen erfolgreich vermehrt. Sie promovierte und gründete dann eine eigene Firma, die ein neuartiges Kernspintomographie-Gerät baute, in das Technologie einfloss, die sie selbst ganz neu entwickelt hatte. Beim Spaziergang auf meinem Grundstück meinte Karen: »Mir ist klar geworden, dass all meine extremen Aktivitäten nur ein Versuch waren, den Wunsch zu überdecken, eine Frau zu sein«, erklärte sie.

Lassen diese Beispiele für extreme, ja manchmal sogar tödliche Verhaltensweisen von Tauchern darauf schließen, dass vielleicht alle, die bereitwillig Risiken auf sich nehmen, damit etwas kompensieren, möglicherweise einen Verlust, eine unerfüllte Sehnsucht? Bei Tauchern, die gestorben sind, lässt sich dazu nichts sagen. Was mich selbst betrifft, so ließ mich die Erforschung meiner Motivation, die ich mit Dr. Hunt nach meinem Unfall im Jahre 1991 begonnen hatte, zu dem Schluss kommen, dass die intensive Beschäftigung mit dem Tauchen mir deshalb so viel Spaß machte, weil ich darin Anerkennung fand und das Gefühl, zu einer Gemeinschaft zu gehören, was ich beides als Kind schmerzlich vermisst hatte. Mein Vater hatte mich ständig kritisiert, so wie Chris es mit Chrissy getan hatte, und das hatte mich angetrieben, mir durch meine Aktivitäten positive Verstärkung zu holen. Die feste Gemeinschaft der Technischen Taucher war etwas, was ich in meiner Jugend, als wir von einem Land ins andere zogen, nie gehabt hatte. Dr. Hunt stellte fest, dass diejenigen Taucher, die am intensivsten tauchen und sich am meisten in Tauchclubs und Taucherorganisationen engagieren, sich gleichzeitig auch am stärksten mit einer Gemeinschaft von Tauchern, egal, ob Freizeittaucher oder Technische Taucher, identifizieren und deren Verhaltenskodex internalisieren. Sie verknüpfen also ihre Identität eng mit dem Status, den sie unter ihren Abenteurerkollegen haben.

Trotz allen Kameradschaftsgeistes, den sie in die Gemeinschaft einbrachten, und der Risiken, die sie auf sich nahmen, gehören Chris und Chrissy Rouse zu jenen unerschrockenen Tauchern, deren Forscherdrang nur teilweise von Erfolg gekrönt war. Sie entdeckten keine unbekannten Lebewesen, wie sie es sich vielleicht erhofft hatten, weder in ihrer Höhle in Lahaska noch anderswo. Und sie stellten auch keine neuen Rekorde auf, wie Sheck Exley das für das Höhlentauchen getan hatte. Auch das Geheimnis von *U-Who* lösten sie nicht, obwohl sie sich sehr darum bemühten. Sie fanden einige Artefakte und fingen ein paar Hummer, experimentierten mit neuen Tauchverfahren und nahmen aktiv an den dramatischen Veränderungen im Sporttauchen teil. Erst ihr schrecklicher Tod brachte ihnen den Ruhm, den sie im Triumph hatten erreichen wollen.

Steve Berman, den der Tod der Rouses sehr erschüttert hatte, setzte das Tauchen trotzdem fort. Unter seiner Führung finden noch immer regelmäßig Tauchexpeditionen in die spektakulären Warmwasserhöhlen von Mexiko statt, und Legionen von Tauchenthusiasten, die von seiner Energie, seiner Intelligenz und seiner Erfahrung begeistert sind, lassen sich von ihm im Höhlentauchen und im Umgang mit Mischgasen unterweisen. Er hat mittlerweile über vierzig Tauchgänge zur *Andrea Doria* absolviert und einige hundert, wenn nicht tausende von Artefakten aus dem Luxusliner geborgen. Doch auch ihm war bei allen Erfolgen und Trophäen die traumatische Seite des Sports nicht verborgen geblieben.

Berman fand einmal beim Tauchen die Leiche eines Tauchers, der keine Erfahrung mit Mischgastauchen gehabt hatte, und der seinen fünfzigprozentigen Heliummix nicht nur als Atemluft benutzt, sondern damit auch seinen Trockenanzug aufgeblasen hatte, was bei 5 Grad Celsius Wassertemperatur unbedingt Unterkühlung zur Folge haben musste. Möglicherweise hatte er auch nicht berücksichtigt, dass man das leicht gewichtige Gas viel stärker einatmet und damit auch schneller verbraucht als Pressluft. Berman fand ihn mit leeren Flaschen auf dem Grund eines Frachtraums, ein weiteres Opfer des Ozeanriesen, der nach beinahe einem halben Jahrhundert immer noch seinen Tribut unter den Sorglosen und Unkundigen fordert.

Auf einem anderen Tauchgang zur *Doria* sah Berman, wie aus einer Öffnung, die in ein bekanntermaßen schwer zugängliches Areal des Wracks führte, mächtige Wolken von aufgewirbeltem Schlick kamen. Er konnte den Taucher schreien und gegen die Wände hämmern hören. Er musste rasch eine Entscheidung treffen, ob er dort hineinschwimmen und versuchen sollte, den Taucher zu retten. Er kannte den Taucher genauso wenig, wie Chrissy Rouse damals den Mann gekannt hatte, dem die Luft ausgegangen war und der die Orientierung verloren hatte. Doch das Hämmern und die Schreie ließen keinen Zweifel, dass der Fremde bereits in den Fängen der Panik war. Ein Rettungsversuch war einfach zu riskant. Noch heute verfolgen seine Schreie Berman, und noch immer stellt er sich die Frage, ob es wirklich richtig war, nicht doch sein Leben zu riskieren, um den anderen zu retten. Doch letztendlich weiß auch Berman, dass es, realistisch gesehen, keine Chance gab, etwas zu unternehmen, doch seine Gewissensqualen mindert das nur unwesentlich. Es gab noch eine andere Kraft, die ihn damals davon abgehalten hatte, in jenen Raum zu schwimmen, in dem es keinerlei Sicht gab: seine Familie. Im Unterschied zu vielen anderen Tauchern, die sich eher der Tiefe als dem häuslichen Leben verbunden fühlen, hat Berman eine enge Beziehung zu seiner Frau Anita und den beiden Kindern, die sie aus erster Ehe mitgebracht hat.

Wenn Berman mit seinen 38 Jahren über seine Berufswahl nachdenkt, dann sagt er: »Alles in allem habe ich wohl den besten Job auf der Welt erwischt. Ursprünglich hatte ich mir mal irgendeine Schreibtischkarriere vorgestellt. Aber ich sehe ja, wie gestresst die Typen von solchen Jobs sind, die mit mir tauchen. Die fangen erst nach einer Woche an, sich etwas zu entspannen. Und wenn sie dann halbwegs gut drauf sind, ist ihr

Urlaub zu Ende und sie müssen wieder zurück in ihre Tretmühle. Und ich? Ich kann tagein, tagaus tauchen, und wenn ich Lust habe, mache ich einfach ein paar Wochen am Stück Urlaub und schau mir ein paar richtig gute Sachen an wie die Höhlen in Mexiko, die *Doria* oder die *Britannic,* oder ich vergnüge mich vor den Keys in Florida beim Flachwassertauchen mit den Hummern. Mann, ich kann mir gar keinen besseren Job vorstellen als Tauchen!«

John Chatterton, John Yurga und Richie Kohler, die alle beim letzten Tauchgang der Rouses auf der *Seeker* mit dabei gewesen waren, waren besessen vom Rätsel um *U-Who.* »Egal, wohin ich auch fahre auf der Welt«, erinnert sich Chatterton, »ganz egal, ob ich zur *Lusitania,* zur *Britannic* oder zur *Doria* tauche, überall würde man mich fragen: ›He, hast du jemals rausgekriegt, was das für ein U-Boot war?‹ Da wurde mir klar, egal, was ich auch sonst beim Tauchen leisten würde, man würde mich immer nur mit dieser Sache in Verbindung bringen.« Nach dem Unglück der Rouses fragten sich die drei Taucher, ob das Risiko die Sache wert sei. »Das U-Boot war ein harter Brocken, unglaublich schwierig, dort zu tauchen«, sagt Chatterton. »Wir hatten schon Steve Feldman verloren, und jetzt Chris und Chrissy Rouse. Da fragt man sich schon, wie viele noch draufgehen sollen, bevor das Ding sein Geheimnis ausspuckt.« Doch für das Trio war die Identifizierung des Wracks nicht nur eine Herausforderung, es ging ihnen auch um das Andenken ihrer toten Kameraden.

Nachdem Chatterton ein Tafelmesser gefunden hatte, dessen hölzerner Griff die Inschrift »Horenburg« trug, durchforsteten Chatterton, Yurga und Kohler die Archive in Großbritannien und Deutschland, um mehr über diesen Horenburg zu erfahren, der höchstwahrscheinlich ein Mitglied der Mannschaft gewesen war. Sie fuhren zum U-Boot-Archiv in Bremen, wo der U-Boot-Veteran Horst Bredau eine beeindruckende Materialsammlung zusammengetragen hatte, darunter Kriegstagebücher und Fahrtenprotokolle. Im Archiv befindet sich auch eine große Gedenktafel, auf der die Namen sämtlicher gefallener Besatzungsmitglieder aufgelistet sind, mit der Nummer des jeweiligen U-Boots. Chatterton und seine Leute fanden nur einen Horenburg, der Funker auf der *U-869* gewesen war. Daraus musste man schließen, dass es sich bei *U-Who* um *U-869* handelte. Doch *U-869* war offiziell am 28. Februar 1945 vor der Küste von Casablanca von der *USS Fowler* und der *FR L'Indiscret* durch Wasserbomben versenkt worden.

Das Problem mit dem Fundort des U-Boots hing zum Teil mit einem technologischen Durchbruch der Alliierten zusammen. Es war den Alliierten im Mai 1941 gelungen, den streng geheimen deutschen Code der deutschen Marine zu knacken, nachdem sie *U-110* intakt aufgebracht und sämtliche Codebücher, Verschlüsselungsdokumente und die Codiermaschine erbeutet hatten. Die Entschlüsselung des Codes ermöglichte es den Alliierten, sämtliche Nachrichten zu lesen, die die Seekriegsleitung an die Kapitäne der U-Boote schickte. So kannten die Alliierten die Befehle der U-Boote oft, bevor sie überhaupt bei den Kapitänen angelangt waren. Eine britische Erfindung, die es ermöglichte, die Richtung zu bestimmen, aus der Funksignale gesendet wurden, »Huff-Duff« genannt, trug dazu bei, die Gefahr noch weiter zu reduzieren, die von den deutschen U-Booten ausging. Mit Hilfe von Huff-Duff konnten die Alliierten ziemlich schnell und genau die Position eines U-Boots feststellen, wenn es einen Funkspruch ans Hauptquartier absetzte. Funkverkehr aber war unerlässlich für die so genannte »Wolfsrudeltaktik«: Hatte ein U-Boot einen Geleitzug ausgemacht, dann tauchte es zuallererst auf und meldete die Position, die Anzahl der Schiffe sowie Richtung und Geschwindigkeit des Geleitzugs, um dann unter Beibehaltung von Sichtkontakt weitere Befehle abzuwarten. Das Hauptquartier beorderte über Funk weitere Boote in das entsprechende Seegebiet, das auf den Seekarten als Planquadrat mit einer Kombination aus Zahlen und Buchstaben gekennzeichnet war. Dieser Funkverkehr machte die deutsche U-Bootflotte verwundbar, und die Briten nutzten diese Chance. Zum Unglück für die Besatzungen der Boote hielt die deutsche Führung es für unmöglich, dass die Quellen von Funksignalen geortet oder gar ihr Code geknackt werden konnte.

Man glaubte, *U-869* sei vor Casablanca versenkt worden, weil die Alliierten einen verschlüsselten Funkspruch abgefangen hatten, der das Boot vom Atlantik zur afrikanischen Küste beorderte. Als die *USS Fowler* und die *FR L'Indiscret* dann vor der Küste von Casablanca auf ein deutsches U-Boot stießen und es angriffen, schloss man, es könne sich bei dem als wahrscheinlich versenkt gemeldeten Boot nur um *U-869* gehandelt haben. Dies wiederum veranlasste Chatterton, Yurga und Kohler zu der Vermutung, das Messer müsse irgendwie auf anderen Wegen in das U-Boot vor der Küste von New Jersey gelangt sein. Möglicherweise war Horenburg ja vorher auf einem anderen U-Boot gewesen, über das es keine vollständigen Aufzeichnungen gab. Oder er hatte das Messer irgendwo verloren und jemand anderes hatte es an Bord von *U-Who* gebracht. Wie auch immer, die einzige Möglichkeit, das Geheimnis wirklich zu lüften, bestand darin, irgendetwas im Wrack zu finden, das die Kennnummer des U-Boots trug.

Doch die Suche im Innenraum von *U-Who* war für Chatterton, Yurga und Kohler eine große Enttäuschung: Überall, wo eine Plakette mit einer Nummer zu erwarten gewesen wäre, fanden sie bloß ein paar Schrauben, an der sie einst befestigt gewesen war. Das Salzwasser hatte die Plaketten regelrecht weggefressen, was darauf schließen ließ, dass sie nicht aus einem widerstandsfähigen Material wie beispielsweise Messing gewesen waren, sondern aus Zinn oder einem anderen Weichmetall, das sich unter Wasser leicht zersetzt. Das Tauchteam hatte bereits einen schematischen Plan von *U-Who* gezeichnet, aus dem sich ergab, dass es sich um ein Boot des Typs IX C handelte, das auf der Deschimag-Werft in Bremen gebaut worden war. Sie hatten außerdem eine Steingutschüssel gefunden, die mit Adler und Hakenkreuz sowie der Jahreszahl 1942 versehen war. Die Tatsache, dass die Plaketten anscheinend aus Weichmetall gewesen waren, zeigt, dass die Luftangriffe und die sich abzeichnende Niederlage schon zu einer Verknappung von kriegswichtigen Materialien geführt hatten.

Chatterton war enttäuscht. Fünf Jahre waren vergangen, seit er das U-Boot entdeckt hatte, drei Taucher hatten ihr Leben gelassen, und Chattertons Team hatte nicht nur viel Zeit und Geld für Expeditionen zum Wrack aufgewendet, sondern auch für Recherchen in den Archiven der Vereinigten Staaten, Großbritanniens und Deutschlands. Dennoch blieb die Identität des U-Boots ein Rätsel. Irgendwo im U-Boot musste es doch etwas geben, anhand dessen man es identifizieren konnte! Die drei Taucher machten sich mit der Akribie von Detektiven, die ein grausames Verbrechen aufzuklären haben, an das Problem, und kamen schließlich zu dem Ergebnis, dass es nur eine Möglichkeit gab, die unbekannte Nummer zu finden, und zwar in Werkzeugkisten im E-Maschinenraum, dem Teil des Bootes, in den bis jetzt noch niemand hatte vordringen können.

Der E-Maschinenraum, in dem die beiden durch Akkumulatoren getriebenen Elektromotoren untergebracht waren, war von achtern aus gesehen der vorletzte Raum. Um dorthin vorzudringen, mussten die Taucher den Dieselmotorraum durchqueren, der in den meisten U-Boot-Wracks einen zwar engen, aber für Schwimmer gerade ausreichenden Durchgang zwischen den beiden mächtigen Dieselaggregaten lässt, die zum Antrieb des U-Boots an der Oberfläche gedient hatten. Doch *U-Who* war so schwer beschädigt worden und hatte bereits so sehr unter dem Salzwasser gelitten, dass große Metallteile den Eintritt in diesen Teil des Bootes versperrten. Richie Kohler hatte bereits einige der Trümmerstücke beiseite gewuchtet, die den Zugang zum Dieselraum versperrten, war aber auf zwei neue Hindernisse gestoßen: Ein Stahlträger hatte sich gelöst und teilte nun den ohnehin schon knappen Freiraum in annähernd zwei Hälften, und zusätzlich war ein Metallbehälter aus seiner Verankerung an den stählernen Spanten nahe der Decke herausgebrochen. Ein Taucher konnte mit seinen Flaschen unmöglich an diesen beiden Hindernissen vorbeikommen. Doch Chatterton wollte das Geheimnis unbedingt lüften, und er entschloss sich zu einem Vorgehen, das entweder eine geniale Lösung oder eine besonders aufwendige Art von Selbstmord darstellte.

Eines Tages rief ein Fernsehsender bei Chatterton an und fragte, ob er die Identität des U-Boots festgestellt hatte. »Bis jetzt habe ich das Geheimnis nicht lüften können, aber ich bin nahe dran«, antwortete Chatterton. »Wollen Sie nicht einen Film darüber drehen?« Wenn der Fernsehsender die Kosten für die Expedition übernehmen würde, dann hätten sie eine prima Story. Chatterton hatte gerade den Einsatz erhöht.

»Einverstanden, wir bringen Sie vor Ort, aber Sie müssen uns verraten, wie Sie sich das vorstellen«, sagte die Stimme am anderen Ende der Leitung. Chatterton erklärte ihm den Plan, und sein Gesprächspartner sagte zu. Im Anschluss an das Telefongespräch stellte die Fernsehproduktionsfirma Recherchen an und befragte einige Taucher um ihre Meinung. Drei Tage später rief der Produzent wieder bei Chatterton an. »Entschuldigung, aber Sie sind nicht vielleicht doch ein bißchen verrückt, John?«, fragte er Chatterton. Andere Taucher hatten seinen Plan für reinen Wahnsinn erklärt, und die Fernsehleute fürchteten, sie hätten es vielleicht mit einem lebensmüden Spinner zu tun.

»Nein, bin ich nicht«, sagte Chatterton ganz ruhig. »Ich bin Profitaucher, ich verdiene schon seit Jahren meinen Lebensunterhalt unter Wasser, was ich bestimmt nicht könnte, wenn ich was an der Birne hätte. Aber was meinen Plan betrifft, ja, ein bisschen gefährlich ist das schon. Wenn es einfach wäre, dann könnte es ja jeder machen und die Sache wäre schon längst erledigt.« Er habe den Tauchgang minutiös geplant, erklärte er dem Produzenten. Er wollte Schritt für Schritt vorgehen, zusammen mit Sicherungstauchern, auf die er sich verlassen konnte. »Wir werden mehrere Anläufe brauchen, um die Sache durchzuziehen. Sind sie immer noch interessiert?«, fragte er.

Durch Chattertons vernünftig klingende Erklärungen halbwegs beruhigt, übernahm der Sender schließlich die Kosten der Tauchexpedition, ohne dass ihm Erfolg garantiert werden konnte. Wie Chatterton schon immer gesagt hatte: »Bei einem echten Abenteuer ist der Ausgang immer ungewiss. Das ist kein Ausflug nach Disney World.« Und Chattertons bisherige Erfahrungen mit *U-Who* ließen daran auch nicht den geringsten Zweifel.

Beim ersten Testtauchen zu *U-Who* trug Chatterton nur eine einzelne Flasche auf dem Rücken, eine zweite hatte er seitlich unter dem Arm befestigt, in der Höhlentauchermanier, die inzwischen von allen Technischen Tauchern übernommen worden war. Richie Kohler begleitete ihn als Sicherungstaucher, die Aufgabe, die Chris Rouse für seinen Sohn übernommen hatte. Da Chatterton und Kohler in den Heckbereich vordringen wollten, schwammen sie nach dem Passieren der Öffnung in die entgegengesetzte Richtung, als Chrissy Rouse es bei seinem letzten Tauchgang getan hatte.

Als sie an das unpassierbare Schott kamen, nahm Chatterton die Flasche von seiner Seite ab und legte sie auf den Boden. Dann zog er seine Tarierweste aus, an der die Flasche befestigt war, die er auf dem Rücken trug. Er schob die Weste und die Flasche durch das Schott und dann über den Träger, wobei er weiter aus seinem Lungenautomaten atmete, und schwamm dann auf die andere Seite. Dort angekommen, zog er die Tarierweste mit der Flasche wieder an und tauchte zum E-Maschinenraum. Er machte sich rasch ein Bild der Lage und verließ dann diesen Bereich, indem er die Prozedur wiederholte. Kohler, der vor dem Dieselraum gewartet hatte, war erleichtert, als er Chattertons Lampe blinken sah. Die beiden verließen das Wrack und tauchten an der Ankerleine zur Oberfläche auf. Die Begeisterung war groß, als sie ein paar Stunden später wieder an Bord des Tauchboots waren und feststand, dass Chatterton tatsächlich mit seiner ungewöhnlichen Methode bis zum fraglichen Bereich vordringen konnte. Kohler und Chatterton nahmen sich vor, den Zustand des E-Maschinenraum zunächst mit Videoaufnahmen zu dokumentieren, bevor sie auf der Suche nach der wertvollen Plakette dort irgendetwas veränderten.

Auch beim nächsten Tauchgang lief alles glatt – zumindest zunächst. Chatterton schwamm wieder in den Dieselraum und legte dort seine Flasche an. Doch als Kohler ihm die sperrige Videokamera reichen wollte, bekam Chatterton sie nicht zu fassen. Er wurde gegen die Trümmer gedrückt und stieß mit seiner Flasche gegen die Decke. Da geschah die Katastrophe. Ein Stahlträger fiel auf Chatterton und wirbelte ihn herum, so dass er mit seiner Flasche auf dem Boden festgeklemmt wurde.

Der Stahlträger lag quer über Chattertons Brustkorb. 70 Meter unter Wasser war er nun festgenagelt, nicht anders als damals Chrissy Rouse. Zum Glück lag er aber im Unterschied zu Chrissy mit dem Gesicht nach oben, und er konnte klarer denken, weil er Trimix atmete.

Chatterton schaute auf seine Uhr. Es war ihm klar, dass Richie Kohler ihm mit den beiden Flaschen, die er auf dem

Rücken trug, nicht zu Hilfe kommen und ihn herausholen konnte, wie Chris es mit seinem Sohn getan hatte. Mit nur einer Flasche Luftvorrat aber musste er rasch etwas unternehmen, um sich selbst zu befreien. Er versuchte, den Träger mit der Hand anzuheben. Er bewegte sich, aber er war zu lang und verfing sich mit einem Ende in anderen Trümmern. Chatterton blieb eingeklemmt. Dann probierte er, den Träger nach der Seite zu schieben, doch auch das ging nicht. Aufgrund der Anstrengung begann er, das leichte Gas schneller einzuatmen.

In seiner ganzen Taucherkarriere war Chatterton noch nie in derartige Bedrängnis gekommen. Seine einzige Hoffnung war jetzt, sich aus seiner Tarierweste zu winden, sich unter dem Träger hervorzuarbeiten und anschließend auch seine Flasche herauszuziehen. Falls das nicht klappte, musste er die Luft anhalten und die knapp 10 Meter bis zu Kohler schwimmen, der ihn aus seinen Flaschen mitversorgen konnte.

War er doch zu weit gegangen? Hatte er in seinem heftigen Wunsch, das U-Boot zu identifizieren, das Schicksal allzu sehr herausgefordert? Hatte die anhaltende Neugier und der Erwartungsdruck anderer Leute, auch des Fernsehsenders, dazu geführt, dass er überschätzt hatte, was er hier unter Wasser tatsächlich leisten konnte? Es war ein banger Moment: Chatterton war der begehrten Identifikationsplakette so nahe wie dem Tod.

Chatterton löste die Schnallen seiner Tarierweste. Er wand seinen Körper hin und her, wie der Entfesselungskünstler Houdini, wenn er sich im Wassertank aus seinen Ketten befreite. Durch seine heftigen Bewegungen sank die Sicht rasch auf Null, und er musste sich ganz auf seinen Tastsinn verlassen. Schließlich quetschte er seinen Körper aus der bedrängenden Lage heraus, in die ihn der Träger über ihm und das Jackett mit den Flaschen unter ihm gebracht hatten. Kaum hatte er das geschafft, da spürte er, wie ihn der Auftrieb der Luft in seinem Trockenanzug, die nun nicht mehr durch das Gewicht seiner Flaschen ausgeglichen wurde, nach oben zog. Chatterton musste sich an dem Träger festhalten, um nicht gegen die Decke des U-Boots zu schießen und den Atemregler zu verlieren, den er fest im Mund hielt. Er zog sich herab, so dass er auf

Höhe des Trägers war, und rüttelte dann an seiner Weste und der Flasche, bis er sie unter dem Trümmerstück herausziehen konnte. Er griff die Flasche, schob sie vor sich her und schlängelte sich durch die enge Stelle, die ihm zunächst den Zugang versperrt hatte. Der Schreck saß ihm noch in den Knochen, als er mit Kohler das Wrack verließ, und während der zweistündigen Dekompression fragte sich Chatterton, ob *U-Who* wohl jemals sein Geheimnis preisgeben würde.

Bei ihrem nächsten Tauchgang wurden Chatterton und Kohler von Pat Rooney begleitet, einem erfahrenen Wracktaucher mit außergewöhnlichen Fähigkeiten, der wie Kohler in dem Ruf stand, beinahe vor nichts Angst zu haben. Chatterton machte einige Videoaufnahmen, nachdem er die sperrige Kamera an den Hindernissen vorbeigeschoben hatte. Wieder an der Oberfläche, schaute er sich die Videoaufnahmen genau an, um sicherzugehen, wo genau er die Werkzeugkisten suchen musste. Dann stieg er wieder ab, bewegte sich zielsicher durchs Wrack, an den nun schon vertrauten Hindernissen vorbei, bis er im E-Maschinenraum bei den Ersatzteilkisten angekommen war. Doch unerwartet traf er auf ein neues Hindernis: Ein Stahlrohr war auf den Kistenstapel gefallen und hatte sich im Laufe der Zeit durch Verkrustungen fest mit ihnen verbunden. Er schaffte es nicht, das Rohr zu bewegen oder an die Kisten zu kommen, die vermutlich in ihrem Innern die ersehnte Plakette mit der Kennnummer des U-Boots trugen. Bitter enttäuscht fluchte er in seinen Atemregler. Es blieb ihm nichts anderes übrig, als es auf einem weiteren Tauchgang mit geeignetem Werkzeug erneut zu versuchen.

Beim nächsten Mal brachte Chatterton einen schweren Vorschlaghammer mit, den er wie Thor mit einem jugendlichen Ärger schwang, der jede professionelle Vorsicht beiseite schob. Dieser Hammerschlag wäre beinahe Chattertons letzte Tat in diesem Leben gewesen: Als die Verkrustungen abfielen, erkannte Chatterton, dass das kein Rohr war, auf was er da eingehämmert hatte, sondern der Aluminiumbehälter eines so genannten »Tauchretters«, einer Auftauchhilfe, die es einem Seemann ermöglichen sollte, aus einem in mäßiger Tiefe gesunkenen U-Boot zu entkommen. Chatterton erstarrte vor Schreck.

Er wusste ganz genau, was er da vor sich hatte und wie gefährlich es war. Er hatte schon auf einer früheren Expedition eine solche Druckflasche von *U-Who* geborgen, weil auf ihnen normalerweise der Name des Seemanns eingraviert war, dem sie gehört hatte. Nachdem er sie an der Oberfläche gereinigt hatte, musste er zu seiner Enttäuschung feststellen, dass sie keinen Namen trug. Er legte die Flasche auf ein Regal in seiner Garage. Als er ein paar Tage später wieder danach schaute, fand er nur noch ein paar verbogene Metallstücke und ein zerfetztes Regal – die Sauerstoffflasche war explodiert.

Chatterton schwebte vorsichtig um den Kistenstapel herum, der von dem Sauerstoffzylinder eingeklemmt war. Den Vorschlaghammer in der Hand, überlegte er, was nun zu tun sei. Beim nächsten Schlag würde der Zylinder möglicherweise explodieren. Die Druckwelle würde ihm wahrscheinlich den Magen, die Lunge oder die Gedärme platzen lassen, oder er würde von Trümmern erschlagen werden, doch wie auch immer, es würde ihn vermutlich das Leben kosten. Doch er war der Lösung nun zu nahe und hatte auf dieser Suche schon zu oft sein Leben riskiert, um es nicht trotzdem zu versuchen.

Er setzte darauf, dass in diesem Fall »Made in Germany« hielt, was es verspricht, und schlug ein zweites Mal zu.

Er hatte Glück. Die Verkrustung, die den Sauerstoffzylinder mit den Kisten verbunden hatte, gab nach, und Chatterton konnte die Zeitbombe beiseite schleudern. Er schnappte sich die oberste Kiste und hievte sie zu Kohler und Rooney, die jenseits des Stahlträgers im Dieselraum auf ihn warteten. Rooney nahm ihm die Kiste ab und wuchtete sie aus dem Wrack, wo er sie an einem Hebesack befestigte und zur Oberfläche aufsteigen ließ. In der Zwischenzeit schwamm Chatterton zurück und holte eine zweite Kiste, die er Kohler übergab. Der schaffte die Beute aus dem Boot. Da die Sicht im E-Maschinenraum mittlerweile auf Null gesunken war und ihm auch kaum noch Zeit blieb, verließ Chatterton das U-Boot, für immer, wie er hoffte. Zum Abschied nickte er noch einmal respektvoll dem Maul des Wracks zu, das Chris und Chrissy Rouse zum Verhängnis geworden war.

Über Wasser öffnete das Tauchteam die Kisten und fand, wonach es gesucht hatte, eine Plakette mit der Kennnummer des U-Boots: *U-869*. Fast sechs Jahre nach seiner Entdeckung und vier Jahre und elf Monate nachdem Chris und Chrissy Rouse nur zwei rostige Zwischenwände von dem begehrten Schatz entfernt eingeschlossen worden waren, hatten sie das Geheimnis gelüftet. Die laufende Fernsehkamera hielt die Erleichterung und die Freude der Männer fest.

Nun war die große Frage, warum die Verlustlisten die Versenkung von *U-869* an einer ganz anderen Stelle des Atlantiks angaben. Chatterton hat die Erklärung so viele Male bei Interviews, Treffen von Tauchclubs und auf Tagungen gegeben, dass es sich mittlerweile anhört, als würde er vom Blatt ablesen, wenn er davon erzählt: »Die Alliierten hatten einen Funkspruch vom Hauptquartier der U-Boot-Flotte abgefangen und entschlüsselt, der *U-869* befahl, seinen vorgesehenen Patrouillenposten vor der amerikanischen Ostküste nicht zu beziehen, sondern zur afrikanischen Küste zu laufen. Doch ist dieser Marschbefehl offenbar nie von *U-869* bestätigt worden. Die Alliierten hatten mit ihrem Ortungssystem aus früheren Funksprüchen ermittelt, dass sich *U-869* irgendwo mitten auf dem Atlantik aufhielt. Das Boot setzte offenbar dem ursprünglichen Befehl folgend seine Fahrt zur amerikanischen Ostküste fort. Als das U-Boot-Hauptquartier keine Nachrichten mehr von *U-869* erhielt, wurde das Boot auf die Vermisstenliste gesetzt, wobei man als letzte wahrscheinliche Position den Bereich vom mittleren Atlantik bis zur afrikanischen Küste angab. Nach Beendigung des Krieges wurde ein britischer Offizier damit beauftragt zu klären, was aus jedem einzelnen U-Boot geworden war, denn man wollte sicher gehen, dass sich nicht irgendwo eines verborgen hielt. Dieser Offizier schloss aus den Einsatzberichten der *USS Fowler* und der *FR L'Indiscret,* dass ihre als wahrscheinlich gemeldete Versenkung eines U-Boots eine Begegnung mit *U-869* gewesen sein musste; so wurde aus einer wahrscheinlichen Versenkung eine erfolgte Versenkung, was dann auch so in die Archive und die Geschichtsbücher einging.«

Doch wenn *U-869* nicht der *USS Fowler* und der *FR L'Indiscret* zum Opfer gefallen war, wie war dann das U-Boot versenkt worden? Die Antwort lieferte schließlich der Torpedokopf, der neben dem zerstörten Turm von *U-869,* unweit der Stelle, an der Chrissy eingeklemmt worden war, gefunden wurde. Die Seriennummer ergab, dass es sich um ein deutsches Geschoss handelte, einen akustischen T-5 Torpedo, der so konstruiert war, dass er auf die Geräusche des Maschinenraums des anvisierten Schiffs zulief. Aus deutschen Aufzeichnungen geht hervor, dass zu Beginn des Krieges mindestens 30 Prozent der deutschen Torpedos entweder Blindgänger waren oder nicht zum richtigen Zeitpunkt zündeten, was für den Kapitän und die Besatzung jeden Angriff zum Lotteriespiel machte. Dem deutschen U-Boot-Kommando war seit Ende 1943 bekannt, dass die T-5 Torpedos nicht immer richtig funktionierten und manchmal als Kreisläufer das eigene U-Boot versenkten. In *U-Boote gegen England* vermutet Jak P. Malmann, dass *U-377* und *U-972* auf diese Weise durch eigene Torpedos versenkt wurden. Wahrscheinlich feuerte auch *U-869* einen T-5 Torpedo, der den Lärm des Maschinenraums auffing, und im Kreis zurücklief, das U-Boot zerstörte und die gesamte Besatzung auf einen Schlag tötete.

Die Lösung des Rätsels hatte insgesamt drei Menschen das Leben gekostet, darunter unsere Freunde Chris und Chrissy Rouse, und auch Chatterton wäre beinahe dabei umgekommen. Er war sich bewusst, dass er bei seinem letzten Tauchgang zum U-Boot sein Glück und seine Fähigkeiten beinahe überstrapaziert hatte; wenn nur noch irgendetwas anderes schief gegangen wäre, dann wäre er wahrscheinlich getötet worden. Nur ein schmaler Grat trennte seinen Erfolg vom tödlichen Scheitern der Rouses. In den Augen vieler hat er bloß Glück gehabt. Für andere liegen sein Erfolg und sein Überleben darin begründet, dass er im Unterschied zu den Rouses auf Mischgas setzte. Chris und Chrissy hatten sich den klaren Kopf nicht leisten können, der Chatterton gerettet hatte, aber sie hatten auch nicht auf das Abenteuer verzichten wollen.

Das U-Boot veränderte Chattertons Leben. In Vietnam hatte er erlebt, wie die Fassade einer Person durch die unmittelbare Konfrontation mit dem Tod zusammenbricht. Darin, wie jemand mit dieser Grenzsituation umgeht, zeigt sich erst, wer er wirklich ist. »Das größte Risiko, das ich beim Tauchen zum U-Boot auf mich nahm, war das Risiko zu scheitern. Niemand hatte mich gezwungen, da runter zu gehen, oder 40 000 Dollar auszugeben, um das Rätsel zu lösen. Ich hätte es auch bleiben lassen können. Andere sagten zu mir: ›Wahrscheinlich wird jemand, der zum ersten Mal zum Wrack taucht, irgendetwas aus dem Sand aufheben, und das Boot identifizieren.‹ Das hat mich doch sehr erstaunt – man schien von mir zu erwarten, dass ich nichts unternehme, um das Boot zu identifizieren, sondern einfach darauf warte, dass irgendjemand daherkommt und das Rätsel aus purem Zufall löst. Es zeigte mir einfach, wie leicht es Menschen fällt, Entschuldigungen dafür zu finden, eine Sache nicht zu machen, anstatt ihre Energie auf das Problem zu richten, das vor ihnen liegt. Da habe ich mich sehr bewusst dafür entschieden, alles zu unternehmen, was in meiner Macht steht, um das Wrack zu identifizieren.«

Chatterton war sich bewusst, dass die Lösung des Rätsels um U-Who den Gipfel seiner Wracktaucherkarriere darstellte. Er musste aufhören. »Solche außergewöhnlichen Umstände, diese Intensität und die lange Zeit – so eine Gelegenheit werde ich nie mehr haben. Und ich will es auch nicht. Ich habe davon gelernt, was es zu lernen gibt, ich beschäftige mich jetzt mehr mit mir selbst, und ich hoffe, dass ich die Erfahrungen, die ich bei dem U-Boot gemacht habe, auch auf andere Bereiche meines Lebens anwenden kann.« Er verdient immer noch seinen Lebensunterhalt mit dem Tauchen, er überwacht von der Oberfläche aus Reparaturen an Häfen und Kaianlagen, Ausbaggerungen und Bergungsarbeiten, doch das Technische Tauchen und das Leben unter der Elite der Sporttaucher hat er aufgegeben. Es macht ihm nach wie vor Spaß, andere in die Abenteuer und Wunder der Unterwasserwelt einzuführen, und er gibt auch immer noch Unterricht für Freizeittaucher, doch er hat nicht mehr wie früher den Wunsch, sein Leben voll und ganz dem Tauchsport zu verschreiben, wie er das während der Jahre getan hat, in denen er zu dem geheimnisvollen U-Boot getaucht ist.

Chattertons Tauchexpeditionen und seine Recherchereisen führten dazu, dass er häufig von seiner Frau getrennt war, deren Hobby Pferde waren. Die Ehe wurde geschieden. Chatterton hat inzwischen eine neue Liebe in seinem Leben gefunden, eine abenteuerlustige Frau, die aber keine Taucherin ist, und die wenig über Chattertons Tauchervergangenheit weiß. »Mir liegt nichts daran, ihr davon zu erzählen«, meint Chatterton, »ich führe heute ein anderes Leben.«

Chris' und Chrissys Tod hatte Sue klargemacht, wie kurz das Leben sein kann und wie wichtig es ist, das Beste daraus zu machen. Ihre Arbeit als Versicherungsvertreterin machte ihr schon lange keinen Spaß mehr, und sie gab sie schließlich auf. Zunächst dachte sie daran, sich wieder an der Universität einzuschreiben. Sie hatte zwar Abendkurse belegt, doch nie ihren Abschluss gemacht, obwohl sie es immer vorgehabt hatte. Doch es gab da noch einen anderen Plan, der sich rascher umsetzen ließ. Seitdem sie das erste Mal in einer Unterwasserhöhle getaucht waren, hatten Chris, Chrissy und sie selbst davon geträumt, nach Florida zu ziehen und ihren Lebensunterhalt mit Tauchen zu verdienen. Den Umzug nach Ginnie Springs hatten sie für das Jahr 1993 geplant. Das wäre nicht nur wegen des Höhlentauchens praktisch gewesen, das sie alle so sehr liebten, sondern auch, weil Häuser und Grundstücke dort viel billiger zu bekommen waren als in Pennsylvania. Chrissy hoffte, dort eher ein eigenes Haus kaufen zu können als im teuren Nordosten der Vereinigten Staaten. So entschloss sich Sue, diesen Familientraum zu verwirklichen, auch wenn Chris und Chrissy nicht mehr an ihrer Seite standen.

Statt an die Universität zurückzukehren, wurde Sue also Tauchlehrerin. Es hatte ihr immer schon Spaß gemacht, bei Tauchkursen zu assistieren und vor allem diejenigen Schüler zu unterstützen, denen die Sache nicht so leicht fiel. Ihre eigene Tauchausbildung war nicht besonders gut gewesen, und nun wollte sie anderen helfen, damit sie ein positives Gefühl entwickeln und wirklich Freude am Sport gewinnen konnten. Zusammen mit einem anderen Tauchlehrer, den sie schon seit Jahren kannte, eröffnete sie im Norden von New Jersey einen Tauchladen namens »Blue Abyss«. Das war zwar nicht Florida, wie sie es mit Chris und Chrissy geplant hatte, aber immerhin verdiente sie nun ihren Lebensunterhalt mit Tauchen.

Obwohl es ihr gelang, ein neues Leben zu beginnen, kam Sue nicht über Chrissys Tod in der Überdruckkammer hinweg. Sie sprach mit Dr. Bill Hamilton über die Behandlung und versuchte dann mit Glenn Butler in Kontakt zu treten, der die Druckkammer bedient hatte. Sie drang jedoch nicht zu ihm durch, und er reagierte nicht auf ihre Anrufe, was ihr merkwürdig vorkam. Seltsam war auch, dass sie keine Rechnung über die Behandlung erhielt, obwohl nur Chris eine Krankenversicherung gehabt hatte. Sechs Monate nach dem Tod der beiden forderte Sue die Unterlagen des Krankenhauses über den Vorfall an. Als sie nichts erreichte, wandte sie sich an einen Anwalt. Doch dieser Anwalt war nur daran interessiert, Geld aus der Geschichte zu pressen und alle Beteiligten mit einem Prozess zu überziehen. »Ich will nur wissen, was passiert ist«, sagte ihm Sue. »Ich möchte niemanden vor Gericht bringen.« Ohne die Aussicht auf das große Geld verlor der Anwalt das Interesse. Daraufhin suchte sie andere Anwälte auf, doch keiner wollte die Sache übernehmen, wenn sie nicht bereit war, zu prozessieren. Es gelang ihr, den Einsatzbericht der Küstenwache und das Autopsieergebnis zu bekommen, doch an die Krankenhausunterlagen über die Behandlung ihres Sohnes kam sie nicht heran. Sie waren offenbar verschwunden, ebenso wie die Sachen, die ihr Mann getragen hatte, als er in der Notaufnahme eingeliefert wurde. Sie versuchte jedoch nie, jemanden rechtlich zu belangen.

Es war nicht leicht für Sue, wieder eine neue Beziehung einzugehen, doch dann freundete sie sich mit einem Mann an, den sie schon viele Jahre kannte. Er hatte bei Underwater World gearbeitet, wo Chris und Chrissy ihren Tauchschein gemacht hatten und wo auch Chrissy zuletzt beschäftigt gewesen war. Ihre Freundschaft blühte zu einer Romanze auf. 1997 zog Scott in das Haus ein, das Sue mit Chris und Chrissy gebaut hatte. Ein Jahr später verkaufte sie es und zog mit Scott nach Florida, um dort ein neues Leben zu beginnen. Die beiden bewohnen ein wunderbares Haus am Wasser, von wo aus Scott als Berater für Satellitentechnik tätig ist.

Nach Meinung vieler Freunde ist Scott ein ganz anderer Typ als Chris Rouse es gewesen war, nicht nur äußerlich, auch was seine Interessen und sein Temperament betrifft. Chris war handwerklich sehr begabt, er konnte stets alles reparieren, wohingegen Scott in dieser Hinsicht eher ungeschickt ist. Er verlässt sich lieber auf seinen Intellekt, was ihm bei den Problemen mit Satelliten, die ja buchstäblich nicht von dieser Welt sind, sehr zustatten kommt. Als Sue mit Chris verheiratet war, da musste sie sich nie Gedanken über Dinge wie den Ölwechsel ihres Wagens machen, das erledigte er regelmäßig.

Sicherlich hat sie nicht absichtlich nach einem Partner gesucht, der anders als ihr erster Ehemann ist. Scott ist trotzdem sehr beliebt bei Chris' ehemaligen Tauchkameraden und allen anderen Bekannten der Rouses, die übereinstimmend finden, dass Sues neue Beziehung harmonischer verläuft als ihr Leben mit Chris und Chrissy. Wenn Sue an die ständigen Reibereien zwischen den beiden denkt, meint sie: »Meine Rolle war es immer, zwischen den beiden zu vermitteln.« Sie macht eine Pause, schaut ein wenig traurig und lacht. »Soll ich dir mal was verraten, Bernie? Ich habe angefangen, an Scott herumzumeckern, und er sagte nur ganz freundlich: ›Du meckerst an mir rum. Hm, da scheint es ja eine Tradition zu geben!‹ Wer weiß? Vielleicht hat er Recht. Vielleicht habe ja ich es ausgelöst, dass Chris und Chrissy dauernd aufeinander rumgehackt haben. Ich weiß auch nicht, ich dachte immer, so gehen sie halt miteinander um, für mich war das kein Kampf oder Streit.« Dann schweigt sie, die Vermittlerin, die keine Streithähne mehr hat, die sie beschwichtigen oder trennen müsste.

Die Erfahrungen, die ich beim Tauchen gesammelt habe, und die Gefahren, die ich auf mich genommen habe, verstärkten meinen Wunsch, mich nicht nur unter Wasser, sondern auch über Wasser mit dem Tauchen zu beschäftigen. Das Gefühl von Abenteuer, das mir das Tauchen gab – auch die Erfahrung der Taucherkrankheit – hatten mir gezeigt, dass das Leben zu kurz ist, um nicht einfach das zu tun, wozu man Lust hat. Ich wünschte mir mehr Freiheit, als sie mir meine Arbeit an der Wall Street je bieten konnte. Ich wollte mich mit Dingen beschäftigen, die mir wirklich Spaß machen. Mein Leben veränderte sich im Gefolge meines Tauchunfalls und des Todes der

Rouses von Grund auf. Ähnlich war es auch Chatterton ergangen, doch im Unterschied zu ihm engagierte ich mich noch mehr für das Tauchen – so wie Sue Rouse. Ich ließ mich von Chris und Chrissy Rouse inspirieren. Sie hatten den Mut gehabt, ihre Träume auszuleben, und wenn sie auch letztendlich ein furchtbares Schicksal erlitten haben, so hatten sie doch das Leben gehabt, das sie sich gewünscht hatten. Sie hatten die Erfüllung gefunden, wenn auch nur für kurze Zeit. Wenn ich wirklich glücklich werden wollte, dann musste ich ihrem Beispiel folgen. Wie es Chris Rouse getan hatte, als er Black Cloud Scuba gründete, kratzte nun ich mein ganzes Vermögen zusammen und stürzte mich in ein finanzielles Abenteuer. Mit einer Gruppe von Tauchern und Investoren startete ich *immersed: the international technical diving magazine. Immersed* erscheint nun im fünften Jahr und hat sich zu einer viel beachteten Publikation gemausert, auf die ich sehr stolz bin. Engagierte Sporttaucher, Technische Taucher, Marine- und Berufstaucher nutzen sie als Informationsquelle, holen sich Tipps und verfolgen Berichte über Abenteuer und Entwicklungen im Sport.

Die Marketing- und Entwicklungsberatung, die ich 1991 für Inabata und Seiko gemacht hatte, mündete schließlich in eine neue Produktlinie von Tauchcomputern. Die ersten Modelle berechneten lediglich Tauchgänge mit Pressluft und unterschieden sich nicht so sehr von einer ganzen Reihe von ähnlichen Computern, die bereits auf dem Markt waren. Nachdem 1992 mein Beratervertrag ausgelaufen war, kam der »Bridge«-Computer heraus, der erste für den großen Markt konzipierte Tauchcomputer, der Nitrox-Mischungen mit verschiedenem Sauerstoffgehalt sowie die Verwendung von reinem Sauerstoff berechnen konnte. Ich war sehr zufrieden mit dem Ergebnis. Ich hatte auch vorhergesagt, dass sich auf dieselbe Weise ein Computer entwickeln ließe, den man bei der Verwendung von Helium einsetzen könnte, wenn sich das Interesse und der Markt für Mischgas noch vergrößerten. Inabata und deren Kunde Seiko werden bald einen Computer für Mischgas vorstellen, nachdem der britische Taucher Kevin Gurr im Januar 2000 bereits erfolgreich einen ähnlichen auf den Markt gebracht hat.

Ich leide immer noch unter gewissen körperlichen Beeinträchtigungen, doch ich versuche sie durch Technik auszugleichen, so gut es geht. Nach meinem Unfall organisierte ich eine Expedition nach Island, bei der Steve Berman und der kanadische Taucher Kim Martin die geologisch bedeutsamste Höhle Islands inspizierten und kartografierten. Ich nahm an einer Tauchunternehmung der britischen Marine teil, die einem im Ersten Weltkrieg gesunkenen Zerstörer vor den schottischen Orkneyinseln galt. Wir fanden ihn in 85 Meter Tiefe. Im Oslo-Fjord absolvierte ich meinen tiefsten Tauchgang, der mich zum Wrack der *Blücher* führte, einem deutschen Schlachtschiff aus dem Zweiten Weltkrieg, das gut 90 Meter unter dem Meeresspiegel auf Grund liegt.

Auch wenn ich das aktive Tauchen eine Zeit lang aufgegeben habe, um in meinem Leben an Land sicheren Boden unter den Füßen zu gewinnen, so zieht es mich doch von Zeit zu Zeit wieder zum Wasser. Jetzt, wo meine Familie abgesichert ist und mein Leben einen festen Rahmen hat, werde ich bald wieder dem Ruf der Sirene folgen, die mich lockt, von neuem in das Reich einzutauchen, zu dem ich gehöre.

Während ich meiner Neigung zur Tiefe nachgehe, habe ich den Blick gleichzeitig in die Höhe gerichtet. Ich bin Drachenflieger geworden, und demnächst werde ich auch die Prüfung als Ultraleichtflieger ablegen. Zwischen dem Tauchen, der Fliegerei und sogar der Weltraumfahrt gibt es weit mehr Verbindungen, als die meisten Leute glauben: Die ersten Druckanzüge für Piloten waren eine Weiterentwicklung von Tauchanzügen aus dem 19. Jahrhundert. Auch die Entwicklung von Weltraumanzügen schloss sich eng an die von Tauchanzügen an, wobei hier vor allem an die Ausrüstung von Panzertauchern zu denken ist, die unter Normaldruck den Abstieg bis auf 700 Meter Tiefe erlaubt. Vielleicht werden die Raumanzüge, die Astronauten im 21. Jahrhundert tragen, eine Variante solcher Tauchanzüge sein, und möglicherweise werden die Arbeiter, die in Zukunft die Weltraumstationen zusammenbauen, zuerst einmal wie Berufstaucher ausgebildet, denn die Tiefsee ist der fremden und lebensfeindlichen Umgebung des Weltraums in mancher Hinsicht ähnlich.

Weltraum, Wasser, Land – wir Menschen haben uns alle diese Bereiche erobert. Und es zieht uns zu immer neuen Horizonten. Das Wissen, das wir aus der Erforschung der Erde gewinnen, wird zweifellos in irgendeiner Form in eine erfolgreiche Erforschung des Weltalls münden. Und indem wir lernen, wie wir die Grenzen unseres Körpers überwinden können, werden wir, wohin immer uns die Reise führt, auch tiefer in unser Ich vordringen.

Nachbemerkung des Autors

Wenn ich an die vielen Freunde und Tauchkameraden denke, die wie Chris und Chrissy Rouse bei diesem Sport ihr Leben verloren haben, dann wünschte ich, dieses Buch hätte nie geschrieben werden müssen. Sechs Jahre waren seit dem Tod der Rouses vergangen, als ich damit begann. Ich hatte gehofft, die verstrichene Zeit würde es mir leichter machen, ihre und meine Geschichte zu erzählen. Das war eine Täuschung. Im Verlauf der vielen Interviews und bei der Sichtung von Dokumenten habe ich den schweren Schock, den ihr Unfall bei allen ausgelöst hatte, die sie kannten, immer wieder von neuem durchlebt.

Doch obwohl es nicht einfach war, dieses Buch zu schreiben, fasziniert mich der Tauchsport nach wie vor. Ich habe das große Glück, viele der weltbesten Taucher zu kennen. Leider können nur wenige von ihnen in diesem Buch Erwähnung finden, und auch das nur mit einem Teil ihrer Geschichte.

Das Tauchen, so habe ich meinen Schülern stets erklärt, bietet viele Möglichkeiten, und über die Jahre kann man zu immer neuen Schwierigkeitsgraden aufsteigen. Wer eher warmes, flaches Wasser bevorzugt, kann sich an der farbenprächtigen Welt der Riffe erfreuen und das Tauchen als sicheren Freizeitsport genießen, vergleichbar etwa mit dem Bergwandern. Die großen Herausforderungen wie das Wrack- und Höhlentauchen – das Äquivalent zur Besteigung des Mount Everest oder des K2 im Bergsport – bleiben jedoch den wenigen vorbehalten, die die Motivation aufbringen, genügend zu trainieren, die nötige Erfahrung aufzubauen und sich die Ausrüstung zuzulegen, die man braucht, um überhaupt solche Expeditionen wagen zu können. Die Anforderungen dafür sind enorm, doch erfahren wir hier auch am meisten über uns selbst und unsere Grenzen, auch, wie wir sie erweitern können. Wer bereit ist, sich in diese Bereiche vorzuwagen, kann viel lernen.

Ich möchte den vielen Menschen danken, die mir so großzügig ihre Zeit für ein Interview geschenkt oder meine Fragen per Brief beantwortet haben. In alphabetischer Reihenfolge waren das: Steve Berman, Steve Bielenda, Janet Bieser, Julia Bissinger, Jim Bowden, Bob Burns, Glenn Butler, Pete Butt, John Chatterton, Sue Crane, Paul Curtin, Cathie Cush, Billy Deans, Evie Dudas, Steve Foreman, Hank Garvin, Steve Gatto, Gary Gentile, Terry German, John Griffith, Mike Guckin, Kevin Gurr, Dr. Janet Hall, Peter Hess, Dr. Karen Jensen, Richie Kohler, Dr. Ann Kristovich, Barb Lander, Leslie Leanie, Don McDevitt, Steve McDougall, Denny McLaughlin, Michael Menduno, John Moyer, Kevin O'Brien, John Reekie, Ken Reinhart, Dr. Stephanie Schwabe, Tim Stumpf, Lisa Teklits, John Thornton, Denny Willis.

Dank schulde ich auch allen, die mir halfen, Lücken in meiner Erinnerung und meinen technischen Kenntnissen zu schließen. Es sind dies Dennis Anacker, Jim Baden, John Harding, Howard Klein, Wings Stocks und Joe »Zero« Terzuoli. Ebenfalls danken möchte ich all jenen, die ihre wertvolle Zeit opferten, um Teile des Manuskripts durchzusehen, die sie selbst oder ihr Fachgebiet betrafen. Hier sind Mike Emmerman, Dr. Bill Hamilton und Karl Huggins zu nennen. Dr. Jennifer Hunt hat es auf sich genommen, den größten Teil des Manuskripts inklusive der Überarbeitungen durchzusehen. Ihr danke ich insbesondere für die vielen Hinweise und Einsichten zur Verhaltenslehre und Psychologie, die sie mir im Laufe der Jahre gegeben hat. Besonderen Dank schulde ich auch Graciella Ramos.

Ganz besonders bedanken möchte ich mich bei Sue Rouse, ohne deren Unterstützung dieses Buch nicht zustande gekommen wäre.

Vieles, was zum Handwerk des Schreibens und Publizierens gehört, habe ich von Jenny McPhee gelernt, meiner Lieblingslehrerin im Gotham Writers' Workshop von Manhattan. Ihr bin ich ebenso zu Dank verpflichtet wie Bob Sterner, meinem Mitherausgeber bei der Zeitschrift *immersed*, der mir wertvolle Tipps gegeben hat. Auch allen meinen anderen Partnern bei der Zeitschrift, Tom Easop, Mark Haas, Kevin O'Brien und Harry White, schulde ich großen Dank für ihre Unterstützung bei der Verwirklichung der Idee. Sie haben mich erst gelehrt, was es heißt, etwas zu publizieren.

Elaine Goodman hat mir stets schnell und zuverlässig die Bänder mit den Interviews transkribiert, eine Mühe, für die ich ihr ebenfalls Dank sagen möchte.

Gedankt sei auch meinem Nachbarn Lloyd »Butch« Ward, der die Fortschritte meiner Arbeit begleitete und sie mit seiner Kritik sehr gefördert hat.

Vielen Dank auch meinem Herausgeber David Groff, der mir half, einen neuen Schreibstil zu entwickeln und mir mit seinem Enthusiasmus, seiner exzellenten Redaktion und seinen Anregungen stets zur Seite stand.

Von Herzen danke ich auch Trena Keating, meiner Herausgeberin bei Harper Collins, die stets an die Geschichte und an meine Fähigkeit, sie zu schildern, geglaubt hat, und die mich in allem unterstützt hat.

Ohne den engagierten Einsatz meines Agenten Andrew Stuart von der Literary Group International wäre dieses Buch nie zustande gekommen. Er hat mehr als das Nötige und Mögliche getan hat, um dieses Buchprojekt zu verwirklichen. Seine Kenntnisse der Buchbranche, seine Begeisterung und seine Unterstützung waren mir eine unerlässliche Hilfe.

Nicht zuletzt möchte ich auch meinen Eltern danken, Dr. Benoy Chowdhury und Lilli Chowdhury, die mir wertvolle Lebenserfahrungen geschenkt und meine Neugier auf die Welt geweckt haben. Meiner Mutter danke ich besonders auch dafür, dass sie mir Deutsch beigebracht und mir so den Zugang zu einer anderen Kultur ermöglicht hat. Lizzi Krüger, meiner verstorbenen Großmutter, danke ich für ihre bedingungslose Liebe und die schöne Zeit, die sie mir bereitet hat, aber auch für die Schnorchelausrüstung, die sie mir als Kind geschenkt hat.

Zu tiefem Dank verpflichtet bleibe ich den selbstlosen Rettern der US-Küstenwache, besonders jenen, die mich nach meinem Unfall 1991 per Hubschrauber gerettet haben. In diesem Zusammenhang gilt mein Dank auch Dennis Anacker, Dan Crowell, Dave Dannenburg, John Harding, Dr. Ignacio Mendagurin und dem inzwischen verstorbenen Kapitän Bill

Nagel, Kevin O'Brien, Peter Thompson und dem Arzt, der mich in der Druckkammer behandelte.

Schließlich möchte ich auch meiner Frau Diana und unserem Sohn Gil danken, für all ihre Geduld, ihre Unterstützung und ihre Liebe.

Ich bedaure, dass nicht alle, die an der Entstehung dieses Buches beteiligt waren, auf der Titelseite genannt werden können. Sollte das Buch Fehler enthalten, so bin natürlich ich alleine für sie verantwortlich.

Zur Geschichte des U-Boot-Krieges
Standardwerke von Rang

Fritz Brustat-Naval
Ali Cremer: U 333
ISBN-13: 978-3-548-25657-3
ISBN-10: 3-548-25657-0

Fritz Brustat-Naval / Teddy Suhren
Nasses Eichenlaub
Todesschach unter Wasser
Als Kommandant und F. d. U.
im U-Boot-Krieg
ISBN-13: 978-3-548-26399-1
ISBN-10: 3-548-26399-2

Stephan Harper
Kampf um Enigma
Die Jagd auf U-559
ISBN-13: 978-3-548-25778-5
ISBN-10: 3-548-25778-X

Karl-Friedrich Merten
Nach Kompaß
Die Erinnerungen
des Kommandanten von U 68
ISBN-13: 978-3-548-26402-8
ISBN-10: 3-548-26402-6

Martin Middlebrook
Konvoi
U-Boot-Jagd auf die Geleitzüge
SC. 122 und HY 229
ISBN-13: 978-3-548-23534-9
ISBN-10: 3-548-23534-4

Theodore P. Savas
Lautlose Jäger
Deutsche U-Boot-Komman-
danten im Zweiten Weltkrieg
ISBN-13: 978-3-548-25205-6
ISBN-10: 3-548-25205-2

Joseph Mark Scalia
**U 234 – In geheimer Mission
nach Japan**
ISBN-13: 978-3-548-26292-5
ISBN-10: 3-548-26292-9

John F. White
U-Boot-Tanker 1941-1945
Unterwasser-Versorger
für die Wolfsrudel
ISBN-13: 978-3-548-25907-9
ISBN-10: 3-548-25907-3

>>Der Autor kennt die gnadenlose Hetzjagd auf Leben und Tod unter Wasser aus eigenem Erleben.<<
Eberhard Bergmann, Berliner Morgenpost

Die U-Boot-Romane von Erik Maasch

**Auf Sehrohrtiefe
vor Rockall Island**
ISBN-13: 978-3-548-24741-0
ISBN-10: 3-548-24741-5

Duell mit dem nassen Tod
ISBN-13: 978-3-548-26279-6
ISBN-10: 3-548-26279-1

Im Fadenkreuz von U 112
ISBN-13: 978-3-548-26462-2
ISBN-10: 3-548-26462-X
(August 2006)

Letzte Chance: U 112
ISBN-13: 978-3-548-25731-0
ISBN-10: 3-548-25731-3

Tauchklar im Atlantik
ISBN-13: 978-3-548-26134-8
ISBN-10: 3-548-26134-5

U-Boote vor Tobruk
ISBN-13: 978-3-548-25333-6
ISBN-10: 3-548-25333-4

Die U-Boot-Falle
ISBN-13: 978-3-548-25773-0
ISBN-10: 3-548-25773-9

**U 112 auf der Feindfahrt
mit geheimer Order**
ISBN-13: 978-3-548-25087-8
ISBN-10: 3-548-25087-4

**U 115: Jagd unter
der Polarsonne**
ISBN-13: 978-3-548-25446-3
ISBN-10: 3-548-25446-2

**U 115: Die Nacht
der Entscheidung**
ISBN-13: 978-3-548-25912-3
ISBN-10: 3-548-25912-X
(März 2006)

U 115: Operation Eisbär
ISBN-13: 978-3-548-25651-1
ISBN-10: 3-548-25651-1

In Hochspannung eintauchen.
Die erfolgreichen U-Boot-Romane
von C. H. Guenter

Herr der Ozeane: U 500
ISBN-13: 978-3-548-25909-3
ISBN-10: 3-548-25909-X

Das Santa-Lucia-Rätsel
ISBN-13: 978-3-548-25334-3
ISBN-10: 3-548-25334-2

U-Boot-Einsatz in der Todeszone
ISBN-13: 978-3-548-26136-2
ISBN-10: 3-548-26136-1

U-Boot Laurin antwortet nicht
ISBN-13: 978-3-548-26278-9
ISBN-10: 3-548-26278-3

U-Boot unter schwarzer Flagge
ISBN-13: 978-3-548-25647-4
ISBN-10: 3-548-25647-3

U 136: Einsatz im Atlantik
ISBN-13: 978-3-548-26464-6
ISBN-10: 3-548-26464-6
(September 2006)

U 136 in geheimer Mission
ISBN-13: 978-3-548-24635-2
ISBN-10: 3-548-24635-4

U 136: Flucht ins Abendrot
ISBN-13: 978-3-548-25207-0
ISBN-10: 3-548-25207-9

U 77: Gegen den Rest der Welt
ISBN-13: 978-3-548-25727-3
ISBN-10: 3-548-25727-5

U-Kreuzer Nowgorod
ISBN-13: 978-3-548-26128-7
ISBN-10: 3-548-26128-0

**U-XXI: Die erste Feindfahrt
war die letzte**
ISBN-13: 978-3-548-25769-3
ISBN-10: 3-548-25769-0

U-Z jagt Cruisenstern
ISBN-13: 978-3-548-25440-1
ISBN-10: 3-548-25440-3

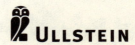